U0143021

學校建築規劃
理論與實務

湯志民 著

五南圖書出版公司 印行

序 言

二十一世紀已走過了 20 年，另一個嶄新的未來，正待我們開拓。近 10 多年來，臺灣的學校建築與校園規劃，不斷創新發展，不僅在校舍造形、色彩上有所突破，建築設計和校園景觀力呈文化藝術意境，教學與研究空間日受重視，現代化資訊科技設備也迅速增置，校園活化和閒置空間再利用迭有成效，學校綠建築、無障礙校園也有不少建樹。以往，臺灣的學校建築在規劃上，或因經費不足，或因理念不足，出現不少值得探討與改進之問題；最近，校園空間美學、智慧校園、性別友善空間的推展，使臺灣學校建築的規劃理念，再創新猷；未來，臺灣學校建築的規劃與發展，應在既有的基礎上追求更高的品質，尤其是政府持續的投資，以及學術單位和學者專家的研究推動，讓臺灣的學校建築，成為永續發展的新校園。

《學校建築與校園規劃》一書三版迄今逾 14 年，深獲各界肯定與支持，因學校建築與校園規劃的新法規、新知識、新觀念擴增，教育大學、教育院系所、學校行政在職專班和相關研究系所，以及校長學分班之研究進修課程日增，特將該書重新修編為《學校建築規劃：理論與實務》，以因應新世紀學校建築的規劃與發展需求。新書撰寫的方式、內涵與特色如下：

一、在撰寫原則上，冀求體例與結構完整、理論與實務並重，以兼顧學術性與實用性之價值。

二、在題材範圍上，以中小學為主，並儘量涵蓋各項學校建築規劃要點，以求周延。

三、在內容架構上，以理論研究、規劃設計和發展趨勢為經，學校建築規劃為緯，由整體到個別、由現在到未來，逐層分述。

四、在立論角度上，從教育功能和師生需求著眼，配合設施設備基準規定，融入未來發展導向，使論述內涵兼具教育性、實際性與前瞻性。

五、在法規引用上，援引最新中小學設施設備基準、綠建築、無障礙設施、建築技術規則及相關法規。

六、在國外資訊上，引用美國、英國、蘇格蘭、加拿大、澳洲、紐西蘭、日本、中國等教育部（廳）設備標準，以及COVID-19因應資訊供參。

七、在新增議題上，增加中小學規劃歷程、教室方位、智慧校園、常用球場、風雨球場、共融式遊戲場、性別友善廁所等新議題，並附圖表，以資理解。

八、在撰寫文體上，力求結構嚴謹、標題清晰、文字順暢、圖文呼應，並依美國心理學會（APA）2020年「出版手冊」（第七版）之規定格式注解，以收易讀易解之效。

新書修編，跨越數年，因工作忙碌時修時停，進度緩慢；反而在COVID-19最嚴峻的三個月中足不出戶完成修整，特別有紀念意義。新書能夠順利完成，首先要感謝五南圖書出版公司發行人楊榮川和楊總編輯的大力支持，陳副總編輯和黃副總編輯一再鼓勵，臺北市青少年發展處廖文靜處長與學校建築研究學會吳珮青常務理事，協助繪圖、蒐集、整理、打印和校對資料，內心無任銘感。特別是，妻子祝英無怨尤的關愛與鼓勵，是生活和寫作的最大精神支柱，在此併申最深摯之謝忱。

希望本書的完成，能為後疫情時代的學校建築，開拓新里程碑、展現校園新風貌。走出疫情，孩子們才會有更寬廣、安全和溫馨的世界，能回到學校上課是全世界孩子的夢，我們要規劃更優質的學校環境，迎接新世代的學生。

湯志民 謹誌

2021年6月

目　次

第 1 章

學校建築規劃基本理念

學校建築規劃的推展和效能，繫於
學校教育發展和空間整合的「領導」，
教育行政人員的用心「計畫」，
學校行政人員的細心「規劃」，
建築師的精心「設計」，
營造廠商的耐心「興建」，
師生、家長和社區人士的愛心「使用」，
缺一不可。

　　自 1968 年實施九年國民義務教育，2014 年正式推動十二年國民基本教育，中小學就學率不斷提高，課程不斷推陳出新，中小學學校建築在政府計畫性的大力投資下，蓬勃發展，日新月異。例如：1970 年起，教育部即連續訂定多期「發展與改進國民教育計畫」，希望改善國中小的各項教學設施，並徹底解決國中小教育設施問題。1993 年起，更大幅調整國民教育經費的補助額度，1993～1994 年每年 200 多億元，1995～2000 年每年 100 多億元；2006～2008 年，教育部「國民中小學老舊校舍整建計畫」，補助 172 億元整建（以拆除重建為主）356 校，7,615 間教室；2009～2012 年，教育部「加速國中小老舊校舍及相關設備補強整建計畫」，補助國中小老舊校舍拆除重建 228 校，4,576 間教室（100 億元）和耐震補強 931 棟（116 億元）計 216 億元（教育部，2009a）。2013～2014 年編列國中小老舊危險校舍及充實設備經費 6.2 億元，國中小校舍耐震補強經費 36.8 億元（教育部教育經費分配審議委員會，2013）。2009～2019 年完成 Is 值 80 以下校舍耐震能力改善，2020～2022 年「公立高級中等以下學校校舍耐震能力改善計畫」，計 166.42 億元，以改善 Is 值 80～100 校舍之耐震能力（教育部，2019a），預計至 2022 年底，

高級中等以下學校 Is 值 80～100 之校舍耐震能力皆可達耐震標準（教育部，2021a）。此外，2001 年之後，教育部及縣市教育局處也相繼推出綠建築和永續校園、閒置校舍活化再利用、無障礙校園、校園美感環境、校園空間美學、性別友善校園、教育雲和智慧校園、優質化工程、校舍更新（如圖書館、專科教室、普通教室）、運動場更新（如人工跑道、體育館、溫水游泳池、風雨球場等）、共融式遊戲場等學校建築與設施政策，使學校建築品質和教育效能大幅提升。

　　然而，不可諱言的是，中小學學校建築在此迅速發展方興未艾之際，仍存在許多值得重視和亟待檢討改進的問題。諸如：校地面積過小、活動空間不足、學校環境不良、校區規劃不當、校舍設計不理想（如造形呆板、樓層太高、空間太小或配置不當等）、校園綠化美化待加強、運動場設施待充實，無障礙環境問題、停車場和人車分道問題、學校動線不佳、地下室通風和採光不佳、廁所環境有待改善、教育設施經費短絀、學校建築法令繁瑣、學校建築專業人才缺乏、學校建築規劃時間不足等，不一而足。Louis（2002）強調，教育建築（educational building）並非中立的，也不可孤立思考，一旦完工，學校機構將使用一段時間，如果證實了所興建的學校設施其決策是輕率的，政府仍將在未來的日子肩負沉重的財務負擔。因此，完善的學校建築設施必須有翔實縝密的學校建築規劃，方能發揮教育經費在投資上的最大效益，並提供莘莘學子最佳的學習環境。

　　學校是實施教育的重要場所，也是提供學生學習與成長的最佳教育環境。Cutler（1989）在對 1820 年以來美國學校建築之教育思想作了深入的探討與分析之後，即明確的指出二十世紀的研究結果顯示了教育的錯綜複雜，學習的決定因素繁多，其間的關聯盤根錯節，但其假設都堅持學校建築是教育歷程中最重要的變項之一。學校建築以校舍、校園、運動場為構成主體，不僅是輔助教學的必要硬體設施，其本身亦具有陶冶學生身心、涵養開闊胸襟、孕育豁達人生哲理的「境教」功效。于宗先（1990）即明確指出，好的學校建築代表美好而適合學習的環境，也代表教育與文化的特質，幼、少年一代的人受其薰陶，並產生潛移默化的效果。Lackney（1999）也強調：

> 學校建築（school buildings）不只是磚塊和泥漿，也不僅僅是一
> 個教學和學習的容器──該物質情境，引發學習，並影響我們
> 如何教學、如何學習，以及對我們自己和其他人的感覺。

C. Wagner（2000）亦說明學校所有的地方都是潛在的教育空間，其間學校建築所隱含的觀念鮮活的影響著學生。根據實證研究發現，學校環境規劃是評量學校效能的重要指標之一（吳清山，1989），學校建築規劃愈完善理想，學生的正面環境知覺（如學校環境注意、學校環境滿意、學校環境感受）愈好，負面的環境知覺（如擁擠感）愈少，對學生行為的影響則是積極行為（如學習興趣、參與行為）愈高或多，消極行為（如學習壓力、人際爭執、社會焦慮）愈小、少或低（湯志民，1991）。澳洲維多利亞州政府建築師辦公室（The Office of the Victorian Government Architect, 2020）指出，有很強的證據顯示，學校建築品質及其開放空間，會深深地正向影響學生的專注、出席和教育成果。Cash 和許多實證研究發現學校設施狀況與學生成就之間有正相關，這些研究跨越 60 年以上，在美國各州（如維吉尼亞州、賓州、阿拉巴馬州、德州、南加州、印第安納州）和世界各地（如科威特、香港）都獲得證實（Cash, 2012）。Ariani 和 Mirdad（2016）、Ford（2016）、Maxwell（2016）、Ahmodu、Adaramaja 和 Adeyemi（2018）等之實證研究，Gunter 和 Shao（2016）的後設分析，湯志民（2006a、2019a）、廖文靜（2011）、湯志民、呂思杰、楊茵茵（2020）等之研究，都顯示教育設施品質與教育成效之間有正相關，亦即教育設施品質會影響學生的成就，也會影響到教師的教學、師生的健康和社區教育公平之推展。因此，學校建築應有良好的規劃，使學生能在更具人性化與教育意味的校園環境中，快樂的學習，健康的成長茁壯。

　　學校建築規劃理念所牽涉的範圍甚廣，本章僅就學校建築規劃的涵義、原則和歷程等三方面，分別作一基本的概念性的剖析，期以獲悉梗概。

第一節 學校建築規劃的涵義

　　「學校建築規劃」是一個複合性名詞，可從學者專家對「學校建築」與「規劃」之界定分析中，掌握其本質性涵義。以下擬先就學校建築的意義，以及計畫、規劃、設計的區別加以說明，再據以分析學校建築規劃的涵義概念。

一、學校建築的意義

　　以下擬先介紹學校建築的名詞，析其意義，再就相關概念加以界定。

（一）學校建築的名詞

　　「學校建築」一詞是由英文 "school buildings"、"school architecture"、"architecture of schools" 或 "school plants" 直接翻譯而來，英、美採用 "school buildings" 甚為普遍。在一些教育行政和學校建築專書上常出現的同義字有「教育設施」（educational facilities）、「教育建築」（educational buildings, educational architecture, architecture for education）或「教育空間」（educational spaces），也有「學校設施」（school facilities）、「學校空間」（school spaces）或「學習空間」（learning spaces）之用法；而環境心理學中與學校建築同義且最常用的則是「學校物質環境」（the physical environment of the school）、「物質的教育設施」（the physical education facility）或「物質的學習環境」（the physical learning environment, the physical environment in learning）。日本是學校建築研究標準化制度建立最為完備的亞洲國家，「學校建築」（school building）已成為其學術研究最普遍的專有名詞，其涵義最廣，涵蓋其他同義詞如「學校設施」（school facility）、「學校建物」（school premises）和「學校設備」（school equipment）（喜多明人，1988）。在學校建築設置標準上，日本稱之為「學校設置基準」（姊崎洋一等人，2016），韓國稱之為「學校設施及設備基準」，中國稱之為「學校建築設計規範」、「學校校舍建設標準」，臺灣則稱為「學校設備標準」、「學校設備基準」或「學校設施設備基準」。

（二）學校建築的意義

學校建築的意義可從下列學者專家之界定中知其梗概：

蔡保田（1977）：學校建築具有廣狹二義，就廣義而言，學校建築包括校舍、校園、運動場及其附屬設備；就狹義而言，學校建築僅指校舍。而其在《學校建築學》一書中更進一步說明，學校建築必須從廣義方面來解釋，才能符合「學校」的真正涵義（第 3 頁）。

郭紹儀（1973）：學校建築是教學活動場所，從而實現教育計畫；把校舍、校園和運動場三者加以適當的安排，形成一個整體的教育環境，以達成國家的教育目標（第 2 頁）。

林萬義（1986a）：學校建築有廣義，泛指校舍、校園、運動場地及設備；狹義之學校建築，僅指校舍建築而言（第 13 頁）。

黃耀榮（1990）：基本上，學校實質環境包括校舍、校園、運動場地及附屬設備。「學校建築」係針對校地環境上的一切建築物及其相關的廣大開放空間；換言之，「學校建築」並非僅指校舍部分，而是包含學校全部的實質環境（第 3 頁）。

吳清山（1992）：學校建築係指學校為教育學生所提供的活動場所（包括校地、校舍、校園及運動場所）和設備（第 129 頁）。

《普通型高級中等學校設備基準》（2019 年 8 月 15 日）：學校建築應包括校舍、運動場、校園及其基礎設施（第 3 頁）。

邵興江（2013）：學校建築是各校根據特定地區的政治、經濟、文化、地理、歷史等實際情況，為達至特定的教育目的而興建的教育活動場所，具體包括校舍、校園、運動場及其附屬設施（第 29 頁）。

Good（1973）：學校建築（school plant）是屬於學校的物質財產，包括校地、校舍和設備（p. 515）。

Shafritz、Koeppe 和 Soper（1988）：學校建築（school plant）是由校地、校舍和設備所組成的物質設施，供單一學校使用或作為二所或多所學校使用的共同設施（pp. 415-416）。

竹內義彰（1980）：學校建築（school building）係為經營教育活動的學校建築物（第 63 頁）。

岩內亮一、萩原元昭、深谷昌志和本吉修二（1992）：學校建築係指校舍、宿舍、室內運動場等，為學校中學童學習與生活經營管理上所需

之諸建築（第41頁）。

綜上所述並參考湯志民（2006a）之見解，學校建築（school buildings）是為達成教育目標而設立的教學活動場所，此一教學活動場所包括校舍（school house）、庭園（school yard）、運動場（sports field or sports ground）及其附屬設施（affiliated facilities）。其中，校舍是校內作為教學、行政與服務的各類建築，運動場包括田徑賽場地、球場、體育館、游泳池與遊戲場等場地；庭園是指校舍與運動場地之外，種植花草樹木和布置景觀的空間與設施；附屬設施則是配合校舍、庭園和運動場，使其功能更完備之各項建築與設備。

（三）相關概念的界定

在學校建築研究中，有許多常用的相關概念，如：校地、校區、學區、校舍、庭園、運動場等，極易產生混淆，茲就其涵蓋的區域範圍作一簡單的界定，並繪如圖1-1所示，以資釐清。

圖 1-1
學校建築相關概念的區域圖示

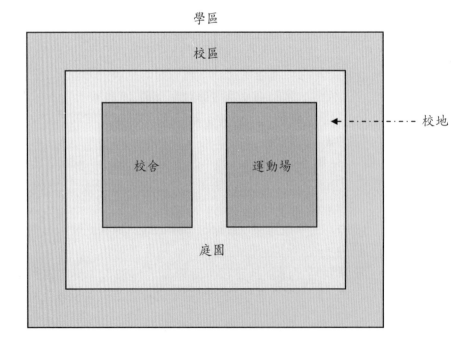

1. **校地**：學校權屬土地。
2. **校區**：學校權屬土地上的空間範圍。
3. **學區**：學校四周應收就讀學生的住宅分布區域。
4. **校舍**：校內作為教學、行政與服務的各類建築。
5. **運動場**：校內的田徑賽場地、球場、體育館、游泳池與遊戲場等場地。
6. **庭園**：校舍與運動場地之外，種植花草樹木和布置景觀的空間與設施。

其次，就「學校建築」與「校園」而言，此兩者在意義的界定上，所涵蓋的學校區域範圍，亦有彼此重疊之處。就「學校建築」來看，其廣義範圍包括校舍、庭園、運動場及其附屬設施；其狹義範圍，僅指校舍（林萬義，1986a；蔡保田，1977）。就「校園」來看，其廣義範圍涵蓋學校內廣闊的實質領域，包括校舍、庭園、運動場地及其附屬設施；其狹義範圍，僅指學校庭園（Schmertz, 1972；游明國，1983；熊智銳，1990；臺灣省政府教育廳，1991）。「學校建築」與「校園」的意涵比較，詳如圖 1-2 所示。

圖 1-2

學校建築與校園的意涵比較

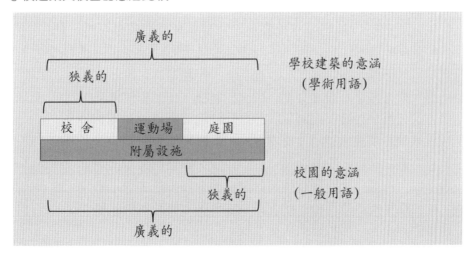

　　國內，因「校園安全」、「校園管理」、「校園開放」、「無障礙校園」、「友善校園」和「永續校園」等政策上的強調與影響，「校園」的概念與運用日益擴充，「校園」成為「學校」的常用代名詞；在學術研究領域，雖然國外大學校院之規劃也有採用「校園」規劃或設計（campus planning or campus design）一詞，但不論國內外，「學校建築」仍為正式而常用的名詞。

二、計畫、規劃與設計的關係

　　學校建築計畫（plans）是一個統整的大概念，在發展歷程中提供「規劃」（planning）及「設計」（design）作業活動和項目之方向。「規劃」是資源和事項的排序（the ordering of resources and events），用以達成議定的目標（Earthman, 2019）。規劃與設計的關係，Spreckelmeyer（1987）在〈環境規劃〉（Environmental Programming）一文中說明：「規劃是界定環境問題並建議解決這些問題策略給設計者的歷程」，並進而指出：「規劃是先於環境設計且為提供設計的功能技術與行為需求予設計者之活動。」（p. 247）；Gifford（1987）亦明確的指出：「建築的規劃（the planning of building）發生於藍圖繪製之前」（p. 357）。由此可知，設計工作是規劃的延伸（翁金山，1974），而規劃階段的各種決策與決定，要有明確的後續指示課題與方向，以供設計階段的銜續與參用（黃世孟，1988），詳如圖 1-3 所示。

　　由此我們可以瞭解，在性質上，計畫兼具靜態與動態性，而規劃與設計較偏向動態性。在內涵上，計畫係政策大方向的決定，規劃和設計是具體項目的研擬。在順序上，計畫在先，規劃其次，設計在後。就學校建築而言，學校建築計畫是長期目標導向歷程，作為學校建築規劃與設計的指引方針，而學校建築規劃與設計是學校建築計畫的實踐活動；其中，規劃較重學校各項設施整體性之安置，以及課程、教學和學習之運用，較偏向教育方案之踐行，設計涉及造形、尺規、數量與金額，較偏向建築專業技術層面；在權責上，學校建築計畫由教育行政為主導、學校行政人員為輔，學校建築規劃以學校行政人員為主導、建築師為輔，學校建築設計則以建築師為主導、學校行政人員為輔。

圖 1-3

建築之「規劃」與「設計」之關係

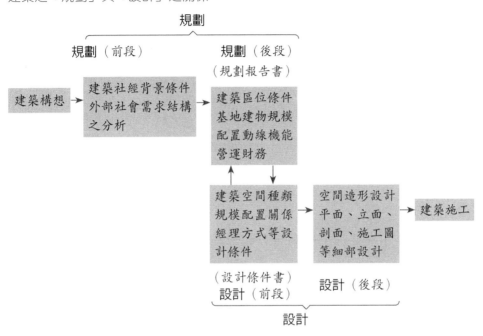

資料來源：「從建築物用後評估探討學校建築規劃與設計之研究」（第 49
頁），黃世孟，1988。載於中華民國學校建築研究學會（主編），
國民中小學學校建築與設備專題研究，臺灣書店。

三、學校建築規劃的涵義

　　學校建築規劃（the school building planning）的涵義，根據湯志民
（2006a）之見解，可從三方面加以分析：首先，在規劃的內涵上，係以
校地的運用、校舍的設計、庭園的規劃、運動場的配置及其附屬設施的設
置等之規劃方法為範圍。

　　其次，在規劃基礎上，從教育理念來看，這些教學活動場所應符合
教育目標、教學方法和課程設計的需求；從學校環境來看，這些教學活動
場所應融合學校的自然環境、社會環境和物質環境的脈動；從建築條件來
看，這些教學活動場所應配合建築法規、建築技術和建築材料之規定。

　　第三，在規劃的向度上，人、空間、時間和經費是學校建築規劃的

基本要素。例如：Caudill（1954）即指出人（people）、土地（land）和經費（money）是學校建築規劃（school plant planning）的基本要素；蔡保田（1977）亦認為，時（time）空（space）觀念是構成現代學校建築發展的基礎；Louis（2002）強調學校建築的規劃和投資，需評估其人數容量和新教育需求，決定學校的開放和封閉，以及維護方案的發展；McGregor（2004）進而說明，由於學校活動是框在「空間—時間」的結構中，因此學校的「空間性」（spatiality）（如空間—時間），與教職員和學生的團體之間，以及課程表中的課程階層，有強烈的關係。這些論述的交織點，皆以人、空間、時間和經費為要素，因此學校建築的規劃應從使用者（行政人員、教師、學生、家長和社區人士）的需求出發，將校地上的活動空間作最妥善完整的配置，並透過時間的延伸和建築經費的投資，使學校建築日臻理想完美。

　　簡言之，學校建築規劃係以教育理念、學校環境和建築條件為基礎，以人、空間、時間和經費為基本向度，使校地、校舍、庭園、運動場與附屬設施的配置設計能整體連貫之歷程。學校建築規劃涵義的概念模式，可繪如圖 1-4 所示。

圖 1-4
學校建築規劃涵義的概念模式

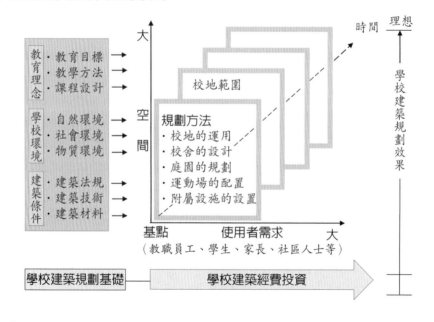

第二節　學校建築規劃的原則

　　學校是一個人成長過程中，停留時間最久，影響最大的環境之一。因此，學校建築規劃應符合教育理念、課程教學、學生學習和生活空間之需求，並能提供安全舒適、經濟節能、創新前瞻之校園環境，這也是教育和學校行政人員戮力追尋的目標。正如 S. Wagner（2021）所強調，設計和建造一所學校是一項艱鉅的任務，不僅須考慮學校的物理設計，還須研究多年來教育的演變，而學習比以前更具互動性，且科技的使用比比皆是，因此學校建築應該反映孩子們的學習，以及其未來的成長。紐澤西州學校興建法人（New Jersey Schools Construction Corporation, 2004）在「二十一世紀學校設計手冊」（21st Century Schools Design Manual）中，所提出的學校設施方案，要求學校應為健康且具產能、經濟、教育效能、永續、社區中心的學校，為引領設計歷程達此目標，特提出一整套的二十四項設計標準（design criteria），包括：音響舒適、溫度舒適、視覺舒適、晝光（daylighting）、室內空氣品質、安全和保全、能源分析、生命週期經費、委辦、學習中心設計、激勵性建築（stimulating architecture）、可及性（accessibility）、彈性和適應性（flexibility and adaptability）、資訊科技、效率建築外殼（efficient building shell）、再生能源、效率空調、效率電子照明、契合環境的校地規劃、契合環境的建材和產品、節水、社區參與、社區使用和促進經濟發展。愛爾蘭教育和技術部（Department of Education and Skills, 2017）規定，小學和中學學校設計需要達到的標準，包括：設計要支持使用者的活動、建築功能要能適應其環境、建築的特徵和形式、進出動線、循環流通和路標、支持通用性設計（universal design）和融合性原則、配置的效率和彈性、擴展能力（capacity for expansion）、衛生和安全、建築品質和耐用性（building quality and durability）、結構統整性（structural integrity）、保全、能源效率和使用、機電建築服務工程（包括以無縫和直觀的方式支持教學和學習）、永續性、外部配置和景觀。這些標準皆為學校建築規劃重要的參照準則，Prowler 和 Vierra（2021）認為要整合並做整體建築設計，才能真正提供具有成本效益、安全、保全、可及、彈性、美觀、高效和永續的建築。

　　學校建築規劃的原則，參考相關研究或設施設備基準（吳清山，1992；林萬義，1986b；國民小學及國民中學設施設備基準，2019年7月24日；普通型高級中等學校設備基準，2019年8月15日；湯志民，1991、2006a；黃耀榮，1990；蔡保田，1977；蔡保田和湯志民，1988；Bauscher & Poe, 2018; Brubaker, 1998; Department of Education and Early Childhood Development, 2016; Kowalski, 1989; Lackney, 2003; MacKenzie, 1989; Ministry of Education, Culture, Sports, Science and Technology〔MEXT〕, 2021; Ortiz, 1994; Prowler & Vierra, 2021; Sanoff, 1994; Tanner, 2000a; Tanner & Lackney, 2006; S. Wagner, 2021），可綜整為整體性規劃、教育性設計、舒適性布置、安全性維護、經濟性思慮、創造性構思、前瞻性考量、使用者參與等八項原則，茲分述如下：

一、整體性規劃

　　學校建築規劃首重其整體性（wholeness），一所學校不是具備了教室、實驗室、圖書館、運動場、活動中心等設施，即可稱為一所完美的學校。所謂「整體非部分之和」，其最重要所表達的教育力、結合力、發展力及情境的協和力，必須從整體的區域計畫、結構、功能、動線、造形、色彩、材料、裝飾等各方面尋求空間上與時間上的連貫性，才能使學校產生渾然一體的完美意境。

　　在具體作法上，首先，校地應有合理比例分配，其分配比例高中、國中、國小校舍用地占3/10，庭園（含綠地、步道等）用地占4/10，運動場地占3/10為原則（國民小學及國民中學設施設備基準，2019年7月24日；普通型高級中等學校設備基準，2019年8月15日）。其次，校區應有適宜的動靜規劃，亦即學校建築應在功能和空間上協調配合，使其個別或與全體成為一完整的體系，例如：校舍中功能密切之教室可成套設計或使之集中在一起，經常舉行發聲活動的場所（如音樂和工藝教室、體育館、運動場）在規劃時要與安靜之區域隔離，而行政區、教學區、運動與活動區、休憩區、服務區等，亦應依其動靜態之需求作適當的配置。第三，學校建築應在結構上整體連貫，亦即建物的造形、色彩、材料、裝飾和動線等各方面，應在空間上維繫整體性的風貌，例如：Gisolfi（2004）認為在既有校園中增建新建築要考慮四項要素：(1) 新校

舍的配置（the placement of new buildings）；(2) 新（改建）校舍的結構（the configuration of new or changed buildings）；(3) 開放空間的結構（the configuration of open space）；(4) 建築的風格（the architectural style）；而時間上的連貫，則在分期分段整建的歷程中，使理想藍圖逐一呈現。第四，校園布置應在時空上力求銜接，在時間上依花木的季節作適當的栽植，使校園四季長綠，時時可見花團錦簇之景象；在空間上應依文化或景觀之需作妥善的配置與設計，配合區域功能種植不同的花木，以發揮各自的特色，增添活潑盎然調和的氣氛。

二、教育性設計

　　學校是實施教育的場所，其設施與環境自應具有教育意味，一草、一木、一花、一石的環境布置，都該具有教育價值，以負起薰育沐化的教育作用，反映教育的理念，使學生在此環境中感染春風化雨的氣息，深受潛移默化的力量勤奮向學、變化氣質、實現自我。正如 Sebba（1986）所言：

> 教育歷程不會發生於「真空」（vacuum）之中，學校物質環境含於教育歷程，並可限制或促進其發展；學習的方法建基於探尋與發現之上，必須支持以一致的環境探索價值（a corresponding environment worthy of exploration），並豐富其刺激（stimuli）和機會（opportunities）。（p. 18）

黃耀榮（1990）亦指出：

> 學校是吸收經驗、尋求知識及學習與人相處的場所，學習的行為是隨處隨機發生的，並非侷限於傳統的教室中；因此校園應提供能引人入勝、發人深省、陶冶身心的學習環境，以引發思緒，培養活躍的思考習性，達到五育並進的教育精神。（第 88 頁）

1880 年美國著名建築學家 Louis Sullivan 提出現代建築所須依循

的基本原則「形式跟隨功能」（form follows function）（Castaldi, 1987），MacKenzie（1989）也說明學校建築規劃「始自功能而非形式」（beginning with function rather than form），Poston, Stone 和 Muther（1992）亦指出學校的形式或設施應依循功能或課程，如果學校建築規劃忽略了教師教學、學生學習、課程和師生互動等各項教育活動之需求，則可能會出現一座很好的建築，但絕不是一座很好的學校建築。亦即，學校非籠統的提供豐富的環境，而應是建置具有可學習性、人境互動，利於學生接觸、師生群體間人際交流的教育環境（邵興江，2013）。正因為學校建築最基本的功能是「教育」，許多強調教育、教學與學習的學校建築設計或研究，都會以新名詞如「教育設施」、「教育空間」、「學習空間」（Hudson & White, 2020; Oblinger, 2006）、新世代學習空間（next generation learning spaces）（湯志民，2019b；Fraser, 2014）或「學習景觀」（learning landscape）（Schneider, 2014）等稱之。受維多利亞州教育和訓練廳（the Victorian Department of Education and Training）委託研究的 Cleveland（2018）即指出，「新課程」（包括新的教學實踐和活動）是改善學校設計和創新的四個關鍵因素之一，這涵蓋規劃多樣的學習情境（learning settings）以供所有學生個性化學習體驗，如動手的創客空間（hands-on maker space）、協作小組情境和用於諮詢、構思和反思的靜修空間（quiet retreat spaces），讓學生全天參與有意義和難忘的學習體驗活動。Hudson 和 White（2020）也強調，學校規劃學習空間且有很好的探索機會，則會創造出帶來學習、社群和文化的新空間。而物質環境有目的之設計以支持特定的價值和信念，其本身就會成為「教師」（The Office of the Victorian Government Architect, 2020）。因此，學校建築在教育性的功能上，自應作一妥適的規劃。

在具體作法上，首先，學校設施應適量適用，依教育理念、課程設計、教學方法和學生學習來規劃（湯志民，2014a），使學校的課程推展、教師的教學、學生的學習能順利進行。其次，校舍設計應提供師生、同儕互動機會，如教室學習角落的設置、課桌椅的彈性配置、走廊上閱讀角落和交誼桌椅的設計，可增加師生或同儕的互動聯誼與主動學習；而圖書館和球場的開架式設計，可培養學生守法守紀、誠實的習慣，亦方便使用與管理。第三，校園規劃應自由開放，不作太多的禁制、限制，使學生

能徜徉於綠草藍天之間凝望落日浮雲，或在花開花落之間體悟生命的奧祕。第四，情境布置應符合人性的教育需求，如草皮上的步道設計，可休憩並具步行捷徑之功能；生活語錄卡通化（漫畫），可吸引學生注意，並收易知易行之效；廁所便間和小便斗的橫隔板設計可放置隨身物品，並保障個人隱私；洗手臺設整容鏡、肥皂，以協助學生維持整齊清潔。此外，以整個學校為教材園，為各種花木設計可愛的標示牌，使教育氣氛瀰漫校園。

三、舒適性布置

　　學校是莘莘學子與解惑教師朝夕相處、彼此學習和共同生活之重要場所；學校建築的優雅大方，校園環境的舒適美觀和整體性的和諧氣氛，對教學歷程中師生的情緒、性格、身心健康與學習效率，都會有直接、間接的影響。正如 Caudill（1954）所言，學校建築不僅是一個遮掩體（a shelter），而是要如房子（house）一樣講求舒適，以符合生理和情緒的需求，對學習也極為重要。舒適性的布置，從人體工學來看，講求適用；從生理心理學來看，講求衛生；從美學來看，講求美感；據此，學校建築的舒適性的布置，在原則上自應從適用、衛生和美感三個層面予以充分的掌握。

　　在具體作法上，首先，學校情境應平衡協調，亦即校舍建築與校園環境的量體、比例、韻律，力求造形的平衡調和，以予人親切、舒適、愉悅與美感。其次，學校建築應適用適量，亦即校舍空間的大小、樓梯走廊的交通容量，以及黑板、課桌椅、洗手臺、書櫃、工作臺等各項設施高度、寬度和舒適度，均應配合人體工學（human engineering）的原理，在適用性上作最大的考量。第三，校園環境應衛生舒適，例如：校舍的色彩、採光、通風、音響、溫度、溼度、給水和排水，廁所、廚房與垃圾的衛生處理，均應在視覺、聽覺、嗅覺和觸覺上作最舒適的規劃處理。第四，新建校舍建築應依規定設置公共藝術，修建校舍優化建材並強化裝修，增添校園建築質地與美感。第五，庭園景觀應綠化美化，以花草樹木、亭臺樓閣、小橋流水等庭園景致，軟化「水泥叢林」的堅硬和冷酷。此外，在情境布置上，學校建築活潑開朗式的設計、優美色彩的運用、廣闊場地的提供、大型窗子的設置、走廊通道的美化和校園死角的消除，均能增加校園情境的美觀舒適。

四、安全性維護

學童的安全是一項重要的公共責任（a serious public responsibility）（Herrick, Mcleary, Clapp, & Bogner, 1956），學校建築是學生的學習環境，如缺乏安全保障，則學校的教育效果將歸於零。Earthman（2019）強調，學生安全至上，教育需要安全的學校建築（safe school buildings）。學校建築安全性的顧慮，正如蔡保田（1977）所言：

> 學校是眾多兒童或青年集聚的場所，其建築物是否安全，對於兒童或青年的生命有直接關係，因而對於社會秩序的維持有間接的影響。如何才能使學校內的建築物，不但能符合實際需要，且能堅固安全，都是值得研究的重要問題。（第9頁）

教育部（2015）亦說明學校物質環境安全，是學校安全最強調且基本的安全要素，包括學校校舍建築、環境空間、運動設施、教學設備的設置維護等設施環境安全，以及飲食及午餐衛生、水質衛生和環境清潔等生活環境安全；學校是教育的場所，校內的一切物質環境均必須達到安全的要求，並藉由控制和改善環境中可能對人體安全有害的因素，以確保教職員生有安全活動空間，並提供良好的教師教學和學生學習環境。因此，提供學生安全無障礙的學習環境，是學校建築規劃的重要任務，也是學校教育效果的發展基礎。大體而言，校地的地質地勢，校舍的建材品質、結構、出入口、通道流暢、消防設備、運動器材和鍋爐的安置、電力負荷等，均為學校建築規劃安全性應考慮的重點。

在具體作法上，可從工程品質、能見度和安全維護三方面著手。首先，學校建築的工程品質，規劃時應有翔實的地質鑽探，對校地的地質、地形和地勢充分掌握，對校舍結構的承載量，以及建築材質等，也要深入的瞭解；施工中應加強監工，避免「偷工減料」和「用料偽裝」，竣工後應定期保養檢查，隨時檢修；同時要強化多震帶學校建築的耐震設計，地勢低窪易淹水學校之防洪、疏洪設計，以避免地震、風災、水災造成學校和師生可能之損傷。日本是地震最頻繁的國家之一，提高教育設施的抗震性，以確保學童的安全，並創造高品質的教育環境，並將之視為學校設

施重要政策之一（文部科學省，2021a）。亞洲的寮國也常受地震、洪水和暴風雨之苦，學校建築受損嚴重，因此寮國教育部（Lao PDR Ministry of Education, 2009）「學校建造指引」（School construction guidelines）特別要求在校地的選擇和校舍的設計（如校舍平面、立面之形式，以及屋頂、地板和牆面），都要能因應自然災害避免損害，並要用高品質建材，以防洪水和暴風之影響。其次，學校建築的規劃設計，要使學校具有「能見度」（visibility），這是安全性的核心特徵，學校建築的內部要能「看到」（to see）和「被看到」（be seen），設計要素包括寬闊的廊道、教室有窗戶、學生聚集之開放區等，而室內樓梯和樓梯井（stairwells）不要有死角而讓師長看不到學生；對校外的能見度，則要限制校外對校內的觀察，以避免外面人員不必要的入侵，例如：可設計雙向出入道，讓訪客在允許入校前會被觀察到，特別是學校主要出入口的能見度和管控設計，要讓學校的行政辦公室設在學校建築的前方和有高視角看見所有入校人員，並有安全管控，也可在入口處設置可觀察的大玻璃（Earthman, 2019）。第三，學校建築的安全維護，應注意：學校的人行動線應明確順暢，彼此呼應銜接，樓梯間、地下室和廁所均應有適切的動線聯繫，以消除死角；學校停車場和動線規劃，應注意人車分道原則，對於狹小的校園，人車交錯點應降至最低，以維護師生行走安全；遊戲場器材的定期維護，並設置地板防撞軟墊、草皮、沙坑或緩衝區隔，以避免碰撞之危險；走廊、川堂、樓梯間應設置感應式電燈，重要踏腳之處應設置防滑條（non-slip），廁所地磚應設置粗面防滑地磚，以維護進出之安全；廊柱採圓柱形設計、加裝座椅或塑膠防撞墊，以增加安全性；電動（捲）門應裝置障礙感知器，廊柱的電力開關，應設置於壁柱的內側高處，以避免學生觸摸；飲水機應定期檢查維護以確保飲用水品質，飲水機熱開水之取用應有安全開關管控；鍋爐、電壓器的電力負荷應特別注意，並適時汰舊換新，校園電子圍籬、監視系統和保全系統的設置，可加強對人員和財物的保護。

五、經濟性思慮

　　學校建築規劃應注意空間、人工、用費與工具的經濟性，所謂「經濟」是「以最少之經費發揮最大效能」之意。在觀念上，應注意：(1) 減少經費但不影響課程和教育效率，也不增加使用和維護費用；(2) 增加支

出能相對增加教育效果或減少保養維護費用（湯志民，1990；Castaldi, 1987, 1994）。就學校建築經費而言，直接受到三方面決定之影響：(1) 教育人員方面：課程形式、每一教學群學生數、全校學生數。(2) 行政人員方面：學校位置、校地選擇和取得；學校建築法規，如衛生設備、走廊寬度、教室高度等規格。(3) 設計者方面：訂約程序、空間的配置、建材的選擇、建築造形（Vickery, 1972）。

據此，學校建築規劃的經濟性，在具體作法上，可從二方面著手：首先，校舍建築的經濟性應注意：(1) 校舍採用多功能用途之設計，以增加空間的平面性運用；(2) 校舍的運用作最佳的時間規劃，以增加空間的立面使用效率；(3) 以最低價購置最適用之建材，而建材（如馬賽克、貼面磚或油漆）的運用，應視學校的主客觀環境作最好的選擇；(4) 設計過程、施工程序以最少時日完成，但不影響工程品質。其次，校園規劃的經濟性應注意：(1) 凡是花園無計畫的占用很大的校地，需要大量的人力去栽培、管理與整修，需要很多經費購置肥料或苗種，需要各種不同類型的工具，均屬不經濟的情況，都要盡力設法避免；(2) 校園的布置和綠化美化不在經費的多寡，而在心思的巧妙運用。

六、創造性構思

創造是一個求新、求變的歷程，也是生命力開創的泉源，尤其值此瞬息萬變、科技突進的時代，創新概念的培養與發揮，在現代學校建築設計與校園布置上是一個深受重視的課題。Li（2013）提及，許多新近完工的學校建築都重視創新的設計概念。創造性的構思是學校建築活力的來源，也是校園規劃生命力的開展。校園的創意設計應掌握「求新－樣式新穎」、「求變－功能改變」、「求精－品質提升」、「求進－內容增加」、「求絕－本質逆轉」、「求妙－絕處逢生」之原則；其中，「求新」是呈現建築造形、色彩或材質的亮眼新貌，「求變」是轉化建築與設施原功能、兼具他功能或具有多功能，「求精」是古蹟歷史文物強化運用力呈風華再現之效，「求進」是將建築設施功能化零為整形成潛移默化教化之地，「求絕」是閒置空間或廢物再利用使之本質逆轉的省錢絕招，「求妙」則為柳暗花明「無中生有」的妙招，能不花經費並建設出最優質的校園環境，實為「妙中之妙」（湯志民，2014a）。每個學校亦應依

其主、客觀條件，學校教育的精神與重點，做整體性或個別性的創新設計，不模仿或抄襲他校，以表現獨特的風格。對於風格的詮釋，鄒德儂（1991）在《建築造形美學設計》一書中，有一段簡要的說明：

> 風格是指能表現出與別的設計效果和型式有鮮明的區別，是一種試圖把整體布局、房屋營造及美學效果的所有因素集結到一個概念之中的嘗試，以顯示一定歷史時期主要建築物的特性。（第 211 頁）

　　由此可知，風格是自己特殊性格的思想境界的結果，而學校建築規劃創造性的構思即在塑造學校的獨特風格或具地標性的設施。例如：東海大學的仿唐式院落建築和路思義教堂，臺灣大學的椰林大道及仿 1928 年文學院建築的校舍，臺北市政大附中依山而立的現代化造形與社區融合的無圍牆設計，基隆市長樂國小的土型馬背校舍造形及校門區的十二生肖地飾，宜蘭縣過嶺國小的無圍牆設計，冬山國小的冬山河庭園景觀，臺中市長安國小六隻造形獨具的毛毛蟲校門與蝴蝶生態園區相映成趣，臺南大學附小的金型馬背校舍和百年老樹庭園，臺東縣豐源國小兼具海洋和農村風情具地中海優雅藍白風格建築，花蓮縣太巴塱國小的阿美族庭園和雕刻，屏東縣泰武國小具排灣族色彩的校舍設計，臺北市古亭國小帆船造形司令臺等，都有各自的特色。

　　在具體作法上，可從整體性的情境設計，如學校建築結構造形的變化、色彩的運用、建材的選置、花草樹木的種植、庭園景觀的布置等，作別具一格、獨樹一幟的設計。其次，也可從個別性的情境設計，如運用閒置空間開創特色課程，以校園畸零角落開闢小田園，圖書館精緻情境和豐富有趣的閱讀空間，校門結合公共藝術或依校名或作象徵意義的詮釋設計，公共藝術結合學校願景或教育理念，彩色 PU 跑道、屋頂花園或籃球場的設計，校園史蹟文物或百年老樹的保存，走廊樓梯間作為藝廊，地下室則為學生活動中心、自治廣場、研究創思中心，生活小語可以學生喜愛的卡通或漫畫造形製作，校舍大樓命名可徵詢師生家長意見，垃圾箱以護美箱或環保箱命名，以及司令臺更名為典禮臺、化雨臺、朝陽臺或迎曦臺等，都可展現獨創新穎的構思。

七、前瞻性考量

學校建築和教育一樣，具有「百年大業」的特性，一經興建日後再因需求不符而整建，必然大費周章。因此，學校建築的規劃應考量未來的使用與發展需求，使其具有應變性（adaptability）、彈性（flexibility）、擴展性（expansibility）和永續性（sustainability），使學校建築規劃更具生命力、活力和延展力。

在具體作法上，學校建築規劃應符合未來的使用需求，例如：智慧校園（smart campus or iCampus）的發展，校園網路和無線網路的建置，班班有86吋互動式觸控屏幕、專科教室數位科技或虛擬與擴增實境（如AR/VR/MR）設備的充實，學校停車場地下化和電子感應管制的規劃，數位化監視和保全系統的設置，以及無障礙環境和通用性設計（universal design）、公共藝術、哺（集）乳室、性別友善廁所、學校建築耐震設計、綠建築、智慧建築等，均為學校建築未來使用需求的發展趨勢，應在規劃上有前瞻性的配合。其次，學校建築規劃應符合未來的擴展與彈性需求，例如：校舍非永久性隔間、多功能用途、開放空間（open space）之設計，開放式校舍的規劃和室內體育（或活動中心）的校地預留，多媒體器材線路插座的預先設置，校園情境非固定式的布置，均可因應日後變更或彈性擴展之需。第三，學校建築規劃要因應社會快速變遷與複合經營之需求，例如：面對少子女化，新（改）建校舍容量要回應人口預估，並強化閒置空間再利用；面臨高齡化規劃樂齡中心，提供親子共學和終身學習空間；因應幼兒教育快速擴展，國小或以上學校要預留幼教設置空間；學校設施新建有委外經營之需（如活動中心和游泳池），應考慮校內外使用的動線規劃與區隔。第四，學校建築規劃應符合永續發展需求，強化學校綠建築與永續校園的規劃（林憲德，2004、2012；湯志民，2003a、2006a、2014a），二十一世紀學校的永續性，希望在設計、建材、建造、能源、維護、更新和發展上能省錢，同時關切學習環境的品質、學習者在環境中的舒適、環境保護和適應變遷需求的環境能力（Commission for Architecture and the Built Environment and Royal Institute of British Architects, 2004）。第五，後疫情時代，因應COVID-19疫情肆虐之變局，校園安全和環境規劃策略，最重要的是強化門禁管理、降低防疫風險、維護清潔衛生、保持社交距離、防疫空間規劃（湯志民，2021）；

在空間上構建「校園安全島」，成為城市系統中的一個獨立封閉子系統，透過對校園建築和場所空間的消毒、清潔和必要的設備修繕改造，為全體師生提供一個清潔、衛生、安全的健康環境和活動場所（中華人民共和國教育部學校規劃建設發展中心、同濟大學建築設計研究院，2020）；中小學需重新考慮學校空間規劃、運用，包括教室空間保持社交距離，以及利用非教學空間（如體育館、禮堂、自助餐廳、媒體中心、戶外空間和學校未使用區域等）進行學習，同時搭配翻轉教學或混合教學（面對面和線上教學），以及學生分流到校上課之設計，以因應時局（Eggebrecht-Weinschreider, 2020）；日本為防疫，將開發防止細菌和病毒飛散的西式和乾式廁所，以及開發使用乾燥地板的學校午餐設施，列為公立義務教育學校設施整備的基本方針之一（文部科學省，2021b）。此一因應疫情變局的學校建築規劃，也需預先籌劃，以增進未來之應變性。此外，學校建築規劃理念，進步甚速，新設學校有足夠空間者，可酌留空地，以供學校未來發展之規劃。

八、使用者參與

　　學校建築規劃是結合許多人力、財力、物力，配合時間和空間而運作的一個複雜歷程，非一人一事、一時一日所能單獨完成，必須結合眾人的智慧，在使用者參與的基礎上共襄其事。Endres（2020）即指出，很少有規劃和興建任務像學校建築一樣，有這麼多挑戰及業主、建築師和專業規劃者參與討論。事實上，一個理想學校建築的規劃，在校地的運用、校舍的設計、庭園的規劃、運動場的配置、附屬設施的設置，以及管理和維護上，都必須由教育和學校行政人員、建築師、教師、學生、家長、社區人士和管理員等（Caudill, 1954; Kurz & Wakefield, 2004; MacConnell, 1957; Tanner & Lackney, 2006; Tharsher, 1973）分別貢獻心力，合作完成。就使用者參與（user participation）規劃的程度而言，Davies 和 Szigeti 依一般實際狀況分為傳統的規劃（traditional planning）、指導的規劃（direct planning）和參與的規劃（joint planning）等三種類型；Becker 則將之細分為下列五種（引自 Gifford, 1987）：

　　1. 使用者未接受任何指導。
　　2. 使用者提供資訊給設計案的設計者。

3. 使用者從已完成的設計中作選擇。

4. 使用者選擇和安排由設計者所提供的樣式（forms）。

5. 使用者自行設計。

Wagner（2000）說明由設計者、教師、學生、設施管理員和家長所組成有想法和想像力的團隊工作，對新的或既有學校所有的潛能開發出來，可創造出：(1) 整體上更彈性的學習環境且有更多的選擇；(2) 安全的學校較不會引致學生的暴力和意外；(3) 與周遭社區有較緊密的文化連結；(4) 明智的調適校舍建築和校地，使之具環保和節能；(5) 在設施興建期間和後續的維護會更省錢。單就學生參與而言，Wagenberg, Krasner 和 Krasner（1981）的研究，證實了即使是 8、9 歲的兒童也能夠系統地教導參與他們自己環境的設計；Hart（1987）更進一步說明：

> 兒童參與學校環境的規劃設計……，可使其對所屬的地區環境作最好的探究與瞭解；進而，他們將瞭解所有社區環境的決定都是由人們所作的，而這些決定的品質會影響到環境和生活的品質。（p. 235）

Hare 和 Dillon（2016）也強調，一開始就讓學生參與設計，以確保能掌握他們的想法和需求，並和學生一起創造出最好的空間。由此可知，學校環境的使用者有其參與學校建築規劃與設計的必要性，尤其是對於學生更有其積極的意義與價值。在參與策略上，Borden（2004）訪談不同國家的建築師、規劃者、教育家和行政人員，提出學生成功的參與學校設計歷程且具有正面學習經驗的七種策略，值得國人學習：(1) 使用學生的藝術作品，如讓學生用文字和圖片設計出他們的「夢想學校」（dream school）；(2) 學生可以照相新聞的小品集、數位化的照相或 PowerPoint 文件，以張貼或向學校董事會報告方式，表達他們對學校環境和設施的看法；(3) 主辦學生論壇（student forum），在學校設計早期階段，學生的參與可納入教育計畫說明書中，在之後的設計，可以引起學生對各種設計觀點的回饋；(4) 讓學生參與規劃委員會，可以確保學生的聲音和意見被聽到，並注意學生需有平等的表決權；(5) 籌組學生設計競賽，如美國有二個優秀國家競賽，分別是學校建築週（School Building Week）

和地球蘋果獎（The Earth Apple Awards）。學校建築週也就是學校設計日，為中學生提供6個星期的合作設計競賽，以設計出高成效學校（high-performing school）；地球蘋果獎則是年度公開賽，對象為透過學生行動節省學校能源消耗量的 K-12 學校；(6) 在課外時間提供設計方案，學生放學後、週末和暑假占60%的時間，在課外活動中可到一些建築公司實習，學習重新設計他們的學校並創造出模型和製圖，以表達他們的想法；(7) 把設計活動併入課堂作業，如波士頓建築師公會和波士頓基金會為老師提供專業性發展研討會，進而學習如何使方案基礎的建築活動融入科際課程，也為 3 至 12 年級學生提供一個 8 小時學習單元的「學習場所」（places of learning），讓學生顯露其學習環境的設計。此外，臺北市萬興國小（2012）運用活動中心新建工程（含游泳池、專科教室、室內體育館、禮堂等設施），以及操場和地下停車場工程，將「工程變課程」，讓工程課題融入教學設計創意體驗活動，師生共同參與校園公共藝術設計、選擇建材等，也提供使用者參與的典範案例。

在具體作法上，新設校的整體性學校建築規劃，應由教育或學校行政人員主導，廣徵學者專家之意見，提出教育計畫說明書（educational specifications）（參閱 Castaldi, 1994; Herman, 1995）或整體規劃報告書，再請建築師設計藍圖。舊學校的局部的新建或整（修）建計畫，以及相關的規劃設計或情境布置，則可依實際需要採前述 Davies 和 Szigeti，以及 Becker 所提指導的規劃，或參與的規劃，例如：新建活動中心的造形和內部設施，球場、遊戲場、休憩設施的種類和樣式，以及校舍彩繪等，可由使用者（學校行政人員、教師、學生和社區人士）提供資訊給設計案的設計者或從已完成的設計中作選擇；學校公共藝術，可由藝術家指導師生參與規劃設計（教育部，2005）；而學習情境的布置、圍牆的壁畫、花草樹木的說明牌、班別牌等，則可由使用者全程參與自行設計。

第三節　學校建築規劃的歷程

學校建築規劃是一個綜合性的創造歷程（a comprehensive, creative process），也是一個複雜的歷程（a complex process）（Redican, Olsen, & Baffi, 1986），涉及許多複雜的變項，因此難有成規可循

（MacConnell, 1957）。以下先介紹學校建築規劃的綜覽模式、系統模式和程序模式，再就國內具代表性的學校建築規劃歷程作一簡介，以供中小學實際規劃學校之參考。

一、學校建築規劃的綜覽模式

Herman（1995）在《有效能的學校設施：發展指南》（*Effective School Facilities: A Development Guidebook*）一書中，提出學校建築規劃的綜覽模式（school plant planning overview model），如圖 1-5 所示。

圖 1-5
學校建築規劃的綜覽模式

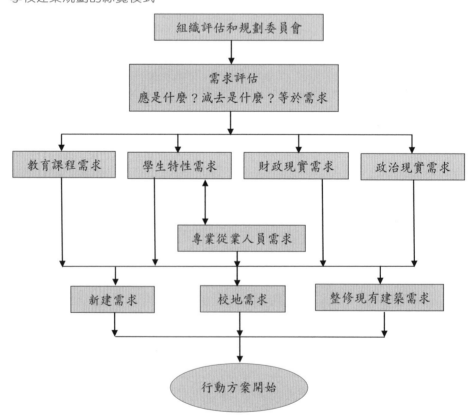

資料來源：*Effective School Facilities: A Development Guidebook* (p. 60), J. J. Herman, 1995, Publishing Co., Inc.

此一模式，提供學區決策者研究學區校地和學校建築需求，能透過完整的計畫來思考，如重要利害關係人（stakeholders）的參與、相關資料的蒐集，以及可以完成整修或新建建築方案的行動步驟等。此一學校建築規劃的綜覽模式，基本步驟包括：(1) 組織評估和規劃委員會（assessment and planning committee）；(2) 實施需求評估；(3) 決定需求，關乎教育課程、學生、教職員、財力和政治現實（political reality），區分其「是什麼」（what is）及「應是什麼」（what should be）；(4) 決定校地、整修現有建築和新建設施的需求；(5) 發展符應所界定需求的行動方案（action programs）。

二、學校設施規劃的系統模式

　　Kowalski（1989）在《規劃和管理學校設施》（*Planning and Managing School Facilities*）一書中，提出學校設施規劃的系統模式（a systems model for facility planning）。此一歷程的二項主要因素是哲學（philosophy）和需求（needs），哲學（philosophy）包含價值觀（values）和信念（beliefs），價值觀有三項重要的層面：(1) 情感的層面（affective domain），係與伴隨理想的情緒有關；(2) 行為的層面（behavioral domain），重點在公開和隱蔽的行動；(3) 認知的層面（cognitive domain），將浮現的情境、目標或人加以統整。學校董事會成員、行政人員、家長和學生，每一個人都有其對教育期望（respect to education）的價值觀。這些價值觀與需求互動，將所有欲求整合。例如：學校董事會成員認為學校建築對學習歷程很重要，並會反映社區生活的品質（the quality of community life）（一種情緒），該學校董事會成員主動地批准新的學校建築，該建築反映出優良的設計、教育的適切和美觀的品質（一項行動）。信念和行動表達於學校設施方案中，影響學校董事會成員對新學校課程決定、教職員選擇和其他決定的態度。

　　需求（needs）即「是什麼」（what is）和「需什麼」（what is need）之間的「缺口」（the gaps）。許多需求即使沒有正式的評估也很明顯，例如：學區亟缺乏教室並不需要調查細節加以確定，但缺乏正式的需求評估難免落入「管見」（tunnel vision），因此學區應競合找出最明顯而重要的需求。

　　計畫說明書（specifications）構成精製的輸入（refined inputs），在系統模式中，有三組計畫說明書在過濾哲學和需求：(1) 教育計畫說明書（educational specifications），對個別的（教育人員）期望設施能做什麼，提供質和量之詳細陳述，包括空間的數量、類型、規格、外觀、關聯（association）和位置；教育計畫說明書是整個規劃歷程很困難的一部分，該文件通常由專業的教育顧問（a skilled educational consultant）提報。(2) 控制計畫說明書（control specifications），與設置標準（setting standards）、安裝限制和決定可行性有關的規定問題，法律和會計是二項最普遍的問題；當然也包括組織的因素，如學區的大小、校地的選擇、支援運作的有效資源（如維護預算、維護人員）。(3) 建造計畫說明書（construction specifications），有關於設計和材料的工程說明，該文件依據教育和控制計畫說明書，繪製決定建造的設計和工程圖。

　　系統成分（systems components）有八項：空間（spatial）、音波（sonic）、視覺（visual）、熱量（thermal）、服務（service）、衛生／安全（hygiene/safety）、設備（equipment）和結構（structural）的成分。在學校設施規劃中，八項中有六項是同時考慮的，其序別，空間配置通常第一個決定，結構則依據其他七項。這些系統成分不僅彼此互動，也觸及原始的輸入（哲學和需求）和修正的輸入（計畫說明書）。空間關係包括空間的關聯性（association）、近便性（accessibility）、配置和易變性（fluidity）。空間的形狀和大小、規劃空間的應變性（adaptability）、交通模式的適應和空間的位置是主要的議題，空間區劃則考慮區域的需求功能。

　　輸出（outputs）是學校設施規劃系統模式的最後一部分，優良的學校設施應符合特定的考驗：美觀（aesthetics）、標識性（identity）、經濟性（economy）、彈性（flexibility）、應變性（adaptability）、擴展性（expansibility）、功能性（functionality）、效率性（efficiency）、衛生和安全性（healthfulness/safety）、適量（adequacy）、適用（suitability）。

　　學校設施規劃的系統模式，如圖 1-6 所示。

圖 1-6

學校設施規劃的系統模式

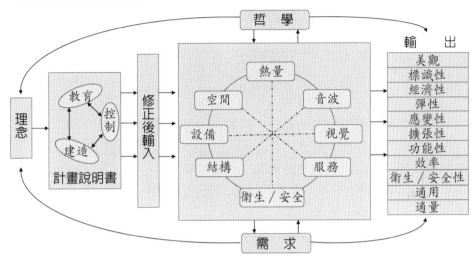

資料來源：*Planning and Managing School Facilities* (p. 25), T. J. Kowalski, 1989, Praeger.

三、發展教育設施的程序模式

　　Tanner 和 Lackney（2006）提出「發展教育設施的程序模式」（A procedural for developing educational facilities）（如圖 1-7），圖中標示 1、2、3、4、5、6、7、8 是「發展學校設施的前提」：(1) 前提 1：強有力的領導是必要的。(2) 前提 2：學校系統有明確界定的方向——任務和願景。(3) 前提 3：建立長期目的和目標。(4) 前提 4：將目的和目標轉化為物質的教學場所和空間。(5) 前提 5：將規劃和設計活動加以統整。(6) 前提 6：管理是系統化的——資料導向和目的導向。(7) 前提 7：資源的需求大於供應。(8) 前提 8：學校和社區之間的協力和合作是必須的。此外，Tanner 和 Lackney 也提出六個假設來支持發展模式的結構：(1) 整個學區教育設施方案的規劃和管理強調教學與學習，以增進學校的任務。(2) 所有學生可在適切地學習環境中學習。(3) 學校的發展，通常發生於當地、州和聯邦管理政策的脈絡中，包括基金方法和提供學校學習環境的所有法定觀念。(4) 教育設施發展是一個持續的歷程，因此學校系統總是會形成

資料和資訊，以適於此一複雜歷程的所有概念。(5) 模式的結果是發展安全、舒適和適切的學習環境，以利多元文化社會中的教學與學習。(6) 大量提供適切的資訊和資源，以利規劃和作決定。

　　Tanner 和 Lackney 強調「發展教育設施的程序模式」是呈現規劃和設計教育設施的程序模式，評鑑則如一持續的歷程整個貫穿。圖中平行方格顯示在線性和互動模式中的規劃歷程，垂直方格呈現資訊和資源的「專門知識」（expertise）和「投入」（involvement），箭頭表示在指定歷程中，民眾和團體的投入和責任，例如：這裡可能會有家長、學生、社區人士和教育人員投入「建造」（construction）歷程（市民監督委員會），但通常「建造」階段有專家的資源、技術和資料的投入，社區的投入並不多；對居於領導職位者「建造」則是一個直接責任，源自於「規劃」、「方案」和「設計」階段。

　　「領導」（leadership），主要在指引出方向、願景、任務、決定和資源分配；當不同的工作加入此一複雜歷程時，「領導」要在所有階段指引分享願景和責任。尤其是資料和資訊，對學校的發展和維護以促進教學和學習，甚為重要，因此資訊的品質和流程，以及它如何在投入學校設施中的許多個體之間彼此分享，對居於領導者和歷程中的參與者都很重要。當然，最後的決定要留給經管的董事會和學校行政主管，而學校行政主管則對所有建造方案的結果直接負責。需注意的是，「領導」和五個階段（規劃、方案、設計、建造、管理）之間皆有互動。

　　其次，這是一個互動模式，社區和教育人員的「投入」（involvement）很重要，尤其是在「規劃」、「方案」、「設計」和「管理」的領域中，透過蒐集和分析資料，並在分擔不同的領導職務中，做出有價值的貢獻——例如：帶領一個委員會，並影響計畫和概念設計。

　　「規劃」（planning）究其本質，包括「領導」、「專門知識」、資源、資料和資訊的運用，以及社區和教育人員的「投入」。

　　「方案」（programming），社區和教育人員界定學校的學習領域，並運用「專門知識」、資料和資訊，將學習理念轉化到空間。

　　「設計」（design）階段，依循的是來自「規劃」和「方案」團隊的資訊，同時也相當依賴「專門知識」、資料和資訊的提供。在此，將目的和目標轉化為有利於教學和學習的物質空間，並統整為「建造」的文件。

　　學校的「建造」（construction），儘管有多套的計畫，還有建造人員、建築師和工程師，仍要依賴民眾在設計階段的投入，並與提供資料和資訊的人互動。「建造」的結果，要受到領導者和營建經理的嚴格監督。

　　設施「管理」（management），包括使用和用後評估（postoccupancy evaluation）——營運和維護。管理設施和「規劃」、「設計」歷程應一起開始，「管理」對「規劃」、「設計」和「建造」進行評估，以瞭解教育目標與建造階段相符情形，並協助決策者作決定。「管理」要仰賴社區、教育人員，以及營運和維護者的專門知識。

　　需提的是，在「領導」之中，民眾的直接投入，有必要貫穿於整個發展學校設施的歷程（參見圖1-7中，領導貫穿到評鑑），主要係透過「專門知識」（expertise）、社區和教育人員的互動和投入。例如：社區和教育人員有責任提供特定的資料和資訊（如歷史資訊和發展，以及哲學的闡述）；他們在「規劃」、「方案」、「設計」和「評鑑」階段互動，但在「建造」和「管理」階段並不扮演主動的角色。要注意的是，透過提供資料和資訊，以及描繪此一資源，社區和教育人員直接與具有不同的發展學校設施觀念之專門知識的人互動，以協助他們在「規劃」、「方案」、概念「設計」和「管理」中一起工作。

　　或許，有經驗的規劃者和建築師很快即可看出圖1-7的模式輪廓，僅僅是投入在教育的學習環境發展中極度多面向活動的單一切片。在發展學校的歷程模式中，投入和互動歷程是領導的重要工作。至於，何種領導類型對發展學校設施的模式最為有利？Tanner和Lackney則強調：教育局長和其他領導者在規劃、教育方案、設計、建造和管理的互動歷程中要保持和諧，領導者要提供發展未來設施的方向，增進「參與領導」（participatory leadership）讓不同的團體投入於歷程中，增進問題的革新改造。

圖 1-7
展教育設施的程序模式

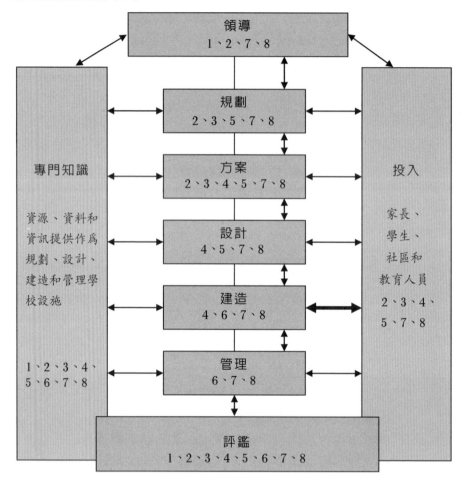

資料來源：*Educational Facilities Planning: Leadership, Architecture, and Management* (p. 52). C. K. Tanner and J. A. Lackney, 2006, Pearson Education, Inc.

四、中小學學校建築規劃流程

　　時至今日，學校建築規劃歷程相當複雜，湯志民（2010）提出「新世紀學校建築規劃流程圖」，為因應時局，特修正並詳加說明，以供中小學規劃、興建與營運校園建築之參考。

　　基本上，學校建築規劃從「領導」出發，融合「教育需求與基本法規」、「校園環境政策」，據以執行設校和興建學校建築，其流程包括：「計畫」、「規劃」、「設計」、「建造」、「營運」，並以「用後評估」（post-occupancy evaluation, POE）來檢視、改善和提升學校建築的品質和機能，最終以邁向「優質校園」為標的。

（一）領導

　　「領導」（leadership）是發展學校建築的關鍵，規劃的效能需要很強的領導（Tanner & Lackney, 2006）。「領導」主要任務在掌握教育方向、學校願景、發展任務、政策決定和資源分配，使學校建築規劃能順利而有效的落實與執行，並讓學校建築成為優質教育環境。首先，學校應組成校園規劃小組，由行政人員、教師、家長、社區人士、專家及學者組成，以前瞻性眼光，依據學校未來發展目標，配合當地社區之發展，規劃校園建設藍圖（國民小學及國民中學設施設備基準，2019）。「領導」要以校長為首的校園規劃小組核心成員來擔綱，校園規劃小組核心成員至少包括校長（召集人）、總務主任（及相關行政人員）、教師代表（或理事長）、家長代表（或會長）、學校建築學者專家等5～8人；而社區人士、教育局和相關單位（都發局、停管處、社會局、文化局等）等代表，可以浮動委員方式邀請參與。需注意的是，「領導」應融合「教育需求與基本法規」、「校園環境政策」，貫穿主要規劃流程「計畫」、「規劃」、「設計」、「建造」和「營運」，並善用「用後評估」（POE）之回饋機制，使學校建築規劃、品質與運用穩定朝向「優質校園」發展並實現。

（二）教育需求與基本法規

　　「教育需求與基本法規」是學校建築規劃的基礎，可分為二層面：
　　1.教育需求，包括學校行政、教師教學、課程設計、學生學習、親師生生活、學校活動、社區使用等需求。

2. 基本法規，包括：(1) 學校設施設備基準，主要參考《國民小學及國民中學設施設備基準》（2019）、《普通型高級中等學校設備基準》（2019）、《高級中等以下學校及其分校分部設立變更停辦辦法》（2019）、《幼兒園及其分班基本設施設備標準》（2019）等。(2) 建築法規，主要參考《建築技術規則建築設計施工編》（2021）、《建築技術規則建築設備編》（2021）等。(3) 耐震設計規範，主要參考《建築物耐震設計規範及解說》（2011）等。(4) 綠建築標章，主要參考《建築技術規則建築設計施工編》（2021）第十七章「綠建築基準」，以及財團法人台灣建築中心（2021a）、林憲德、林子平、蔡耀賢（2019）之綠建築九大評估指標說明。(5) 無障礙設施規範，主要參考《建築物無障礙設施設計規範》（內政部營建署，2021）、《既有公共建築物無障礙設施替代改善計畫作業程序及認定原則》（內政部營建署，2019），以及《建築技術規則建築設計施工編》（2021）第十章「無障礙建築物」等。(6) 公共藝術法規，主要參考《文化藝術獎助條例》（2002）、《公共藝術設置辦法》（2015）等。

（三）校園環境政策

　　「校園環境政策」是學校建築規劃的方向與理想。近 30 年來，教育主管機關推動的校園環境政策，主要有永續校園、智慧校園、安全校園、健康校園、人文校園、藝術校園、學習校園、無障礙校園、性別友善校園等。其中，「永續校園」以綠建築為基礎重視節能減碳和環保，「智慧校園」以資訊科技和智慧教室推展無所不在的學習，「安全校園」重視結構耐震、人車分道和校園安全，「健康校園」重視體育活動設施、休憩空間和物理環境（如色彩、音響、採光、通風等），「人文校園」重視人性化、親和性設計和史蹟文物保存，「藝術校園」重視空間美學和公共藝術，「學習校園」重視多元智慧學習資源和生活空間，「無障礙校園」以無障礙空間和設施建構有愛無礙環境，「性別友善校園」重視性別友善廁所和空間平權之落實。

（四）主要規劃流程

　　學校建築規劃主要規劃流程有「計畫」、「規劃」、「設計」、「建造」和「營運」，以及「用後評估」（POE）之回饋機制。此一流程跨時空（時序漫長、分期規劃和興建）、跨專業（教育、建築、都計、社福、文化、交通停管等），短者 3～5 年可見成效，長者 6～10 年方見端倪，使得學校建築規劃、興建和營運變得相當複雜，甚至有些變化不定和不可預測（如預算經費短絀、相關法規修正、教育政策變更等）。以下就主要規劃流程作說明：

1. 計畫：「計畫」（plan）是長期目標導向歷程，亦即學校建築計畫是學校建築規劃與設計的方針。計畫以教育主管機關和教育行政主管主責，在教育政策上確認新設校成立需求（如高中、國中、國小，或高國中、國中小）、學校性質（如普通學校、實驗學校、特教學校）、學校規模（如班級數、資優班〔音樂、美術、舞蹈〕、特教班〔集中式、分散式〕、幼兒園〔如公立、非營利〕）、學校區位（如原地重建、遷校、合併校）等。例如：新建學校依都市計畫區和人口成長快速需求（如新北市三峽區北大高中、桃子腳國中小、龍埔國小、北大國小，林口區佳林國中、頭湖國小，淡水區新市國小）；原地重建涉及校舍超過使用年限（如鋼筋水泥造〔RC〕耐用年限 55 年）或過於老舊（如臺北市延平國小、新和國小）；遷校可能因現有校地條件不佳運用都市計畫餘裕校地（如臺北市永建國小、潭美國小）；合併校可能因應少子女化及學校發展之需（如臺北市永春、永吉國小合併案）；此外，也有學校因教育政策調整設立實驗學校（如臺北市和平國小），這些學校建築興建期程約需 6～8 年方能完成。而學校建築計畫的開發，都需要教育主管機關的教育政策和長期教育發展計畫，方得以推展。

2. 規劃：「規劃」（planning）是建築計畫的實踐，規劃較重學校各項設施整體性之安置，以及課程、教學和學習之運用，較偏向教育方案之踐行。因此，學校建築規劃以學校行政人員為主責（如校長和總務主任等），先徵選建築師（或學校建築專家）進行校園整體規劃，提出學校建築整體規劃報告書，作為學校建築

設計之依據。學校建築整體規劃報告書，美國加州教育廳（The California Department of Education, 2015）稱之為「教育計畫說明書」（educational specification），強調優質的教育計畫說明書是設計學校設施的關鍵，使學校設施可以成功地支持教育和社區方案的交付，並能促進有效、安全和永續的學習環境；1997 年，加州教育廳學校設施規劃科（School Facilities Planning Division）曾就「教育計畫說明書」提供最完整且翔實的內容說明（詳閱 The California Department of Education, 2015）。學校建築整體規劃報告書內容，主要包括計畫緣起、學校基本資料〔學校位置、校地面積、學校方位、現有（或需求）班級規模、學區學生人數推估等〕、校地環境說明及分析（如氣候、風向、地形、地質和地勢等）、學校空間需求（校舍種類、數量和面積，運動場、體育館、球場、游泳池、遊戲場和庭園景觀設施之空間和設施量體，以及附屬設施、基礎工程等需求）、整體規劃方案分析（至少提 A、B、C 三案說明優劣）、法規檢討（建築法規、耐震設計、綠建築標章、無障礙設施、公共藝術等符合情形）、標竿學校（以學校規模相當之新建、優質學校建築為學習標竿）、工程期程（如規劃、設計、都市計畫審議、建照申請、發包施工、驗收等各項工作期程）、經費預算等。這些學校建築整體規劃約需 1 年方能完成，且需要學校行政人員的細心參與，方能最符合教育課程、教學與學習需求之教育空間與設施。

3. 設計：「設計」（design）是建築規劃的實踐，設計涉及造形、尺規、數量與金額，較偏向建築專業技術層面。因此，學校建築設計以建築師為主責，依學校建築整體規劃報告書，進行學校建築設計並提出設計書。學校建築設計書內容，主要包括學校基本資料〔學校位置、校地面積、學校方位、現有（或需求）班級規模、學區學生人數推估等〕、建築設計需求（如規劃報告書之學校空間需求）、法規檢討（建築法規、耐震設計、綠建築標章、無障礙設施、公共藝術等符合情形）、建築設計圖說（如總平面圖、各樓層平面圖、鳥瞰圖、立面圖、剖面圖等）、物理環境說明（如日照、通風模擬）、工程期程（如規劃、設計、都市計畫審議、建照申

請、發包施工、驗收等各項工作期程）、經費預算、學校建築模型及動畫等。「設計」階段含都市計畫審議及細部設計，細部設計有些縣市交由工務局新建工程處督導（如臺北市），繼續審議建築師所提細部設計圖說（包括所有校舍建築地板、牆面、天花板、無障礙設施等各工程細項之結構、圖面、建材，以及機電、水電、消防、汙水、基礎工程等）。這些學校建築設計（含都審和細部設計）約需 1～3 年方能完成，且需要優質建築師擔綱，方能有造形風格獨特並具美感的校園建築。

4. 建造：「建造」（construction）是學校建築設計的踐行，工程發包後，由營建廠商主責興建。建造過程，應依招標和合約內容（含細部設計圖說）執行，並由建築師負責監工，主辦學校及主管機關（如教育局或新建工程處）督導，且要定期開會檢討工程進度、工程品質、建材選擇、變更設計、物價指數調整、驗收等事宜；尤其是，施工期間，工地圍籬和安全管理一定要嚴格落實。這些學校建築建造期程約需 2 年（單棟建築約需 1 年）方能完成，且需要優質營建廠商擔綱，方能有安全且具工程品質的校園建築。

5. 營運：「營運」（management）是學校建築完工後之管理、維護與使用，由學校教職員、學生和家長主責。「管理」在確保學校建築設施的安全與效率，「維護」在維持學校建築運作的機能與品質，「使用」在發揮學校建築環境的教育、課程、教學與學習功能。管理與維護是學校建築安全、效率、機能和品質的基礎，使用是學校建築教育功能發揮的動能。這些學校建築營運期程，完工初期約需半年至 1 年，並透過「用後評估」（POE）之回饋機制，方能有運作品質和教育效能的校園建築。

6. 用後評估：「用後評估」（POE）是常用的系統性回饋機制，對改善教育設施是一項有價值的工具，以及時和適當的方法，探析設計和興建環境的滿意度和重要性，以改進教育建築的環境品質（Preiser, 2002; Watson, 2003）。POE 是正式的評估歷程，應有清晰和特定之目的，用於確認成功和不足並提供標竿方案，以增進良好的教育成果（The Office of the Victorian Government Architect, 2020）。POE 可在任何建築生命（the life of a building）期間實

施，主體建築應在正式啟用前 2 個月作評估，例行性 POE 檢視建築則在完工後 6～12 月（Watson, 2003）。用後評估是控制與提升學校建築品質最有效的方法，用以瞭解校舍空間量體和配置是否適切？學校建築是否符合課程、教學與學習需求？學校建築造形是否具有美感？建築造價和經費預算是否合理？營造商是否按圖施工？建築施工是否偷工減料？工程進度是否按照既定時程？施工過程是否發現設計不當情形？變更設計是否需要？驗收過程是否慎重與確實？完工後是否做好管理與維護工作？用後評估應在計畫、規劃、設計、建造和營運等每一個階段，以及時和適當的方法（如結構性觀察、焦點訪談、問卷調查、模擬等）探究並改善與提升學校建築施作品質，以開創優質的校園環境。

（五）優質校園

優質校園（quality campus）是學校建築規劃、品質與運用的理想目標。學校建築規劃從「領導」出發，基本上就是空間領導（space leadership）的開展（詳閱湯志民，2008a），融合「教育需求與基本法規」、「校園環境政策」，從「領導」一路貫穿「計畫」、「規劃」、「設計」、「建造」和「營運」主要規劃流程，使學校建築的空間、設施、設備和基礎工程具有一定的品質和效能。需瞭解的是，優質校園營造是空間領導的具體實踐，要讓學校建築蛻變為教育設施與學習空間，則要在校長、學校行政人員、親師生和社區人士等使用者（user）的努力經營和共同愛護下，才能形塑最優美的學校文化、氛圍和環境，讓學校成為具有「優良建築品質」、「優良建築機能」、「優良使用維護」之優質校園。

中小學學校建築規劃流程，如圖 1-8 所示。

圖 1-8

中小學學校建築規劃流程

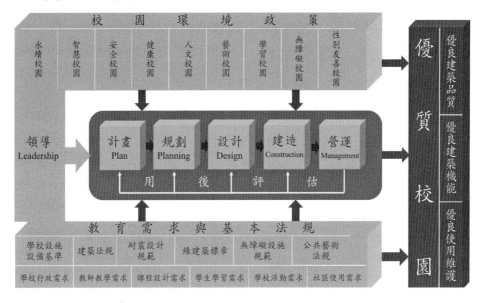

第2章 學校建築規劃的理論基礎

教育理念的不斷發展、新的教學方法，尤其是數位化的影響，正在改變學校的日常生活，從而改變學校建築的功能和美學品質。（The continual development of educational concepts, new didactic approaches, and especially the impact of digitization are changing everyday life in schools and, accordingly, the functional and aesthetic qualities of school buildings.）

～S. Kramer, 2019

英國首相邱吉爾（W. Churchill）有句名言：「我們先塑造建築，然後建築再塑造我們。」（We shape our buildings; thereafter they shape us）。環境對居於其間的人們，具有直接、間接的影響為不爭之事實，Bechtel 和 Zeisel（1987）即言：「環境使我們如此行為，因此，如果環境作了一個特定的改變，我們的行為也將依此改變」（p. 14），「孟母三遷」的故事即最佳之明證；而「滄浪之水清兮，可以濯我纓；滄浪之水濁兮，可以濯我足」（《孟子·離婁》〔上〕）、「橘生淮南則為橘，生於淮北則為枳，葉徒相似，其實味不相同。所以然者何？水土異也。」（《晏子·春秋》）、「蓬生麻中，不扶而直；白沙在涅，與之俱黑。蘭槐之根是為芷，其漸之滫，君子不近，庶人不服。其質非不美也，所漸者然也」（《荀子·勸學篇》），亦說明了環境與行為在互動間的影響關係。

國內外許多學者專家，將學校建築視為「最大的教具」或「第三位教師」，Taylor 和 Enggass（2009）將教育空間或學習環境稱之為「三度空間的教科書」（the three-dimensional textbook），Bauscher 和 Poe（2018）也指出今日的學校建築有更複雜的設計和功能，對使用者而言，

學校是一個完全的教育工具能承載廣泛多樣的學習經驗；以上，正說明了學校物質環境的「境教」和潛移默化的影響力。Sanoff（2002）強調建築的外形、色彩或配置的特徵，協助使用者鮮明的確認環境的內在訊息；而建築和空間所傳遞的訊息，也反映了使用者的生活、活動和社會價值。因此，評估特定的學校環境，要依其傳遞的訊息來解讀。例如：

1. 學校是一個功能性的環境，其評估係根據空間組構的效率和彈性，空間如何有助於對不同用途、使用者團體的調適，尤其是成人和身心障礙兒童。
2. 學校是一個學習環境，其評估係根據空間如何促進社會和心理情境，使學習最能夠成功。
3. 學校是一個視覺體，其評估係根據美學層面，它可刺激內在的設計和運用。
4. 學校是其大千世界的一部分，其評估係根據空間如何成功的增進該機構歷史和傳統，以及是否與當地的生態融合，並與周遭物質環境相配。

這些學校環境的建構和涵義解讀，也正反映了學校建築規劃有其理論依據。亦即，學校建築的規劃應根據什麼理論，才能判定其規劃和設計是符合原理原則，違背了這些理論，則可能產生錯誤的後果。研究者曾就這方面作了一些評述（請參閱湯志民，2002a、2003b、2014b），舉例說明各項學校建築設施的錯誤、原由和改進之道。不過，評析這些錯誤的同時，也讓我們警醒，學校建築該做的沒做（可能因無經費施作，也可能沒理念不知要做）──是「0」分，但「0」分在學校建築建設成果上不算最低分；最怕的是「負」分，有太多的案例是因缺乏正確的規劃和設計理念，致做錯了，不僅浪費公帑，虛擲得來不易的經費，而最尷尬的是，錯誤的成品置於現場，無法收拾。運氣好的話等下一筆預算小改，運氣不好的話無錢大改或不能改，能將就著用也罷，不能用等報廢，可就慘了。尤其是，校舍空間的大小問題（如教室太小或不足、辦公室太小、演藝廳太大），新舊校舍的配置問題（遷就舊有校舍無整體規劃），建築結構的高低問題（如體育館挑高不足以打球），無障礙設施問題（如電梯太小、坡道太陡、扶手太粗、廁所進不去等，最為嚴重），更嚴重的是新學校充斥著舊觀念，有蓋就好，不知如何因應新世紀的快速發展與變遷。

正所謂「變更項目，紙上作業比敲打水泥和鋼筋來得容易」（It is a lot easier to change items on paper than in concrete and steel）（Educational Facilities Committee, 2000）；亦即，學校建築規劃，理念應走在前面，先有正確理念，紙上作業，自然得心應手，才不至於問道於盲，誤信專業，致盲目施作，現場敲敲打打，局面往往難以收拾。學校建築規劃的理論基礎，可從許多方面來探討，在此僅就教育哲學、學校建築學、美學、人體工學、心理學（包括教育心理學、發展心理學和環境心理學）等五大層面，分別探討。事實上，教育哲學、學校建築學、美學、人體工學和心理學，對學校建築規劃理論上的貢獻，並非截然劃分，其間仍有其重疊之處，特此敘明。

第一節　教育哲學

學校建築的理念是教育的一個重要因素，它所賦予的實體形式（tangible form），顯示了價值（values）和理想（ideals）等抽象概念；因此，Cutler（1989）特別強調「醜陋老朽的學校建築象徵過時的教育理念（antiquated educational ideas）和對學校教育的輕言寡諾（a weak commitment to schooling）」（p. 39）。美國國家教育協會（the National Education Association）執行祕書 Fine 也說：「一座好的學校建築，並不保證是一所好學校」，但「任何學校如不依其目的設計，幾乎可確定是一所劣等學校」（引自 Cutler, 1989, p. 35）。Baas 則言：「教育目的和歷程的改變，直接影響設施設計的改變」（引自 George, 1975, p. 5），MacKenzie（1989）更明確的指出：「教育哲學和學習理論意涵學校建築的最終設計（the final design of the building）」（p. xiii）。由此可知，學校建築的規劃設計不僅反映出教育的意識型態，同時亦以教育哲學理念為基礎並直接受其影響。

教育目標大致可分為社會效用（social efficiency）、文化陶冶（culture）和個性發展（natural development）三種（呂俊甫，1969）；Lamm（1986/1991）在「學校建築與教育哲學」（The Architecture of Schools and the Philosophy of Education）的一篇專題報告，即以此三種教育哲學理念，Lamm 稱之為教育的意識型態（ideologies of education）──包括社會化（socialization）、文化化（acculturation）和個別化（individualization），論述其對學校建築規劃設計之影響，茲扼要概述如下：

一、學校建築的社會化

社會化（socialization）認為教育是使學生能完成其社會角色的準備歷程。因此，教育是有效率的和理性的活動，配合著工廠、軍隊、醫院及所有科層體制的組織。反應出此科層化觀念（bureaucratic conception）的理想學校建築設計，則有如生產線系統的工廠。兒童在校內依循序漸進的過程，一課接一課、一學期接一學期、一年接一年，使其認知在各類組織中未來的角色並能實際執行它。沿此生產線的每一站，有的負責鎖上教育的螺絲釘（the bolts of education），有的教育部門負責調整，另一邊則負責噴上學校課程（the school curricula）所賦予的價值（values）。在生產線的終站，完成的產品送到品管處賦予畢業證書、等級、結業證書和分數。

此類學校建築的表徵：首先，它是一大型學校（a big school）（此乃基於行政費用之經濟性及多樣服務的理由），常將同一年級集中一起，各樓層的年級安排：最底層供一年級用，愈高層則供愈高年級使用，每一樓層設有年級協調辦公室（the offices of the grade coordinator），中間樓層則設置校長室，校長室的位置透過玻璃窗可俯瞰全校，會議廳及一些特別活動室──如工藝教室、自然科學教室，也可設在這一樓層。學校平面圖則可顯示各樓層配置的結構原則，每一年級有其特定的區域，而這些區域的周遭或鄰旁則設置處主任辦公室、行政中心及會議廳。

二、學校建築的文化化

文化化（acculturation）認為教育的目的在以文化意識與傳統價值來影響學生，使學生的精神與文化相結合，並反映出文化是獨一無二的。文化化設想社會普遍存在著效率性與訓練式角色的生活，一如社會化中認為教育即訓練，甚或是示範性或馴化（taming）。依照文化化的詮釋，教育是將人類的價值代代相傳，優良的教師是能取得學生認同（identify with him），並能讓學生認同不同文化觀點的教育內容（the

contents of education），教育的成就是使學生將學校所教導的價值律令
（the imperatives of the values）應用於生活中。前述社會化意識型態是
屬於現在（the present），而文化化則與過去（the past）相連結，受此觀
念影響的學校建築外觀顯示著對過去的崇敬和對教育的尊重，這些建築
必須是「尊貴的」（important）、「壯麗的」（imposing）、「莊嚴的」
（serious）、「宏偉的」（massive）。假如要設立宗教學校（宗教教育
屬於文化化型態的一種），則將使之仿若教堂般；若想要設立精英學校（a
school for the elite）（另一種文化化型態），則很可能建造成希臘神殿般
外觀。

　　此類學校建築內部特徵，基於學校功能是擔負起所有知識領域（all
fields of knowledge）的研究，以及讓學生認同教師與文化價值，而必須
有一些秩序與組織。其班級配置依據鴿房原則（a dovecote principle）組
合，每間教室類似的事情會重複發生，在其中，教師藉由演示將文化的價
值傳遞給學生並使其認同。學校建築的外觀，與「過去」相結合，有時甚
至表現在走廊和教室門扉，其所強調的是學習本身（learning itself），此
類學校所學是被視為最終極的（considered to be ultimate），因此低年級
和高年級之間沒有很大的區別，而建築的位置與內部的裝飾也不重要。

　　現今大多數學校深受前述二個意識型態的影響，其建築造形摻雜著
這二個意識型態。就外觀而言，這些學校建築看起來像「理性的」工廠複
合體（"rational" industrial complexes）、禮拜堂或柏拉圖學園（Plato's
academy）；另一方面，其內部設計則採生產線空間配置（the assembly
line spaces）或鴿房原則。

三、學校建築的個別化

　　個別化（individualization）是近來甚受歡迎的教育理念，認為教育
在於配合學生個別的實際需要，而不是強行加注「外在」事物（如社會化
中的社會角色，文化化中的文化價值）的行動；亦即，個別化是學生內在
人格的支持歷程，這些歷程引導兒童與社會規範（social norms）及文化
價值（the values of culture）互動，並認為教育的目的，應視人類依其本
身需求的進步、期望與選擇的發展而異。依照此種教育所興建的建築迥然
不同於昔日盛行的學校建築。自從世界上第一個所謂「學校」的機構成立

（約在 5,000～6,000 年前）以來，尚未經歷如此巨大的變動，這些學校稱之為開放式空間建築（the open space architecture）或「開放式學校」（open schools）。

開放式學校，依其創設者所詮釋的個別化意識型態，認為學校的組織架構是為學生的主動性（initiatives）和興趣，提供活動的機會（opportunities for action）。在這組織架構中，學生可自行決定其在學校空間的位置和活動的時間，例如：在學校廣大空間內，學生可依其意願自由的移動，即他可自行決定何時何地做他所想做的。依此原則，以鐘聲為主導的上下課被廢止，取而代之的是由師生兩者所決定的課程規則（the regime of curricula）；要求學生魚貫入室的規律也消失了等。極端的開放式學校有許多活動的中心（centers of activity），但不是教室，學生依其意願從一個活動中心移至另一個活動中心，這些中心不必以牆隔離。在此空間中，只要彼此覺得需要，二年級的兒童也可和五年級的兒童在一起活動。此類學校沒有所謂的「學校課桌」，有的是書架、木質長凳、電視角、電腦終端機、繪畫與作業角等。簡言之，這是一個廣泛的活動空間和連鎖的刺激（triggering stimuli），同時提供認識自我的工具。依照前述理念而規劃建造的學校建築，必須使建築的內外周遭，皆為適於學生活動的空間。

從上述 Lamm 的分析可知，今日學校建築的三種主要趨向，源自三種當代教育意識型態典範。本質上，社會化的學校建築即功能性的學校建築，意即興建管理上如工業生產的學校；文化化的學校建築強調，學校建築在以沉思的意義（a sense of ponderation）影響學生與指導者，並使其瞭解教育的力量源自過去（the past）；個別化的學校建築則重視開放式空間的建築，促使學生成為自我時間的規劃者（the planners of their own time）和自主決定者（the ones to decide），使其成為真正的自己。就臺灣的學校建築規劃而言，大部分是相當典型的社會化學校建築，在個別化的開放空間設計和文化陶冶的情境布置上，2000 年新校園運動之後的新建學校則有不少令人激賞的成果。近 20 年，臺灣因實驗教育、學生中心教育、學習共同體、教學創新、校本課程、特色課程等教育新理念之推展，同時校園美學、公共藝術、綠建築、無障礙校園、性別友善校園、智慧校園等學校建築新理念也交織回應，尤其是空間領導理念和校園營造實

作，更使學校的開放空間設計和文化陶冶的情境布置，有大幅的突破與提升。有興趣者，可參閱湯志民（2002b）的《臺灣的學校建築》、湯志民（2014a）的《校園規劃新論》、教育部（2003a）的《為下一代蓋所好學校：突破與創新（新校園運動）》、邱茂林和黃建興（2004）的《小學・設計・教育》、羅融（2004）的《臺灣的 921 重建校園》、高雄縣政府（2008）《高雄縣新校園空間美學專輯》、臺南縣政府（2010）《南瀛新校園：教育與建築的對話》。

第二節　學校建築學

　　學校建築乃教育行政理論與實際研究之主要課題，也是一門跨領域的學門，在國民教育普及之初，開始引起注意，並逐漸受到重視。150 年前，美國的教育家和改革者，已開始呼籲學校建築是青少年教育的基礎；H. Barnard 即主張：學校建築應像教堂般，使每位學童在生理、智識和道德文化上受其感染，此一呼籲也受到 Mann, Dewey 和 Riis 等人的回應，不同的是他們對中小學教育較有興趣，將學校建築與教育理論及課程緊繫在一起，使此兩者成為學習歷程中的全程夥伴（a full partner），學校建築也因此成為教育者的領域（the territory of educators）（Cutler, 1989）。1911 年，自愛達荷州波伊思城（Boise, Idaho）率先展開學校調查（school survey）之後，學校建築學的研究日益受到重視，美國各大學亦不斷開設有關學校建築的課程（蔡保田，1977、1980），而二次大戰後，中小學教育日益普及，校舍的大量興建，為配合教學理論和兒童發展的需要，在學校建築理論與實際研究的豐碩成果下，學校建築的規劃與設計更奠定雄厚的理論基礎。

　　學校建築規劃，從字面來看，等於「教育理念＋建築設計」，這二項正是學校建築學立論的主要架構，有關學校建築規劃的原則，在本書第一章已有詳細的分析與介紹，在此不再贅述，僅作如下的概略性說明。

一、教育理念

　　學校建築不同於一般建築工程，除具有實體性、耐久性之外，尚具有教育性、統一性與象徵性等特性（蔡保田，1977），其規劃項目包括：

校舍、庭園、運動場及其附屬設施，所蘊含的教育理念，以教育哲學為導向，以學生為中心，配合教學方法和課程設計的需求，而延伸出學校建築規劃與設計的原理原則，如教育性、整體性、實用性、安全性、經濟性、美觀性、舒適性與創新性等，這些原理原則的應用使學校建築的規劃設計──校地的運用、校舍的設計、庭園的規劃、運動場的配置及附屬設施的設置，更呈現出教育的精神、風貌與特質。

二、建築設計

學校建築設計方面，其構成理論以蔡保田（1977）在《學校建築學》一書之論述最為精闢，對學校建築規劃設計之影響有其瞭解的必要與價值，茲扼要概述如下：

（一）主體

主體是指最主要的組成部分，具有領導作用、莊嚴氣氛、適中精神等特徵。傳統上，學校建築常將行政大樓（administration building）作為主體建築物，其他各室再依地勢、面積與需要作適當分配。但在現代學校建築中，一般的趨勢又特別著重特別教室（如理化實驗室、家事教室、工藝教室）的興建，或將圖書館、禮堂，甚至體育館的建築列為主體，使其具有神經中樞式的積極領導作用。

（二）賓體

賓體用來輔助主體的建築或裝飾（decoration），具有使主體更為突顯的呼應作用和均衡作用。在學校建築中，賓體可能是一幢建築物，也可能很多幢裝飾建築物，或裝飾藝術。

（三）背景

背景即指環境。學校建築一方面要清潔幽靜，以利教學；另一方面要有優美的自然環境，如叢林、花園、山景、河流等，以涵養學生的高尚情操。學校建築物也只有在這種背景下，才能使旁觀者判別主體所在的地點，以及其固定的性格與精神。

（四）平衡

　　平衡即「對等」或「均等」，其種類主要為絕對對稱的和不對稱的平衡。臺灣過去的建築物的平面布置，多採用絕對對稱，能表現出整齊嚴肅的氣氛，以及安靜和穩定的感覺；在歐美學校建築不對稱的平衡中具有瀟灑、輕鬆、自由及不拘束規格的特殊作風，足以予人一種愉快、歡樂與充滿青春氣息的意識。

（五）比例

　　比例乃各部分的使用上應有大小的區別。就學校建築而言，教室的門窗要與建築物成比例，校園要與校舍成比例，運動場要與校園成比例；此外，門的大小要適當，臺階的高度要適當，走廊的寬度要適當，欄杆的高度要適當，黑板的高度要適當，課桌椅的大小要適當等，都是比例上的問題。其次，在建築物方面，重要的建築物其比例要大，不重要的建築物其比例要小；在設備方面，體型較大的學生，應使用大型的設備，體型較小的學生，應使用小巧的設備。

（六）韻律

　　韻律乃是一種有組織的行動。韻律的造成，多是由線形、色彩在感官上所引起的微妙運動感覺；例如：形狀的往返、面積的變化、形式的連續運動。學校建築方面，門、窗口間的大小不同距離，可表達簡單的重複律動；雕刻的花樣、粗糙的原石、圓形的基柱、百葉窗簾等，可構成韻律的活動；校舍的體量與細部的布置，亦應有韻律的存在。

（七）性格

　　性格是個別的及內在一致的表達其獨特的性質與用途，包括想像的性格、自我的性格、效用的性格和樂觀的性格。例如：就自我性格而言，學生餐廳的神態應是活潑、生動、整潔，且有愉快的感覺；足球場應是寬闊豪邁，如野馬奔馳的原野，一望無際似的；籃球場要平坦、整齊，適於短兵相接的競技場所。就樂觀性格而言，學校建築應是生動活潑、亦莊亦諧而富朝氣的，要有厚望無窮、前進樂觀的氣氛。

（八）權衡

　　權衡是各部形象的關係與各部分之間的相互關係。這些關係中，經常有幾何上的與算術上的比率因素，作為選擇上的依據。傳統的校舍設計中，其圖案一直不能脫離幾何圖形，如圓形、三角形和正方形，都各有其特點。在平面設計中，以圓的或方的東西作為全圖的焦點。在立面設計中，正方形常有呆板的感覺，多以長方形代之。二十世紀，由於鋼筋混凝土的普遍應用及都市人口集中，校地往往不能依照標準而購置，致校舍不得不競向高空發展，為顧及校舍形體上的美及正面適當的處理，所以在權衡方面仍應多加注意，以便刻畫出莊嚴、自由、輕鬆與新穎的適當性格。

（九）對比

　　對比係兩種不同部分，經過變化而產生明顯現象，如校舍設計中的方形和圓形的對比、大小的對比、明暗的對比、體量的對比、方位的對比等。在學校建築中，有如校舍的某部分能與其他部分，作競爭式的表現，則亦稱對比。有對比的校舍設計能充分表達「優美」、「趣味」與「舒適」的情感，使學生身處其間，有心情愉快的感覺。

（十）和諧

　　和諧即統一之意，乃是以上各項原理的綜合而促成具體的最高表現；其種類有完整式的和諧、造形上的和諧和色彩的和諧。學校建築在設計中，應注意主體、賓體、背景、平衡、比例、韻律、性格、權衡、對比等相互間保持合宜的關係，使其具有柔和而融洽的感覺，並在整體上表現完整的美感。

第三節　美學

　　美學一詞來源於希臘語 aisthetikos，最初的意義是「對感觀的感受」，十八世紀由德國哲學家 A. G. Baumgarten（1714-1762）首次使用，並於 1750 年出版《美學》（*Aesthetica*）一書，使美學成為一門獨立學科（美學，2021）。美學（aesthetics）是研究美的性質和法則之學，美學的研究有三種取向：(1) 美學的研究物件就是美本身；(2) 美學的研究物件

是藝術；(3) 美學的研究物件是審美經驗和審美心理（唐鉞、朱經農和高覺敷，1974；Good, 1973）。

　　楊裕富（2011）認為美學泛指兼顧審美取向與藝文創作所帶來的人文慰藉與美感的知識與感受（第 15 頁）。黃耀榮（1990）認為美學是一種對事物美好感受的抽象表達，目的在建立一種能夠客觀鑑賞及表達事物形式美醜的方法與架構。魏麗敏和陳明珠（2014）認為美學的本質是真、善、美一體，美學的類型包含動態與靜態之美，有視覺上的美學、聽覺的美學，更有綜合美學的複雜展現。就建築而言，美學的研究主要在創造可以引領愉悅反應的環境外觀（Bell, Greene, Fisher, & Baum, 2001）。美學的主要理論思想，約可分為三大類（鄒德儂編譯，1991）：

1. 形式主義：認為美是形式上的特殊關係所造成的基本效果，諸如高度、寬度、大小或色彩之類的事情。這種美學思想，在建築評論中激起了建築設計比例至上的觀念，熱衷於高、寬、厚、長的數學關係中尋找建築美的奧妙。

2. 表現主義：其基本概念強調藝術作品的表現，表現十分得體，形式才美。許多更近代的評論家則認定，建築美的重要基礎之一是表現建築物的功能或使用目的。

3. 心理學理論：以移情（Einfühlung）和格式塔（Gestalt）的心理學理論最為重要；前者認為，當觀者覺得他本身彷彿就生活在作品生命之中時，這一藝術作品即有感染力的美，是人們在一個事物裡覺得愉快的結果，在建築學中，美是由觀者對建築物現實作用的體驗而得來的，如簡樸、安適、優雅──可以說愉快寓於建築物強烈感人的風采之中，寧靜寓於修長的水平線中，明朗寓於輕鬆的率真之中；後者認為，每一個自覺的經驗或知覺都是一個複雜的偶發事件，因此美的感受並不是簡單、孤立的情緒，它是一種感覺、聯想、回憶、衝動和知覺等的群集，迴盪於整個的存在之中，抽掉任何一個要素，都會破壞這個整體。

　　美學最主要的兩大論點是「形」與「色」，形是指造形，色是指色彩（黃耀榮，1990）。造形（form），狹義言之，是外形（shape）、塊體（mass）、結構（structure）的總合；廣義言之，是外形、塊體、結構、空間、時間、色彩、質感（texture）的綜合（蔡保田、李政隆等人，

1988）。色彩則是透過藝術的形式，給予人們美感舒適的享受，並藉以激勵情緒，助長文化的進步，而增進人類生活幸福的一種藝術活動（蔡保田，1977）。

　　建築景觀能夠引發美感，係因具備良好的材質、色彩、圖像、聲音、節奏、旋律、空間、氣氛、設計、規劃、結構或相關品質之美感的特質（教育部，2013a）。人們譽稱建築是「形象的詩」、「凝固的音樂」和「立體的畫」，正因為建築如同詩、音樂和繪畫一般，既追求藝術的意境，也講求節奏與旋律，同時也利用線條、色彩、質感、光影來創造視覺形象（王宗年，1992）。

　　對學校建築規劃而言，美學是重要的理論基礎之一，如果學校建築所提供的視覺感受雜亂無章，學生受其影響，在身心健康和情緒發展上，必然有所妨礙；反之，學校建築所提供的視覺感受有條不紊且賞心悅目，則學生在身心的健康、愉快和滿足，必然會明顯地增加。因此，教育部師資培育及藝術教育司（2020）的「**高級中等以下學校校園美感環境再造計畫**」，協助中小學推展：(1) 校園空間美學：學校特色與區域歷史文化鏈結、校園空間美學與學校文化色彩規劃、校園景觀與環境行為改善、歷史空間改造與再生等面向。(2) 校園生態美學：生態資源循環系統營造、社區生態美感建構、生態場域學習載具設置等面向。(3) 校園美感教育課程：校園生態美學教育、校園歷史文化空間教育、配合校園美感環境改造過程相關配套課程規劃。(4) 校園與社區美學：校園美學與社區環境營造、學校與社區及社群互動關係、建構區域重要教育場域。教育部師資培育及藝術教育司（2019）的「學美‧美學—校園美感設計實踐計畫」，更與財團法人台灣設計創意中心合作，將「設計思考（design thinking）」理念帶入校園，協助中小學改造裝置藝術、圖書館，以及創意設計走廊、指標系統、營養午餐餐具等，讓「美學」融入校園生活情境中。

　　校園建築物與環境的美學，彰顯於情境，諸如境教、舒適環境感受、可欣賞的環境，隨著四季變化的環境（植栽、綠地），形成美好記憶的人、事、物背景並交互影響（王智弘和廖昌珺，2014）。所謂「山光悅鳥性，潭影空人心」，「仁者樂山，智者樂水」正說明了人、環境與心靈間的契合關係。學校建築的造形、色彩和整體美感，即應以美學的理念為基礎，企求能呈現最優美雅緻的教育情境，使莘莘學子陶融其間，怡然自得。

一、學校建築的造形

學校建築造形包括：(1) 學校建築實體造形；(2) 學校空間造形；(3) 室內造形；(4) 動線造形；(5) 學校特徵造形；(6) 其他造形等種類（蔡保田、李政隆等人，1988）。在規劃上，應先掌握的造形四要素的特質，如：點（point）—— 是造形之最基本元素，僅具有位置（position）；線（line）—— 是點的移動軌跡，具有長度、方向和位置；面（plane）—— 是線的移動軌跡，具有長度、寬度、形狀、表面、方位和位置；體（volume）—— 是面的移動軌跡，具有長寬高、造形、空間、表面、方位和位置（李琬琬，1989）。其次，學校建築造形必須從外形的美醜、塊體的量感、結構的力學原理、空間模式的變化、造形的象徵性、時代的意義性、陽光與陰影的變化，以及色彩、質感所產生獨特風格的藝術效果等，加以探討。Keats 曾說「美即是真，真即是美」，美唯有當造形不論是哥德式（Gothic）建築或後現代（postmordern）式建築，能滿足最高的教育目標、教學需要、文化與環境的協調，始得稱為永恆的美，亦即至真、至善、至美（蔡保田、李政隆等人，1988）。

需補充的是，發軔於 1950 年代的後現代主義對建築造形的轉型與發展有很大的影響，後現代建築反對並批判現代建築過度理性、形式單調、強調機能與機械複製之國際式樣風格塑造與發展，企圖承繼與超越現代建築，並在建築造形和空間形式，呈現符號、隱喻、裝飾、歷史、文脈、折衷等重視表徵與表意之建築形式；整體來看，後現代建築在建築造形和空間形式會呈現結構複雜、造形獨特、象徵符號、價值多元之特徵，會給人創意、醒目、驚豔或突兀、反諷、戲謔之感，但卻令人回味無窮（湯志民，2013）。臺灣，邁入 1980 年後，因信心與經濟力創造一波新建築熱潮，建築的多元發展反應出後現代主義的趨勢，後現代理論大師 F. Jameson 等造訪臺灣也推波助瀾後現代主義之流行（傅朝卿，2013），後現代主義建築在形成世界趨勢的同時，也對臺灣建築及校園建築形成不可忽視的影響。

二、學校建築的色彩

學校和其他學習環境色彩的運用，會影響學生的態度、行為和學習的理解（Grube, 2013; Kopec, 2018）。基本上，優美的色彩，對兒童們具

有陶冶身心，激發學習興趣、誘導情緒正常發展、培養對美的鑑賞、維持視覺舒適，使兒童心情輕鬆、精神愉快等作用。Vickery（1972）即指出色彩對學校重要的原因有四，在學校建築規劃上值得我們注意：

1. 不同的色彩給予學生不同的情感反應（如興奮、平靜）；
2. 色彩可使空間形式和發音（articulation）更明顯，有助於學生的知覺發展（perceptual development）；
3. 色彩調節室內的日光反射，可提高照明度；
4. 非常技巧的使用，色彩有助於減少眩光引起之不適。（p. 93）

事實上，色彩的運用，如橙、黃、紅等暖色（warm color）具有前進性、積極性，以及活力、熱情之聯想；而青、青紫、青綠等冷色（cool color）具有後退性、消極性，以及沉靜、悠久、理智之聯想（國立編譯館，1983）。在學校建築規劃上，可適切的表現建築物之特性、不同功能和詮釋性意義。

三、學校建築的整體美感

學校建築的整體美感，以校園的綠化美化為基礎，進而以校園建築美學充分展現校園整體美感。

在校園綠化美化上，學校校園綠化美化的意義在改善學校建築，增進教學的功能及美化人生（徐超聖，1986）。在校園景觀上，綠化美化是學校建築規劃的首要工作，而「外師造化，內發心源」的形式美和深一層意境美的掌握，是其基本法則；具體作法上，可從黃耀榮（1990）所提的「內向與外向」、「看與被看」、「主從關係」、「空間對比」、「疏與密」、「引導與暗示」、「滲透與層次」、「借景與分景」等各種布局和配置手法，詳加運用。

在校園建築美學上，可從「形象美」、「功能美」及「蘊意美」加以展現：(1) 形象美，著重校園建築、環境景觀、教育設施之造形與色彩等秩序與變化、節奏與韻律或對稱與均衡等，使校園具有形象與形式之美感。(2) 功能美，著重校園能提供符應課程、教學和學習需求之教育環境，使校園具有教學的實用性、效用性，促進有效教學與學習。(3) 蘊意美，著重校園環境詮釋性意義之形塑，以及隱喻之推展，使校園更具有文化意境及教育意境（吳珮青、湯志民，2019；湯志民、廖文靜，2001、

2014）。校園建築美學規劃，以形象美、功能美及蘊意美為核心，可從積極的美學規劃，包括：「人文藝術環境」、「教學空間」、「行政空間」、「圖書館」、「運動設施場館」、「附屬設施」之美，與消極的美學規劃「校園整潔有序」，加以實現（參見圖 2-1）。校園建築之美，是可以細心體會的，正如湯志民、廖文靜（2014）所言：

> 有立體造形、實虛相應的空間之美，有光影變幻、四季蒔花的時間之美；有花草樹木、鳥語花香的自然之美，有匠心獨具、韻律勻稱的人工之美；有樹枝搖曳、群魚悠游的動態之美，有庭園景觀、水平如鏡的靜態之美；有量體均衡、尺度和諧的造形之美，有色澤繽紛、亮麗鮮明的色彩之美；有節能減碳、環境共生的生態之美，有師生漫步、樹下對話的教育之美；有 Google earth 俯視鳥瞰的鉅觀之美，有蜂採蜜、蝶戀花、葉含露的微觀之美；有史蹟文物、歷史建築的傳統之美，有簡明理性、形隨機能的現代之美，更有造形獨具、符號表徵的後現代之美；有校園活化、閒置空間再利用的再生之美，有分期興建、嶄新建築的新生之美，有 921 震災、風災水災、新校園運動的重生之美；有校地廣袤，環境雅致的大學之美，有校舍相連、景致錯落的中小學之美，還有設備豐富、色調活潑的幼兒園之美校園之美無所不在，用心而已。（頁 64-65）

美，是心靈的天地，素養涵融的底蘊。唯有最美麗的校園，才能成為師生永恆的回憶。

第四節　人因工程學

人因工程學發展已超過 60 年，最早是歐洲的英國 1949 年成立人體工學與人因研究所（Institute of Ergonomics and Human Factors）；德國 1953 年成立人體工學學會（Gesellschaft für Arbeitswissenschaft），接著北美洲的美國 1957 年成立人因工程學學會（Human Factors and Ergonomics Society），加拿大 1959 年成立加拿大人體工程學家協會

圖 2-1

校園建築空間美學規劃

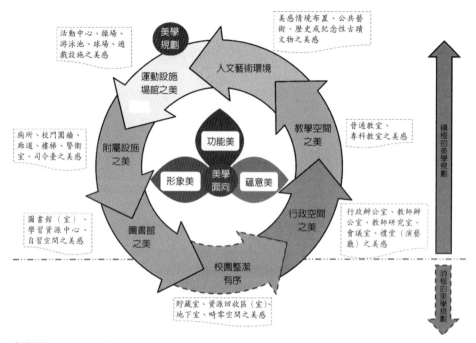

資料來源：吳珮青和湯志民（2019）。校園建築空間美學的研究與規劃。**中等
　　　　 教育，70**(2)，11-31。

（Association of Canadian Ergonomists），而亞洲的日本 1964 年成立日
本人體工學學會（Japan Ergonomics Society），韓國 1982 年成立韓國人
體工學學會（Ergonomics Society of Korea），中國 1989 年成立中國人
體工學學會（Chinese Ergonomics Society），臺灣 1993 年成立「人因工
程學會」（Ergonomics Society of Taiwan[EST]），現今全世界已超過 40
個國家及地區成立人因工程相關組織，專業人才漸增與研究議題多元，不
論在廣度與深度發展上均相當可觀。人因工程與設計的關係密切，設計不
外為「人」所用，所以設計與人因工程無法獨立看待。2001 年科技部（原
國科會）乃將「工業工程學門」下的「人因工程」子學門更名為「人因工
程與設計」迄今（石裕川、紀佳芬、林瑞豐、林榮泰，2018）。由此顯

見，人因工程學發展的迅速，以及與「設計」之間的關係和重要了。

　　人因工程學（human factors engineering）屬於系統工程學中研究人體的諸種複雜因素，其工作方向的分工甚微，因此產生了許多不同意義與相近的名稱，如人體工學（human engineering）、人因（ergonomics）、人體條件學（human conditioning）、人體因素哲學（human factors philosophies）、生物工程學（bioengineering; biotechnology）、人體—機械工程（man-machine engineering）、工程心理學（engineering psychology）、工程人類學（engineering anthropology）、人績效工程（human performance engineering）等。十九世紀波蘭人已使用ergonomics，該詞是由希臘字 ergon（工作與努力）與 nomos（法律或環境）所組成，中文直譯應為「工作法則」，美國以往用 "human engineering" 的名稱，其後改稱為 "human factors engineering"，歐洲和英國則稱之為 "ergonomics"，蘇俄稱為工程心理學，日本稱為人因工學，中國稱之為「人因工程學」、「人體工學」、「人體工程學」、「人機工程學」、「工程心理學」或「工效學」，臺灣則稱之為「人因工程學」、「人因工程」、「人體工學」、「人體工程學」（丁玉蘭、劉柏祥，2010；王展、馬雲，2007；朱鐘炎、賀星臨、熊雅琴，2008；李開偉，2009；侯東旭和鄭世宏，2003；許勝雄、彭游和吳水丕，1991；張一岑，2004；張月，2005；Tilley, 1993/1998；廖有燦和范發斌，1983；劉其偉，1984）。

一、人因工程學的涵義

　　人因工程學研究涵義，可從下列各學者專家的界定中瞭解其梗概：

　　Kroemer、Kroemer 和 Kroemer-Elbert（1994/2002）：人體工學是「研究人類特性，以尋求適合生活與工作環境的設計」之原則，其基本目標是要讓所有人造工具、設備、機器及環境皆能提升人類安全、健康與作為之福祉（第 I 頁）。

　　國際人因工程學協會（International Ergonomics Association[IEA]）將人因工程學（Ergonomics）定義為「人因工程是專注於理解人員與其他系統間的互動，並將其理論、原理、資料，以及方法應用在設計的一門專業，期使優化人類福祉與整體系統績效」（引自石裕川、紀佳芬、林瑞

豐、林榮泰，2018，第 323 頁）。

　　侯東旭和鄭世宏（2003）採用 Sanders、McCormick 之見解：人因工程在發現關於人員的行為、能力、限制和其他特性等知識，而應用於工具、機器、系統、工作方法和工作環境等的設計上，讓使用者能在安全、舒適的狀況下，發揮其最大的工作效率與效能（第 6 頁）。

　　谷口汎邦等（無日期／1982）：人體工學是為了使人類所接觸的機械、裝置、道具、生活環境等的計畫能適合於人體的使用特性，所研究發展出來的一種學問（第 229 頁）。

　　廖有燦和范發斌（1983，第 6 頁）、徐金次（1986，第 1 頁）、劉幼懷（2000，第 6 頁）：人體工學是在設計上，使產品、設備、裝置等適合人的特性之一種綜合性研究。

　　李琬琬（1989）：人體工學是指「研究人體活動與空間、設備間之合理關係；試圖以最少的精力而獲得最高機能效率的一種專門性科學」（第 25 頁）。

　　黃耀榮（1990）：人體工學是為了使人類所接觸的機械裝置、道具、生活環境等計畫能適合於人體的使用特性，所發展出來的一門學問（第 160 頁）。

　　張一岑（2004）：人因學或人因工程學是應用人性因素的知識，以解決人與機具、系統（機械、電腦或社會）、環境的介面問題（第 16 頁）。

　　張月（2005，第 3 頁），以及朱鐘炎、賀星臨、熊雅琴（2008，第 1 頁）見解相同：人體工程學是研究「人—機—環境」系統中人、機、環境三大要素之間的關係，為解決該系統中人的效能、健康問題提供理論與方法的科學。

　　由此可知，人因工程學是在追求人與生活環境、空間、設施或設備的合理化關係，以符合人體使用特性的一種研究。其目的在發現關於人類之行為、能力、限制和其他特性等知識，而應用於工具、機器、系統、任務、工作和環境等的設計，使人類對於它們的使用能力更具生產力、安全、舒適、有效果（石裕川等，2018）。因此，人的官能、行為和思想過程、人體計測及工作安全等，都是人體工學的研究範疇；值得注意的是人體工學設計時是以「實用」條件為前提，不是為「美」而設計（劉其偉，1984），Kroemer 等人即強調人體工學最崇高的理想是「人性化」的工

作，其目標以「容易與有效」（E & E）作為所有技術系統和其組成要素的設計指南（Kroemer et al., 1994/2002）。以下二句話可簡潔而適切地表達人體工學研究範圍的特性：

「爲適合人們使用而設計」（designing for human use）。

「追求工作和生活條件的最佳化」（optimizing working and living conditions）。（許勝雄等人，1991，第7頁）

二、學校建築與人因工程學

　　學校建築規劃與設計應善用人體計測，人體計測是人體物理度量之科學，這些物理特徵包括人體尺寸、重量、體積、肌力、肢體活動範圍等項目。人體計測可分為：(1) 靜態人體計測，計測靜止姿態之人體尺寸資料，常見的人體姿勢有立姿和坐姿。(2) 動態人體計測，計測從事特定活動之數據，不僅是人員的手部、腳部和頭部尺寸，更包括人員操控時軀幹、肩部之活動狀況（李開偉，2009）。因此，從人因工程學的觀點，應注意人體計測的兩種基本尺規（劉其偉，1984）：

1. 結構的（structural）尺規：它是一種「靜態」的數據，包括頭、軀幹（torso）及手足四肢（limbs）的標準位置。
2. 機能的（functional）尺規：它是一種「動態」的數據，包括在工作上的活動位置或空間，測量也比靜態要複雜得多。

　　常用的人體計測術語有：高（如身高、眼高、肩高、坐高）、長（如手長）、寬（如肩寬）、深（如胸厚）、曲（額曲）、圍（如胸圍）、及（如手及、踵之足及）、厚（如股厚）、突（如鼻突）、重（如身體總重量）等（李開偉，2009；許勝雄等人，1991；張一岑，2004）。

　　這些都是在學校建築規劃設計的重要參照點，而除了學生身體的生理基本尺寸及活動行為所需方便性之外，學生的領域感、私密性等心理因素，亦構成使用者對於使用空間的尺寸、面積、密度的大小，空間的種類、服務設備、動線、可變性等性能舒適性的基本需求。例如：在教學空間及設備設計的適用性和方便性上，應注意：

1. 規模與類別的適用性：教室面積大小、教室座位的密度、教室的形

狀、教室的高度、教室內部附屬設備種類、教室門窗設置種類、走廊通道附屬設備種類。

2. **空間使用的方便性**：教室進出口位置、開窗位置、水電開關插座位置、附屬設備位置、門的開關方式、窗戶的開關方式、附屬設備的開關方式、家具的安排方式、半公共空間留設方式、廊道與教室聯繫性、廊道的樓梯（電梯）聯繫性、教室與衛生設備聯繫性、教室空間可擴充性、教室用途可變更性（黃耀榮，1990）。

因此，就中小學而言，學校建築與設備的規劃設計，應以主要使用者──學生的生理和心理活動的基本尺寸為據，而後決定其大小、高低，以及空間的位置、配置，方才適切。值得注意的是，人因工程學在學校建築規劃設計的運用上已蔚為趨勢，美國、英國、日本等國早已分別建立兒童和青少年身體各部分的坐立姿尺寸圖（小原二郎，1991；小原二郎、長南光男，1975；西日本工高建築連盟，1986；黃耀榮，1990），對於教學環境設施標準的訂定甚有助益，值得我們深入探討與借鏡。例如：日本文部省所作的國小學生人體尺寸計測值（詳如表 2-1），對學校建築的規劃與設計，具有實務參考價值。

臺灣人因工程與人體計測之研究，1964 年起教育部每年就臺閩地區男女生身高、體重、胸圍及相關體能平均值作一統計報告。林松亭（1976）在《人體計測與學校設備》一書中，也有較深入的探討。1984年邱魏津對臺灣地區 6～18 歲女子進行人體計測，提供 60 項人體計測資料。1988 年杜壯和李玉龍的「臺灣地區青少年人體測計調查研究」提供7～17 歲兒童和青少年的 24 項人體計測資料（張一岑，2004）。1997 年起，在科技部（原國科會）的資助下，清華大學執行「本土化中小學生人體計測資料庫之建立」的整合型計畫，其總體目標在建立 6～18 歲中小學生人體計測資料庫；經量測 6～12 歲國小學生 3,685 人（男生 1,818人，女生 1,867 人），12～15 歲國中學生 3,207 人（男生 1,624 人，女生1,583 人），15～18 歲高中職學生 1,254 人（男生 632 人，女生 622 人），所得中小學學生人體計測常用數據表（詳見表 2-2）（王明揚，1999、2000；王明揚、廖信銳，2001），對中小學學校建築、空間、設施與設備的規劃設計，具有相當重要的參考價值。

表 2-1

日本中小學校學生人體尺寸計測值　　　　　　　　　　　（單位：cm）

測定部位	學校 學年	小學校						中學校		
		1	2	3	4	5	6	1	2	3
(A) 身長	男	112.0	123.2	128.1	133.0	137.9	143.6	151.2	158.5	162.1
	女	116.1	121.8	127.9	132.9	139.8	146.0	148.8	153.1	155.0
(B) 眼高	男	105.9	111.7	116.4	120.6	124.8	131.9	140.1	146.9	154.5
	女	103.7	110.7	115.9	121.1	128.2	134.9	139.6	142.3	143.9
(C) 肩峰高	男	92.4	97.2	102.1	106.2	110.0	115.2	122.3	128.4	131.3
	女	91.3	96.3	101.5	106.1	111.4	116.7	121.0	123.5	124.9
(D) 肘關節高	男	71.6	74.9	78.6	82.1	85.3	89.6	94.9	99.6	101.5
	女	70.9	74.6	78.3	82.1	86.8	90.8	94.2	96.2	96.9
(E) 座高	男	66.0	68.3	70.7	72.7	74.5	80.3	81.0	84.5	86.8
	女	68.3	67.8	70.3	72.6	71.2	79.6	81.9	83.7	83.1
(F) 座位眼高	男	58.8	56.5	58.7	60.6	62.9	65.5	69.5	72.9	75.4
	女	53.9	56.3	58.8	60.4	64.7	67.7	70.5	72.2	73.7
(G) 座位肱高	男	18.2	18.6	19.2	19.9	20.1	20.0	21.8	22.9	23.6
	女	18.1	18.7	19.4	19.9	21.1	21.8	23.0	23.5	23.9
(H) 下腿高	男	28.9	30.5	32.0	33.4	34.6	36.0	40.2	40.5	40.1
	女	28.5	30.2	31.9	33.1	34.9	35.8	37.3	37.6	38.0
(I) 肩峰幅	男	25.7	26.6	27.9	29.2	30.2	31.4	33.4	35.1	35.8
	女	25.4	26.0	27.9	29.2	32.6	32.0	33.1	34.1	34.6
(J) 座位頭頂高	男	94.4	98.6	102.7	105.7	109.2	113.7	119.9	125.0	127.3
	女	93.3	97.8	102.0	105.5	111.5	115.5	118.5	122.4	122.7
(K) 座位後大腿長	男	31.4	33.0	34.3	35.8	36.0	39.4	41.7	43.6	44.5
	女	31.1	32.8	34.6	36.2	38.2	40.0	41.8	43.0	43.8

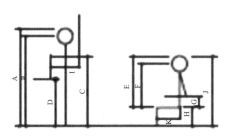

資料來源：日本文部省教育設施部指導課。引自西日本工高建築連盟（1986）。

建築設計ノート：學校（頁 40）。彰國社。

表2-2
中小學生人體計測常用數據表

(單位：mm)

編號	名稱	國小				國中				高中			
		男性		女性		男性		女性		男性		女性	
		平均數	標準差	平均數	標準差	平均數	標準差	平均數	標準差	平均數	標準差	平均數	標準差
1	手臂前伸距離	659.49	61.20	649.42	64.45	799.09	50.14	760.86	35.39	828.43	36.54	761.90	33.82
2	立姿肘高	803.68	78.71	913.96	78.75	1002.17	56.26	967.49	40.08	1058.76	41.45	983.17	37.47
3	立姿腰高	775.70	79.01	782.93	81.12	974.72	53.16	934.06	38.77	1015.66	41.10	938.33	40.76
4	膝下高	589.28	64.16	606.47	68.08	733.27	44.45	733.92	37.99	756.63	36.46	725.00	34.51
5	立姿肩高	1067.26	99.03	1069.38	102.00	1332.34	73.80	1279.28	49.69	1401.59	51.02	1293.03	46.05
6	立姿眼高	1218.27	114.78	1225.97	119.56	1496.98	84.57	1440.59	53.52	1585.44	55.29	1472.45	41.11
7	立姿身高	1342.06	114.70	1341.75	120.13	1629.51	83.44	1568.22	53.92	1713.14	55.01	1583.29	51.64
8	立姿手臂上舉指尖高	1672.08	158.36	1655.32	159.67	2048.06	107.56	1936.57	71.06	2142.98	87.16	1959.64	69.41
9	坐姿腰高	176.23	19.24	184.09	21.21	218.01	17.76	222.36	15.31	227.99	11.88	225.54	11.65
10	坐姿眼高	594.91	50.63	597.34	56.67	729.53	48.30	708.83	31.90	783.85	31.36	728.39	27.91
11	坐姿高	716.08	51.47	714.87	57.83	852.54	48.36	828.66	31.71	906.90	31.44	846.24	28.26
12	坐姿手臂上舉指尖高	1059.35	95.43	1037.55	98.80	1283.79	73.90	1207.67	48.70	1343.00	53.59	1227.75	44.96

表 2-2（續）

編號	名稱	國小				國中				高中			
		男性		女性		男性		女性		男性		女性	
		平均數	標準差	平均數	標準差	平均數	標準差	平均數	標準差	平均數	標準差	平均數	標準差
13	手肘至握拳中心	239.39	29.88	243.12	31.18	305.33	23.95	281.77	22.80	315.80	21.53	279.88	21.49
14	坐姿膝高	413.76	44.96	412.89	42.63	517.04	29.64	486.18	22.71	543.27	26.17	492.59	22.38
15	座高	-	-	-	-	421.39	26.56	402.31	21.39	437.39	27.18	394.86	23.40
16	座深	-	-	-	-	437.87	27.74	444.91	25.08	474.81	23.19	455.48	21.90
17	大腿長	441.70	48.87	447.17	49.67	543.02	32.26	534.37	25.98	576.41	24.69	548.87	23.91
18	立姿腿長	677.69	74.36	692.51	76.31	846.40	47.80	823.76	37.62	874.19	39.07	819.30	36.48

資料來源：整理自

1. 王明揚（1999）。本土化小學人體計測資料庫之建立（子計畫一）。GRB 政府研究資訊系統。https://grbdef.stpi.narl.org.tw/fte/download4?docId=2357088&responseCode=4077&grb05Id=354466

2. 王明揚（2000）。本土化小學人體計測資料庫之建立（子計畫一／第二年）。GRB 政府研究資訊系統。https://grbdef.stpi.narl.org.tw/fte/download4?docId=2420834&responseCode=8697&grb05Id=443619

3. 王明揚、廖信銳（2001）。本土化中小學生人體計測資料庫之建立──子計畫一（III）。GRB 政府研究資訊系統。https://grbdef.stpi.narl.org.tw/fte/download4?docId=2433004&responseCode=3289&grb05Id=525515

第五節　心理學

　　學校規劃（school planning）的起點都應以學生為依歸，在生理因素（the physical factors）和心理因素（the psychological factors）的考慮上，均須以某種或其他方式使其適合於學生（Caudill, 1954）。學校建築規劃的理論依據，除美學與人體工學涉及學生的生理與心理因素較多之外，心理學方面則以教育心理學、發展心理學與環境心理學的貢獻最大（社會心理學論點有諸多重疊之處分別併入討論），以下將就此分別論述。

一、教育心理學

　　從教育心理學的觀點論述學校建築規劃的理論，以學生的動機、注意、疲勞、學習的預備狀態、學習遷移、多重刺激效果、隸屬感與安全感、個別差異與團體相似性、附學習等最受重視（呂俊甫，1969；林勤敏，1986；張春興、林清山，1981；游淑燕，1986；黃昆輝，1982；Castalti, 1982, 1987, 1994; MacKenzie, 1989; Woolfolk, 2013），茲分別論述如下：

（一）動機（motivation）

　　動機可分為外在動機（extrinsic motivation）與內在動機（intrinsic motivation）二種，外在動機並非發自於內心，而是由於外在的環境的刺激所引起；內在動機，則是來自於個人的內心及其意願。這二種動機在學生的學習歷程上，均扮演重要的角色；據此，學校應提供適宜的情境，使學生的內外學習動機能夠獲得滿足。例如：教室建築和主要廊道，應設計立體的展示空間並設置各種生動活潑的公布欄、榮譽榜或作品展示櫥窗，使學生的文章、作品或成績得以展示；其次，動態的表演場所的提供，可以展現學生多方面的才華；而教學場所的設計，應顧及教材和視聽教具的效果。此外，設備完善的專科教室、藏書豐富的圖書室和理想的個別學習空間，均能引發學生的學習動機。

（二）注意（attending）

　　一個人能集中心神注意事物之時間很短暫，但是當一個問題或活動展

開時，注意力就較能持續。人的注意廣度隨著年齡而有所不同，當兒童漸長，其注意廣度便擴增。除非能切合兒童之需求，否則其注意廣度依然短暫。正如 Hughes 所言：年幼的兒童，對於活動及具體事物感到興趣甚於其觀念意見，所以對於他們眼前所能看到的、摸到的、聞到的東西，能很快地把注意力集中。Griffith 亦提及：學校裡的事物要豐富而有變化，因為兒童並非只集中注意力在一件事物之上，而是猶如故事書一般一個情節一個情節的轉移（from event to event）（引自 Castaldi, 1982）。據此，學習情境之設計應多變化，以引起學生對不同活動之注意，進而改進學習品質。例如：教室空間要使教師能迅速地分隔，以因應不同活動形式及學習內容改變之需求，使教師能有效地控制活動時間，並利用分隔的活動空間供學生做小組討論及其他活動；其次，要注意燈光的分布均勻與否，否則眩光嚴重，將使兒童眼睛受到傷害，同時影響到注意力的集中。

（三）疲勞（fatigue）

　　疲勞是由於人們想去克服物理環境的不適或障礙，而過度消耗精力所產生的，足以減低學習的效果。疲勞係來自生理的（physical）、心理的（psychological）或教育的（pedagogical）原因。就生理的原因而言，主要是由於不適當的視覺環境（包括照明度不夠、明暗的差異不妥、閃光的發生、光線的分布不勻、視線不佳、視覺角度不良等）、不合適的設備（尤其是課桌椅）、足以分散注意力的噪音、溫度過高或過低，以及通風不良等所引起。就心理的原因而言，主要是由於單調乏味的事物、內在動機的缺乏，以及學生的心向興趣及基本需要與學習活動間沒有適當的配合等。不論生理或心理疲勞，兩者均足以阻礙學習的速度，並且使學習變成毫無意義的活動。據此，學校建築的規劃設計，應著眼於學生及教師的方便與舒適，例如：校舍的採光、色彩、聲響、通風、溫度、溼度及內部裝潢，應力求完善適中，引人入勝；其次，課桌椅應使之適合於個人的姿勢體型，使學生不論在做筆記、閱讀及聽講時，皆能感到舒適。此外，校園應提供各種活動空間，避免學生從事單一活動致引起身體疲勞，而阻礙學習之順利進行。

（四）學習的預備狀態（readiness for learning）

預備狀態是個體身心發展臻於可學習某事物的程度（張春興，1989），決定於個體身體的、社會的、情感的及智力的發展。因此，Hughes 和 Hughes 特別強調：「教導兒童最好的時機就是當他們渴望學習時（the best time to teach children is when they feel the need for being taught）」（引自 Castaldi, 1987, p. 26）。由於學生的預備狀態並不相同，因此有利於設計不分年級班級（nongraded classes）的學校建築。例如：在國民小學可以把四個年級的學生集中在一個四間教室的班群（clusters）中，特別規劃數個教學空間，以供教導有情緒困擾或是社會性不成熟的兒童。其次，亦可將教室規劃為一個富有彈性的空間（flexible spaces），可再分隔為小一點的空間，以供教師因應學生不同的預備狀態，而能彈性挪動空間。

（五）學習遷移（the transfer of learning）

學習遷移是指舊的學習效果影響了新的學習，亦即「學習結果擴展或類化的現象」（張春興，1989），Blair 和 Simpson 說明此一現象存在於兩個活動間具有實質或程序上的相似性（引自 Castaldi, 1987）。基於此，學校建築的規劃與設計，應使學習的情境與真正的生活情境相類似。例如：學校中的學生實習商店、實習銀行，以及公寓式的實習家庭係此一原理的應用，而家事教室之擺設及形式亦應儘量和一般家庭廚房相類似。此外，教學活動空間的設計，應以能展示各種圖表、模型、圖畫為原則，以提示各種相關之事實，使學生能夠透過這些設施獲得主要概念、原則及事實，有助於真實情境之適應。

（六）多重刺激效果（the multistimuli effect）

多重刺激效果是指利用多種刺激之作用，使個體經由不同的感官，不同的形式、時間及技術的運用，產生預期的行為改變。多重刺激對學習保留（the retention of learning）有很大的效果，更可加深學生對學習的興趣。在學習歷程當中，學習經驗的設計如能展示給學生數種相關的刺激，則學習的效果勢必提高。據此，學校建築規劃設計的配合上，其基本原則即在使學生能聽到（hear）老師所說，並能同時從該教學環境中有所感覺

（feel）。例如：教師口頭講述之後，可以輔之以圖片、幻燈片、影片或實物的介紹；其次，假如學生在社會教室學習熱帶氣候或炎熱且乾燥的氣溫，則可以藉著建築設備提高教室的溫度和溼度，使學生真正能感受到那個情境，而增加學習的印象。此外，在傳統的演講會上，也可利用聚光燈或燈光強度變化的導引，以增強其效果。另從校園規劃來看，花草樹木、庭園建築物等為視覺的刺激來源，水聲、鳥語聲等為聽覺的刺激來源，花香、青草味等是嗅覺刺激來源，讓學生參與園藝植物培育、管理等工作則為觸覺的刺激來源（林勤敏，1990）。再就整體而言，學校環境裡的各種刺激（包括各種人、事、物）都應能引起學生的興趣，以激發其學習動機（呂俊甫，1969），這些學校建築環境多種刺激之運用，將使學生的學習更具成效。

（七）隸屬感與安全感（the feeling of belongingness and security）

　　隸屬感及安全感是學習歷程中最為重要的（Castaldi, 1987），參與學校的社會活動（social activities）可使學生的隸屬感及安全感獲得滿足，而不被接納的兒童和沒有安全感的學生，在學習歷程中往往發生困難。據此，學校建築規劃應提供學生有師生和同儕互動的機會，例如：學校應供給學生適當的各種團體活動的場所，如會議室、戶外集會所、特別活動室、學生活動中心及學生餐廳等。其次，學校可在走廊設計休憩活動空間、在校園角落或樹蔭下，設置適當的庭園設施或適於二、三知己談心聯誼的獨立空間，供學生閒暇之餘休憩交誼之用。另外，也可規劃室外集會區（outdoor assembly area），供集會、野餐、音樂表演或童軍活動之用。此外，學校的建築除應注意其整體性，其各構成的單位建築宜各具特性，在形式與色彩上互有不同，學生生活於其中，較易獲得安全感及隸屬感。

（八）個別差異（individual differences）與團體相似性（group similarities）

　　根據 Cronbach 的觀察，學生的興趣、長期目的（long-term goals）、能力、社會效應（social effectiveness）、人格，以及其他方面均存有差異。同時，Blair、Jones 和 Simpson 則指出，學生在生理和心理的需求也有其相似性，如所有學生都需要食物、空氣、液體、活動和休

息，為這些生物性需求，社會中的每位兒童具有一定的社會和人格需求（引自 Castaldi, 1987）。因此，學校建築的規劃設計，應將學生的個別差異與團體相似性納入考慮。例如：設置圖書館，規劃多樣閱讀和學習角落與空間，以利班級及個別學生學習之需；其次，學校可設置小型工作室、會議室和個人研究室，供教師、諮商人員、學校心理學家、學校護士、語言矯正師，作輔導、會談、研究和補救教學之用。另外，學校應設立測驗室，以鑑別學生的差異，作為輔導的根據。此外，對於有相似的學習障礙學生或資優生，可設置分隔牆在教室的一邊或兩端，分隔出小學習空間，以供分組或小團體教學，或設置個人閱讀座位及自我學習的器材，以因應個別學習之需。尤其是，對於肢障學生或盲生，學校的出入口、電梯、樓梯、走廊、廁所等，均應作特殊的設計，建置無障礙空間與設施；至於對視障、聽障及有閱讀障礙之學生，亦要有特殊設施及輔具，以提供無障礙的學習環境。

（九）附學習（incidental learning）

附學習潛意識地發生於不可預測的環境（unpredictable circumstances）下（Castaldi, 1987）。事實上，在正式的教學情境之外，仍然有許多學習發生，個體並不知道學習正在進行，在某種狀況下，此種附學習對正式的學習有顯著的幫助。據此，學校建築設施應能注意學生潛意識的附學習。例如：科學器材可存放在櫥櫃，使學生從走廊上能透視到或看到；或是將現今所發生之相關照片、圖片或記錄，置於社會科學教室裡；糕餅及食譜可呈現於家事區；新書展示，靠近圖書館；詩詞和名言，呈現於語文教室。此外，黑板應設計使其能上下左右移動，使老師在初次教導後所寫下的原則及理論，能夠保留一段時間，讓學生在不經意的注視中，潛意識地加深對某個原則或概念的印象。

二、發展心理學

發展（development）係指個體在生存期間，因年齡與經驗的增加產生身心變化的歷程（張春興、林清山，1989）。發展心理學（developmental psychology）是心理學的一支，致力於界定和闡明個體在生存期間的系列表現和變化（Woolfork, 2013）。Havighurst 從行為

發展、社會期待和教育需要著眼，提出兒童期（6～12歲）的發展任務
（developmental tasks），包括：

1. 學會平常遊戲活動中所需要的動作技能。
2. 認識自己正是成長中的完整個體。
3. 學到與同儕友伴相處的能力。
4. 能適當表現自己的性別社會角色。
5. 學習到學校課業中的讀、寫、算的基本能力。
6. 學到日常生活所需的重要概念。
7. 建立起自己的是非標準和道德觀念，並能據以作成價值判斷。
8. 性格上漸趨獨立而不再事事依賴成人。
9. 認識社會上各種團體、組織，以及法制、規範的存在，並有他自己的態度。（張春興、林清山，1981，第46頁）

在青少年期（6～12歲）的任務，則重視建立和諧的人際關係、扮演適當的性別角色、接納自己的身體和容貌、情緒表達獨立成熟，在知識、技能觀念上能達到現代公民的標準，以及樂於參加社會活動、建立價值觀和道德標準（張春興、林清山，1981）。究其內容，Havighurst的兒童期和青少年期發展任務，與國民教育在「養成德、智、體、群、美五育均衡發展之健全國民」，以及高級中等教育「以陶冶青年身心，發展學生潛能，奠定學術研究或專業技術知能之基礎，培養五育均衡發展之優質公民」之宗旨，大致相符。事實上，從發展心理學觀點論述學校建築規劃理論，其範圍大體上亦從身體的發展、認知的發展、道德的發展、社會行為的發展和情緒的發展這五個方面加以探討（呂俊甫，1969；林萬義，1986b；游淑燕，1986；Shaffer & Kipp, 2007），茲分別論述如下：

（一）身體的發展

國民小學學生可分為三個年段：低年級（一、二年級）、中年級（三、四年級）和高年級（五、六年級），國中三個年級、高中三個年級，其身高、體重、體型、體適能和動作發展各有不同。在身高、體重方面，臺閩地區6～15歲學生，身高總平均117.4～169.0cm，男生平均身高117.4～169.0cm，女生平均身高116.3～158.7cm；體重總平均21.8～58.1kg，男生平均體重22.3～62.6kg，女生平均體重21.3～53.1kg

（教育部統計處，2021）；由此可知，6～15 歲學生身高總平均每年增加 5.7cm，體重總平均每年增加 4.0kg，從性別上來看男女生差異不大，從年級（齡）上來看則差異懸殊。女生的生長突進自 9～11 歲開始，至 13、14 歲達到高峰，繼而增長的速度減慢，至 15～18 歲不再增長；男生的生長突進自 11～13 歲開始，至 15、16 歲達到高峰，繼而增長的速度減慢，而於 20 歲左右終止。青少年期之後，身高不再增長，體重仍可能繼續增加（呂俊甫，1969）。在體型方面，隨身高、體重的增長，身體各部位比例也起變化，肩部（尤其男生）和臀部（尤其是女生）加寬，身體各部位以頭、手、腳先達到成人尺寸，繼之是頸、臂和腿，最後加速增長的是軀幹（呂俊甫，1969；Shaffer & Kipp, 2007）。此外，小學高年級性徵開始出現，中學進入青春期，性器官成熟（女生約 13 歲、男生約 14 歲）、副性徵顯現、性驅力變強，更會關心身體和容貌（張春興、林清山，1981）。在體適能（包括柔軟度、肌耐力、瞬發力、心肺耐力）方面，2018 學年度國小男生 40% 待加強、33% 中等、19% 銅質、5% 銀質、3% 金質，女生 35% 待加強、34% 中等、21% 銅質、6% 銀質、4% 金質；國中男生 40% 待加強、32% 中等、21% 銅質、4% 銀質、3% 金質，女生 32% 待加強、32% 中等、24% 銅質、6% 銀質、5% 金質；高中男生 47% 待加強、31% 中等、16% 銅質、3% 銀質、2% 金質，女生 41% 待加強、32% 中等、20% 銅質、5% 銀質、4% 金質（教育部統計處，2021）；由此顯見中小學生體適能（包括柔軟度、肌耐力、瞬發力、心肺耐力）待加強最多約 3 成至 5 成，待加強至金質由高而低落差大，銅質以上不到 3 成，男生體適能比女生表現略低。

　　正由於兒童期和青少年期，好動活潑，而學生身高、體重、體型有很大的變化，中小學學生體適能差異大，且待加強過高，容易形成頭重腳輕、動作笨拙、大小肌肉控制不佳、平衡不易協調或自信過大容易跌倒，以及其他意外；特別是青少年期，對身體、容貌、性別較為關注，容易發生性平問題。因此，學校建築的規劃設計（尤其是球場和遊戲場的設置），除依人因工程學原理之外，應注意：學生的活動場所（運動場、遊戲場、活動中心等）及設施，在造形、材料及施工的細節處理上，須特別注意其安全性，以防止意外的發生；其次，中低年級的遊戲場和高年級的遊戲場，應分開設置以避免「大欺小」相互爭奪的現象。特別是，學生

（尤其是中學生）會注意自己的身體、容貌，以及對性別的好奇，在洗手臺、廁所或川堂、廊道適宜之處設置整容鏡，廁所出入口應有轉折或布簾、小便器應有搗擺、保健中心應設置盥洗室，並注意消除死角增加校園的安全，以及強化校園性別友善環境（湯志民，2014a）。

（二）認知的發展

國民小學階段，兒童的認知發展，中低年級大致處於 Piaget 所說的「具體運思期」（concrete operational stage），須以具體的事物作為邏輯推理的基礎，其中空間運思（spatial operation）能利用投影及歐幾里得幾何學的概念，建構投射的空間，協調不同的觀點（王文科，1989）；高年級則已轉進「形式運思期」（formal operational stage），可以概念的、抽象的、純屬形式邏輯的方式推理（張春興，1981；Mayer, 1986/1990）。據此，學校建築的規劃設計，應以具體事物的呈現為主，以豐富其感官經驗，加強學習效果。例如：教室的情境布置，應配合教學進度，將教材內容具體化的呈現在適當的角落；其次，專科教室設備，應配合課程內容或社區特性，蒐集完整的圖片、模型或標本；各科教具之數量應讓學生均有具體操作之機會，輔助教學的視聽媒體應豐富而多樣；特別是，智慧科技發達，設置智慧教室、遠距教學教室、創客教室、提供擴增實境（AR）／虛擬實境（VR）／混合實境（MR）設備、攝影棚、無線上網環境，以創造無所不在的學習空間。此外，學校的動線規劃和管理規定，應在適當的地點生動而具體的標示（如走廊和樓梯的地板劃分割線和行進箭頭，危險物品以紅漆標示）以利遵行，而校舍（如行政大樓與教學大樓，或普通教室、專科教室與活動中心）亦可利用色彩予以區分以利辨識。

（三）道德的發展

道德（morality）是社會團體中公認的行為準則，亦即一個人的行為模式（behavior patterns），必須符合所屬社會文化中的風俗、習慣、禮儀的標準（王克先，1985）；如從拉丁文的道德 "moralis" 來看，其意義是風俗習慣與品性氣質（葉學志，1985），所蘊含的涵義包括個人與社會二個層面。道德教育的目的就是要使人人能成為好人，既能知善也能

行善，由修己善群，而止於至善（歐陽教，1978）。Piaget 曾言：「邏輯是思想的道德，恰如道德是行為的邏輯」（引自歐陽教，1977），因此探討兒童的行為，應先瞭解其道德判斷的發展；就國民小學學生而言，中低年級（6～10 歲），正值 Piaget 所謂的「他律期」（heteronomous stage），而高年級（10～11 歲），則值 Piaget 所謂的「自律階段」（autonomous stage）（Shaffer, 1999），依 Piaget 的研究，兒童的道德意識發展（moral sense develops）來自於發展思想結構（developing thought structures）與擴展社會經驗（widening social experiences）間之互動（Pillari, 1988）。據此，學校建築規劃應以人性化觀點出發，作更開放的設計，使學生能從他律邁向自律。例如：校園的每一個角落的設計，都應讓學生能自由進出，大塊的草坪應作適當的步道設計，不讓太多的禁制規定充塞學生腦中產生反效果；其次，球場可採開架式管理，提供「愛心球」或「自由球」讓學生自由取用，以培養學生自律、自我尊重與尊重他人、合作與守法守紀的良好品德。另外，在情境布置上，生活標語可繪成漫畫或以小故事方式提示，至少應轉化為具體的執行事項。此外，在學校建築的運用與禁制管理（學生方面），可交由「自治市」負責，以充分培養學生自治自律之精神。

（四）社會行為的發展

　　社會行為（social behavior）是指人與人之間交感互動時所表現的外顯行動或內在感覺與思想（張春興，1991），社會心理學在這方面的研究，有相當貢獻（Baron & Byrne, 1987; Baron, Graziano, & Stangor, 1991; Deaux & Wrightsman, 1988; Sears, Peplau, & Taylor, 1991）。社會行為的發展基本上即為社會化（socialization）的歷程（呂俊甫，1987），社會化是個體將社會的價值、規範及角色予以內化的過程，社會化的機構以學校和家庭最為重要（馬信行，1986），正如 Pillair（1988）所言：「在兒童社會化的歷程中，學校扮演一個重要的角色。」就國民小學而言，學生的社會行為除了學校的規範與教師的教導之外，最主要是在同儕互動的人際關係中學習得來，其中幫團（gang）、遊戲和團體活動，使學生的社會行為得到充分而自然的發展。由於兒童具有好群、好競爭、好模仿、好遊戲的天性，因此學校建築規劃首應注意提供寬敞的

活動空間和充分的活動（或遊戲）設備，以培養學生樂群、守法、合作的社會行為，誠如王克先（1985）所言：

> 兒童天性喜歡遊戲，愛好活動，……但活動必賴充分的設備，如果把許多兒童安置在一個空空的操場上，其社會接觸的水準便會立刻降低，在那裡只有口角、打架等反社會行為。如設備完善，有各種球類、運動器材以及遊戲工具，社會接觸水準不僅立刻提高，且可藉種種活動培養樂群、守法、合作等社會品德。（第 344 頁）

其次，學校應在走廊或庭園中設計 3～6 人用的小型休憩活動空間，以供學生小團體活動或遊戲之用；第三，在校舍設計上，可將低、中、高年級教室以不同的集群方式加以組合外，各年級教室間的社會互動空間也應不同。另外，雙面走廊的設計，在日益高層化的都市型小學，不僅可增加打掃和進出安全性及便利性，還可增加休憩活動空間；而教室課桌椅的安排，應突破排排坐的形式，以增加學生的社會互動機會。此外，基於學生的模仿性強，對於聖人賢士、或對社會、教育及學校有重大貢獻者，可在校舍、校園、運動場的設施、牆面或角落以其名命名，或在校史室紀錄引介，或於適當的場所做成公共藝術（如新北市三峽國小李梅樹作畫雕像），以收見賢思齊之效。此外，亦可將學校教育理念或發展願景，以公共藝術呈現，以凝聚組織奮進氛圍，促進親師生協力為學校創造美好的未來。尤其是，智慧科技時代，提供資訊媒體編輯製作電腦、架設自媒體、建置無線上網環境、遠距教學教室、社交網路平臺，促進學生線上學習與交流互動。

（五）情緒的發展

情緒（emotion）是指個體受到某種刺激所產生的一種身心激動狀態（張春興，1991）。質言之，情緒是一種主觀意識經驗，受內外在刺激的影響，外在刺激方面──包括生活環境人、事、物的變化，如藍天白雲、碧綠草原、清風拂面，使人怡然自得；參天大樹、無垠穹蒼、澎湃海濤，使人志氣昂揚；尖銳噪音、雜亂情境、豔陽高照，使人煩躁不安；繁

重課業、限時工作、擁擠環境，使人焦慮緊張；內在刺激方面——是一種記憶聯想的心理活動，如憶起快樂童年，使人會心一笑；想到傷心往事，使人潸然淚下。就國小兒童的情緒發展言，在教師的指導下，已漸能控制情緒，並由直接的情緒表達轉以間接方式表達情緒，如藉由活動或學習發抒其過剩的精力和不愉快的情緒。需注意的是，國高中學生時值青春期，期盼交友、心緒不定，加以課業壓力大，應有更多紓解情緒或讓情緒正向發展的管道與途徑。據此，學校建築的規劃設計，應兼顧內外在刺激的影響，使學生的情緒能有最適當的發展。例如：校園的規劃（尤其是草坪）應能讓學生徜徉其間，以紓解課業上的壓力；其次，學校應有更開闊的活動空間，以供學生歡笑奔馳，更豐富多樣的遊戲設施，讓學生盡情嬉戲；第三，應讓學生參與學校建築規劃與設計，使學生多一份關懷愛校之情。此外，學校的鐵窗（如非必要）應全部拆除，以解「籠中鳥」之束縛；最重要的是，學校應加強綠化美化，使都市型學校「水泥叢林」增添綠意盎然之氣息；同時，校舍的色彩與造形，應與校園的綠化美化相配合，使五彩繽紛生動活潑迭富創意的景致，給予學生愉悅的心情和美麗的一天。

三、環境心理學

環境心理學（environmental psychology），此一研究領域興起於1950年代，到1970年代，由於 Canter（1969）主編的《建築心理學》（*Architectural Psychology*）、Proshansky、Ittelson 和 Rivlin（1976）的《環境心理學》、Craik 的《環境心理學》等書，以及 1969 年的《環境與行為》（*Environment and Behavior*）、1981 年的《環境心理學期刊》（*The Journal of Environmental Psychology*）和 1984 年的《建築規劃和研究期刊》（*Journal of Architectural Planning and Research*）等之發行，使得環境心理學的研究達到高峰，也奠定了此一學科的基礎（Heimstra & McFarling, 1978; Stokols & Altman, 1987）。環境心理學的定義，可由下列權威人士的定義知其梗概：

Bell 等人（2001）：環境心理學是行為和經驗（behavior and experience）與人造和自然環境（the built and natural environment）間質量關係（the molar relationships）的一種研究（p. 6）。

Gifford（1997）：環境心理學是個體與其物質情境（physical

settings）間互動的一種研究（p. 1）。

　　Cassidy（1997）：環境心理學是個體與其社會物質環境（socio-physical environments）間互動的一種研究（p. 4）。

　　McAndrew（1993）：環境心理學是以個案（以及相對的大團體或社會）對環境（人造、自然和社會環境）的反應為重點之研究。

　　Baron、Graziano 和 Stangor（1991, p. 568），Stokols 和 Altman（1987, p. 1）：環境心理學是人類行為和舒適（human behavior and well-being）與社會物質環境（the sociophysical environment）之間關係的一種研究。

　　Heimstra 和 McFarling（1978）：環境心理學是有關人類行為和物質環境之間關係的一門學科（p. 2）。

　　Heyman（1978）：環境心理學是空間如何影響態度、情緒和行為的一種研究（p. 7）。

　　徐磊清、楊公俠（2002）：環境心理學是涉及人類行為和環境之間關係的一門科學，它包括那些以利用和促進此過程為目的並提升環境設計品質的研究和實踐（第 3 頁）。

　　綜上可知，環境心理學是人的行為和經驗，與物質、自然及社會環境之間關係的一種研究。

　　因此，大多數公共環境的行為情境（behavior settings）包含三項要素：物質設施（physical）、社會成分（social components）、環境情境（environmental settings）。Kopec（2018）根據研究指出，環境心理學者和其他「人─環境」關係之探究，顯示學校建築在學生學業和社交／行為上扮演重要的角色。Wolfe（1986）曾以環境心理學的觀點解釋教育環境在兒童社會化歷程的影響；並進一步指出，學童所成長的環境給他們有關他們是誰，以及在他們社會中能為何的訊息，經由社會化歷程，使兒童適應規範的社會秩序、物質和社會概念，包括學校本身的經驗。環境心理學有幾項研究重點與學校建築規劃有密切關係，例如：密度、擁擠、私密性、領域和個人空間等。Kopec（2018）《為設計的環境心理學》（*Environmental Psychology for Design*）一書中有專章論述，在社會心理學的一些專書中（例如：Baron & Byrne, 1987; Baron et al., 1991; Deaux & Wrightsman, 1988; Taylor, Peplau, & Sears, 1997），亦將這些概

念分別列為論述重點。以下先就這些環境心理學研究的重點概念作一扼要的介紹，再就環境心理學對學校建築規劃之理論作一說明。

（一）環境心理學研究的重要概念

1. 密度（density）

基本上，密度係一種客觀性、物理性的概念。Stokols（1972）和 Altman（1975）均認為密度是「每一單位空間的人數或動物數」，Gifford（1997）亦認為密度是「每一單位區域的個體數」（p. 143）。在實驗操作上，常把密度區分為兩類（徐磊清和楊公俠，2002；Baron et al., 1991; Gifford, 1997; C. S. Weinstein, 1979; Taylor, Peplau, & Sears, 1997）：

(1) 社會密度（social density）：是指不同大小的團體在相同的空間，亦即在相同大小的空間中，使用者的人數有不同的改變。簡言之，社會密度研究關注的是固定空間裡的許多人（人／m^2），關心的是「人太多」。

(2) 空間密度（spatial density）：是指相同大小的團體在不同大小的空間，亦即使用者的數量相同，而空間大小有所改變。簡言之，空間密度研究關注的是不同空間的相同人數（m^2／人），關心的是「空間太少」。

在數學上，這二種程序所得的密度相同；但在心理學上，這二種程序所得的結果不同（Gifford, 1987）。社會密度的增加常意味著人均資源的減少，空間密度的提高則意味著除空間減少外其他資源沒有減少，因此社會密度比空間密度更容易產生負面效應（徐磊清、楊公俠，2002）。

2. 擁擠（crowding）

環境心理學家或社會心理學家，大多認為擁擠係一種主觀性、心理性之概念，例如：Taylor 等人（1997）認為：「擁擠是指覺得被抑制，或是空間不夠的主觀感受」（p. 469）；Baron 等人（1991）說明：「擁擠是個體在人己之間需要更多空間和物質間距（physical separation）所感知不舒適的心理陳述」（p. 607）；Cohen（1975）將擁擠簡單界定為：「空間太小的經驗知覺」（the perception of experiencing too little space）（p. 3）；Stokols（1976）進言之：擁擠是個體在經驗上對所知覺的有限空

間有拘束的觀感（the restrictive aspects）（p. 50），也是一個人對空間的要求超過所能用的一種心理壓力型態（a form of psychological stress）（p. 63）；徐磊清、楊公俠（2002）亦認為：擁擠是密度、其他情境因素和某些個人特徵的相互影響，通過人的知覺—認知機制和生理機制，使人產生一個壓力的狀態（第64頁）；而Altman（1975）則認為擁擠是私密性技巧（privacy mechanism）尚未能有效發揮作用的一種社會狀況，致產生過多不需要的社會接觸。由此可知，擁擠與「感受到擁擠」（perceived crowding）或「擁擠感」（crwoding perception）同義（陳水源，1988）。

陳水源（1988）依Stokols（1972）之見解，將擁擠區分為：
(1) 非社會性擁擠（nonsocial crowding）：意指所感受到之空間不足係純粹因實質因素所造成。
(2) 社會性擁擠（social crowding）：意指所感受到之擁擠係因其他人太多而產生。

Stokols（1976）另就阻礙的結構（the construct of thwarting），將擁擠分為中立的擁擠（neutral crowding）和個人的擁擠（personal crowding），前者是在物質環境的空間需求（space desired）大於能用的空間（space available），後者則是在物質和社會環境的距離需求（distance desired）大於能用的距離（distance available）。擁擠會產生行為限制、失去控制和刺激過量的壓力，徐磊清、楊公俠（2002）據擁擠的相關實證研究指出，高密度環境是一種壓力，對人的生理和健康、工作績效、社會交流和孩子的成長等方面有著重要的影響。

3. 私密性（privacy）

Altman（1976）提出最具影響力的定義，認為私密性是「人際界線控制的歷程」（an interpersonal boundary control process）（p. 7）。Moffitt、Golan和C. S. Weinstein將私密性界定為「物質上單獨性的選擇」（chosen physical aloneness）（C. S. Weinstein, 1982）。Heyman（1978）認為私密性是「對自己或一個團體接近的選擇性控制」（selective control of access to the self or to one's group），比較狹義的定義是「視覺和聽覺的分隔」（visual and acoustical separation）（p. 13）。

　　Wolfe 和 Laufer 研究 5～7 歲的小孩，結果發現四個主要觀念，依其提及次數之順序分別為：(1) 控制訊息（controlling information）；(2) 獨處（being along）；(3) 無人打擾（no one bothering me）；(4) 控制空間（controlling spaces）（引自 Smith, Neisworth, & Greer, 1978）。

　　Westin 則認為私密性是一個社會單位，包括獨處感（solitude）、親密感（intimacy）、匿名性（anonymity）和保留感（reserve）；並進一步說明私密性具有四種功能：(1) 個人自律（personal autonomy），與自我獨立和自我認同有關；(2) 情緒鬆弛（emotional release），從社會角色、規範和習俗中獲得解脫；(3) 自我評價（self-evaluation），包括個人經驗的統合和計畫未來行動的機會；(4) 溝通的限制和保護（limited and protected communication），亦即提供與特定的人分享祕密之機會（引自 Altman, 1976）。

　　4. 領域（territoriality）

　　領域（territoriality）係由個人或團體以所知覺的物質空間所有權（ownship of physical space）為基礎，所展現的一組行為和認知（Bell et al., 2001），也是一種環境策略（environmental device），為特定團體或個人所專用、支配和保持的區塊空間（Shin, 2003）。Brown（1987）認為可概分二大類：第一類強調占有（occupation）和防禦（defense），例如：Altman 和 Haythorn，Altman、Taylor 和 Wheeler，以及 Sundstorm 和 Altman 認為：領域包括個人和團體彼此對區域和物件的獨占運用（exclusive use of areas and objects）；Hall 認為：領域是宣告及保衛領土的行動；Sommer、Sommer 和 Becker、Becker，以及 Becker 和 Mayo 認為：領域是藉由私人化或標記方式以防他人侵犯之地理區域；其他還有 Ardrey、Eibl-Eibesfeldt、Davies、Dyson-Hudson 和 Smith、Goffman，以及 Van 和 Berghe 等人之界定亦是持類似之看法。第二類強調組織的功能（organizational functions）或情感的功能（attachment functions），例如：Altman（1975）認為：領域行為是人我界線的規則技巧（a self-other boundary regulation mechanism），包括個人或團體對地方或物品的人格化或作標記，以告知這是「屬於我的」（owned）；Austin 和 Bates 認為：領域是重要物品及空間的所有權；Sack 認為：人類的領域性是經由對一個地理區域的維護和強力控制，以企圖影響或控制行動，以及人、

事之互動關係；其他還有 Bakker 和 Bakker-Rabdau、Brower、Edney、Malmberg，以及 Pastalan 等人之界定亦是持類似之看法（引自 Brown, 1987）。

Altman（1975）將人類領域的類型分為三種：(1) 初級領域（primary territory），僅為一個人或一個團體所擁有與使用。(2) 次級領域（second territory），是一個自己經常使用，但卻與他人共有的空間。(3) 公共領域（public territory），在這個領域裡，每個人都有平等的使用權。

5. 個人空間（personal space）

人將身體周圍的物質空間（the physical space），視為自身的一部分，這個區域（zone）即稱之為個人空間（Taylor et al., 1997），有人將其視為包圍一個人的囊包（an envelope）或氣泡（a bubble）（Heimstra & McFarling, 1978）。Smith 等人（1978）認為個人空間是人們在不同的社會情境中，彼此間所保持的間距量（the amounts of separation）；Bell 等人（2001）則強調個人空間是一個真實的人與人間的連續距離（an interpersonal distance continuum）。

人類學家 Hall（1966）在《隱藏的空間》（*The Hidden Dimension*）一書中，以空間距離（space distance）為單位，將社會互動的個人空間區域，分為四種：

(1) 親密距離（intimate distance）（0～18 吋，0～45cm）：在這一個距離之內，視覺、聲音、氣味、體熱和呼吸的感覺，合併產生一種與另一個人真切的親密關聯。

(2) 個人距離（personal distance）（1.5～4 呎，45～120cm）：是大多數與他人互動所使用之常見距離，移至比這一距離更近的距離時，就進入了親密的區域，會使他人產生不舒服的感受。Hall 同時認為，在個人距離的區域內，近接的部分（1.5～2.5 呎，45～75cm）是保留給親密朋友的，Hall 將這個區域視作親密和正式公眾行為之間的傳統範圍。

(3) 社交距離（social distance）（4～12 呎，120～360cm）：是通常用於商業和社交接觸的，如在桌邊對坐討論，或在雞尾酒會中之交談等。

(4) 公眾距離（public distance）（12～25 呎，360～750cm）：係用

　　於較正式的場合，演講、或與地位較高的人之間的互動之時；在
此一區域中，溝通意見之管道比在前述各種區域任何一種，均要
受到更多的限制。

　　由上述可知，密度、擁擠、私密性、領域和個人空間是幾個關係相當
密切的概念，其間也有一些區別存在。

　　就密度和擁擠而言，基本上，密度是一項物理學的概念，而擁擠卻是
一項心理學上的概念。密度並無所謂愉不愉快，但是擁擠依定義來看，大
約是不愉快、負面的感覺。析言之，擁擠則是個人的主觀反應，來自空間
太少的感覺，雖然密度是一項必要的條件，但只有密度並不一定足以產生
擁擠的感覺（Heimstra & McFarling, 1978; Sears et al., 1991）；簡言之，
「密度」是產生「擁擠」之必要條件，而非充分條件（Stokols, 1972,
1976）；Rapoport 則將擁擠稱之為情感密度（affective density），乃是
對於知覺密度（perceived density）的一種評估或判斷（引自 Heimstra &
McFarling, 1978），Baum 和 Paulus（1987）也認為擁擠是密度的評價
（crowding as an appraisal of density）。

　　再就領域、領域行為和個人空間而言，Sears 等人（1991）認為領域
是指由某人或某團體所控制的區域；領域行為，包括以各種標誌、或是用
圈圍的方法，表示出領域，並且聲明其所有權。個人空間是指與個人有關
的物理空間──指個人身體和他人之間的距離；領域則不一定需要身體、
物理上的呈現。

　　最後就擁擠、私密性、領域和個人空間的關係來看，Altman（1975）
在《環境與社會行為》（*The Environment and Social Behavior*）一書導
論中，有一段精闢的說明，並將其繪如圖 2-2。

　　要說明的主要理念是，「私密性」的概念是中心的──它使
　　四個概念結合在一起。私密性被視為一個中心的調節歷程（a
　　central　regulatory process），經由此一歷程，個人（或團體）
　　可以使自己對他人作或多或少的接近和開放，而個人空間或
　　領域行為的概念乃是被用以獲致所希望私密程度的「技巧」
　　（mechanism）。擁擠為私密性技巧尚未能有效發揮作用的一種
　　社會狀況，結果產生過多不需要的社會接觸。（p. 3）

圖 2-2

私密性、個人空間、領域和擁擠整體關係圖.

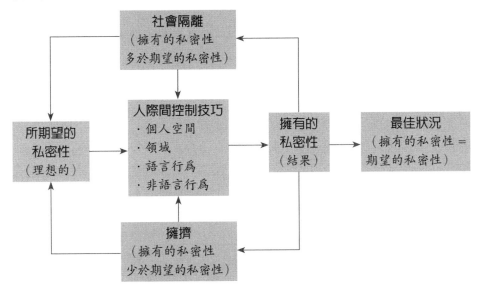

資料來源：*The environment and social behavior: Privacy, personal space, territoriality and crowding* (p. 7), I. Altman, 1975, Brooks Cole.

（二）環境心理學與學校建築規劃

　　從環境心理學對密度、擁擠、私密性、領域和個人空間之研究中，可以抽繹出幾個中心概念──「人」、「空間」、「互動關係」和「控制力」，這些要素正是環境與行為研究的重點，也是學校建築規劃應考慮的重點。例如：Zlutnick 和 Altman、Stokols 分別在其對擁擠感的研究上，提出類似的關聯變項（參閱陳水源，1988；Heimstra & McFarling, 1978），包括：(1) 環境因素，如密度、空間數量、類型、布置和配置、地位和權力的分配、壓力源（stressor）（如噪音、眩光、汙染、溫度、暴露時間等），以及協調問題和競爭所形成之社會干擾；(2) 人際因素，乃一個人與其他人互動的控制能力；(3) 心理因素，包括個人的往昔經驗、人格特質、認知上之不協調和情緒不穩定（感覺受侵擾、疏離感）等對壓力之體驗，並由此探究行為、感受或認知上的種種反應。

　　就學校建築規劃而言，環境心理學對密度、擁擠、私密性、領域和個人空間研究所提出的理論基礎，提供了應在使用者（人）、活動空間和彼此的互動關係上作適當調適的重要理念。例如：Shin（2003）在教育空間設計的行為界定中，強調：(1) 學校的設計要讓學生覺得有歸屬感，外在環境（如校園）與內在環境必須共同形塑學校的意義，所有學生可在非正式的社交空間（the unofficial socilization space）互動，此可提供非正式的學習空間（像是資訊交流板）以利人際溝通；(2) 私密性的維護，必須平衡統一和親密、趨近和迴避，此一重要概念，尤其在開放教育環境中，有助於學習效果和情緒穩定；因此在開放的教室中，必須反映出相對的空間組織概念——大和小、開放和封閉，課桌椅的多樣化安排，是有效率的方式之一；(3) 屬於個人的空間，即每個個體與他人互動所接近的程度，必須擁有保護個人與訊息交換的功能，正式的空間應符應個人的需求，並在團體中提供特定空間給學生；(4) 領域是特定團體或個人所專用、支配和保持的區塊空間，在學習空間和其他空間之間劃一條清楚的線是必要的，並且領域的相關問題，必須在區隔學習領域時降至最低。此外，Tanner（2000b）認為學生常與物質環境互動，從環境中獲得心理和社會的線索，由於學校是文化環境中的一個社會系統，可考慮以社會距離來計算教室的最低面積，並根據 Banghart 和 Trull 研究的男人和女人 7 英尺（2.13m）的低中度社會距離，用以設計和規劃教室，Tanner 建議小學教室每生 49 平方英尺（4.55m²），中學教室每生 64 平方英尺（5.95m²），以每班 20 名學生加 1 名教師核計，小學教室 1 間面積要有 1,029 平方英尺（95.70m²），中學教室 1 間面積要有 1,344 平方英尺（124.99m²）。特別是，2020 年 COVID-19 疫情大爆發，造成世界各國大部分幼兒園、中小學和高等教育學校關閉、學生學習中斷等重大問題。因此 COVID-19 疫情流行期間，學校開學和重啟之校園安全與環境規劃策略，除強化門禁管理、降低防疫風險、維護清潔衛生之外，最重要的是保持社交距離（1.5m，國外為 6 英尺）、防疫空間規劃，讓師生有一個永保安康的校園環境（湯志民，2021）。

　　總之，環境心理學在學校建築規劃的實際作法上，可從整體環境規劃和細部情境設計二方面著手：

1. 在整體環境規劃方面

(1) 應對學校規模作一理想的控制，例如：學生人數、校地面積和校舍數量應有適量的配合，以提供最佳的學校密度（m²／人）和活動空間。

(2) 學校建築的配置、整修、維護和校園環境的綠化美化，應有整體性的配合，以免過於凌亂徒增使用者之擁擠感。

(3) 教學區和休憩活動區的動靜規劃，應有適當的配置，以避免教學活動受到干擾而產生不必要的學習壓力。

2. 在細部情境設計方面

(1) 應先降低班級規模或增加活動空間，如增加教室面積、增設雙面走廊或彈性使用空間（如班群空間）。

(2) 教室情境的布置，包括座位的安排、採光、噪音、色彩、通風和置物櫃設備等，都應有適量適用的設計。

(3) 圖書室的閱讀或研究空間，以及行政辦公室、教師研究室、會議室、專業發展研討室和其他特別教室之設計，均應考慮私密性、領域和個人空間之需求。

(4) 提供學生社團活動空間，科展研究和成果置放空間，並利用廊道空間設置多樣化學習角落，讓學生在學校也會有專屬和支持空間。

(5) 庭園設施的布置，在休憩空間設計上亦應兼顧適當的隱密性。

　　附帶一提的是，從環境心理學的角度來看，學校建築規劃在密度的掌握、擁擠感的消除，其所顯示的另一層意義，正是對學生個人空間和私密性的尊重。Smith 等人（1978）即建議：學校環境應該提供避開社會的和知覺刺激的地方以便兒童需要時可資利用，這點對弱勢學生而言尤為重要，因其家庭環境不太可能提供這些私密性的經驗。此一私密性的強調，就學校建築規劃的未來發展上，確實有其亟待參酌與深思之處。

第3章 學校建築的空間規劃與配置

> 三十輻，共一轂，當其無，有車之用。埏埴以為器，當其
> 無，有器之用。鑿戶牖以為室，當其無，有室之用。故有
> 之以為利，無之以為用。
>
> ～老子《道德經》〈虛中章〉

　　老子觀造車、制器、鑿室，知道本於無器本於有，有者為利，無者為用，以造車為例，車以輪轊其輻，以輻輳其轂竅，因轂之竅空，所以有車之用，車之用妙，在虛中也；以制器為例，器之形，外實而內虛，外有而內無，妙在以空為用，以無為中；以鑿室為例，有戶有牖，所以謂之室，室因虛其中，故有室之用；車器室三者，實有之物，異其有，同其無，有無皆具利用兩得。由此可知，「建築」有「實」與「虛」二部分，建築形式之「實」是工具，建築功能之「虛」，才是目的。學校建築規劃的內涵，主要涵蓋校地的運用、校舍的設計、校園的規劃、運動場的配置和附屬設施的設置等五大項，在結構性質上則是一種建築實體與虛體的「空間」配當關係，其區分與配置如何為之，使其有大用，以增進行政管理、課程設計、教學與學習、人際互動和生活休憩等效能，實值關切。本章學校建築空間的規劃配置，擬就學校建築空間的分類與組構、學校建築的整體性規劃配置，以及學校建築的個別性規劃配置分別論述，冀以瞭解學校建築規劃的空間性結構及其配置方法。

第一節 學校建築的空間分類與組構

　　學校建築的空間分類與組構，擬就學校建築的空間分類、學校建築的空間組構，分別說明。

一、學校建築的空間分類

　　建築（architecture）不過是將空間（space）良好利用的結果（蔡保田，1977）；基本上，建築空間是結構空間、實用空間和視覺空間的融合，結構空間在求「真」，亦即須符合建築科學（力學、材料學、構造學）的規律性；實用空間在求「善」，亦即應考慮使用功能的功利性；視覺空間在求「美」，亦即應形成和諧形象的藝術性（王宗年，1992）。就學校建築而言，依其空間屬性的不同，有三種基本型態的分類方式，包括內外部（室內空間、室外空間、半室外空間）、動靜態（靜態區、動態區、中介區）、功能性（行政區、教學區、運動與活動區、休憩區、服務區、特教區、幼兒園）。在中小學校建築規劃配置上，常用的學校建築空間分類，係以動靜態、功能性加以分類，其間有兩者併用，亦有兩者分用之情形。

（一）以內外部區分

　　學校建築空間最簡單的分類方式，是以校舍建築為主體分為室內空間、室外空間與半室外空間三種。

1. 室內空間：係由四面牆面、地面、頂面所限定之空間，包括普通教室、專科教室、圖書館、行政辦公室、體育館、會議室、餐廳、廚房、廁所等。
2. 室外空間：係指沒有頂部遮蓋的空間，包括跑道、球場、遊戲場、戶外劇場、庭園水池、陽臺綠地、道路等。
3. 半室外空間：係由三面牆面、地面、頂面所限定之空間，包括風雨球場、聯絡走廊、川堂等。

（二）以動靜態區分

　　學校建築空間最常用的分類方式之一，是依學生活動的動靜態性質予以區分，例如：黃耀榮（1990）參照教育部頒布的國民小學教學活動項目，將學校建築空間分為動態空間、靜態空間、服務空間及中介空間等四種；臺灣省政府教育廳（1991）分為靜態區（寧靜區）、中性區及動態區（吵雜區）等三類；教育部（2002）分為動態區、靜態區、中性區、

文化活動區和生態教育區。茲綜合歸類如下：

1. 靜態區：以教學、研究、實驗為主，包括普通教室、專科教室、圖書館、特殊教育班教室和幼兒園等。
2. 動態區：以體育活動為主，包括田徑場、球場、體育館、游泳池、遊戲場、風雨球場等。
3. 中介區：以行政管理、休憩交誼和服務聯繫為主，介於動態區與靜態區之間，具有緩衝和聯繫之效，包括各類行政辦公室、健康中心、教具室、體育器材室、校史室、會議室、警衛室等其他行政建築，合作社、交誼廳、戶外劇場、庭園水池、陽臺綠地，以及通道、餐廳、廚房、宿舍等。

（三）以功能性區分

　　學校建築空間另一種最常用的分類方式，是以行政、教學、休憩、活動的使用功能性加以區分，其間分類繁簡不一，例如：林勤敏（1986）將學校建築空間分為教學空間、實驗空間、活動空間、行政空間和居住空間等五大類；黃耀榮（1990）參照教育部頒布的國民小學教學活動項目，將學校建築空間分為教學區、活動區、行政區和附屬設施區等四個區域；臺灣省政府教育廳（1991）依校地空間功能的不同，分為管理空間、學習空間、生活空間和通道空間等四種空間。湯志民（2006a）依功能區分為行政區、教學區、活動區、休憩區、服務區、通道區、特教區、幼兒園。邵興江（2013）依功能區分為學校行政管理區、教學及教學輔助區、運動健身活動區、休憩文娛活動區、公共服務區。《國民小學及國民中學設施設備基準》（2019）將校園空間分為行政區、教學區、運動與活動區、休憩區及服務區，進行整體規劃。在國外的研究方面，Dober（1992）依學校設施功能將空間分為教室設施、實驗室設施、辦公室設施、研究設施（如圖書館空間）、特別用途設施（如運動和休閒）、一般用途設施（如集會廳和餐廳）、支援設施、健康設施、宿舍設施和未經分類者；Caudill（1954）將學校主要的空間細分為教學研究區、特別教學區、體育區、集會廳、餐廳、室外教學區、休憩及社會活動區、行政區、建築清潔及維護區、車輛交通區和學生交通區；Engelhardt（1970）則認為完整的小學規劃，其空間需求包括教學區、圖書館一資源中心、教師計

畫中心、藝術中心、餐廳、體育區和行政區。茲綜合歸類如下：

1. **行政區**：包括校長室、各處室辦公室、教師辦公室、健康中心、教具室、體育器材室、校史室、家長會辦公室、教師會辦公室、校友會辦公室、志工辦公室、會議室、傳達（警衛）室、檔案室及其他行政建築。

2. **教學區**：包括普通教室、圖書館，以及語言、社會、自然（或理化、生物、地球科學）、資訊、視覺藝術、表演藝術、生活科技、家政（或烹飪）、視聽教室等專科教室，以及演藝廳、多目的空間（或多用途專科教室）、特色教室、社團教室及其他教學空間。

3. **運動與活動區**：包括田徑場、球場、體育館、游泳池、遊戲場、風雨球場及其他運動與活動區空間。

4. **休憩區**：包括庭園（如各種庭園區、休閒活動區、戶外教學區、生態教學區）、水池、陽臺、綠地及其他休憩空間。

5. **服務區**：包括餐廳、廚房、宿舍、合作社、廁所、機電室、貯藏室、停車場、家長接送區、垃圾清運場、資源回收空間及其他服務空間。

6. **特教區**：包括資優班、資源班、啟智班、啟聰班、視障班、語言障礙班、情緒障礙班等特殊教育教室。

7. **幼兒園**：包括行政辦公室、教室（或活動室）、遊戲室、遊戲場和園庭。

二、學校建築的空間組構

空間（space）是一次元、二次元或三次元所界定的範圍，如：距離、面積、體（Webster's Ninth Collegiate Dictionary, 1987, p. 1129）。就學校建築空間而言，其所涵蓋的範圍係指學校內校舍、校園、運動場和附屬設施所組構而成的「點、線、面、體」環境。學校建築的規劃配置，從物理性空間結構觀點，有下列四種組構方式：

（一）「點」的分布

點（point），從幾何學的觀點來看，是一個僅具有位置（position），沒有向度（dimension）的最基本幾何單位；從設計學的角度來看，點則

是「一種具有空間位置的視覺單位」（李琬琬，1989）。在學校建築配置上，「點」的分布是學校建築空間組構的基石，如：獨立的活動中心、運動場上的司令臺、庭園內的花壇或雕塑、水池中的假山或瀑布、草坪裡的大榕樹、道路延伸處的涼亭，甚至圍牆邊的校門、警衛室和資源回收場等，都是校園內引人注目的焦點。

（二）「線」的延伸

　　線（line），從幾何學的觀點來看，是點的移動軌跡或面與面的相交接處；在設計學上，線是一種具有方向性的「一次元空間」（one-dimension space），具有長度、方向和位置之特性（李琬琬，1989）。「線」有垂直線、水平線及對角線三種，垂直線具有積極性的強力感，對角線具有變化感與自由感，水平線具有安定感與平靜感（臺灣省政府教育廳，1991）。在學校建築配置上，「線」的延伸是學校建築空間的動態組構，如：間間相連的教室、系列的廊柱、上下延伸的樓梯、校舍四周的排水溝、運動場上的跑道、成排的椰子樹、成行的矮仙丹、四通八達的園路、蜿蜒的溪流、學校發展界線的圍牆等，都具有優美的線條感，使人產生自由發展、左右延伸及區隔空間的感覺。

（三）「面」的擴展

　　面（plane），從幾何學的觀點來看，是線的移動軌跡或體與體的相交接處；在設計學上，面是一種具有相對長度和寬度的「二次元空間」（two-dimension space），具有長度、寬度、形狀、表面、方位和位置之特性（李琬琬，1989）。「面」有平面、立面和斜面三種，平面具有穩定感，立面具有莊嚴感，斜面則具有俏麗感。在學校建築配置上，「面」的擴展是學校建築空間的區域分布，如：圍牆界定的校園、各項建築的用地區域、寬廣的運動場、相連的籃球場、大塊的草坪、大片的樹林、聳立的牆面、傾斜的駁崁和學校的動線網路等，給人整體、平穩的歸屬感。

（四）「體」的建立

　　體（volume），從幾何學的觀點來看，是面的移動軌跡；在設計學上，體是一種具有相對長度、寬度和高度的「三次元空間」（threedimension space），具有長寬高、造形、空間、表面、方位和位置之特性（李琬琬，1989）。在學校建築配置上，「體」的建立是學校建築空間的完整結構，如：層層相疊的校舍樓層、環環相扣的運動設施、左右對稱的庭園景致、上下起伏的花樹綠籬、四處蔓延的爬牆虎、琳瑯滿目的教室布置和縱橫交織的樓梯走廊等，組構了學校建築的立體空間，給人精彩、豐富和充實之感。

學校裡的各項建築設施與校園景觀，都包括「點」、「線」、「面」、「體」四種空間組構；因此，學校建築的規劃配置，從空間性的組構觀點，應先確實掌握點、線、面、體的各別特性並加以靈活運用，方能自「點」的分布、「線」的延伸、「面」的擴展和「體」的建立中，日臻理想。

第二節 學校建築的整體性規劃配置

空間規劃歷程開始於個人或團體決定建置建築和分配校舍，使之作為新的和實務的運用，以及從小的工作空間到廣泛、複雜機構設施的整體營運（Karlen, 2009）。Thomashow（2014）指出，校園整體規劃（campus master planning）的目的，在使辦公室、教室、運動場和所有類型建築設計的不同功能，都能最大化的有效運用。學校各項建築物功能各異，需有良好的整體規劃配置與模式，才能使之發揮整體功能。因此，學校建築的整體性規劃配置，擬就整體性規劃配置的要點、整體性規劃配置的模式分別說明。

一、整體性規劃配置的要點

學校建築的整體性配置，應依學校的教育目標、理想規模，校地的地形、地勢、地質，氣候風向、動線需求，以及社區環境和道路配置情形作一妥善的規劃，其要點如下：

（一）學校整體規劃，在校地分配的比例上，以校舍占校地面積的 3/10、運動場占 3/10、庭園占 4/10 為佳。在學校整體規劃之前，應先依規定進行地質鑽探，瞭解地質、地形、地勢，以利學校建築整體配置。

（二）學校建築的整體性配置順序，以校舍和運動場之配置最優先，其次為校園，再次為附屬設施，然後再規劃適宜的動線，使學校建築連結為一整體。

（三）學校建築整體規劃，應就學生人數成長（或減少）情形翔實評估，並參考校地面積標準和運用之效用性，先確定班級規模（包括普通班、特教班等），以利參照設施設備基準（或設備標準）核計所需校舍建築、運動設施和場館，以及法定停車場和地下停車場共構需求，俾利整體規劃配置。

（四）學校建築整體規劃，應對校舍建築量體有所掌控，通常校地 2 公頃規劃 48 班，最極限的規劃是興建 5 樓高之校舍及 200m 跑道；因應少子女化、增加學校建築使用效能和增加親土性，新建校舍建築量體：小學在 3 樓以下、國中在 4 樓以下、高中在 5 樓以下，較為適宜。

（五）校舍的規劃配置，以教學區、行政區或圖書館為中心。主教學區（如普通教室區）應設置在學校靜謐之處，行政區應設在對外聯絡方便之處；常用且無噪音之虞的共用空間（如圖書館、視聽教室和資訊教室等），應鄰近教學區並配置於校舍中心點，以便利師生就近使用；易產生噪音的校舍〔如音樂教室、家政（或烹飪）教室、生活科技教室等〕，應遠離普通教室，以免干擾教學活動。

（六）校舍建築單棟新建、增建、重（整）建或修建，應配合學校建築整體規劃，依設施設備基準，調整既有校舍空間量體、區位，讓新建、增建、重（整）建或修建之校舍建築在原訂建築設施功能之外，能調節既有學校建築整體規劃之不足，以提升整體配置效能。

（七）運動場的規劃配置，以田徑場為主體，以球場和遊戲場為重心，體育館和游泳池合併設計、獨立設置或與校舍毗連。

（八）庭園的規劃配置，以前（庭）園為門面，以中（庭）園為重心，以側（庭）園和後（庭）園為輔助；並應配合校舍、運動場地和庭園區域之特性，以決定庭園面積大小及景觀設施的布置。

（九）附屬設施的規劃配置，校門掌控主動線，圍牆為校園規劃邊界，傳達（警衛）室為對外連絡站，走廊、樓梯為校舍的橫向和縱向通道，地下室為防空避難空間，司令臺為運動場的指揮中樞，停車場

為車輛匯集點，各應依其效用使學校建築益增功能。

（十）動線的規劃配置，如走廊、川堂、樓梯、電梯、園路、步道、車道等，以學校建築的整體性連結為主要功能，以便捷性、流暢性和安全性為原則，並應特別考量身心障礙或行動不便者通行的無障礙性。

（十一）學校建築規劃與興建應符合綠建築設計的九大指標：生物多樣性、綠化量、基地保水、日常節能、CO_2減量、廢棄物減量、室內環境、水資源、汙水及垃圾改善等，並力取較高級別的綠建築標章（如黃金級、鑽石級）。

（十一）學校宜設置自然能源應用之教學設施，包括太陽能板、風力發電及雨水回收設施等，以收環境與環保教育之效。

（十二）學校建築設施有委外經營（Operate-Transfer[OT]）或與社區及其他單位有複合使用者，如委外經營（OT）的運動中心和游泳池，學校與縣市立圖書館合作設置圖書館分館或智慧圖書館，以及里民活動中心等，應有對外開放使用的獨立動線，和對內可以安全管控的使用動線，以維校園安全和師生便利使用。

（十三）校地小，校門面臨主要道路之學校，可將運動場配置於前方入校門處，以收開闊視野及減少校外噪音干擾之效。

（十四）位於山坡地之學校，應加強邊坡之防護和排水系統之設置；基於地質安全性，校舍應設置於挖方的土地上，運動場則應設置於填方的土地上。

（十五）易淹水之地區，校舍一樓可懸挑作為半戶外空間，或設置防汛教室，一樓及地下室應避免設置過多固定性或怕淹水之設備。尤其是，機電設施、貴重儀器及歷史文物等重要文化資產，勿設置於地下室，以免受損（國民小學及國民中學設施設備基準，2019）。

（十六）校內應設置一條消防通道，以利消防車進出並能有效靠近主要建築區，以及易引起火災之處，如專科實驗室、烹飪教室、廚房等。

（十七）需有救護車抵達之空間，如健康中心，應有清晰、便捷的聯絡車道，並與校區對外聯絡幹道相連。

（十八）需要貨品或材料補充的單位，如：餐廳、廚房、合作社、實習工廠等，應另有車行道路與外界相通。

（十九）學校停車場和家長接送區（或駐車彎），應妥善規劃，以人車分道為原則；校內供汽車、機車、腳踏車停駐的通行區域，務必使之與學生遊戲、運動區域及行人通道隔開，或限制車行動線（如畫線或以不同色調之地面區隔），以保障行人和學生之安全。

（二十）資源回收場應遠離教學區，設置於背風的偏僻一角，並需有暢通的垃圾清運動線。

二、整體性規劃配置的模式

學校建築的整體性規劃配置，有許多可以依循的模式，主要可從校地比例、校地性質、建築方位、空間功能、動靜規劃、動線走向、氣候風向、噪音防制、學校環境和庭園景觀等十種層面，分別論述。需提的是，這十種配置方式，並非獨立為之，而應以統整性的觀點——基本上以校地比例和校地性質為基礎，以建築方位為前提，以空間功能為主體，以動靜規劃為原則，以動線走向、氣候風向和噪音防制為導向，以學校環境和庭園景觀為輔助——作整體性的考量，方能使學校建築與校園的規劃配置臻於完美的境界。

（一）依校地比例配置

學校建築整體配置的最基礎性工作，是將學校建築三大主體——校舍、庭園和運動場的基地面積，作適當比例的分配，使彼此之間相互協調配合，以呈現美的組合。其比例通常是：校舍基地面積約占校地的3/10，運動場基地面積約占校地的3/10，庭園（含道路）基地面積約占校地的4/10。

（二）依校地性質配置

學校建築整體配置的另一基礎性工作，是將校舍、校園和運動場，配合校地的地形、地勢、地貌和地質，作一配置。校地的地形，係指校地的界面外觀，常見的有正方形、長方形、梯形和三角形，以及其他的不規則形；校地的地勢，係指校地與地平面的落差情形，常見的有平地和山坡

地；校地的地貌，係指校地的起伏形狀，常見的有平面、斜面、凸面和凹面；校地的地質，係指校地的土質，常見的有土質、沙質和岩質。學校建築的配置，在地形上，校舍如沿校地的四周或單邊規劃，可爭取最大的活動空間，但較為單調，如從中間或斜角規劃，較為活潑，但活動空間則相對減少；在地勢上，校舍與運動場在平地上之配置是左右或前後的關係，在山坡地則是上下或高低之關係；在地貌上，平面可規劃作校舍、校園或運動場，斜面、凸面和凹面不宜設置跑道，但如妥善規劃作為遊戲場地或校園的休憩空間，其效益性最高；在地質上，土質和沙質地較適宜規劃作校園和運動場地，岩質地規劃作校舍則較無安全顧慮。

（三）依建築方位配置

　　學校建築的整體配置，以建築物方位為前提，主要係涉及日照採光和通風問題。通常，校舍和運動場較重視方位的選擇，校園則因樹種的選擇配合性大，較不受方位性的影響。就個別性的方位配置而言，校舍的座落以坐北朝南（教室窗戶面向南北，走廊在南端）最適宜，美術教室則以北向為宜，跑道和球場縱長的兩端宜朝南北方；就整體性的方位配置而言，校舍與運動場宜東西並列，以減少運動場噪音對校舍教學活動之干擾。

（四）依空間功能配置

　　學校建築整體配置的主體性工作，依 L. Sullivan「形式跟隨功能」之原則，應以空間功能為據。就中小學而言，其學校建築空間可概分為：行政區、教學區、運動與活動區、休憩區、服務區、特教區和幼兒園等七個區域；其間的配置，通常以行政區或教學區為中心，再依彼此間機能的依存性或關聯性強弱，作適當的編配。

（五）依動靜規劃配置

　　學校建築的整體性配置，依學生活動的動靜態性質，一般將之分為靜態區（包括普通教室、專科教室、圖書館等）、動態區（包括田徑場、球場、體育館、游泳池、遊戲場等）和中介區（包括行政辦公室、合作社、戶外劇場、庭園綠地、道路、餐廳、廚房、宿舍等）。靜態區以教學、研究、實驗為主，應盡可能遠離校內外易產生噪音區域，四周環境也需開

闊、寧靜；動態區以體育活動為主，應與靜態區區隔；中介區以行政管理、休憩交誼和服務聯繫為主，介於動態區與靜態區之間，主要作用在於緩衝和聯繫。

（六）依動線走向配置

學校建築的整體配置，動線走向涉及學校的安全管理、使用者的流通疏散、器材物質的輸送、時間和空間的有效運用。配合校區環境的主要道路和次要道路、校舍建築的不同功能，各行政區、教學區、休憩區、運動與活動區之內，以及彼此之間聯繫的緊密性，而有主動線和次動線、垂直動線和水平動線、人行動線與車行動線、對內動線和對外動線、消防救護動線和安全避難動線之規劃。一般而言，與學校正門有直接關聯者為「主動線」，與學校有間接關聯或與側門有直接關聯者為「次動線」；樓梯和電梯所形成的連結路線為「垂直動線」，走廊、川堂、園路和步道所形成的網路為「水平動線」；人走的路線為「人行動線」，汽車、機車、腳踏車所走的路線為「車行動線」；校舍建築提供師生使用的路線是「對內動線」，開放社區使用（如校園開放、委外經營設施）的進出路線為「對外動線」；消防車和救護車進入校園進行消防滅火、急難救助之路線為「消防救護動線」，校園師生為了防空避難、火災地震運用之路線為「安全避難動線」。動線之連結猶如人體之血脈，通順、流暢、便捷、安全、無障礙為其最高理想，人車分道則為不易之原則。

（七）依氣候風向配置

學校建築的整體配置，氣候風向和動線走向皆屬導向性的工作。校舍建築的通風、校園樹木的防風、運動場灰塵、烹飪教室和廚房的油煙、實驗室的廢氣、廁所和垃圾場的臭氣等，都與氣候風向有密切的關係。一般而言，會產生汙氣、臭氣和油煙之學校建築設施，都應避免設於教學區、休憩區、運動和活動區的上風處，運動場則應與校舍東西並列，以避免冬夏季風所造成的灰塵直揚校舍。

（八）依噪音防制配置

學校建築的整體配置，噪音防制亦為一項導向性的工作，對都市型的

中小學而言，尤為重要。依校地應距離公路至少 30m 以避免噪音干擾教學活動之規定，校舍與校門主道路之間、校舍與校舍之間、校舍與體育館或運動場之間，以及需安靜的教室與會產生噪音的教室之間，應至少距離 30m 以上，以防制噪音之干擾。

（九）依學校環境配置

學校建築的整體規劃，以學校環境配置為輔助性的工作。環境，一般有自然環境、社會環境和物質環境之分；學校建築的規劃配置，可依學校的自然環境——如氣候風向、地形土質、山林河海等；社會環境——如文教區、住宅區、商業區、觀光區等；物質環境——如社區建築的造形、色彩、樓層高度和道路系統等，作個別或整體性的考量。

（十）依庭園景觀配置

學校建築的整體規劃，庭園景觀與學校環境均為輔助性的工作。前述的學校環境重校園外的環境，庭園景觀則重校園內的景致。通常，將庭園分為前（庭）園、中（庭）園、側（庭）園與後（庭）園四大部分，每一部分有不同的特色與花木景觀，亦有配合校內的既有參天古木、自然林帶、大片草坪、溪流荷塘或古蹟廟宇，而規劃配置學校建築。

　　學校建築整體性的規劃配置，難有既定的模式。2005 年完工啟用的政大附中（參見圖 3-1），基地面積小（20,634.5m²），山坡地形受限（高程差 37m，坡度 15.33%，校地狹長東西向 217m，南北約 100m），學校建築整體規劃除校地比例侷限之外，基本上能掌握前述依校地性質、建築方位、空間功能、動靜規劃、動線走向、氣候風向、噪音防制、學校環境和庭園景觀等九項配置模式，可供中小學整體性規劃配置之參考。特別是，Bauscher 和 Poe（2018）在《教育設施：規劃、現代化和管理》（*Educational Facilities: Planning, Modernization, and Management*）一書中，曾提出一個相當值得參考的小學需求空間關係基模圖，詳如圖 3-2 所示。圖中二個空間的關係程度，以彼此間的聯繫線數表示之，沒有線表示沒有密切關係，一條線表示微弱關係，二條線表示有密切關係並需以走廊相連，三條線也表示有密切關係且需彼此鄰近接觸。值得注意的是，

圖 3-1

政大附中（東向鳥瞰圖）

資料來源：邱永彰建築師事務所。

圖 3-2

小學需求空間關係基模圖

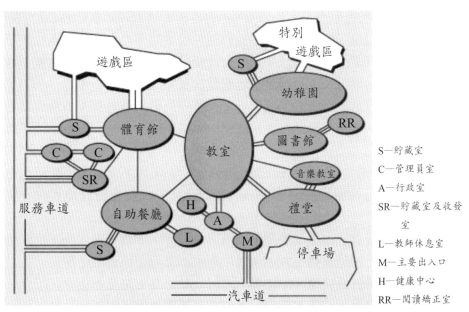

資料來源：*Educational facilities: Planning, modernization, and management* (5th ed.)(p. 171), R. Bauscher and E. M. Poe, 2018, Rowman & Littlefield, Inc.

Bauscher 和 Poe 所提小學需求空間關係基模圖，配合小學發展上的需要，也將幼兒園的空間規劃列入，對目前中小學逐漸大量附設幼兒園的趨勢而言，此一基模圖，特別具有參考價值。

第三節　學校建築的個別性規劃配置

　　學校建築是提供教育活動的特定空間，楊裕富（1989）認為活動與空間的適宜性，應考慮空間量、空間區位、空間與空間關係、空間與活動關係及時間順序關係等問題。因此，學校建築的規劃配置，從教育性的空間結構觀點，可由校舍、庭園和運動場三個主體教育設施，分別探析其個別性和整體性的規劃配置要點和模式，以明其梗概。

一、校舍的規劃配置

（一）校舍規劃配置的要點

　　校舍的規劃配置需依學校規模大小、教室功能和地形環境作妥善的安排，其要點有：

1. 校舍配置應先瞭解學校課程、教學和學習的需要、現有規模及未來的發展需求，據以估計普通教室及專科教室所需的種類和數量，再根據校地概況，作周詳的校舍配置計畫。
2. 校舍的方位，應採南北座向，美術教室則以北向為宜；如無法避免東西向，則可配置使用時數較少的專科教室，以減少學生上課東西晒的時間。
3. 校舍的配置，可依各校之需求，以教學區、行政區或圖書館為中心，也可採雙中心或三中心的組群設計，使校舍彼此連置成一整體。
4. 校舍的配置，中小學應避免中軸廊之設計（即教室在兩側，走廊在中間），以利自然通風與採光之運用，並避免噪音之干擾。
5. 教學區需良好的採光、通風，並應遠離外界道路及避免噪音干擾。
6. 行政區應靠近校內主要道路，以利有關人員進出聯繫。
7. 教師辦公室及行政辦公室之配置，12 班以下學校可採分置或合署辦公形式，規模較大學校以分置為原則。

8. 圖書館應設於靜謐的教學區中間，以方便師生進修研究。圖書館如兼做家長等待區，可配置一樓離校門區較近之處，但以不影響學生使用之便利性為原則；如與縣市立圖書館合作，利用閒置空間設置社區圖書館開放供社區人士使用，則要有公眾出入口，但也要設置可管控並利校內師生進出之動線。

9. 專科教室應儘量集中，有關聯性的專科教室，例如：理化實驗室、生物教室、地球科學教室可集中一區，組成科學館，以方便管理與設備整合。

10. 專科教室中之音樂教室、家政（或烹飪）教室、生活科技教室等，易產生噪音，應與需安靜的教學區隔離或單獨設立。

11. 圖書館、視聽教室和資訊教室是全校師生經常使用的共同空間，其配置地點應選在易達且明顯的位置。

12. 為減少校內外噪音的干擾，校舍與主要道路，以及校舍與校舍間之距離，應至少間隔 30m，並避免封閉型的設計（如口、日字型），以及遠離運動和活動區（如田徑場、球場等）。

13. 校舍的形式及內部空間應考慮未來課程設計、教學方法和學生學習之多樣性，宜有最大的適應性和擴展性的彈性配置與設計，以滿足課程和教學發展的需求。

14. 校舍配置應針對學生不同的身心發展階段，分別設置年級性的統一生活空間，使學生能在相同的教育情境下生活與學習；其設置方式可以分區、分棟、分層，或以花園的園路及其他建築物分隔。

15. 校舍建築樓層，國小以 3 層樓以下為原則，國中以 4 層樓以下為原則，高中以 5 層樓以下之結構為原則。如校地不足，需作高層化校舍配置時，應先做好校地的地質探勘工作，確認安全無虞，才能作高層化校舍的規劃及興建。惟超過 2 層樓以上，宜設置電梯或升降機，以利行動不便者的進出，以及運送重物（如運送營養午餐、教科書、電腦等）。

16. 特殊教育教室（包括資源教室），應配合校區整體規劃，依需要提供獨立之學習空間與活動區域（國民小學及國民中學設施設備基準，2019）。

（二）校舍規劃配置的模式

　　校舍規劃配置的模式，可從功能和形式二方面，加以探討。首先，就功能性的配置而言，通常校舍配合課程與空間的營運有五種型態（湯志民，2006a、2007、2014a；日本建築學會，1974、1983；西日本工高建築連盟，1986；谷口汎邦等，1982；空氣調和‧衛生工學會，2011；長倉康彥，1993），參見圖 3-3：

1. 綜合教室型（Activity type，A 型）：全部的課程均集中在同一個教室上課，運用班級教室或班級教室四周圍進行大部分的學習和生活活動。此型適用於幼兒園和小學低年級。

2. 特別教室型（Usual & Variation type，U+V 型）：一般的學科（如國文、英文、數學、社會等）在各自的普通教室（即班級教室）上課，特別的課程（如音樂、視覺藝術、表演藝術、資訊、生活科技、家政、物理、化學、生物、地球科學等）在特別教室或專門的學科教室上課。惟特別教室充裕或足夠時，教室的利用率會降低，此型適用於小學高年級、國中和高中。

3. 學科教室型（Variation type，V 型）：所有的課程都有充分的學科教室，如國文、英語、數學、社會、理科（如物理、化學、生物、地球科學等）、音樂、視覺藝術、表演藝術、資訊、生活科技、家政等每一學科均有教室，學生按課程表移動至各該科目的學科教室上課，可提高教室的使用率，此型適用於國中和高中。

4. 系列學科教室型（V+G_2 型）：與學科教室型類似，惟將有關的學科教室作整合方式的運用，如將國文、英語、社會教室整合為「人文」學科教室群；將數學、理科、保健整合為「數理或自然」學科教室群；將音樂、家政、美術整合為「藝術」學科教室群，教室的使用率又可提高，惟學科的獨立性減弱，有利於開展彈性學習，此型適用於國中和高中。

5. 混合型（Platoon type，P 型）：將全部的班級數分為二集團，並設對等的普通教室和充分的特別教室或學科教室，然後各自分開在普通教室及特別教室上課，每幾小時互換一次，其間使用普通教室的班級係在各自的普通教室上課，即兩班共用 1 間普通教室，而使

用特別教室的班級每小時都需要移動，教室的利用率高，惟因安排教室較難，實例不多，此型適用於國中。

圖 3-3
依教室營運的配置型態

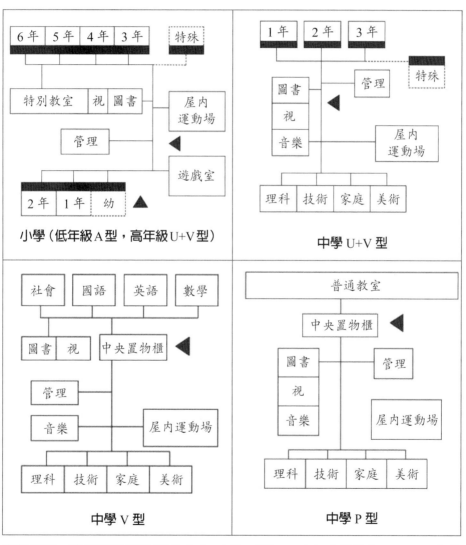

小學（低年級A型，高年級U+V型）

中學 U+V 型

中學 V 型

中學 P 型

資料來源：**建築設計資料集成**（4）（第 7 頁），日本建築學會，1974，丸善株式會社。

　　基本上，教室是學校最重要的教育空間，教室營運的配置類型或營運模式，攸關學校空間、教師教學和學生學習效能的發揮。正如 Fornari（2012）所言，教室的配置、特點和聚合潛力是學校方案的基本要素，小學生需要一個適合各種教學活動的教室，而中學學生則傾向於在實驗室和工作坊等專業教室之間移動。據 Sebba（1986）之分析，校舍設計有二種明顯的不同取向，一為功能取向（the functional approach），另一為領域取向（the territorial approach）；惟基於學生發展需求，學校的設計應趨向結合這二種取向，例如：對年幼且面對新地方和新規定的兒童，其研究、工作、遊戲和服務設施應集中在單一地點，如多目的教室，使兒童對人和環境有信心，並能順利的從一個活動轉換至另一個活動；對年齡較大和對環境有信心的兒童，其學校設施可以功能的設計為基礎，如圖書室、實驗室、自然資源室、算術室、工場、戲劇室等。據此，幼兒園和國小低年級的教室配置，應加強綜合教室型（A 型）的設置；而國小中、高年級和國中的教室配置，基於課程的需求，仍宜採特別教室型（U+V 型）之配置；高國中採分科教學，學校校地有限或太小者，則可參考採用學科教室型（V 型）、系列學科教室型（V+G$_2$ 型）或混合型（P 型），以增加教室的使用效率，惟在課程的安排上應有審慎縝密的計畫，使教室的使用率發揮到極限。通常，在選課、排課上，以「班級為中心」（即以班級為單位），教室營運配置會採「A 型」或「U+V 型」；以「課程為中心」，學生自由選課，教室營運配置會採「V 型」。需注意的是，如果教室充足或與教師上課時數和課程充分搭配，學科教室型（V 型）可權屬教師，亦即教師有專屬教室，如教室不充足或教師上課時數和課程無法搭配，則學科教室型（V 型）之營運，由學校依課程調配，教師則交互共用（湯志民，2017a）。學科型教室之規劃與運用，湯志民（2014a）《校園規劃新論》專書有詳盡的專章介紹，可資參考。

　　各國校舍（或教室）營運配置的主要類型，幼兒園都為綜合教室型（A 型），中小學在臺灣、中國、日本大多是特別教室型（U+V 型），在英、美、加小學為特別教室型（U+V 型），中學為學科教室型（V 型），大學在各國都為學科教室型（V 型），主要因全為分科課程和選修課程之關係。值得注意的是，日本推展教科教室超過 40 年以上，芬蘭1999 年起在全國高中實施「無年級授課制」，韓國 2014 年起在全國初、

高中普遍實施「學科教室制」，中國2010年起許多高中實施「走班制」。
　　其次，就形式的配置而言，可分為：單面走廊型、手指型、中間走廊型、群集型、網目型、廳型、通路型和分散配置型等八種；日本建築學會（1983）曾依其計畫型、學年配置、營運方式、戶外之利用、通路之處理和室內環境，分別作一詳盡的比較分析，詳如表3-1。

二、庭園的規劃配置

（一）庭園規劃配置的要點

　　庭園的規劃配置需依地形地勢、土壤氣候、社區景觀，以及校舍與運動場地的區域性配置計畫作妥善的安排，其要點有：

1. 庭園的規劃配置，應依校地的地形地勢、校舍與運動遊戲場地的區域配置特性，劃分適宜的庭園園區。
2. 庭園的規劃配置，應兼顧園景設施與綠化美化之布置，並使其各具特色，以變化校園景觀。
3. 庭園的規劃配置，應完全開放，因為校園不是公園，故應避免成為封閉式的純觀賞性庭園景觀，而要讓學生能自由穿梭、徜徉其間，無拘無束，以體會大自然生命的奧祕。
4. 庭園的規劃配置，應適度保留小團體的休憩庭園區，以滿足學生休憩生活的私密性需求，讓三五知心好友能互訴心聲，交融友誼。
5. 庭園的綠化美化，應依校園的區域性功能、庭園面積、土壤氣候、社區景觀，以及師生之喜好，種植適宜的花草樹木，規劃適切的花壇綠籬，使校園能四時皆綠，一片花團錦簇，呈現欣欣向榮之景象。
6. 庭園的花草樹木，庭園的樹種宜力求多樣，避免種植單一樹種，並考量配合教學需要，分區種植。所種植之樹木、花草應標示植種、名稱、原產地、特性、科別，以利教學之實施。庭園綠化，在建築結構安全及防水無虞情況下，學校屋頂、走廊、陽臺宜進行綠化，構築立面綠化效果，並注重環境教育之落實（國民小學及國民中學設施設備基準，2019）。
7. 庭園的園景設施，如亭臺樓閣、小橋流水、假山瀑布、生態水池和綠廊雕塑等，應設置於視覺的焦點處，並注意其自然性與精緻化，使校園景觀力呈自然風貌。

表 3-1
各種校舍計畫形式

計畫型	學年配置	營運方式	戶外之利用	通路之處理	室內環境
單X夾廊型 沿單面走廊作教室連結之形式之一。走廊呈直角或ㄇ字形迴轉。	學年配置不明確，不易掌握教室之朝向。各學科的一致性也不易求。	沒有特別適當的營運方式。在大規模學校會產生各種問題。	將遊戲場與班級對應作一致性的環境設計，十分困群。	通路面積占20%。教室間人移動之際是造成交通擁擠之原因，另反型走廊親密性低。	在單面走廊或手指型態下，雖在日照通風方面可自由選擇，但卻避免不了來自走廊的噪音的騷擾。此類型容易做到教室內環境之均一化。
手指型 以單面走廊連結數個班級，再以另一夾廊作總連結之形式。	分枝狀教室群相對應學年配置。	傾向UV型、A型之學。減少分枝教室數的話，則近於群集型。	易設置專屬各學年的遊戲場，每個分支教室棟均可表現特色。	由於自單面走廊可延長走廊長度，所以有許多低成本、放射型走廊的例子。	
中間夾廊型 由中間夾廊來連結教室。為求教室連繫之故，有3重、2重，也會有不朝外的教室。	此種型態，學年配置是不夠明確的。用心處之有語，可達到目的一致性。	傾向V型或UV型之特別教室群，不傾向小學校。	班級與遊戲場之易形困群，對應閉鎖的環境。活用中庭亦為改善方法之一。	若使中間走廊為教室群之專用，則可利用為學習活動空間。	日本之氣候條件不利此型，美國拜天窗採光及中央空調設備之賜而有所發展。
廊型 以集會室通行或以大廳作為目的之連路來連結。	根據計算之方法，可自由地作學年配置，又可自由作到搭配學科作的一致性。	得從事種種的營運方式，小規模學校特別愛採用。尤其是要集結V型或UV型的特別教室時，特別適用。	得設置各種大型庭園，來進行種種學習活動。	可減少通路部分，可作為有大家利用的有：同一學年的通行空間、體育館、特別教室的圖工室、貯藏（更衣）室等。	無法自由調整室的方位，故此型之妙用應考慮，在日本或整體日照與學習時間的配合，以選擇教室方位。若設備，則此型之發展會大增。
通路型 將入口處或中庭放納於中間，再作教室之自由配置。亦可通過其他教室。					

表 3-1（續）

	學年配置	營運方式	戶外之利用	通路之處理	室內環境
計畫型 	可使個班級數與學年配置相對應，固連增建一間教室都是不可能的，故將未充分的發展計畫中含括其中。當每一個學年數班特別留意時，將各教室相對應的各個學科目是可能的（群集型類葡萄屋）。	傾向於 A 型 或 UV 型學級室之集結方式。若將對應群集型來相連結各個教科目的一致、整體性，則也能用於 V 型。	低樓層時，較易做到與學年配置佳的遊戲場。以特別的教室群來和戶外相連結是為便利。	走廊之延長受限，小廳兼為休息室通道之情形。多層避難陽臺通道連貫設置教室之間並置設通路。	可減少公用廊應噪音的坊礙，雖兩面均可得良好之採光與通風，但產生依教室方位產生光照之調整之必要性。
群集型 	如上述般式教室單位，但仍呈仰平面之網狀連結。				
網目型 	在學校用地上分散配置教室。	傾向於 A 型 或 UV 型教室。	遊戲場之獨立性極高。		
分散配置型 	可徹底分離學年，且呈舒展狀之配置。	適用於小型學校 A 型教室較有價值。	可作舒展型，富視覺變化的遊戲設置。		沒有教室互相干擾的坊害，又可共享日照、通風。

資料來源：學校のスロックプラン（頁 18-19），日本建築學會，1983，彰國社。

8. 庭園規劃生態池，應注意教學目標、水源取得、安全管理、清潔維護事項，益增景觀與輔助教學功能（國民小學及國民中學設施設備基準，2019）。

9. 庭園的區域規劃，應適度的配置戶外教學區，如童軍營地、小型劇場、小田園、學習步道等，以增加輔助教學之功能。

10. 庭園的動線規劃，應注意庭園與庭園之間，庭園內園景設施之間，以及庭園與校舍之間聯繫的便捷性與循環性，使其彼此連貫融合為一整體。

11. 校地不足的都市型學校，為充分利用有限的校地，可採三次元（三度空間）的立體設計，即從容積觀念著手，以三向度之架構將不同屬性的校舍建築空間「相互重疊」，使庭園的水平聯繫轉變為垂直聯繫，以增加休憩的空間。

（二）庭園規劃配置的模式

學校庭園為配合校舍分區及便於使用、管理，通常分為前（庭）園、中（庭）園、側（庭）園與後（庭）園四大部分。每一部分，可有不同的特色、種植不同的花木並配置不同的景觀，以供師生休憩及活動之用。茲分述如下：

1. 前（庭）園

前（庭）園係指自校園入口處至建築物之間的廣場。前（庭）園可說是學校的門面，其規劃布置宜莊重、優美、開闊、大方，以呈現「有容乃大」的胸襟，使學生一入校園即產生抬頭挺胸、昂首闊步之效，並注意依其面積大小和周圍環境配置適當的園路及景觀。

2. 中（庭）園

中（庭）園係指建築物與建築物之間的空地。中（庭）園是學校庭園景觀的中心，對學生的休憩活動和身心發展影響最大。因此，須特別注意休憩空間規劃，以及庭園景觀的精緻性與開放性；栽植花木時，需考慮日照、耐陰性、高度和間距；同時，應注意中庭邊緣要有走廊環繞，方不致使中庭成為校舍的「後院」，但應注意，中庭邊緣環繞走廊避免有女兒牆或欄杆之設計，以免阻斷進入中庭之動線，並增加中庭之開放性和使用率。

3. 側（庭）園

側（庭）園係指建築物兩側之空地及校園之邊緣地區。側（庭）園的觀賞效果雖不如前庭、中庭，但對學校建築的外觀卻極具點綴裝飾之效，同時具有防盜防風之功能。規劃布置時，應注意與前、後園和中庭相互呼應，連貫一致，使校園產生整體完整之感。栽植花木時，側庭如果向南，日照充足，是種植物、設置花壇，或建置小田園的理想之處；如果向北，秋冬季北風大，光照不足，可栽植具防風效果的園景植物；而東向的側庭又比西向側庭好，因西向側庭下午陽光強烈直射、花草植物必須加強澆水，需遮陰的植物則不適在此區栽種（臺灣省政府教育廳，1991）。此外，應注意側庭與中庭之間應有川堂連通，以避免成為校園的「死角」。

4. 後（庭）園

後（庭）園係指最靠近裡側的空地。後（庭）園位於後方的園區，具有輔助庭園之特性。規劃布置時，不論其面積大小，均需與整個校園形成整體感，並與前庭、中庭相呼應；同時，可依地形、環境及需要，闢設林蔭小道、花棚、休息區、教材園、小田園或烤肉區等，以增加學生的休憩空間和教師的輔助教學空間。此外，後園應注意加強整理，以免閒置成為學校的「廢墟」或「倉庫」。

此外，校園的規劃配置，也可依花草樹木的栽植功能，如：隔離、遮蔽、防音、綠蔭、被覆和保育等加以配置。圖 3-4 是以樹木栽植功能的配置模式。

三、運動場的規劃配置

（一）運動場規劃配置的要點

運動場的規劃配置，應依校地的地形地勢和面積大小、學生的需求和社區的使用，並配合校舍作妥善的安排，其要點有：

1. 運動場地之設置，國小每生應有 $6m^2$ 以上，國中每生應有 $8m^2$ 以上之運動空間（國民小學及國民中學設施設備基準，2019）。
2. 運動場距離教室及辦公室至少 30m。運動場與校舍遠近之配置原則，通常遊戲場離校舍最近，其次為體育館、游泳池，再次為球場，田徑場和棒球場則離校舍最遠。

圖 3-4

符合栽植功能的配置模式圖

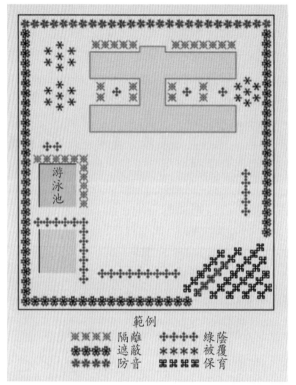

範例

※※※※ 隔離	✚✚✚✚ 綠蔭
❀❀❀❀ 遮蔽	✳✳✳✳ 被覆
❈❈❈❈ 防音	✖✖✖✖ 保育

資料來源：**學校綠化**（頁 9），中華民國環境綠化協會，無日期，作者。

3. 運動場之規劃，依中小學體育課程和學生使用需求觀之，球場（尤其是籃球場）最為重要，其次為跑道、體育館、游泳池；至於遊戲場，則為國小學生（尤其是中低年級）的最愛，應優先考慮，並以設置共融式遊戲場為理想。

4. 跑道設置原則，依臺灣的學校校地大小、體育課程教學需求、學生運動喜好、田徑人才培育、開放社區使用和國外案例觀之，在學校級別上，跑道設置以「國小可以不要、國中可以要、高中要比較好、大學一定要」為原則。正因為跑道占地面積大，會影響校舍的配置和樓層的高低，更何況運動方式不以純跑步或跑道為限，中小學還有更多球類運動需求，如以「運動公園」規劃〔如設置球場、

游戲場、步道（兼慢跑道），在周邊環繞綠草林蔭〕，或有其他更具創意設計，都可突破運動場的制式造形，使之成為更具吸引力的運動場地。

5. 跑道規劃以 200m 跑道為原則，校地有限可考慮設置 100m 的直線跑道，如校地不夠方正或平坦，且在 1.5 公頃以下，跑道以 100m 直道為優先考量（例如：臺中市長安國小 1.6 公頃，僅設置 160m 直線跑道），校地 5 公頃以上，可以考量設置 400m 半圓式跑道。並注意不宜規劃 250m、150m 之跑道，以因應運動會之實需及有效運用校地。

6. 跑道和球場縱長的兩端宜指南北方向，以減少東西向的日光直射活動；並應儘量鋪設具有彈性的人工材料（如 PU、合成橡膠等），以減少運動傷害。

7. 球場設置，應以籃球場最優先，排球、羽球和躲避球輔助，並可規劃為綜合球場，以發揮球場多功能用途。籃球場地不足，可在球場的四周多設置籃框架。籃球框高度，小學可依年級分置並標示適用低年級、中年級或高年級，國高中可在標準高度之外，設置 1～2 個較低之籃框，以利不同高度的學生或開放校園之適用。中小學合併之學校，可提供國小優先使用之籃球架；或推展性別平等教育，設置「女生優先」籃球架。

8. 體育館和游泳池可合併設計，以有效利用校地。體育館和游泳池的長軸為東西向，採光面主要為南北向。體育館內應容納 1 座標準籃球場，橫向設置 2 座簡易籃球場，也可與排球、羽球合併作綜合球場之規劃。基於學校活動課程和大型集會之需，如：開學典禮、校慶典禮、畢業典禮、週會、全校性政策宣導活動、敬師或母親節，以及社區之集會等，學校一定要設置體育館。至於游泳池，如學校規模 36 班以上或 36 班以下有「委外經營」（OT）之條件者，以設置為宜。

9. 運動場應避免設置於校舍的上風處，以免風沙侵入校舍；如無法避免，則應於校舍和運動場之間種植樹木以遮蔽風沙。

10. 運動場的四周應多種植常綠樹木，以供遮蔭休息，並可淨化空氣，防止風沙飛揚。對於校地大或學生少之學校，運動場地亦可

仿歐美中小學全面鋪植草坪，以供學生作多功能的活動場地。

11.運動場地應與教學區區隔設置，並配合校園開放政策，配置次要出入口（如側門或後門），便於校園安全管理。Woolner（2010）提及需要對外開放的運動設施和運動中心，應設置在學校建築的末端，以利獨立對外開放。此外，運動場地對外開放，應在校園適切之處設置一處公共廁所（含無障礙廁所），或利用校舍端點廁所（含無障礙廁所）配合適當管制開放一處，以利開放民眾使用。

（二）運動場規劃配置的模式

運動場與校舍是學校建築規劃配置的二大主體結構，其間的方位配置，形成運動場的規劃配置模式有以下五種（如圖 3-5 所示）（臺灣省政府教育廳，1991）：

1.運動場在南，校舍在北

此種配置，冬天因有北方校舍的阻擋，運動場所受的凜冽北風可減弱。夏天季風吹襲，運動場上塵土飛揚，易使北方課室蒙上較多的灰塵，而且運動場上活動的吵雜聲也容易妨害到課室內的教學，因此應避免此種配置法。若限於地形而無法避免時，應設法將運動場與校舍之間距離拉大，或以高低差方式配置，也可以設置裝飾建築物如荷花池、公布欄，或廣植樹木、草皮加以阻隔。

2.運動場在北，校舍在南

此種配置法，運動場在冬天易受北風吹襲，而且挾帶灰塵吹入南方校舍內，師生健康易受威脅；另運動場與校舍群之間所形成的聲響也會產生互相干擾的現象，是以應避免此種配置方式。否則也應拉大運動場與校舍間的距離，或設置阻隔用之裝飾建築物、或栽種樹木、鋪植草皮予以改善。

3.運動場與校舍東西並列

採此種配置法，運動場與校舍間彼此干擾較少，夏天或冬天的季風，均不易造成灰塵直揚校舍的困擾，更由於方位、風向的關係，運動場上吵雜聲對校舍影響小，不致妨害課室內的教學，是相當理想的配置方式。

4.運動場配置在校舍中間

校舍環繞在運動場四邊、三邊或其他圍繞方式的配置，雖有集合迅

速、管理方便之利，惟因校舍呈封閉式，既無擴充空間，聲音也無法擴散，同時運動場噪音干擾上課，校舍也易受球類或運動器具擊損，影響師生安全，因此可說是最不理想的配置方式。

5. 其他配置方式

運動場與校舍配置方式，除了南北並排、東西並列、或環列式外，由於受校地地形、校地面積及社區型態影響，而有諸多不同配置方式，各校可依實際狀況，做最佳的選擇及適當的處理。

圖 3-5

運動場規劃配置的模式

(1) 運動場在南，校舍在北

(2) 運動場在北，校舍在南

(3) 運動場與校舍東西並列

(4) 運動場配置在校舍中間

(5) 其他配置方式

北

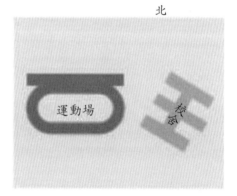

資料來源：**國民中小學校園規劃**（頁 20-22），臺灣省政府教育廳，1991，作者。

第4章 學校校地的選擇與運用

> 與學校規劃和設計的大多數其他觀念一樣,校地計畫的變異也很大。(As with most other aspects of school planning and design, there is great variation in site plans.)
>
> ~B. Perkins and R. Bordwell, 2010

學校所在地是教育過程中的關鍵要素,因為孩子花費大量時間在學校,校地位置良好、系統性設計、安全且有效的營運,有助於社會的發展(Baser, 2020)。Ward(1998)、Moussa, Mostafa 和 Elwafa(2017)也都認為選擇和擘劃校地的主要目的,係為提供一個利學習/教學經驗,並能激勵學生的場所和環境。校地(school site)是學校建築的基礎,校地的大小與學校規模(班級數或學生人數)的容納量,以及校園、校舍和運動場地的規劃設計、配置管理有著密切的關係。以下僅就學校建築規劃上較關心的二個重點——校地選擇的原則、校地應有的面積和分配比例,分別探討如下:

第一節 校地選擇的原則

校地的選擇(site selection)在學校建築計畫上是最基本,也是最難處理的問題。尤其在工商企業繁榮發達大都市「寸土寸金」之情形下,欲求得最「適當」的校地確非易事。美國加州教育廳(California Department of Education, 2000)學校設施規劃科(School Facilities Planning Division)提出校地選擇的十二項指標,依重要性為安全、位置、環境、土地、地形(topography)、規模和形狀、可及性(accessibility)、公共服務、實用、經費、可利用性(availability)和公眾接受。澳洲昆士蘭省教育、訓練和職業廳(The Department of

Education, Training and Employment, 2014）校地選擇主要應考慮校地環境、文化和土著遺產、地形、地質、現場環境（動植物、陰影和陽光等）、方位和微氣候、進出動線（人、車、無障礙通道）、噪音源、自然災害和氣候風險、不當場所，以及可用的基礎架構與服務（水、電、天然氣供應和通訊）等；在校地發展上，應考慮現有校地容量和未來校地發展需求。校地的選擇是一個複雜的問題，涉及評估許多不同的標準（技術、政治、社會、環境和經濟），Baser（2020）以多標準決策分析（Multi-criteria decision analysis[MCDA]）結合地理資訊系統（geographic information systems[GISs]）解決此問題。MCDA 和 GIS 可以組合成一個工具，用以管理不同來源的大量數據，並以高效、快速且低成本地選擇校地，隨著大數據和 GIS 技術的發展，近年來將 MCDA 用於選擇校地變得愈來愈普遍。Baser 使用結合 GISs 的 MCDA 進行土耳其吉雷松省（Giresun）的校地選擇分析研究，校地選擇指標包括：19 歲以下人口數、鄰近學校距離、鄰近主要道路、離河流的距離、土地利用、坡度、農地保護、遠離輸電線路、地質結構等，以 0～10 分分別計分，並繪製了二百一十個可能的校地，面積至少為 2 公頃。

　　新北市中小學學校預定地之開闢、轉型與釋出，分別從都市發展與人口成長、交通運輸、取得成本、學齡人口、鄰近學校就學情形與餘裕教室等影響因子進行適宜性分析（中冠科技顧問公司，2021）。臺北市都市計畫區內學校用地專案通盤檢討，以及永建國小和潭美國小遷校案，對於中小學新校地的開闢、轉型與釋出所考慮的影響因子，大致與新北市相類似。

　　通常，在選擇校地時，主要應考慮位置適中、交通方便、環境優美、擴充餘地和低廉地價等原則（國民小學及國民中學設施設備基準，2019；普通型高級中等學校設備基準，2019；蔡保田，1980），茲分析說明如下：

一、位置適中

　　Landes 和 Sumption（1957）認為「最佳的校地位置應是方便現在及未來學童就讀的場所，而且位置應在住宅區域的適中位置。」（p. 166）但「適中位置」並非正中央位置，而是使學區中大部分學生能在一定距

離內到達的地點。以國民中小學為例，通學距離以不超過 1.5 公里，徒步時間以不超過 30 分鐘為原則（國民小學及國民中學設施設備基準，2019），俾利學生就學及社區活動之推展。各國中小學通學距離推薦值如表 4-1 所列。

二、交通方便

　　學校必須交通便利，但基於安全、噪音、空氣汙染等原因，學校不應位於主要道路附近，在安全考量上，正如 Miles（2011）所提，學校位於多向道的道路網、無人行道、快速道路、複雜的十字路口，家長不會喜歡讓孩子走路或騎腳踏車到學校；在噪音、空氣汙染上，交通是最大的學校噪音源，會影響學生的學習和健康，而且車輛運輸也會產生影響健康的有毒物質，有研究報告證明，學校鄰近大型道路網，學生存在心臟和肺部疾病的高風險，距離 150m 以上，風險則大大降低，Baser（2020）據此建議中小學離主要道路最好有 300m。當然，學校若設置在交通不便的地區，除增加學生乘車的麻煩外，對時間、精力、學習效率及安全上都有影響。因此，校地應選擇交通方便、有良好的道路、便捷的通道可到達，同時學生上下學以不涉過危險地段為要。學生通學發生交通事故與學校學區內道路的相對位置有關係，詳如圖 4-1 及其說明。

三、環境優美

　　校地應選擇能積極促進學生身心健康，減免環境不良因素，並維護師生安全、舒適之地區（國民小學及國民中學設施設備基準，2019）。「近朱者赤，近墨者黑」及中國「孟母三遷」的故事，正可說明環境的影響力。因此，學校校地之選擇，在自然環境方面，應選擇風景優美、空氣清新、地勢高爽、地面平坦、地質適宜、地形完整、水木清華的地方，使學童深受自然之薰陶，孕育無比的創思；同時，應避免臨近活動斷層地質敏感區、坡地災害潛勢區（落石、岩體滑動、山崩、順向坡、土石流）及其他危險地區（國民小學及國民中學設施設備基準，2019）；還有，學校應置於洪水區以外，避免人身傷害、生命損失和重大財產損失。據 Kazakis等人研究，距離河流不到 100m 的洪水風險很高，距離超過 2000m 則無洪水風險（Baser, 2020）。在社會環境方面，應擇鄰於文教機關，如：文

表 4-1

各國中小學通學距離之推薦值

學校類別	適當通學距離（時間、分）		最大距離（時間、分）
	城市	鄉	
日本			
小學低年級	400m（10）	750m（15）	2,000m（30）
小學高年級	500m（10）	1,000m（15）	3,000m（30）
中學校	1,000m（15）	2,000m（30）	3,000m（40）
美國			
小學	800m		1,200m
初中	1,600m		2,400m
高中	2,400m		3,200m
英國			
小學低年級	400m		—
小學高年級	800m		—
初中	1,600m		—
瑞士			
小學	540～800m		—
初中、高中	800～1,000		—
荷蘭			
小學	540m		—
初中、高中	800m		—
臺灣			
小學	1,500m（30）		—
國中	1,500m（30）		—
中國			
小學	500m		（10）
初中、高中	1,000m		（15～20）

資料來源：

1. **中小學校設計規範**（GB50099），中華人民共和國住房和城鄉建設部，2011，中國建築工業出版社。

2. **國民小學及國民中學設施設備基準**（2019 年 7 月 24 日）。

3. **學校建築：計畫と設計**（第 98 頁），日本建築學會，1979，丸善株式會社。

圖 4-1

兒童的通學與道路交通事故的發生率

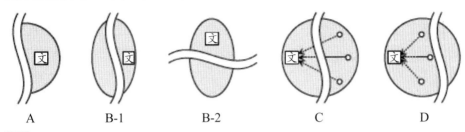

| A | B-1 | B-2 | C | D |

說明：

通學時，產生的交通事故是社會的一大問題，而其產生的原因雖極為複雜，但下面試舉數例，來說明其大致的原因。

① 事故發生的場所，根據道路種類不同，而依其發生率的順序來加以排列，其為：國道 > 主要縣道 > 市道（大的）。而從市道再延伸出去的次道，其發生的事故率則較低。

② 校區及多交通量道路的位置關係，（B）的情況比（A）的情況，其發生的事故率要多得多。

③ 像 B-1 長向貫穿道路的場合，比 B-2 短向貫穿道路的場合，其事故的發生率幾乎要達到 2 倍之多。

④ 對通學的兒童而言，途中穿過交通量頻繁的道路（C），比不穿越（D）的場合，其事故的發生率，幾乎有數倍的差異。

資料來源：**學校教育設施與環境的計畫**（李政隆譯）（頁 49），谷口汎邦、原坦、野村豪、寺門弘道、乾正雄，1982，大佳出版社。（原著出版無日期）

化中心、社教館、科學館、圖書館、博物館、美術館、植物園等地方，使學生身受激勵專心向學；並避免臨近工廠、車站、航空站和鐵公路等造成噪音、不良空氣品質，以及遠離不良場所，以維學生身心健康與正常發展。

四、擴充餘地

今日社會日趨繁榮，經濟與科技發展快速，教育備受重視，學校建築與設備勢必逐年增建、整建或修建，以因應人口變化及教育發展之需，校

地的選擇必須考慮其擴充發展性。在人口變化方面，新興都市地區易匯聚人口，學校擴增需求較高，學校人口應掌握當地的人口總數、密度、增加率，以及學區和學齡人口數，使校舍、庭園、運動場及各項設施能配合發展實需，日益增設充實。在教育發展方面，新課綱、新興設施設備基準、新建築法規（如無障礙設施、綠建築等）、新科技，尤其是幼教普及中小學附設幼兒園，快速發展，校地有擴充餘地，方有利於學校建築與設施的增建、整建或修建。

五、低廉地價

　　校地的選擇要注意校地購買和改善的經費（Perkins & Bordwell, 2010），新近北部一所國中預定地要開闢，單新校地整理和清運地上的廢棄物（約 98,000m³）就需要 1.2 億元。近年來，由於工商業發達、經濟繁榮、人口遽增，地價普遍上漲，尤其都市地區更是「寸土寸金」，購置校地經費龐大驚人。例如：美國，30 年前的校地每英畝（4,050m²）只有 1～1.2 萬美金（約合臺幣 33～39.6 萬元），30 年後高達 20～25 萬美金（約合臺幣 660～825 萬元）（Merritt et al., 2004），尤其是，學校所需要位置又好的校地卻很貴，常讓主政者陷入兩難，也讓教育人員開始思索校地的適切規模問題（Bauscher & Poe, 2018）。臺灣的校地更為昂貴，1、2 頃校地動輒數億元，甚至 20、30 億元。根據教育部（1988 年）的一項統計，「發展與改進國民教育六年計畫」（1983～1988 年）地方自辦事項（八項）計使用經費約 114 億元，其中「購置校地」即占 50 億元，亦即在 30 多年前，國民中小學學校建築與設施的增（修）建，單單校地就用掉 44% 的總經費。因此，校地之選擇只要符合位置適中、交通方便、環境優美和擴充餘地等條件時，則應將土地的低廉列入重要考慮。

第二節　校地應有的面積和分配比例

　　校地是興建學校建築的基礎，校地應有多少面積和分配比例，方能符合學校建築與設立需要？這是一個相當值得研究與瞭解的問題。以下分就校地應有的面積和校地合理的分配，分別探究說明。

一、校地應有的面積

校地應有的面積，可就各國規定之標準，加以瞭解。

就美國而言，美國學校行政人員協會（AASA, 1949）和 Sleeper（1955）建議小學校地面積最少 5 英畝（1 英畝 = .405 公頃 = 4,050m^2），另每增加 100 名學生增加 1 英畝；中學校地面積最少 10 英畝，另每增加 100 名學生增加 1 英畝。Castaldi（1994）建議小學校地面積最少 5 英畝，中學校地面積最少 10～15 英畝，高中校地面積最少 15～20 英畝，另每增加 100 名學生增加 1 英畝。Redican 等人（1986）認為小學校地最少 10 英畝，中學校地最少 20 英畝，另每增加 100 名學生增加 1 英畝。Herman（1995）認為小學校地最少 10 英畝，中學校地最少 20 英畝，初中校地最少 25 英畝，高中校地最少 30 英畝，另每增加 100 名學生增加 1 英畝。Engelhardt（1970）則認為小學校地最少 10～15 英畝，中學校地最少 30～40 英畝。Bauscher 和 Poe（2018）認為小學校地最少 5 英畝，中學校地最少 25 英畝，高中校地最少 40 英畝，另每增加 100 名學生增加 1 英畝，就可提供足夠的空間，滿足所有活動和室外教學課程之需。美國中小學校地面積，各州規定或有不同，許多州都與國際教育設施規劃協會（Council of Educational Facility Planners International[CEFPI]）「規劃教育設施指引」（The Guide for Planning Educational Facilities）之要求相同：K-6 年級小學（elementary schools）校地最少 10 英畝，五至八年級中間學校（middle schools）校地最少 15 英畝，七至九年級初中（junior high schools）校地最少 20 英畝，高中（senior high schools）校地最少 30 英畝，另每增加 100 名學生增加 1 英畝（參見圖 4-2）（Ward, 1998; Weihs, 2003）。例如：一所七至九年級初中有 600 名學生，其校地面積需要 26 英畝（20 英畝 +600/100 英畝 =26 英畝）。依 CEFPI〔現更名為學習環境協會（Association for Learning Environments）〕之規定，如以 600 名學生計算，小學平均每生應有校地面積約 108m^2，初中／中學平均每生應有校地面積約 176m^2，高中平均每生應有校地面積約 243m^2。但有些州的校地面積要求比 CEFPI 低，如俄亥俄州小學和中間學校與 CEFPI 一樣，但高中是最少 25 英畝（另每增加 100 名學生增加 1 英畝）；紐約州小學校地最少 3 英畝、中間學校和高中都是最少 10 英畝（另每增加

圖 4-2

CEFPI 對中小學校地面積之建議值（英畝）

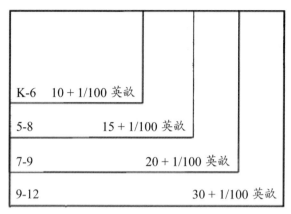

資料來源：Ward, M. E. (1998). *The school site planner: Land for learning.* (ERIC No. ED428504). https://files.eric.ed.gov/fulltext/ED428504. pdf

100 名學生增加 1 英畝）；德州小學、中間學校和高中都是有用的校地最少 5 英畝（另每增加 100 名學生增加 1 英畝）（Vincent, 2016）。

　　就日本而言，根據文部科學省 2007 年修正之《小學校設置基準》、《中學校設置基準》和《高等學校設置基準》校地面積基準之規定：(1) 小學校地應有面積（校舍面積 + 運動場面積），計算公式：①校舍面積：學生數 40 人以下，$500m^2$；學生數 41～480 人，每增 1 人增加 $5m^2$；學生數 481 人以上，每增 1 人增加 $3m^2$。②運動場面積：學生數 240 人以下，$2,400m^2$；學生數 241～720 人以下，每增 1 人增加 $10m^2$；學生數 721 人以上，$7,200m^2$。(2) 中學校地應有面積（校舍面積 + 運動場面積），計算公式：①校舍面積：學生數 40 人以下，$600m^2$；學生數 41～480 人，每增 1 人增加 $6m^2$；學生數 481 人以上，每增 1 人增加 $4m^2$。②運動場面積：學生數 240 人以下，$3,600m^2$；學生數 241～720 人以下，$3,600m^2$，每增 1 人增加 $10m^2$；學生數 721 人以上，$8,400m^2$。(3) 高等學校校地應有面積（校舍面積 + 運動場面積），計算公式：①校舍面積：學生數 120 人以下，$1200m^2$；學生數 121～480 人，每增 1 人增加 $6m^2$；學生數

481 人以上，每增 1 人增加 4m^2。②運動場面積：8,400m^2（姊崎洋一、荒牧重人、小川正人、喜多明人、清水敏、戶波江二、廣澤明、吉岡直子，2016）。日本小學校、中學校、高等學校校地面積基準，經整理如表 4-2 所示。依文部科學省之規定，如以 600 名學生計算，小學校平均每生應有校地面積約 15m^2～73m^2，中學校平均每生應有校地面積約 17m^2～105m^2，高等學校平均每生應有校地面積約 24m^2～80m^2。

表 4-2

日本小學校、中學校、高等學校校地面積基準

學生人數	小學校	中學校	高等學校
40 人以下	2,900m^2	4,200m^2	120 人以下 9,600m^2
41～240 人以下	2,905～3,900m^2	4,206～5,400m^2	
241～480 人以下	3,915～7,500m^2	5,416～9,240m^2	121～480 人以下 9,606～11,760m^2
481～720 人以下	7,513～10,620m^2	9,254～12,600m^2	481 人以上 11,764m^2 以上（每增加 1 名學生增加 4m^2）
721 人以上	10,623m^2 以上（每增加 1 名學生增加 3m^2）	12,604m^2 以上（每增加 1 名學生增加 4m^2）	

註：研究者整理。

　　就愛爾蘭而言，中小學校地面積依班級數和所蓋學校建築樓層高低（1 層樓或 2 層樓）而有不同。小學方面，根據教育和技術部（Department of Education and Skills, 2019a）之規定，依學校建築〔含校舍、球場、綠地、遊戲區、接送交通動線、通道和鋪面、資源回收室、停車場（教師和家長汽車）、未來擴充地，以及 25% 畸零地等〕所需面積分析，小學校地面積需求：(1)4～8 班，蓋 1 層樓建築的學校，需要 0.77 公頃；蓋 2 層樓建築的學校，需要 0.71 公頃。(2)8～16 班，蓋 1 層樓建築的學校，需要 1.14 公頃；蓋 2 層樓建築的學校，需要 1.04 公頃。(3)16～24 班，蓋 1 層樓建築的學校，需要 1.6 公頃；蓋 2 層樓建築的學校，需要 1.5 公頃。(4)24～32 班，蓋 1 層樓建築的學校，需要 2.2 公頃；蓋 2 層樓建築

的學校，需要 2.025 公頃。中學方面，根據教育和技術部（Department of Education and Skills, 2019b）之規定，依學校建築〔含校舍、球場、遊戲帳篷、庭院、通道和鋪面、資源回收室、貯藏室、停車場（汽車、腳踏車）、交通動線、未來擴充地，以及 35% 畸零地等〕所需面積分析，中學校地面積需求：(1)500 名學生，蓋 2 層樓建築的學校，需要 3.13 公頃。(2)750 名學生，蓋 2 層樓建築的學校，需要 3.82 公頃。(3)1,000 名學生，蓋 2 層樓建築的學校，需要 4.57 公頃。以每班 30 人計算，學校建築蓋 2 層樓，小學平均每生校地面積約 28～59m^2，中學平均每生校地面積約 46～63m^2。

　　就臺灣而言，依《國民小學及國民中學設施設備基準》（2019）之規定，國民小學校地面積，都市計畫區內學校（每生 13.8m^2），12 班以下每校不得少於 2 公頃，13 班以上學校，每增 1 班（29 人）增加 400m^2；都市計畫區外之學校（每生 25.8m^2），12 班以下每校不得少於 1.8 公頃，13 班以上學校，每增 1 班（29 人）增加 750m^2。國民中學校地面積，都市計畫區內學校（每生 16.7m^2），12 班以下每校不得少於 2.5 公頃，13 班以上學校，每增 1 班（30 人）增加 500m^2；都市計畫區外之學校（每生 26.7m^2），12 班以下每校不得少於 2 公頃，13 班以上之學校，每增 1 班（30 人）增加 800m^2。國民小學及國民中學校地面積基準，詳參表 4-3。據此，國小平均每生校地面積約 25～57m^2，國中平均每生校地面積約 30～69m^2。依《高級中等以下學校及其分校分部設立變更停辦辦法》（2019）之規定，普通型、綜合型或單科型高級中等學校校地面積，學生人數在 600 人以下之學校，至少應有 2 公頃；學生人數逾 600 人之學校，每增加 1 名學生，至少應增加 10m^2；學校所在社區公共設施可供學校作為體育教學使用者，其校地面積標準，得酌減該公共設施可提供使用面積之 1/2，但酌減之面積，不得超過校地面積之 1/5。據此，高中平均每生校地面積約 18～33m^2。另，依《普通型高級中等學校設備基準》（2019）之規定，普通型高級中等學校每一學生占校地面積至少 15m^2。此外，都市計畫區內高級中等學校，其校地不足者，得以樓地板面積抵充，「抵充校地之樓地板面積」計算公式如下：

$$公式：C = (B - A) \times 4/5$$

A：最低樓地板面積（每生享有樓地板面積 × 學生人數）

　　每生享有樓地板面積：48 班以下為 16m²，49～60 班為 15m²，61～

　　72 班為 13m²，73 班以上為 11m²。

B：學校樓地板面積

C：抵充校地之樓地板面積

4/5：校舍係以 5 層樓計算，2 樓以上為抵充校地之樓地板面積

表 4-3

國民小學及國民中學校地面積基準

區域別	國小		國中	
規模	都市計畫區外學校（m²）	都市計畫區內學校（m²）	都市計畫區外學校（m²）	都市計畫區內學校（m²）
12 班以下	18,000	20,000	20,000	25,000
13～24 班	18,750～27,000	20,400～24,800	20,800～29,600	25,500～31,000
25～36 班	27,750～36,000	25,200～29,600	30,400～39,200	31,500～37,000
37～48 班	36,750～45,000	30,000～34,400	40,000～48,800	37,500～43,400

資料來源：**國民小學及國民中學設施設備基準**（2019 年 7 月 24 日）。

　　再就中國來看，依「城市普通中小學校校舍建設標準」之規定，完全小學用地面積，12～30 班之學校每生用地 17～26m²；初級中學用地面積，12～30 班之學校每生用地 19～27m²；高級中學用地面積，18～36 班之學校每生用地 19～22m²（中華人民共和國教育部，2002b）。

　　綜上可知，美、日、愛爾蘭中小學每生平均校地面積，比我國高出很多（參見表 4-4 之比較），但臺灣中小學每校最低面積 18,000～25,000m² 則比日本高。值得注意的是，臺灣中小學校地面積未達標準者不在少數。根據林萬義（1986a）對臺灣地區國民小學之抽樣調查，學校校地面積不符部定標準者至少占 65.04%，每生平均校地面積不符部定標準者占 46.34%。另以臺北市為例，湯志民（1991）調查市立國小 125 校中，高密度學校——即每生平均校地面積未達部定 10.67m² 標準者（教育部國民教育司，1981），計有 81 校，占 64.8%；紀淑和（1991）調查市立國中

表 4-4

中、美、日、愛爾蘭中小學應有校地面積比較表

國別	小學	初中	高中
美國 （教育設施 規劃委員會， CEFPI）	10 英畝＋（N/100） 英畝 （每生 108m²）	20 英畝＋（N/100） 英畝 （每生 176m²）	10 英畝＋（N/100） 英畝 （每生 243m²）
日本	每生 15～73m²	每生 17～105m²	每生 24～80m²
愛爾蘭	每生 28～59m²	每生 46～63m²	
臺灣			
都市計畫 區內	每生 13.8m²（至少 20,000m²）	每生 16.7m²（至少 25,000m²）	每生 15 m²（至少 20,000m²）
都市計畫 區外	每生 25.8m²（至少 18,000m²）	每生 26.7m²（至少 20,000m²）	
中國			
12 班	每生 26m²	每生 27m²	—
18 班	每生 20m²	每生 22m²	每生 22m²
24 班	每生 18m²	每生 21m²	每生 21m²
30 班	每生 17m²	每生 19m²	每生 19m²
36 班	—	—	每生 22m²

註：1. N 為人數。

　　2. 1 英畝 = .405 公頃 =4,050m²。

65 校中，每生平均校地面積未達部定 17.77m² 標準者（教育部國民教育司，1987），計有 53 校，占 81.5%。湯志民、吳珮青（2012）分析臺灣國民中學校地面積，有效樣本數為 739 校，平均校地面積為 33,836m²。依據 2002 年頒布之國民中小學設備基準規定分析，合於規定之校數計有 288 所，合格率僅 38.97%，詳見表 4-5。此一校地不足問題，對學校建築規劃造成相當大影響，蔡保田、李政隆等人（1988）曾就校地面積不足易產生的問題與解決方法作了精要的說明，值得參考：

表 4-5

國民中學依班級規模分之校地合格情形

班級規模 （班）	校數 （所）	基本概況（單位／m²）				依 2002 年頒布「國民中小學設備基準」標準計算之合格情形		
		校地		平均數	標準（m²）	合格校數（所）	合格率
		最小值	最大值				
3～12 班	215	860	99,634	26,263	25,000	111	51.63%
13～24 班	141	11,096	76,932	29,655	25,500～31,000	86	60.99%
25～36 班	135	5,304	82,205	30,849	31,500～37,000	48	35.56%
37～48 班	82	16,165	73,596	32,204	37,500～43,000	24	29.27%
48～126 班	166	15,391	68,923	35,113	43,500～82,000	19	11.45%
小計	739	21,828	50,389	33,836		288	38.97%

資料來源：**國民中學校地面積合理性分析**〔論文發表〕，湯志民、吳珮青，
　　　　　2012 年 12 月 1 日，臺灣教育政策與評鑑學會等主辦「教育機構策
　　　　　略聯盟與學術社群發展」學術研討會，臺中市。

　　校地面積不足易產生的問題有：學生學習和活動空間小，校舍層層興建影響師生和同儕互動交流之機會，噪音大、校舍不易擴充，校園難以規劃，運動場及各項設施無法有效配置等。解決方法，在積極方面應速收購學校預定地，先擴充現有校地，並配合適時增設新學校，以紓解學生數增長壓力；在消極方面應就校舍、校園、運動場適當之比例作整體性規劃，計算學校應有規模，對校舍、校地不足之學校，嚴限不再增班並配合防止越區就讀規定，避免學校不當膨脹，造成學校規劃的困擾，降低學校建築的教育功能。（第 21 頁）

　　臺灣中小學校地面積不足之學校，在少子女化趨勢下雖有緩解，但基於對幼兒教育之重視，國小運用附設幼兒園（運用閒置空間或新建）蔚為風潮，甚至有國中和高中附設幼兒園，可能會使校地不足、校舍過於擁

擠問題再次浮現，在都市地區或校地過小之學校，教育主管當局應特別注意。

二、校地合理的分配比例

　　校地適當比例的分配，為學校建築規劃最重要和基礎性的工作，對學生的環境知覺與行為亦有值得注意的影響。依《國民小學及國民中學設施設備基準》（2019）、《普通型高級中等學校設備基準》（2019）之規定，校地分配以校舍（建築）用地占 3/10，運動場用地占 3/10，校園用地占 4/10 為原則。理想上，校地的分配比例以校舍（建築）用地占 2/10，運動場用地占 3/10，校園用地占 5/10 最佳，讓學校有更開闊的庭園空間和運動場地（林樂健，1984；湯志民，1991；臺灣省政府教育廳，1991；蔡保田，1977）。湯志民（1991）曾將校地規劃分為理想與不理想二類，探究校地規劃對環境知覺與學生行為之影響，研究對象為臺北市立國民小學 62 校的 6 年級學生 2,330 人（男生 1,171 人，女生 1,159 人），經單因子多變項變異數分析結果：

1. 在環境知覺方面，校地規劃比例不理想的學校，學生的擁擠感較高；校地規劃比例理想的學校，學生的學校環境注意較高、學校環境感受較好。
2. 在學生行為方面，校地規劃比例不理想的學校，學生的學習壓力較大；校地規劃比例理想的學校，學生的學習興趣較高。

　　由此可知，校地的合理分配，實有其不容忽視的重要性。雖然臺灣的少子女化可能使校地的合理比例緩解，惟近 30 年新建、整（改、修）建之學校，特別是國中小仍有不少案例，過度高估入學學生數，且未考慮校地面積和合理分配比例，導致校舍量體過大、運動場地和庭園空間過小，且招收過多學生，導致學校建築空間品質不佳，影響學生學習權益，值得重視。俗話有云：「萬丈高樓平地起」、「樹頭徛予在，毋驚樹尾做風颱」（閩南語），學校建築與校園整體規劃之成效，校地的選擇、校地面積與合理分配是最基礎的關鍵，自應審慎為之。

第5章 學校校舍的規劃與設計

適性、效率和經濟是教育設施規劃的三個相關基礎概念。

（Adequacy, efficiency, and economy are three related fundamental concepts in the planning of educational facilities.）

～R. Bauscher and E. M. Poe, 2018

　　校舍是學校建築的主體，也是學生學習、集會、活動和教師教學最常使用的場所。校舍的種類繁多，約可分為：

1. **教學建築**：包括普通教室、專科教室〔語言、社會、自然或理化、資訊、視覺藝術、音樂、表演藝術、生活科技、家政（或烹飪）、生命教育、生涯規劃、多目的空間或多用途專科教室等〕、特色教室、特殊教育教室、視聽教室、演藝廳、圖書館（室）等。
2. **行政建築**：包括校長室、教務處、學生事務處、總務處、輔導室、教師辦公室、教師專業發展室、校史室、會議室、校友會室、教師會室、家長會室、志工室等。
3. **休閒活動建築**：包括交誼廳、社團教室、宿舍、餐廳、合作社等。
4. **服務建築**：包括健康中心（保健室）、教材製作室、教具室、體育器材室、更衣室、哺（集）乳室、廚房、貯藏室等。

　　校舍的形式、方位、種類、空間、樓層、耐震、採光、色彩、噪音、通風等規劃與設計的優劣良窳，對教學活動、行政運作、學生學習和身心健康，以及師生間之互動有莫大的影響。正如維多利亞州政府建築師辦公室（The Office of the Victorian Government Architect, 2020）所提，噪音、溫度、季節變化、溼度、空氣品質、通風、空氣流動、熱舒適、建築年代、品質和美學、自然和人工採光等設計的觀念和環境的狀況會影響學習。以下就此分別探討。

第一節　校舍的形式與方位

　　校舍的形式與方位是學校建築規劃的基礎，校舍的形式與建築經濟性、噪音和擴展有關，方位則與採光、通風和教室的舒適度有關。以下分別探究校舍的形式與方位。

一、校舍的形式

　　校舍的形式通常可分為開放式（open type）和封閉式（closed type）二種。開放式的校舍基本形式有：「I」、「L」、「U」、「T」、「E」、「F」、「H」、「Y」等，其優點是易於擴充、噪音干擾小、通風良好，缺點是占地大、建築經費多、聯絡不易；封閉式的校舍，基本形式有：「○」、「口」、「日」等，其優點是占地小、建築經費節省、管理方便，缺點是無擴充餘地、噪音干擾大、部分採光欠佳。Cooper 等人曾評論封閉式校舍設計之不當，而贊同開放式的優點（引自 McClurkin, 1964）。基本上，開放式的校舍有優於封閉式校舍之處，惟在實際規劃上，均需視校地之廣狹、地形、地勢、建材、教學目標、課程設計和活動範圍因事因地制宜，作最妥善設計。一般而言，校舍的形式規劃時應注意：

（一）「形式跟隨功能」（form follows function），校舍形式以符合教學上的實用為首要原則。

（二）增班快速之學校，其校舍設計應採開放式的設計，以利將來擴充之需。

（三）沒有完善的空調設備和照明設備者，避免採用封閉式之校舍設計。

（四）教室間之距離不要影響彼此之採光、通風及聲音之干擾。

（五）校舍具有教育性及象徵性，在設計時應避免形成「官衙式」、「軍營式」和「監舍式」之校舍形式（湯志民，1986）。

（六）中小學課程緊湊，封閉式校舍和開放式校舍均應加強校舍空間的聯絡動線，使師生因應課程需求，能有效順暢的轉換各校舍空間。

二、校舍的方位

　　校舍的方位（朝向）與採光、通風、防熱等有密切關聯。Vickery 曾

言：學生的「溫度安適」遠較建築的整齊為重要（引自臺灣省政府教育廳，1966），此即說明校舍方位的決定優先於校舍形式的考慮，而校舍的形式會受校舍方位的影響。校舍的方位，必須視當地的地形、地勢、地方性氣候、流行季風、花木栽植和未來校內擴展區域等因素來決定。例如：美國佛羅里達州（Florida）東南方的校舍建築，門窗開向東方和（或）南方，可享受來自東方和南方夏季微風的清涼；冬季則因冷空氣和偶爾來自西方和北方的冷風，校舍建築的北邊和西邊應有最小之窗戶（MacKenzie, 1989）。就臺灣地區而言，林萬義（1974）曾有一段甚為深入的分析：

> 臺灣地區位處亞熱帶，終年陽光充足，但冬天吹東北季風……教室以南北向，雙面開窗較好。因東西向固然光線最充足，但晨間陽光直接射入室內，光線過強，影響目力，且西曬太強。又颱風多來自東方，故應儘量避免東西向開窗；可是南北採光，在九月至十二月，午後至三時，南窗陽光常直射，室內悶氣難當，故宜設走廊於南面或加設遮陽設備。（第 16 頁）

因此，校舍的方位規劃時應注意：
（一）校舍的方位以南北向為宜，「南北向」以教室的窗戶作為參照點。以普通教室為例，教室兩側窗戶分別朝向南向和北向，如為單面走廊教室，走廊以設置於南向端為佳（參見圖 5-1）。
（二）「口」或「日」字形的校舍，如無法避免東西向，則可採雙面走廊、加裝遮陽設備或將校舍改為逐層漸次挑出的方式設計，以緩和強光直射及降低溫度。
（三）教室方位的設計，為避免黑板產生眩光，其光線入射角應小於 70°（王錦堂等人，1990）。亦即，教室（窗戶）在東西向 20° 以內，教室的黑板會有自然光源的眩光，不利於黑板的教學使用。
（四）美術教室則以北向為宜，以利現場雕像、模型或實物寫生有穩定自然光源。
（五）東西向教室，在配置上，可改設為專科教室或常用冷氣不開窗之教室（如視聽教室、演藝廳等），以減少學生上課日曬之機會。

圖 5-1
普通教室南北向示意圖

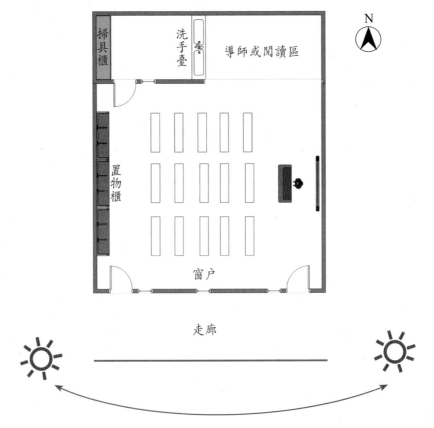

（六）東西向教室，如鄰近教室窗戶區域無遮蔭（高樓或樹木），應設置
　　　垂直遮陽板（或裝置）或相關設計因應。南北向教室，走廊設在北
　　　側者，應在南向窗戶上（或窗戶外）設置水平遮陽板（或裝置）。
　　　北向教室，面北之教室窗戶可用大玻璃窗面，以利引進「晝光」
　　　（daylighting），惟需設置 1m 寬的水平雨庇，以防雨水。

第二節　校舍的種類與空間

　　校舍的空間與課程、教學、學習和生活休憩息息相關。基本上，教
育空間的種類和課程內容有關，教育空間的數量和課程時數或班級上課時

數有關，教育空間大小（面積、容量）和教學人數、教學方法（活動）有關，教育空間形狀（長方形、正方形、扇形、圓形）和教學方法（活動）有關，教育空間（或教室）的配置和設備與學生學習方式、動線、需求、動機和時間有關，教育空間的多元變化（多樣空間）和學生生活、探索有關（湯志民，2014a）。

為因應教學革新之需，在普通教室設計上，規格形式彈性化、空間規劃多樣化是重要的發展趨勢（湯志民，1993）。除了 1960 年代推展的開放空間教室（open space）之外，1994 年出現「胖 L 型」（the 'Fat L'）教室，Dyck 是第一位研究並推薦「胖 L 型」教室的設計者。Lippman（2004）以美國和荷蘭的 3 所中小學教室，檢測 Dyck 的胖 L 型教室成效，發現不僅提供多元的活動情境，也是統整、彈性和多變的情境，可用以創造出個別的、一對一的、小團體或大團體的活動。需注意的是，若採用教師中心式的教學，教師需走動以掌握所有教室情境，否則會有一個角落較難掌控。

臺灣中小學傳統教室（9m×7.5m）的室內空間加單邊走廊的設計，已走向雙邊走廊或「胖 L 型」設計（將後走廊一半改為室內空間，通常作為閱讀角或教師辦公空間）。許多學校依課程、教學、學習或活動需要將後走廊轉為室內空間（如臺北市天母國中、國立新店高中），或作為後陽臺（如臺北市百齡高中、博愛國小），或一半在室內、一半為後陽臺（如基隆市長樂國小、宜蘭縣大溪國小、臺北市大同高中、臺南市紅瓦厝國小），或轉化為連通廊道。在開放教室設計上，2～3 間教室、活動隔間、教師辦公室和公共（或工作）空間，所形成的班群設計（如臺北市健康、新生、永安、蓬萊國小，基隆市深美國小和臺南市億載國小），適用於協同教學（team teaching）及以學生為中心的教學。

Schneider（2014）指出容納 25 名學生的教室面積達 70m^2，則能顯著改善教室的彈性運用。美國，中小學普通教室主要規格為 750～1,000 平方英尺（70～93m^2），學生人數 28 人以下（平均 23～25 名），每生約 30～40 平方英尺（2.8～3.7m^2），各州規定不同，如加州一至十二年級最低 960 平方英尺（89.2m^2）（或每生不少於 30 平方英尺），紐約州小學（27 名學生以下）最低 770 平方英尺（71.5m^2），維吉尼亞州一年級 975 平方英尺（90.6m^2）、二至五年級 800 平方英尺（74.3m^2）

（Perkins, 2001）；紐澤西州一至三年級 850 平方英尺（79.0m²）（21 名學生）、四至八年級 800 平方英尺（74.3m²）（23 名學生）、九至十二年級 750 平方英尺（69.7m²）（24 名學生）（New Jersey Department of Education, 2005）；俄亥俄州學校設計手冊（Ohio School Design Manual）要求標準的小學教室最多 25 名學生，面積 900 平方英尺（83.6m²）（Kennedy, 2002）。愛爾蘭普通教室規格，小學每間教室至少要有 76m²（70m² 為教學及「溼」遊戲區，6m² 為 2 間廁所），只有 1 和 2 個班級的學校，教室面積應擴增至 91m²（包括 6m² 的廁所）（Department of Education and Science, 2000, 2004）。以上，美國各州和蘇格蘭小學教室的面積與使用學生數，都能使教室彈性使用有較好的改善效果，可作為臺灣中小學校舍規劃之參考。

　　校舍空間是教學活動運用的主體，教室空間的式樣、配置關係、附室空間和面積大小等，影響教學的效能和師生的互動。因此，校舍的空間規劃時應注意：

一、校舍空間的配置

　　常用且無噪音之虞的共用空間，如圖書館、視聽教室和資訊教室等，應配置於校舍動線匯集中心點，以利師生運用。易產生噪音的校舍，如：音樂教室、家政（或烹飪）教室、生活科技教室等，應遠離普通教室，以免干擾教學活動。此外，教室、教師研究室、導師室、行政辦公室、教師會辦公室、家長會辦公室和志工室，均應依實需兼顧教學、學習、研究、研討或生活休憩之多樣空間規劃。

二、普通教室的空間

　　每間普通教室室內單元面積，幼兒園建議以 90m²（湯志民，2004a），國小和國中以 72m²，高中以 90m² 為基準；其中，國中小每間室內面積至少應有 48m²，且每生不得少於 2.4m²（國民小學及國民中學設施設備基準，2019；普通型高級中等學校設備基準，2019），以因應學生成長、教學（聽講、研討、表演等）、角落布置和置物之需；需注意的是，中小學教室外加的凹或凸室，較適宜作為輔助教學之用，不宜將其面積併入上述基準面積，以免影響主體教學活動需求。Butin（2000）建

議：(1) 教室的長寬比應該不大於 3：2；(2) 教室應該可以容納不同的座位調整，諸如成排的、小團體群聚或 U 形排列；(3) 隔間和家具不應該阻礙學生的視線，可移動或可取消的牆板可以促進團隊教學或與鄰近班級進行大團體集會的機會，惟牆板需能隔絕噪音；(4) 教室應有豐富的色彩、材質和圖案，並以「教室如教科書」（classroom as textbook）的設計融入課程之中，教室可有團體和個人學習的場地，包括休憩空間（breakout spaces）、凹室（alcoves）、大桌、隱匿處（nook）和不引人注意的角落（crannies）；(5) 每間教室應考量增加至少 15% 的面積來容納擴充的科技需求、專題課程和特殊學生的融合教育；其中，電腦工作站，每個占 15～20 平方英尺（1.4～1.9m²）。

　　就一般排排坐（rows and columns of seats）的教室而言，在教室的前面和中央的地方，一般稱之為「活動區」（the action zone），約等於 Koneya（1976）研究所界定的「中央三角形」（the triangle of centrality），經研究是最佳座位區。1967 年，Sommer 在〈教室生態學〉（Classroom Ecology）一文中，率先提出了參與教室討論是座位的一項功能（participation in classroom discussions as a function of seating position），詳如圖 5-2 所示。從圖 5-2 中，可以很清楚的看出坐在教室前面和中央區的學生，其參與教室討論的百分比比較高。而坐在「活動區」（教室的前面和中央的地方）的學生會得到較高的成績、有較多的參與、會更專心且在學習的相關活動花更多的時間、師生互動的次數較多、更喜歡課程和教師（Atwood & Leitner, 1985; Deaux & Wrightsman, 1988; Gifford, 1987, 1997; Gump, 1987; McAndrew, 1993; Stires, 1980），也會有較好的自我概念（Dykman & Reis, 1979）。Ngware, Ciera, Musyoka 和 Oketch（2013）從 72 所表現不佳和表現優異的小學中隨機抽取 1,907 名 6 年級學生，這些學生約在 10 個月中坐在同一個座位上 2 次，經多層次迴歸（multi-level regression）分析發現，坐在教室前排的座位學生比起離黑板較遠的其他排座位學生，可以提高 5～27% 的學習成果，在教育政策可透過安排學生的座位，以優化學習速度慢的學生的學習成果。因此，教師為教學主導者，應積極參與教室設計，依據自己的教育哲學、學生特性、課程計畫等，配置教室物質環境，善用資訊科技，成為一個「場所創造者」，以有效促進學生的學習（廖文靜，2004）。

圖 5-2
參與教室討論是座位的一項功能

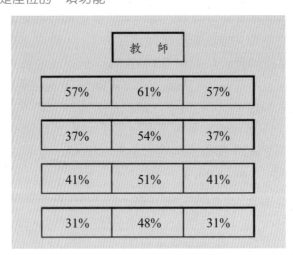

資料來源：Classroom ecology, R. Sommer, 1967, *Journal of Applied Behavioral Science, 3.*（引自 Deaux, K., & Wrightsman, L. S.〔1988〕. *Social psychology*〔5th ed.〕. Brook/Cole Publishing Company, p. 509.）

三、專科教室的空間

　　專科教室如自然科、理化或生物實驗室、視覺藝術、音樂、表演藝術、生活科技、家政（或烹飪）等，國小以普通教室面積的 1～1.5 倍，國中以普通教室面積的 1～2 倍，高中以普通教室面積的 1.5～2 倍為原則（國民小學及國民中學設施設備基準，2019；普通型高級中等學校設備基準，2019），室內空間應兼顧教學說明和實驗之需。據廖文靜（2005）的研究，我國高中實驗室平均每生 3～3.6m^2，與英國中學實驗室的標準每生 3m^2，差異不大，空間面積應屬合理；惟因實驗室使用人數的設定偏高，使得實驗室單元面積偏大，尤其是高中課程學生分組選修的情形普遍，加以學生專題研究或科展製作，教師或學生可能需要組設實驗裝置，進行較長時間的實作和觀察，因此自然科實驗室的規劃，除一般的「大」實驗室之外，可考量設計數間較小型的專家（特殊）實驗室，以符應實際需求，若受限於學校空間，亦可以在一般實驗室內，設置額外的實驗桌

組，俾利師生進行課程之外的長期性專題研究或長時段實驗研究。此外，專科教室的準備室，可分置、合置，或比照英國設中央準備室（分主要貯藏區、準備／分配／清理區、推車停放區、清潔工作區和化學藥品貯藏區等五大區），最好與支援服務的實驗室群組分布於同一樓層，以利管理運用，而實驗室的工作桌面要能防水、抗酸鹼、耐熱、耐壓。此外，英國教育與技術部（Department for Education and Skills, 2004）建議：(1) 每位學生至少一個電源插座，和每 6 位學生共用一個水槽、一個瓦斯閥門；(2) 每間實驗室設有一座有冷、熱水裝置的清潔水槽；(3) 實驗室應設置一面「主要教學牆」，供全班討論、講解和實驗演示之用，並設有一張內建網路截點的實驗桌，並外加一張（或兩張）$2m^2$ 的工作桌，一座排煙櫃和一面白板；(4) 每間實驗室規劃 $4\sim6m^2$ 的貯藏空間，集中設置在周圍工作臺的上方或下方，供該實驗室的設備、儀器和實驗材料的存放與展示之用；(5) 各實驗室設置一張可調式實驗桌，供輪椅使用者使用，並增設一個座位供其助理使用；此行動不便者座位應設在可以直視白（黑）板，並盡可能靠近出入口的位置，以避免行動不便者的動線過長。

　　專科教室的特別需求：(1) 化學實驗室應附設藥品室，兩者方位均不宜朝西或西南；化學實驗室、藥品室、準備室宜採用易沖洗、耐酸鹼、耐腐蝕的地面。(2) 資訊教室，宜配置空調設施，室內裝修應防潮、防靜電，並採防靜電架空地板；單人電腦桌至少長 75cm、寬 65cm，縱向走道淨寬至少 70cm，沿牆布置之桌端與牆面或壁柱淨距至少 15cm。(3) 語言教室，需進行情境對話語言表演訓練時，應設置至少 $20m^2$ 的表演區。(4) 美術教室，學生寫生時以座椅為畫凳時，每生面積宜為 $2.15m^2$，用畫架寫生時每生面積宜為 $2.50m^2$。(5) 舞蹈（韻律）教室，每生使用面積不宜小於 $6m^2$，宜採用木地板；應附設更衣室、宜附設淋浴室和器材貯藏室；舞蹈鏡面設置於與採光窗垂直之牆面，鏡面（含鏡座）總高度至少 2.1m，鏡座高度不大於 30cm（中華人民共和國住房和城鄉建設部，2011）。(6) 音樂教室，每間教室面積至少以 $120m^2$，配置單槍投影機（亮度 6000 流明以上）及珠光銀幕 120 吋，以及可容納 $40\sim50$ 人合唱站臺設備。(7) 多用途專科教室，因應普通型高級中等學校 $1.2\sim1.5$ 倍跨班自由選修課程、專題與跨領域課程及彈性學習時間，面積可依 45、90、135、$180m^2$ 彈性組合設置，並可依課程及教學需要擴充為互動型專科教室（普通型高

級中等學校設備基準，2019）。

四、行政辦公室空間

校長室室內面積以 1 間普通教室大小為原則，內部得規劃辦公區、會客區、會議室、盥洗室等空間。教務處、學生事務處、總務處室內面積各以 2 間普通教室大小為原則，並依實需另附設貯藏室。各處空間配置，教務處得規劃辦公室、印刷室、學籍檔案室、教學設備及器材室等，印刷室應考量通風排氣設施，排除廢氣口應距學生活動範圍 5 公尺以上；學生事務處得規劃辦公室、體育設備及器材室、訓育設備及器材室、廣播室；總務處得規劃辦公室、文書檔案室、修繕室、機電控制室（國民小學及國民中學設施設備基準，2019）。基本上，各行政辦公室應有辦公、會議和會客空間，每間辦公室以容納 8 人為原則，每人辦公桌面積 1.8m×1.8m（約 1 坪），桌面隔間板高以 105cm 為佳，另設 6～8 人會議（或工作）桌和 5 人座會客沙發，會議桌和沙發必要時可整併。

輔導室（處）室內面積以 2～4 間普通教室大小為原則，並依實需另附設心理測驗室、觀察室和貯藏室。輔導室（處）得規劃辦公室、生涯發展資料室、學生資料檔案室、遊戲治療室、個別諮商室、團體輔導室等。學生資料檔案室應注意保密性；個別諮商室應注意隱密性、舒適性及隔音效果，並設置警鈴與緊急照明設備，以及符合心理諮商所設置標準之規定；團體輔導室宜鋪設木地板或軟墊；輔導專科教室與輔導室宜毗鄰設計（國民小學及國民中學設施設備基準，2019）。

此外，人事室和主計室，室內面積各以 1/2 間普通教室大小為原則。教師會室、家長會室、校友會室、志工室，依實際需要設置，室內面積各以 1/2 間普通教室大小為原則，空間配置包括辦公桌椅、櫥櫃、會議桌椅、沙發組（包括茶几）、電話、飲水設備、電扇或冷氣（國民小學及國民中學設施設備基準，2019）。

五、教師辦公室和教師專業發展室

教師辦公室（或稱教學研究室）應有辦公、會議和會客空間，面積以 1 間普通教室大小為單元，每間以容納 10 人為原則。每人辦公桌面積 1.8m×1.8m（約 1 坪），桌面隔間板高以 105cm 為佳，另設 8～10 人會

議（或工作）桌，以及 5 人座會客沙發，會議桌和沙發必要時可整併。Lackney（2003）強調應將教師視為專家，辦公桌不可以只是教室前的一張桌子，應有教師辦公室，並提供私密或半私密辦公空間，包括個人專屬空間、電話／傳真、個人電腦、資訊科技、桌椅和個人圖書設備，以及正式和非正式會議空間、廚具、貯藏櫃和盥洗室等。惟應注意教師辦公室係鄰近教學區而非在教學區中間——因教師不是教育的中心，學生才是。

　　教師專業發展室面積以 1 間普通教室大小為原則，提供各領域或跨領域教學研討，教師專業發展社群、共同備課、觀課和議課之研討空間，也可作為親師懇談空間。

六、圖書館（室）的空間

　　參採《國民小學及國民中學設施設備基準》（2019 年 7 月 24 日）、《普通型高級中等學校設備基準》（2019）之規定及實地觀察經驗，圖書館（室）的面積，國小至少應有 2 間普通教室大，國中至少應有 3 間普通教室大，高中至少應有 4 間普通教室大，13 班以上之學校，每增 12 班增加 1 間普通教室大。其次，圖書館（室）以集中式設置為原則，也可採分散式，或兼採集中式與分散式；亦即，可將圖書資料分類分散於不同教學空間，形成各種圖書角。圖書館（室）室內應規劃有工作區、書庫、閱覽區、參考研究區、資訊檢索區等：(1) 工作區：為圖書工作人員辦公場所，以能綜覽閱覽室為宜。(2) 書庫：供典藏圖書存放處所。(3) 閱覽區：以同時容納 2 個班級學生使用之閱讀座位為原則，且規劃每生約 $1.2m^2$ 之空間；書架依學生取閱高度，設置單面或雙面開放式書架；閱覽桌椅設計應符合人體工學，配置以動線流暢為原則。(4) 參考研究區：規劃為獨立研究、主題探索、小組討論場所，提供個人與團體之視聽空間與設備。(5) 資訊檢索區：可規劃圖書自動化管理，提供館際資訊查詢及線上隨選視訊相關服務。需注意的是，圖書館（室）建築結構的承載力，各樓板活載重不低於 $60kgf/m^2$，密集式書庫之樓板活載重不低於 $950kgf/m^2$，並注意通風、防火、防潮、防水、防蟻、採光及隔音措施。此外，為增加閱覽室之使用效率與功能，閱覽室之規劃，可分區並規劃「無圖書」之自由閱讀空間，此一空間可以透明玻璃牆板隔斷，設置獨立對外的門，但室內應與可取書閱讀的開放書架空間有連通玻璃門，可增加此一空間的多功能用途，

如對外單獨作為會議室、研討室、放學之家長等待室，晚上還可作為自修室。

七、視聽教室和演藝廳的空間

　　視聽教室有固定座位者，以容納 90～120 人為宜，每校可設置 1 間，作為 2～3 班協同教學或校際交流之空間。演藝廳是大型的視聽教室（或稱多媒體中心，也有學校或改置為國際會議廳），每校應設置 1 間（可兼禮堂用），其空間容量實用性的設計，應配合學校整年度的活動需求，包括班群協同教學、大班選修課程、年級活動、常態性的大型活動（儀典、節慶、藝文表演、專題演講）和社區活動等，以使用人數最頻繁的次數或中間數（眾數或中數）來推估較為適宜，通常以不超過 300 人為宜（湯志民，2003b）。美國中等學校有固定座位的禮堂，需有 350 人座位（或比最大的單一年級學生數多 50 人），觀眾席每生面積 7～8 平方英尺（0.65～0.74m^2），舞臺 1,800～2,000 平方英尺（167～186m^2），大廳 1,500～2,000 平方英尺（139～186m^2），貯藏室 250～300 平方英尺（23～28m^2）（Castaldi, 1994），以 350 人座申算，室內至少 557～659m^2。《國民小學及國民中學設施設備基準》（2019）則規定國小 37 班以上，國中 25 班以上之學校，得設置演藝廳，空間規劃以 300 人為原則或以可以容納一個年級學生為基本考量，面積為 700m^2 以上，內部空間可配置準備室（排練室）、更衣室、廁所、視聽音響控制室、器材存放室等。

　　視聽教室和演藝廳空間的配置及設計，觀眾席位大仰角的視覺角度設計是為了看到舞臺演出者膝蓋以上之動作（如舞蹈和戲劇等），因此要配置大舞臺，深度至少 6m（8m 以上為理想），觀眾席位仰角小，係聽演講用，視覺角度看到演講者半身即可，舞臺可小，深度至少 3m（4m 以上為理想）。其次，座席地面升高，可從第三或第五排開始，每階 12cm（即眼睛到頭頂的距離），如前後排交錯可採 6cm 高，如未能看到演示臺的桌面中心點，地面升高可從第二排開始（張宗堯和李志民，2000）。需注意的是，視聽教室和演藝廳第一排座位與舞臺間距至少 2m，設置 2～4 個無障礙座位，舞臺不一定要抬高，可與地板齊平，也可解決舞臺無障礙問題，觀眾席的天花板淨高不得小於 2.5m。此外，觀眾席位前後排間距，國小至少 100cm，國中至少 105cm，以 110cm 為理想（國民小

學及國民中學設施設備基準，2019），高中至少 110cm，以 120cm 為理想（如臺北市中崙高中），宜使用重力彈回式座椅，兩旁和中間應設走道（至少 60cm 寬），以利使用和安全疏散；如設計為國際會議廳型態，在座位前方設置固定桌面（寬 35cm），其座位（含桌面和走道）前後間距寬度，則至少要 120cm，並注意應購置活動式椅子（如臺北市南湖高中、政大附中），否則易影響進出。

八、健康中心的空間

依《學校衛生法》（2021）第 6 條之規定，學校應有健康中心之設施，作為健康檢查與管理、緊急傷病處理、衛生諮詢及支援健康教學之場所。中小學健康中心（保健室）宜設在教學區與活動區之間的一樓，並方便救護車到達之處，並有便捷清晰的出入動線，面積以 1～1.5 間普通教室大小為原則，室內環境舒適、通風及採光良好，內部空間配置辦公、健康檢查、簡易治療、急救處理、休養室、盥洗室等空間，並設置自動體外心臟電擊去顫器（AED）（國民小學及國民中學設施設備基準，2019）。

此外，考慮女性空間之運用，哺（集）乳室可與保健室毗鄰或併入設置，健康中心的盥洗室可加裝淋浴設備，可供女性師生生理期不適之處理。中小學應設置哺（集）乳室，面積 15～18m^2，光線充足、有良好有效之通風，並應指定專人負責，維持使用之隱密性及有安全保護措施；基本設備包括靠背椅、有蓋垃圾桶、電源設備、可由內部上鎖之門、緊急求救鈴或其他求救設施、洗手設施等（公共場所哺（集）乳室設置及管理標準，2011；國民小學及國民中學設施設備基準，2019；普通型高級中等學校設備基準，2019）。

九、校史室的空間

中小學應設置校史室，面積以 1/2 至 1 間普通教室大小為原則，以供布置或陳列學校歷史文物，紀錄學校發展歷程，展示內容包括：學校沿革、歷任校長、校歌、教育理念、學校特色、姊妹校交流、學校建築發展、師生傑出表現、傑出校友、紀念文物等。校史室應有順暢的瀏覽動線，清晰的資料說明，並結合數位、AR/VR 或動畫，增加理解。此外，校史資料也可規劃設置於樓梯或廊道牆面；同時，為保存大量和完整的校

史資料，可規劃設置數位校史室，以利未來校史發展資料之擴充和延伸。

十、會議室的空間

中小學宜依需求設置大、中、小型會議室，小型會議室以容納 5～10 人，中型會議室以容納 15～30 人，大型會議室以容納 35～50 人，最適宜開會和討論。大型會議室中間可設彈性隔板，分為 2 個小型會議室或 1 個中型會議室、1 個小型會議室，屆時可有大、中、小型三種會議室的彈性運用。會議室簡報投影螢幕應設置於主席的前方（會議桌的底端），會議桌每人桌面長 70～80cm，寬度 40～50cm，以便書寫和放置會議資料；會議桌內外兩側設置座位，桌面深度 90cm，內側兩邊桌緣間距 240cm，讓會議桌內側中間走道能有 60～80cm，外側座位與後方牆壁（或櫃子）的距離至少 60cm，以利與會人員進出。

十一、體育器材室、更衣室

體育器材室設置，包括足夠的資料櫃，球類、田徑等各項器材擺置架、推車、置物櫃等重要設施，並有保養空間，空氣流通、位置適當、器材搬運出入安全方便。至於，更衣室（包括盥洗室）的設置，學校應視體育教學需要，在適當地點設置足夠的更衣室，並提供較完善設施，包括置物櫃、鏡子、衣架、防滑地板、洗手臺及溫水設施等，供班級學生體育教學活動更衣及淋浴使用（普通型高級中等學校設備基準，2019）。無游泳池之學校，可視經費與空間狀況，獨立設置或設於體育館內；有游泳池之學校，也可結合更衣淋浴室共用。

第三節　校舍的樓層與耐震

校舍的樓層與耐震是學校建築安全的基礎，校舍的樓層涉及樓層隔閡、移動困難、管理死角、防災避難，師生教學移動和親土性問題，校舍的耐震更是學校建築安全的底線，多震帶國家莫不將學校的耐震設計列入政策重點。以下分別探究校舍的樓層與耐震。

一、校舍的樓層

　　校舍高層化（high rise）為社會變遷朝都市化發展之必然結果，都市中小學由於校地有限，為滿足學生激增的空間需求，只好往上增加樓地板面積，其優點可為校地狹小的學校保留更多的校園及空地面積，其缺點則如黃耀榮（1990）所言：

> 學校建築高層化的性質遠比一般建築物高層化複雜，建築計畫也應該比原有的學校計畫標準更趨嚴格。其中因高層化所產生的學童活動空間減少、老師上下樓層距離增長、學生移動上課的機率增高、避難設施增加、電梯使用方式考量等問題，均使得各界認為有必要深入檢討高層化的可行性。（第 103 頁）

　　特別是，樓層化校舍在行政、教學和休憩空間之配置上，也會充滿挑戰，Hall（2021）以芝加哥 1 所特許學校「本質學校」（Intrinsic Schools）為例，該校為尋求創新學習模式，將高中新校區移到芝加哥的環線、城市的公民和金融中心。新校區設在 14 樓高的前貝爾聯邦貯蓄大樓（Bell Federal Savings Building）之 2～6 樓，最大的挑戰之一是如何將五層辦公空間變成一個有凝聚力的校園。接著是校舍配置，學校將公共空間、聚會空間和大廳空間都設於 2 樓，街道上有一個學校專用入口，直接通往優雅的大廳，大廳有一套用於非正式講座和其他專業活動的座位。學生跑班上課按年級上升到更高樓層，例如：新生在 2 樓和 3 樓上課，高年級在 6 樓上課。所有學生的空間和設施，例如：午餐多功能室和健身中心，都位於較低樓層。由此案例可知，校舍樓層化所形成的垂直校園空間，在行政、教學上的規劃，以及校內外的管理和運用都增加更多複雜度。

　　當然，校舍樓層化，可增加招生容量，增進經濟效益，但相對形成樓層隔閡、移動困難、管理死角、防災避難等問題，且降低親土性，以及在高層狹窄的廊道空間活動，對學生的身心發展多少會有限制和影響。因此，《國民小學及國民中學設施設備基準》（2019）規定，國小學校建築以 3 層樓以下、國中 4 層樓以下之結構為原則。中國規定小學主要教學用房不應設在 4 層以上，中學主要教學用房不應設在 5 層以上（中華人民共

和國住房和城鄉建設部，2011）。美國大部分的學校設計也不超過 2～3
樓（Perkins, 2001），南卡羅萊納州教育廳（South Carolina Department
of Education, 2004）規定：小學 1 年級教室應設於地面層，2 年級教室不
可高於 2 樓。英國教育部（Department of Education, 2020）規定，小學
通常應為單層建築，但如大型學校的經濟考量，或校地受限，部分校舍可
增建為 2 層，惟年幼的孩子應安置在 1 樓。Bauscher 和 Poe（2018）指出，
小學以 1 層樓建築較佳，例如：有些小學好天氣時，學生可從教室直接到
戶外教室，戶外教室以灌木區隔，可作為研究植物、太能熱能、氣候之實
驗室；惟如校地太昂貴，則應興建 2 層樓。校舍樓層規劃上需注意的重點
是：

（一）校地小、班級數多且位於都市地區之學校，校舍樓層化應注意垂直
動線之便捷，以及進出樓層和使用校舍之安全。校地面積大、班級
數少之學校，應將校舍建築樓層控制在 3 樓以下，以增加親土性，
提高學生活動與交流。

（二）依《建築技術規則建築設計施工編》（2021）第 134 條之規定，
國民小學、特殊教育學校或身心障礙者教養院之教室，不得設置在
4 層以上；國小在安全無礙條件下，4 層以上之教室僅供高年級學
童使用。

（三）依前項《建築技術規則建築設計施工編》第 133 條規定，建築物高
度，不得大於二幢建築物外牆中心線水平距離 1.5 倍，但相對之外
牆均無開口，或有開口但不供教學使用者，不在此限。

（四）對遊戲場缺少的都市孩子而言，其日常的運動量，會因校舍的樓層
化而減少，因此必須要考慮到延長休息時間的配合，以鼓勵戶外活
動。

（五）基於休憩活動空間的需求，應於各樓層適切位置設休憩空間、角
落或遊戲室，擴增走廊寬度、增加教室空間和重新規劃教室內部空
間，以因應同儕互動和休憩活動之需要。

（六）校舍高樓層，上下左右的移動路線，需妥善的規劃並作明顯的標示
（尤其是避難和疏散方向），以避免動線交叉引起混亂。

（七）教室的配置，應配合年級、課程和學生移動的時間和體力，以減輕
學生奔波負擔。

（八）屋頂球場、遊戲場的設置，如有需要，應特別注意因樓高而產生的寒氣及強風，以保障學生的安全。

（九）高樓層之校舍應設置電梯，以利人員（尤其是行動不便者）之進出，以及教材教具、營養午餐、垃圾和其他貨物的搬運。

（十）校舍間應配合設置視訊或廣播系統，教室設置對講機，以利行政、教學和人員的聯繫溝通。

（十一）依《建築技術規則建築設備編》（2021）第 20 條之規定，建築物高度在 20m（6 樓高）以上者，應裝設避雷設備。

二、校舍的耐震

臺灣地區位於「環太平洋地震帶」（circum-pacific seismic zone）上，全世界 70% 以上的地震發生於此地震帶，且處於「歐亞大陸板塊」與「菲律賓海板塊」相互衝撞的地區，地震災害頻繁乃必然之現象。根據統計，1901～2016 年，臺灣發生過 102 次災害性地震，造成不少人口死亡及（或）房屋全毀等嚴重災害（中央氣象局地震測報中心，2021a）。1999 年 9 月 21 日，臺灣發生百年罕見的芮氏規模 7.3 的「九二一大地震」，接著，10 月 22 日又發生芮氏規模 6.4 的「一〇二二嘉義地震」，造成學校校舍嚴重損壞，根據教育部（2001）對立法院的報告，「九二一大地震」及「一〇二二地震」，受損學校有大專校院 81 校、高中職 134 校、國中小 1,327 校、特殊學校 4 校，總計 1,546 校，經行政院核定各級學校復建經費 135 億 2,078 萬元，另民間認養及認捐約 90 餘億元。因此，臺灣學校建築的耐震設計，引起空前未有的重視。

地震（earthquake）常見強度單位有「規模」（magnitude）與「震度」（intensity），規模是用以描述地震大小的尺度，係依其所釋放的能量而定，以一無單位的實數表示；震度是指地震時地面上的人所感受到振動的激烈程度，或物體因受振動所遭受的破壞程度（中央氣象局地震測報中心，2021b）。地震的「規模」，目前世界通用的是 1935 年美國地震學家芮氏（C. Richter）所創，其規模（magnitude, M）分為：5 以下為小地震（small）、5～6 為中地震（moderate）、6～7 為大地震（large）、7～7.8 為強烈地震（major）、7.8 或以上為超級地震（great）（Southern California Earthquake Center[SCEC], 1995）。在地震「震度」上，臺灣

採用的震度分為：0 級「無感」（0.8gal 以下）、1 級「微震」（0.8～2.5gal）、2 級「輕震」（2.5～8gal）、3 級「弱震」（8～25gal）、4 級「中震」（25～80gal）、5 級（5 弱、5 強）「強震」（80～250gal）、6 級（6 弱、6 強）「烈震」（250～400gal）、7 級「劇震」（400gal 以上）（中央氣象局地震測報中心，2021c；李政寬、張慧玲、邱世彬，2009）。臺灣的震度分級與日本相同，聯合國、歐美、中國分為 12 級，10～12 級與臺灣和日本的 7 級相同（黃錦旗，2013）。

　　地震發生於「斷層」（faults），斷層是二塊地盤間（two blocks of rock）之狹長的碎石區，長度不定，從幾公分到幾千公里；斷層依滑動的方向，可分為：(1) 橫移斷層（strike-slip faults）：橫移斷層沿斷層面做水平方向相對移動，在橫移斷層的一側看著另一側往右移動，稱為右移斷層（right lateral），往左移動，則為左移斷層（left lateral）；(2) 上移斷層（dip-slip faults）：有正斷層（normal faults）和逆斷層（reverse faults），正斷層是由張力造成，岩層上盤沿斷層面相對於下盤向下移動；逆斷層由壓力造成，上盤地層沿斷層面往上移動。若震源深度較深，斷層面並未破裂至地表，無法從地表上觀察到斷層的跡象，則稱為盲斷層（blind faults）（中央氣象局地震測報中心，2021b；SCEC, 1995）。地球自形成以來，歷經數 10 億年的地質變動，在岩石圈內部留下許多斷層，尤其是在古老的或現代的造山帶內，斷層更是多如牛毛。不過，在這些斷層中，絕大部分是不活動的。「活動斷層」是最近數萬年內至今仍有活動跡象的斷層，它具有地震發生潛能的地質構造，並且可能在不久的將來再次發生錯動的斷層（李錫堤、蔡義本，1997）。

　　臺灣的活動斷層，據經濟部中央地質調查所調查，有 42 條，分成三類：第一類活動斷層，是指過去 1 萬年內曾經發生錯動，共有 12 條；第二類活動斷層，是指過去 10 萬年內曾經發生錯動，共有 11 條；第三類為存疑性活動斷層，是指具活動斷層地形特徵，但缺乏地質資料佐證者，共有 19 條（李政寬、張慧玲、邱世彬，2009）。過去，有 6 次大地震發生於 8 條活動斷層上，包括梅山斷層芮氏規模 7.1（1906 年）、獅潭斷層芮氏規模 7.1（1935 年）、屯子腳斷層芮氏規模 7.1（1935 年）、神卓山斷層芮氏規模 7.1（1935 年）、新化斷層芮氏規模 6.1（1946 年）、美崙斷層芮氏規模 7.3（1951 年）、玉里斷層芮氏規模 7.3（1951 年）、瑞穗斷

層芮氏規模 6.9（1972 年）（盧詩丁、張徽正，1999）。據李錫堤和蔡義本（1997）測量結果，臺灣地區各級學校在活動斷層 500m 範圍內有 358 校，其中在活動斷層 100m 範圍內有 66 校（如表 5-1）。

表 5-1
臺灣地區距離活斷層 100m 以內學校

縣市	校名
臺北市	桃源國小、桃源國中
臺北縣	三和國小、成州國小、建國國小
宜蘭縣	二城國小、四季國小、同樂國小、榮源國中、復興專校
桃園縣	公埔國小、忠貞國小、南崁國中、永平工商
新竹市	竹蓮國小、光復高中、新竹師院
新竹縣	華興國小、新城國小
苗栗縣	僑成國小、新興國小、南庄國小
臺中縣	沙鹿國小、健民國小、萬豐國小、后里國中、太平國中、清水高中、沙鹿高工
南投縣	桶頭國小、郡坑國小、新興國小、草屯國中、竹山國中、草屯商工
彰化縣	三春國小、白沙國小、東和國小、復興國小、花壇國中、中州工專
雲林縣	山峰國小、梅林國小
嘉義縣	中崙國小、黎明國小
臺南縣	崎內國小、新山國小
高雄市	右昌國小
高雄縣	仁武國小、永芳國小、鳥松國小、灣內國小
屏東縣	恆春國小、新豐國小
花蓮縣	中華國小、舞鶴國小、玉里國小、三民國小、富南國小、三民國中、富北國中
臺東縣	永安國小、電光國小、大坡國小、萬安國小、初鹿國中

資料來源：整理自**臺灣省中小學校園附近活動斷層普查及防震對策之研究計畫**，李錫堤、蔡義本，1997，臺灣省政府教育廳。

　　臺灣的學校建築，因空間機能較單純，加以重視通風、採光，致常發展成細長條形、U形、L形、H形等平面形式，較不耐震，因此地震一來經常發生損壞。臺灣和日本的學校校舍有許多類似的設計，地震損壞情形也很接近。例如：日本方面，1995年1月17日日本阪神大地震規模7.2，阪神地區18所震害代表學校，校舍結構系統幾乎都是長向純鋼構架，短向附有剪力牆，長向無剪力牆，因此地震損害幾乎都在長向。1978年2月20日，日本宮城外海發生規模6.7地震，其中15所震害代表學校，RC結構的破壞最主要為短柱剪壞、緊臨窗臺柱剪斷和牆壁剪壞。臺灣方面，1990年，花蓮市明禮國小震害，長條形校舍，懸臂走廊，柱子兩邊有窗臺者較無窗臺者破壞嚴重，因其有效柱長變短，剛度變大，地震時剪力大量增加所致；1986年，臺北市景美女中震害，校舍柱主要破壞的型態是緊臨窗臺部分，形成短柱，造成剪力破壞，約占80%（葉旭原，1997）。特別是，臺灣1970年代以前興建的校舍，設計上重採光、通風、師生活動空間，因此多設計為「廊外無柱」的懸臂式建築，耐震力普遍不足，「九二一大地震」中部地區這類老舊校舍，多嚴重震損或倒塌（李政寬等，2009）。這些校舍震損的常見問題如何因應，實值探究。

　　日本是地震最頻繁的國家之一，中小學設施不僅是學習和生活的地方，也是社區震害的避難所，因此文部科學省一直致力於提高公立學校設施結構的抗震性和防止室內運動場等吊頂墜落的措施，並將之視為學校設施重要政策之一（文部科學省，2021a）。每年均進行中小學學校建築抗震性並提出年度調查報告，根據文部科學省（2020）之調查報告，在學校建築結構抗震性上，日本中小學2002年未進行抗震的建築物數達73,166棟之多，耐震化率只有44.5%，至2020年，未進行抗震的建築物數只剩674棟，耐震化率高達99.4%；在室內運動場（包括室內體育館、武道場、禮堂等）抗震措施上，至2020年，沒有實施吊頂等防墜落措施者只剩271棟，抗震措施實施率已達99.2%，吊頂以外的非結構構件抗震檢測率達92.6%，採取實際抗震措施率達48.2%。根據美國建築規範，建築物應該能夠抵抗輕微地震而不會造成任何損壞，以及能夠抵抗中等地震而不會造成結構損壞。在發生大地震的情況下，建築物不應倒塌，任何結構性或非結構性損壞都必須是可修復的。建築規範的主要關注點是保護生命和建築使用者的安全。尤其是，學校建築兼負教育、防災避難重責，以及萬

千師生的安全，應有更高的耐震規範。因此《建築物耐震設計規範及解說》（2011）規定，地震災害發生後，必須維持機能以救濟大眾之重要建築物，如供震災避難使用之國中、小學校舍（屬第一類建築），用途係數 I=1.5；幼兒園、各級學校校舍（屬第三類建築物），I=1.25，也要比第四類建築物的其他一般建築（I=1）要求更高。鑑此，特參照《建築物耐震設計規範及解說》（2011）、《建築技術規則建築設計施工編》（2021）之規定及學校建築耐震規劃設計之相關研究（李政寬等，2009；張嘉祥、陳嘉基、葉旭原、王貞富、賴宗吾，1999；張嘉祥、陳嘉基、葉旭原、王貞富，1998；張嘉祥、賴宗吾、林益民，1995；許晉嘉，1994；湯志民，1999b、2006a、2006b；黃錦旗，2013；葉旭原，1997），將學校建築耐震設計要點，整理臚列如下：

（一）校地選擇

校地的選擇應遠離斷層，依《建築技術規則建築設計施工編》第 262 條之規定，最大地震規模（M），M ≥ 7，活動斷層帶二外側邊各 100m 不得開發建築；7 > M ≥ 6 時，活動斷層帶二外側邊各 50m 不得開發建築；M < 6 或無紀錄者，活動斷層帶二外側邊各 30m 不得開發建築。因此，在活動斷層 100m 範圍上的 66 所學校，則應檢討遷校或耐震安全補強事宜。

（二）校舍基地

校舍基地臨近坡地者，需構築擋土牆、駁崁或階梯式花臺等，擋土牆背面需做集水溝，牆體需設排水孔，內側可增設扶壁，以增加對地震力之抵抗。其次，基地為回填地，校舍宜採椿基礎，並將其打至堅硬地盤，使上部結構載重有效傳至堅硬地盤；另外，亦可採整體式之筏式基礎，並對基礎下之土質進行改良（壓實、壓密、固結或置換），以提高土壤承載力。此外，校舍同時座落於軟弱土質及堅硬土質時，宜考慮不同基礎形式，並在土質軟硬交界區做伸縮縫（葉旭原，1997）。此外，高液化潛勢區通常位於地表下 $20m^2$ 以內之範圍，為預防土壤液化災情發生，在興建工程前，應先作地質鑽探，以瞭解建地土壤組成與地下水位，如有土壤液化防治需求，可用打設基椿、開挖地基置換土壤、灌漿、擠壓砂椿、動力夯實等工法，以預防災害（李政寬等，2009）。

（三）校舍平面

　　單棟校舍宜採用規則、對稱之平面形狀，避免平面不規則性，如平面形狀為 L、ㄇ、T 型的建築物，地震時轉角處承受較多的擠壓力量或拉扯力量，致轉角處容易破壞（李政寬等，2009）；矩形平面之校舍，長寬比（L/B）最好小於 6，亦即教室連續配置以不超過 5 間為原則，依建築計畫需連續配置時，校舍長度約每 60m 需設置一處伸縮縫（許晉嘉，1994；葉旭原，1997），伸縮縫寬度一般約為 7～9cm，防水填充材可用瀝青纖維、海綿、橡膠或軟木等材料，止水帶通常使用銅板、鋅片或不鏽鋼，蓋板則常使用銅質或不鏽鋼。在校舍立面上，一般校舍高寬比（H/L 或 H/B）不得大於 4，並儘量避免突然之幾何變化，如樓層退縮、出挑、或成倒梯形。在校舍棟距上，臨棟間距（△）需大於建築高度之千分之十九及 19cm（葉旭原，1997）。

（四）校舍配置

　　對需堆置大量靜載重之圖書室、器材室及實驗室等空間或產生活載重之會議室、演講廳及禮堂等空間之載重分布，應依建築技術規則之規定設計，並儘量將上述空間配置於底層，一方面促使載重直接傳遞至土壤，另一方面可避免引致過大的地震力（許晉嘉，1994）。

（五）校舍走廊

　　校舍走廊宜採取有廊柱之結構系統，在耐震上有廊柱雙邊走廊又比單邊走廊更佳（葉旭原，1997）。其次，弱震區和中震區教室長軸方向可設置單邊走廊，走廊外端要設置韌性構架，以共同抵抗地震橫力；強震區教室長軸方向兩側均應設置雙邊走廊，且走廊外端要設置韌性構架，以共同抵抗地震橫力（許晉嘉，1994）。需提的是，校舍應避免採用懸臂走廊，校舍如為懸臂走廊，可在校舍長向增設翼牆，以增加地震能量之吸收（energy absorption）（林建智，1996）。另外，在連接走廊上，鋼筋混凝土（RC）造連接走廊，在結構上最好獨立，與主體結構間可設置 H/200～H/100 寬的隔離縫；鋼骨造連接走廊端部需留有 H/200～H/100 寬的隔離縫，以防擠壓碰撞（葉旭原，1997）。

（六）校舍牆體

　　減少校舍長方向柱間距，並可於走廊邊、隔間牆中附加柱子，矩形斷面柱子改成正方形斷面，部分柱子可加翼牆，牆體配置宜上下連續，牆的中心應力求一致，若牆體有開口，開口位置應上下一致，開口面積宜小於牆體面積之 1/6（葉旭原，1997）。需注意的是，牆與構架之間會產生互制作用，此作用導致配置剪力牆校舍在頂層部較底層部提早破壞；鑑此，規劃設計時，可適當的降低高層區剪力牆的強度，或是減少剪力牆於頂層區的配置數目（林建智，1996）。

（七）校舍梁柱

　　校舍規劃時，梁斷面的寬度不可大於柱斷面的寬度；在平面及立面上，梁與梁、梁與柱的中心線應力求一致。其次，為避免短柱效應，產生突然之脆性破壞，校舍窗臺與柱緊接時應盡量避免形成極短柱（h/D ≤ 2），也可在形成短柱處採取加密箍筋（間距需小於 10cm）、周圍包裹鋼絲網、配置 X 型主筋，以及增設繫筋等措施，以增加短柱之強度及韌性；並在窗臺與柱之間應規劃隔離縫（seismic joint）（如政大附中、嘉義縣黎明國小），寬度約 2cm，彈性填充物可採用瀝青纖維、海綿、橡膠、矽膠（silicon），防水填縫材可用瀝青黏質材料或矽膠，伸縮蓋板一般採用不鏽鋼或銅質材料。此外，在鋼筋搭接上，柱頭、柱腳應加密箍筋（hoop），必要時並加繫筋（tie）補強，鋼筋搭接處最好位於柱子的中央附近，並應有足夠的搭接長度；不同鋼筋搭接位置宜略微錯開，一般取 50cm 或 60d（d 主筋直徑）（葉旭原，1997）；箍筋及繫筋製作時，需將箍筋的兩端都折彎成 135 度，形成耐震彎鉤，因深入核心混凝土中，地震時不易鬆脫。此外，避免使用未經淨化處理的海砂，易促使鋼筋表面鏽蝕，使校舍成為「海砂屋」，依規定每立方公尺新拌混凝土的氯離子濃度不得超過 0.3 公斤（李政寬等，2009）。

（八）樓板設計

　　樓板周邊最好採取有梁的配置，樓板中間儘量避免有大範圍之挑空或開孔，有挑空或開孔時，周邊需適當加以補強，樓板角隅需配置斜向補強筋。其次，在女兒牆上，不可使用磚砌或空心磚砌，RC 女兒牆需注意配

筋，使女兒牆與樓板、柱梁框架成一體。

（九）門窗設計

門窗開口部，高度最好及於梁下緣，高度未及梁下緣時，開口部上方需做楣梁，主要出入口之門框需採用容許變形較大、耐震能力較佳之構造（如鋼框）。其次，門窗玻璃上，落地窗或出入口附近的大面積玻璃，儘量採用強化或膠合玻璃（安全玻璃），或用自黏式面貼膠膜保護，以免玻璃破裂掉落；玻璃與窗框接合處，需設計彈性、餘裕空間之構造。

（十）附屬設施

首先，懸吊燈具，吊桿長度應小於 90cm，燈管兩端設有環套或裝置反光格柵，以防止燈管脫落。其次，櫥櫃設置，應以五金零件固定於牆壁上，櫥櫃門扇需有鎖扣防止物品掉落，櫥櫃不要貼近學生座位或置放在出入口附近，儘量將笨重物品置放在教具櫃或資料櫃的下方。第三，圖書書架，應加強連結及與牆壁間之固定，並注意重量大之套書應儘量放置在書架底層。第四，冷氣裝置，以分離式取代傳統窗型冷氣機，並將主機安置在樓板面上；窗型冷氣機需設計窗臺板，避免一般之懸吊式。第五，實驗器具，實驗室的瓦斯筒、氣體鋼瓶應以繩索或高拉力帶或鐵鍊纏繞，並固定在牆壁上；實驗室櫥櫃之門扇需裝置扣鎖，開放式層板櫃可加繫細繩或橫向鐵條，以防止瓶罐、器皿等掉落；危險性高的化學藥品如強酸等應放置在櫥櫃下方（葉旭原，1997）。第六，貯油、貯水、貯瓦斯之設備要有防止地震傾倒或滑移之措施。第七，高度在 2m 以上之貯物架、小型櫥櫃、飾物架及書架，宜有防地震傾倒之設計；電腦資訊、多媒體設備，宜有防地震掉落之措施（國民小學及國民中學設施設備基準，2019）。此外，輕鋼架天花板是極容易在地震中損壞墜落的一項建築內裝材，對於面積大或懸吊長度過長的輕鋼架天花板，宜特別檢討是否設有足夠的耐震斜撐（建築物耐震設計規範及解說，2011）。

（十一）隔震和減震技術

「隔震建築」有隔震裝置隔絕地震能量；「減震建築」是加裝減震裝置以消散部分地震能量，減少建築的震動（李政寬等人，2009）。

　　隔震系統，為一種或多種隔震元件及（或）阻尼元件所組成，在地震作用下，使結構週期延長，隔震元件及（或）阻尼元件消散大部分地震能量之系統（建築物耐震設計規範及解說，2011）。建築基礎的隔震，主要包括類彈簧式隔震（如鉛心橡膠支承墊）和滑動式隔震（如滾動式隔震支承平臺）等幾種形式，可以減少地震對建築結構或建築物能量的輸入（李政寬等人，2009；楊永斌，1999）。減震裝置，可採用油壓減震器或鋼板減震器，挫屈束制斜撐（bucking restrained bracing[BRB]）是鋼板減震器的典型代表，其核心鋼材受拉力或受壓力，經由伸縮的塑性變形過程，發揮減震功能；需注意，一棟建築至少要有 1/2 以上樓層安裝減震器，才有減震效果（李政寬等，2009）。

　　日本運用隔震、減震、制震技術於學校建築的結構設計，已有許多成功的案例，例如：都立大崎高等學校（RC 造 7 樓）、北里大學新醫院增建工程（SRC 造 8 樓）、杏林大學醫學部附屬醫院（SRC 造 10 樓暨地下 2 樓，RC 造 5 樓暨地下 2 樓）、日本大學理工學部校舍隔震補強、東京都立教大學教堂隔震補強等，其基礎隔震設計皆採類彈簧式隔震的鉛棒多層橡膠隔震體（lead rubber bearing）、天然多層橡膠隔震體（rubber bearing）、高衰減多層橡膠隔震體（high damping rubber bearing）及（或）彈性滑動隔震體（multislider damping rubber bearing）。此外，還有運用偏心滾筒型隔震體（eccentric roller-pendulum system）、制震壁（viscous wall damper）、制震裝置、體育館的大屋根耐震和制震裝置（force and vibration control of large roof）、二次元或三次元免震地板系統（2D/3D floor isolation system），以及藝術品展示用的機器隔震臺等建築案例可供借鏡（江支川，2000；オイレスエ工業株式會社，1998）。這些隔震、減震和制震的新技術和設備，國內亟待研發與推展，以利臺灣學校建築設計與安全的進一步發展。

（十二）耐震評估與補強
　　校舍耐震能力評估與耐震補強，應注意：(1) 建築物進行耐震能力評估前，應對主要結構部分（如梁、柱、剪力牆與斜撐系統等）作實地調查；並應充分瞭解建築物之現況、震害經驗與修復補強情形等影響耐震能力之各項因素。(2) 耐震補強應依其補強的目標，採用改善結構系統、增

加結構體韌性與強度等方式進行，惟應注意各項抗震構材之均衡配置，以使建築物整體結構系統耐震能力之均衡提升。(3) 耐震補強或改修不得產生有害基礎安全之情形（如沉陷、變形等）。(4) 用途係數 I=1.5 之建築物，應檢討其供水、供電及消防設備系統固定之耐震能力，並應考慮墜落物對建築使用機能之影響。(5) 耐震補強應注意施工中之安全，尤其建築物在繼續使用中或以階段施工方式進行耐震補強時，應輔以必要之臨時安全支撐，以避免施工過程結構系統產生弱點（建築物耐震設計規範及解說，2011）。

在校舍補強上，依耐震標準計算，中小學校舍初步評估應符合 Is 值 ≥ 100。校舍初步評估 Is 值達 100 分，表示符合「非避難使用校舍」（第三類建築物）之耐震能力要求；校舍初步評估 Is 值達 80，表示只符合「一般建築物」（第四類建築物）之耐震能力要求。臺灣自 2009 年起逐年辦理 Is 值 80 以下校舍耐震能力改善，2019 年底，此類校舍可符合第三類建築物之耐震標準。2019 年 4 月行政院核定辦理「公立高級中等以下學校校舍耐震能力改善計畫（2020～2022 年度）」，計 166.42 億元，以改善 Is 值 80～100 校舍之耐震能力（教育部，2019a），預計至 2022 年底，中小學校舍耐震能力皆可達內政部規範之耐震標準（教育部，2021a）。常用的校舍補強工法有：(1) 擴柱補強：擴大既有柱之斷面，以同時增加建築物之強度與韌性。(2) 增設 RC 翼牆補強：於既有獨立柱兩旁加設單片或雙片牆體。(3) 增設剪力牆補強：於既有梁、柱構架內加設整片 RC 牆體。(4) 鋼斜撐框架：於原有梁柱構架內增設鋼斜撐或鋼框架斜撐，由增設之鋼構件抵抗部分地震力，減輕原有梁柱構架之負擔。(5) 碳纖維包覆：利用重量輕、強度高的碳纖維網包覆梁柱增加結構物耐震能力。(6) 復合柱補強：於牆之前、後兩側配置主筋用以夾住隔間磚牆，此工法具備省時、省工之特性（老舊校舍補強專案辦公室，2013）。

（十三）校舍耐震實例

嘉義縣黎明國小，位於番路鄉觸口村觸口斷層處 100m，是臺灣第一所以耐震設計興建的學校。該校 1998 年遭遇規模 6.2 的「七一七大地震」，1999 年再逢規模 7.3 的「九二一大地震」及規模 6.4 的「一〇二二嘉義地震」，都能安然無恙。其耐震設計特色如下（參閱湯志民

2006a）：

1. 雙肩走廊，走廊均有柱子，使整體結構相當穩重。
2. 全部採用筏式基礎，校舍建築的底下均是地基，不怕地殼滑動。
3. 全部為 RC 結構，混凝土硬度 3,500 磅以上，不採用磚砌建造。
4. 主副柱設計，主柱左右輔以副柱，牆與柱間隔有 2.5cm 之縫隙，在縫隙中灌注矽力康供彈性伸縮，以防止短柱效應。
5. 鋼筋結紮用韌性設計（內外二箍），箍距不超過 10cm，以增強防震功能。
6. 主結構鋼筋採用高拉力鋼筋（8 分為主）連結位置分別錯開，使受力平均並加強韌性。
7. 校舍建築一體成形，包括 13 間教室重建、2 間教室補強，以及興建 1 間含無障礙電梯在內的地下室，所有教室地基均連結成一整體。

第四節　校舍的採光與色彩

　　校舍的採光與色彩是學校物理環境的規劃重點，也是學校建築舒適與美感的基礎。校舍的採光影響到學生的閱讀和健康，校舍的色彩則是環境美學的要素，突破灰色水泥磚牆的桎梏，增添色彩，益增美感情趣。以下分別探究校舍的採光與色彩。

一、校舍的採光

　　採光系統（the lighting system）在學校設計上是一個很重的因素，不僅影響能耗經費，對學生的健康、表現和壓力也會有影響（Perkins & Bordwell, 2010）。校舍的採光一般分為自然採光（nature lighting）和人工照明（artificial lighting）兩種。自然採光以日光為光源，有四種採光方式：側光形式（side lighting）、兩側採光（bilateral lighting）、天窗採光（top lighting, sky lighting）、高窗採光（high side lighting）（蔡保田，1977）。人工照明以電燈為光源，有五種照明方式：直接照明（direct lighting）（向下光束占 90～100%）、半直接照明（semi-direct lighting）（向下光束占 60～90%）、散光或漫射照明（diffused lighting）（向下光束占 40～60%）、半間接照明（semi-indirect lighting）（向下光束占 10～40%）和間接照明（indirect lighting）（向下光束占 10% 以下），教室照明主要為明視作業，依經濟效益，應以直接與半直接照明為主（周鼎金，1998；日本建築學會，1973；AASA，1949）。照度（illuminance）的單位為勒克司（Lux）（或稱為米燭光，meter candle），1 勒克斯等於 1 流明的光通量均勻分布在 1m^2 表面上所產生的照度，即 1 Lux = 1 lm/m^2（財團法人台灣產業服務基金會，2012），英、美則慣用呎燭光（foot candle），1 呎燭光約等於 10.76 米燭光（或勒克司）。

學校採光的目的，必須能創造一個有助於學習的有效整體環境（Rankin, 1982）；因此，校舍的照明基準，因其空間機能而異，國際照明委員會（International Commission on Illumination[CIE]）的普通教室照度標準為 300Lux（夜間為 500Lux）（黑板 500Lux），實驗室、美術教室、視聽教室皆為 500Lux；美國（IESNA-2000）的普通教室、實驗室、美術教室照度標準皆為 500Lux；日本（JIS Z 9125-2007）的普通教室照度標準為 300Lux（黑板 500Lux），實驗室、視聽教室皆為 500Lux，美術教室 500～750Lux；德國（DIN5035-1990）的普通教室照度標準為 300Lux（夜間為 500Lux），實驗室、美術教室、視聽教室皆為 500Lux；俄羅斯的普通教室照度標準為 300Lux（黑板 500Lux），實驗室 300Lux，視聽教室 400Lux。英國的普通教室照度標準，小學為 300Lux，中學為 350Lux；中國（GB50034-2004）的普通教室照度標準為 300Lux（黑板 500Lux），實驗室、視聽教室皆為 300Lux，美術教室 500Lux（中華人民共和國住房和城鄉建設部，2011）。臺灣學校各室內空間之照度，請參考照度國家標準（CNS 12112- 室內工作場所照明）（詳如表 5-2）。此外，校舍的採光應注意：

（一）教室的照度，國中小教學空間照明標準，桌面照度不低於 500Lux，黑板照度不低於 750Lux（國民小學及國民中學設施設備基準，2019）。此外，為改善教室內的照明，可參考日本「立川方式」將靠近走廊這一邊的燈管增加一排。

（二）教室燈具的數量，每 1 間教室 3 排 4 組 24 支（T5 型 28 瓦）螢光燈，分三段開關，黑板另有 2 支（長 1.2m）或 3 支（長 0.7m）之

表 5-2

學校各室內空間之照度及平均演色指數

學校空間／場所	照度（Lux）	平均演色指數（Ra）
美術教室、手工教室、製圖室、黑板	750	80
美術學校美術室	750	90
教室、電腦教室、演講廳、圖書館（閱讀區、櫃臺）、實習室及實習桌、實驗室、教學實習工廠、準備室、討論室、體育館、游泳池 夜校教室、成人教育教室 幼兒園、托兒所、托兒所勞作室	500	80
教師辦公室、語言實習室、音樂練習室	300	80
學生討論室、集合廳、圖書館（書架）	200	80

註：整理自照度國家標準（CNS 12112- 室內工作場所照明）（2012.1.31 修訂公布）。

資料來源：**學校照明節能改善參考手冊**（教育部委辦）（頁 52-53），財團法人台灣產業服務基金會，2012。http://in.ncu.edu.tw/ncu57303/document／教育部學校照明節能改善參考手冊.pdf。

螢光燈（周鼎金、江哲銘，2004；財團法人台灣產業服務基金會，2012）。教室照明配合晝光控制有多種模式，其中之一例如：小班教學可以將最後一排之燈具迴路關閉；另外若班級需使用投影機及簡報上課時，也可選擇此種迴路模式將與黑板平行之燈具關閉，僅留中後排之迴路開啟即可；當晝光充足時，可彈性關閉靠窗燈盞（財團法人台灣產業服務基金會，2012）。

（三）教室燈具的規格，課桌燈具規格為：(1) 格柵式燈具（含金屬格柵板）；(2) 雙燈管；(4) 具有鏡面反射板；(4) 具 30° 以上之遮光角。黑板燈燈具規格為：(1) 單燈管；(2) 為鏡面反射板；(3) 可調整燈具照射角度（財團法人台灣產業服務基金會，2012）。

（四）教室燈具的高度，課桌燈之下緣應距地面 2.4m～2.7m；黑板燈之下緣應距地面 2.5m～2.7m，距牆面水平距離 0.7m～1.2m（財團法

人台灣產業服務基金會，2012）。階梯式視聽教室天花板燈具應採隱藏式配置或具有 30° 的遮光角（周鼎金，1998）。

（五）教室燈具的位置，普通教室、實驗室、視聽教室應設於桌面的上方，電腦教室和圖書架應設於通道的上方；普通教室和電腦教室採全面照明，圖書館以局部照明為主，全面照明為輔，實驗室和視聽教室採分區全面照明（周鼎金，1998）。

（六）教室燈具的排列，應與黑板垂直較理想（周鼎金，1998；蔡芸，1984；喜多明人，1988），教室燈具應使用具有雙向保護角（遮光角）的燈具，可控制光源在投射角 45°～85° 範圍內的輝度，減少眩光，且與窗邊晝光方向相同，心理感覺較佳，採用單向保護角的燈具，則應與黑板面平行以減少直接眩光（周鼎金，1998；周鼎金、江哲銘，2004）。

（七）眩光是指視野中由於不適宜亮度分布，或在空間或時間上存在極端的亮度對比，以致引起視覺不舒適和降低物體可見度。眩光的種類分成以下三種：(1) 直接眩光：眼睛直視光源時感到的刺眼眩光，如直視太陽或夜間對方來車車燈，閱讀時直接看到燈管的刺眼眩光等。(2) 反射眩光：光源投射物件後，反射至眼睛的光線來源，一般常稱為反光，此種眩光對舒適度的影響最大。(3) 對比眩光：室內主燈與桌燈明暗對比過大時，會產生對比眩光，這也是只開檯燈會帶來不舒服感的主因（財團法人台灣產業服務基金會，2012）。因此，為減少直接眩光，演講型之教室（如普通教室），通常眼睛視線方向長時偏向水平線及其上方，屬仰角方向，應避免投射角 45°～85° 範圍內眩光。為減少反射眩光，非講演型之教室（如實驗教室、圖書館、製圖、美術、生活科技教室等），通常眼睛視線方向長時偏向水平線及其下方，屬俯角方向，應注意桌面擺設與採用低反射桌面材料。為減少對比眩光，長時間作業與閱讀空間（如自修室與閱讀座位，桌面照度不足，應輔以桌燈（閱讀燈），但不可將其他室內燈全關或大部分關閉。

（八）教室採用的燈具，一般學校教室或辦公室採用直型螢光燈管居多，常見螢光燈類型有傳統 T9 型、T8 型，以及高頻三波長螢光燈管 T8 及 T5 等；其中，三波長螢光燈管主要集中了對人類肉眼色覺識

別能力最佳的（光的三原色）藍色（452nm）、綠色（543nm）、紅色（611nm），組合成一種高效率、演色性佳的白光色，適用於學校教室或辦公室（財團法人台灣產業服務基金會，2012）。

（九）教室照明的效率，教室照明應採用高效率的螢光燈，避免採用發光效率低的白熾燈，並使用電子安定器（一般教室使用壽命 10 年以上），不用傳統安定器。財團法人台灣產業服務基金會（2012）指出，電子式安定器採高頻點燈，輸出光波非常穩定、不易閃爍，對保護視力有所幫助，且比起傳統式安定器可省電 25% 以上；據研究，使用 T5 型螢光燈管搭配電子式安定器，比 T8 型螢光燈管搭配傳統型安定器，年省電費至少 10 萬元。近幾年高效率發光二極體（LED）照明燈具崛起，經濟部能源局 2020 年起也鼓勵應用智慧照明控制之高效率低眩光 LED 照明燈具，LED 屬於固體發光體，不含水銀等危害健康物質；在同樣照明效果下，用電量僅為白熾燈泡的 1/8，螢光燈管的 1/2。此外，體積小、耐震動、回應速度快、冷光源、壽命長、可降低燈具維護費用，未來會成為學校建築主流之照明光源。因此，經濟部、教育部（2017）的**政府機關及學校節約能源行動計畫**，學校逐年將螢光燈具換裝為 LED 燈具，汰換時程：(1)T8/T9/T12 燈具：於 2018 年 12 月 31 日前換裝為 LED 燈具。(2)T5/T6 燈具：2015 年以前設置者，應於 2019 年 12 月 31 日前換裝為 LED 燈具。2016 年以後設置者，應於 2020 年 12 月 31 日前換裝為 LED 燈具

（十）教室採光的方式，教室寬度超過 7m 時應兩側採光，並善用自然採光，運用窗戶、天窗以引進晝光（daylighting）最為理想，校舍建築教學空間的 75% 需要晝光（禮堂和體育館除外）（New Jersey Schools Construction Corporation, 2004）。南北向教室，可多運用北向穩定而舒適的光。東西向教室要加裝遮陽設備，以防日曬及調節光度，並避免陽光直射損及視力，室內窗簾宜為活動式，最好是半透明淡顏色者（中華民國學校衛生學會，1997）。

（十一）教室採光的面積，窗戶面積，應大於教室室內面積的 1/5 以上（國民小學及國民中學設施設備基準，2019）。窗臺高度，為利採光和通風，一般應與課桌的高度齊平，幼兒園窗臺高 45cm，

　　　　小學窗臺高 65cm，中學窗臺高 75cm，較為合適（中華民國學
　　　　校衛生學會，1997）；南卡羅萊納州教育廳（South Carolina
　　　　Department of Education, 2004）規定中小學窗臺，1 樓最低 4 英
　　　　寸（10cm），最高 3 英尺（91cm），2 樓以上，最低 2 英尺 6
　　　　英寸（76cm），最高 3 英尺（91cm）。

（十二）教室的反射率，教室內色彩以牆壁為準以白色為宜（反射率最
　　　　高，88%）（日本建築學會，1974），教室內理想的反射率，如
　　　　圖 5-3 所示。

圖 5-3
教室內理想的反射率

資料來源：American Standard Guide for School Lighting, Illuminating En-
　　　　gineering Society, 1962.（引自 Redican, K. J., Olsen, L. K., & Baffi,
　　　　C. R.〔1986〕. *Organization of School Health Programs*, p.
　　　　70.）

（十三）需要精密作業的教室（如製圖室和縫紉室）光度標準要適度
　　　　提高，並應注意過量的光是不良的光（too much light is poor

light）（Crouch, 1962），校舍採光應質量並重。

（十四）室內電扇與燈具應保持適當距離，避免因電扇葉片擋住燈具，發生電扇轉動時燈光明滅閃爍現象（國民小學及國民中學設施設備基準，2019）；亦即，燈具放射點擴散範圍應避開吊扇葉面旋轉範圍，也可將風扇置於燈具上方，或採用吸頂式及嵌入式節能風扇。

（十五）教室照度的測量，應採用符合中國國家標準 CNS5119、C4165 的照度計，黑板之照度檢測，以黑板之中軸線由上往下 30 cm 處為 C 點，中心點 D 點，由下往上 30 cm 處為 E 點，向左右延伸 100cm 為 A、B、F、G 四點，量測七點取平均值為其黑板之平均照度。課桌燈之照度檢測，由教室範圍內以 100 cm 為距離點出 A、C、G、I，並找出各點之中間點分別為 B、D、H、F 及教室之中心點共九點，其平均照度之計算方法為（A×1 + B×4 + C×1 + D×4 + E×16 + F×4 + G×1 + H×4 + I×1）/36。量測時應注意量測者應儘量低於照度計，以不干擾照度之檢測為原則（周鼎金、江哲銘，2004；財團法人台灣產業服務基金會，2012）。

二、校舍的色彩

自有生民以來，人類就一直沐浴在色彩的世界裡。色彩能為生命增添活力，生命也因色彩而更加充實。色彩的視覺效應取於三層面——色相（hue）、明度（brightness）和彩度（saturation），色相是指顏色的色別或相別，明度是指顏色的深淺或明暗程度，彩度是指顏色的純度或飽和度（王宗年，1992；Bell et al., 2001）。紅、黃、藍為色彩的三原色（光的三原色為紅、綠、藍），紅黃生橙、黃藍生綠、紅藍生紫，依電腦分析可得五百多種顏色，色相差最大（如紅和綠、黃和紫、藍和橙等）為對比，色相差最小（如紅和橙、橙和黃、黃和綠、綠和藍、藍和紫、紫和紅等）為調和。色彩能給人以物理的、生理的和心理的作用，此即色彩的機能（color function）。例如：暖色（warm color），如紅、橙、黃等色具有前進的性質，可使較大的教室有縮小的感覺；冷色（cool color），如青、綠、紫、白等色具有後退的性質，可使狹小的教室有增大的感覺；如在室

溫不變的條件下，冷色牆面與暖色者相比，人的冷暖主觀感覺會相差 2～
3°C，此即色彩的物理作用。其次，暖色系有積極性，亦即它的刺激性較
大而令人有興奮感；而冷色系有消極性，亦即它的刺激性較小而令人有沉
靜感，此即色彩的生理作用。第三，色彩具有心理的聯想作用，如紅色會
使人想到太陽、火、血、蘋果或活力、熱情、革命，青色會使人想到晴
空、海水或沉靜、悠久、理智，此即色彩的心理作用（王宗年，1992；
國立編譯館，1983）。

　　就校舍而言，優美的色彩可陶冶學童身心，激發學習興趣，促進情緒
正常發展。美國學者 Podolosky 即指出：

> 假如室內、外顏色配合適當，則可使生活於其中的人感覺舒
> 服、愉快、平和，進而形成較好的性格；反之，不當配合所引起
> 的不良反應，則可能會導致永久性的壞的影響，進而形成有問
> 題的人格特質。（引自楊國樞，1971，第 6 頁）

　　Moore（2016）根據研究也指出，色彩會影響學生的表現、情緒和行
為，在學校設計上色彩的運用不只影響建築的美感，也有心理上的作用，
而不同的年齡層也有不同的喜好，年幼學童喜歡明亮、溫暖色彩，如紅
色、黃色、橘色、紫色等，初中和高中生認為基本色是不成熟的，青少
年喜歡較酷的顏色和較壓抑的色調。總之，色彩在任何學習環境中都是
一個重要的考量，也要避免用太強烈的色彩，會對兒童產生過度的刺激
（Crowther & Wellhousen, 2004）。校舍的色彩設計，應注意：

（一）國小色彩以活潑愉快為原則，不妨運用多種色彩或對比色：大專院
　　　校色彩應莊重典雅，宜採用單一色彩或中間色；中等學校可介於兩
　　　者之間亦莊亦諧，力求舒適安定。

（二）選一主色，全部建築與設備配合主色，以求穩定和諧。主色之選
　　　擇，少用綠色（不和自然爭）和藍色（不和天空爭），較能突顯學
　　　校的存在。氣候炎熱區多用冷色調，山區或陰雨多之區域多用暖色
　　　調。

（三）校舍外牆色彩應注意與社區建築色彩融合，避免過於突兀；校舍樓
　　　層層次豐富，為利辨識和認知，可運用色彩管理，如國立政大附中

以彩虹：紅、橙、黃、綠、藍、靛、紫七色，依序建置於各樓層廊道與教室門板，以加強師生空間識別，並增添校舍動感活力。

（四）中小學低年級教室宜採鼓舞心情的暖色調，高年級教室宜採有助思考的冷色調。音樂教室為提高情緒，採用暖色調，理科教室、圖書室、標本室、陳列室、展覽室等，為能準確的觀察物的色彩，宜採用灰色（施淑文，1994；高履泰，1988）。

（五）教室內部環境色彩，應以淡雅、反射係數高的色彩為主，並使整體色彩諧調。例如：天棚、遠窗牆面選用白色，其他牆面可用淡米黃色、湖藍色、蘋果綠等清新淡雅明快的色調，黑板應選用墨綠色，其周圍牆面應與黑板色彩相宜，避免強烈對比，以減少亮度差（施淑文，1994）。

（六）色彩應注意彩度和面積的效果，建築之大部分力求調和典雅，建築之小部分可採對比強烈色調，以增活潑性及情趣。

（七）色彩應配合採光，使其具有良好的視覺效果，並配合校舍使用功能，以表現建築物之特性。此外，亦應注意選擇使用者喜歡的色彩，以引起反應與共鳴。

　　吳隆榮（1988）在〈學校建築之色彩運用〉一文，曾就各種校舍建築的功用、氣氛和參考色調，作了詳細的分析與建議，茲整理如表 5-3 所示，以供參考。

第五節　校舍的噪音與通風

　　校舍的噪音與通風也是學校物理環境受關注的重點，更是學校建築舒適和師生健康的影響因素，良好的音環境、室內空氣品質和適切的通風系統，對於優良教育環境的建置，大有助益。以下分別探究校舍的噪音與通風。

一、校舍的噪音

　　噪音（noise）是不必要的、令人不愉快的、出現時空不對（in the wrong place, at the wrong time）的聲音，此種聲音使人在生理上或心理上覺得不舒服（Bell et al., 2001；湯志民，1988；臺北市政府環境保護

表 5-3

校舍建築參考色調表

建築名稱	功用	氣氛	參考色調
校長室	1. 全校行政總樞紐 2. 賓客接待之用	樸實、高雅、寧靜	象牙色（Ivory） 玉藍色（Sapphire Blue）
會議室	議事、計畫、研討之用	和諧、舒暢	黎明色（Orient Pink） 玉藍色（Sapphire Blue）
教師辦公室	教師集會、處理事物及休息之用	安靜、和諧	淺湖綠（Light Lake Green）
保健室	學校衛生教育及保健中心	整潔、安靜	藍白色（Bluish White）
輔導室	1. 與家長商談之用 2. 個別諮商團體輔導之用	親切、溫和	乳白色（Cream White）
各處辦公室	處理各處特定之校務	朝氣、和諧	黎明色（Orient Pink） 玉藍色（Sapphire Blue）
圖書館	圖書保管、閱覽書籍之用	肅靜、專心	藍白色（Bluish White） 淺湖綠（Light Lake Green）
活動中心	1. 學術、體育活動之場所 2. 較大型之集會場所 3. 社區活動	合群、活潑	乳白色（Cream White）
一般教室	班級活動教學之用	和諧、活潑	淺湖綠（Light Lake Green） 象牙色（Ivory） 二、四、六年級和一、三、五年級的教室，可參酌使用同一種顏色。顏色的互換，將使兒童在新學年開始產生新鮮感，增進學習興趣。
專科教室	各專科教學之用	1. 藝能科（音樂、美勞）：活潑 2. 自然、社會科：和諧	1. 音樂、美勞科：象牙色（Ivory） 2. 自然科：玉藍色（Sapphire Blue） 3. 社會科：黎明色（Orient Pink）

註：參考色調名稱依照臺灣區塗料油漆工業同業公會色卡。

資料來源：學校建築之色彩運用，吳隆榮，1988，**國教月刊，34**（11），第16-17頁。

局，1990）。Kennedy（2005a）強調創造學生能聽到和瞭解教師及其他同學所說話的教室環境，就是創造一個更有效能的學習環境。噪音的響度以分貝（dB）為單位，一般音量之評估係以人耳感受的 A 加權測量，稱之為 A 加權分貝（dB〔A〕）（葉恆健譯，1987；臺北市政府環境保護局，1990），亦即在噪音計上 A 權位置之測量值（噪音管制標準，2013）。學校噪音應屬於「慢性暴露性噪音」（chronic induced noise），對師生身心之危害和教學之影響，至少有四種：(1) 影響聽取能力；(2) 影響思考及作業能力；(3) 形成聽力障礙；(4) 造成職業性嘶啞症（湯志民，1988），這些影響雖較緩慢而不易察覺，但卻不容忽視。

　　校舍的噪音可分為校內噪音和校外噪音，前者如：體育、音樂、家事和工藝課發出之聲響，機械設備（如空調）、室內餘響（reverberation）或下課時學生之嬉戲、喧譁聲；後者如：汽機車、火車、飛機、工廠、商業或婚喪喜慶活動等引起之噪音。一般而言，校區內噪音應限在 70dB以下（Redican et al., 1986），都市計畫地區之第二類噪音管制區（如文教區、學校用地等）日間均能音量應在 60dB（A）以下（噪音管制區劃定作業準則，2020），教室的噪音應控制在 50dB（A）以下（國民小學及國民中學設施設備基準，2019），才不會影響學生的聽課效率。張宗堯、李志民（2000）建議學校周邊噪音到達學校圍牆處應低於 70dB（A），到達教學用房窗外 1m 處的噪音應低於 55dB（A）。南澳洲教育廳（South Australia Department of Education, 2020）規定各建築空間與設施之噪音大致在 35～50dB（A）之間，例如：體育館 50dB（A）、工作坊 50dB（A）、教室 45dB（A）、多目的大廳 40dB（A）、實驗室 40dB（A）、舞蹈視聽室 40dB（A）、音樂和戲劇教室（教學用）40dB（A）、開放計畫教學環境（門全開）40dB（A）、多媒體空間40dB（A）、教師準備室和辦公室 40dB（A）、禮堂（250 座位以上）35dB（A）、音樂和戲劇教室（表演用）35dB（A），以及特殊學習需求的學生空間 35dB（A）。愛爾蘭規定，小學和中學教學空間之間，以及教學區和其他吵雜區之間，噪音最少降低至 45dB（A）（Department of Education and Skills, 2017）。Berg（1993）建議上課期間無人使用的教室噪音不可超過 35～40dB（A），有人使用的教室不可超過 40～50dB（A）。Neill（1991）根據研究指出，在平均 47dB（A）的低噪音情況

下，一般的談話聲在 9m 處可以聽得清楚，如平均噪音為 60dB（A），一般的談話聲只可在 2m 以內才可以聽得清楚。Perkins 和 Bordwell（2010）則建議教室的背景噪音應有 30 或 35dB（A）。因此，校區噪音應限制在 60dB（A）以下，教室內噪音應限制在 50dB（A）以下，但不低於 30dB（A），以提供良好的音環境。

　　良好的音環境，除管制噪音之外，應注意減少室內的餘響時間（sound reverberation time）。教育部（2002）提出說話最適餘響時間之計算公式如下：

$$TR = 0.3 \log (V/10)$$

TR：說話最適餘響時間，單位「秒」
V：室內容積，單位「立方 m，m^3」

舉例而言，傳統普通教室室內容積約為：長 9m× 寬 7.5m× 高 3.5m = 236 m^3，其室內說話餘響時間應控制在 0.41 秒以內〔即 0.3 log（236/10）= 0.41〕。依《國民小學及國民中學設施設備基準》（2019）新規定，普通教室室內容積如為長 9m× 寬 8m× 高 3.5m = 252 m^3，或依學校需要將雙走廊部分面積移入室內使室內面積擴大，則應注意教室之室內容積在 283 m^3 以下，室內餘響時間應控制在 0.6 秒以下，室內容積超過 283 m^3 應控制在 0.7 秒以下。美國紐澤西州的餘響時間標準是 0.5 秒（New Jersey Schools Construction Corporation, 2004）。南澳洲教育廳（South Australia Department of Education, 2020）規定餘響時間標準，體育館 2.0 秒、多目的大廳 1.2 秒、工作坊 1.0 秒、實驗室 0.8 秒、音樂和戲劇教室 0.6 秒、開放計畫教學環境（門全開）0.6 秒、多媒體空間 0.6 秒、教師準備室和辦公室 0.6 秒，以及特殊學習需求的學生空間 0.4 秒。需注意的是，為避免在室內說話聲音受餘響干擾，若無相關設施之配合，發話者聲音傳至受話者之直線距離以不超過 17m 為宜（最好不超過 14m 或更短距離）（教育部，2002）；亦即，教室長度超過傳統教室 2 間大者，應有吸音裝置和音響設備配合之（如視聽教室）。

　　基本上，噪音是愈少愈好，但也非要絕對的寧靜，有些發自學生周圍

或教室裡的背景聲響，可適度的激發學生的思考；因此，校舍依其機能之不同，而有不同的噪音容許值，如表 5-4 所示。

　　許多研究關心學校噪音問題，根據喻台生（1989）調查臺北縣（現為新北市）80 所國中小學，發現有 76 所（占 95%）學校音源側之室內音量都在 65dB（A）以上，尤其是校舍包圍運動場之教室，室內平均噪音量高達 72.5dB（A）。其次，徐淵靜、喻台生、陳漢雲、林聰德、吳東昇、吳木星（1985）調查臺北市 194 所高中職和國中小，發現室內噪音在 60dB（A）以上者，占 73%，其噪音源以交通因素占大多數（58%，其中汽機車行駛及喇叭聲和公車起動聲占了 46%）。另外，陳雪玉（1988）調查臺北市 18 所國中，也發現教室內噪音在 52〜67dB（A）之間，教室外噪音在 64〜76dB（A）之間。林佳蕙（2014）以臺南市和高雄市 10 所國中小「口」、「田」字型校舍為樣本，調查其空間類型、表面內裝材質、使用現況及音環境品質，研究發現：(1) 封閉性與噪音量成正比，中庭封閉性分低、中、高三級，噪音量隨封閉性愈高而增加，上課時段之噪音量，高封閉性較中封閉性高 2〜4dB（A）；中封閉性較低封閉性高

表 5-4

學校建築的噪音容許值（單位：dB）

室名	容許值	室名	容許值	備考
一般教室	35〜45	雨天體操場	50〜55	無人
職員室	45〜50	兼講堂	50〜55	無人
校長室	45〜50	音樂室	45〜50	
接待室	45〜50	圖工室	55〜60	
醫務室	35〜40	標本室	50〜55	
裁縫室	50〜55	製圖室	45〜50	
理科教室	50〜55	保育室	40〜45	
圖書室	40〜45	實驗室	30〜50	依實驗目的而不同
會議室	40〜45	走廊	55〜65	

資料來源：**防音裝置之設計**（第 10-11 頁），飯野香，1972，理工圖書株式會社。

3～6dB（A）。(2) 中庭使用人數密度與噪音量成反比，密度超過 5 人／m² 之校舍上課噪音量平均約 71dB（A），密度 3～5 人／m² 之校舍噪音量平均 69dB（A），密度 1～3 人／m² 之校舍上課噪音量平均 68dB（A）高。(3) 校舍內部自發性聲音（如：朗讀、麥克風、喧譁等）為封閉性中庭校舍背景噪音源，且各校上課背景噪音量介於 61～72dB（A）之間，皆超過環境保護署環境音量管制基準 60dB（A）。此外，臺北市政府環境保護局（1990）調查臺北市 49 所高中和國中小，發現教室內關窗時約半數（44.1%）在 61～65dB（A）之間，其噪音源有 95.9% 來自交通，顯見校舍噪音問題亟待解決，尤其是交通噪音問題。校舍噪音防制的方法有（黃乾全，1987；湯志民，1988；臺北市政府環境保護局，1990）：

（一）在校地選擇上，使之遠離鐵路、公路、機場及市場。中國規定中小學教學用房設置窗戶的外牆與鐵路軌道的距離不應小於 300m，與高速公路、地上軌道交通線或城市主幹道的距離不應小於 80m（中華人民共和國住房和城鄉建設部，2011）。

（二）在校舍形式上，採 I、L、T、H 等開放形式為佳，並應特別避免口字形包圍運動場之校舍規劃。中國規定中小學各類教室的外窗與相對的教學用房或室外運動場地邊緣間的距離不應小於 25m，室外運動場地邊緣處噪音約 70dB～75dB，根據測定和對聲音在空氣中自然衰減的計算，教室窗與校園內噪音源的距離為 25m 時，教室內的雜訊不超過 50dB（中華人民共和國住房和城鄉建設部，2011）。

（三）在校舍配置上，使易產生噪音的教室〔如音樂教室、家政（或烹飪）教室、生活科技教室、體育館等〕單獨設立（參見圖 5-4）。

（四）設置遮音體，在校內適宜地點栽植樹木或建造防音牆，以阻斷噪音。根據林佳蕙（2014）的研究，國中小封閉性中庭校舍，喬木樹冠面積為 10～40m² 之中庭校舍上課噪音量平均值 64dB（A），下課噪音量平均值為 74dB（A）；喬木樹冠面積 10m² 以下之中庭校舍上課噪音量平均值約 69dB（A），下課噪音量平均值為 79dB（A）；相較之下，上、下課時段，前者之噪音量平均值較後者約低 5dB（A）。顯見在校舍中庭種植喬木有降低噪音之效。

（五）教室設計上，可採用雙層隔音窗〔約 10dB（A）衰減量〕、隔音走廊〔約有 25dB（A）的衰減量〕，並輔以通風箱扇（參見臺北

圖 5-4

以防音觀點來做的校舍配置圖

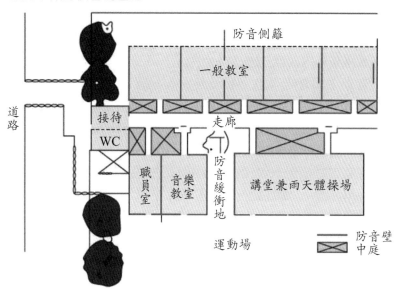

資料來源：**防音裝置之設計**（頁 9），飯野香，1972，理工圖書株式會社。

　　市忠孝國小之實驗）、遮陽板、窗簾或安裝吸音器材等。並注意，
　　避免在教室內、教室之上、教室之下或毗連之處設置主要的機械設
　　備（Kennedy, 2005a）。
（六）校舍音環境應依室內空間、大小、使用機能，選擇適當之音響及吸
　　音建材，並適度控制室內餘響，以提供良好之室內音環境。樓板振
　　動噪音、電扇、冷氣機及其他機械之噪音應予有效控制（國民小學
　　及國民中學設施設備基準，2019）。
（七）其他配合措施，如妥善規劃交通系統，嚴格執行噪音管制，以減少
　　干擾學校最嚴重的交通噪音；同時應善用擴音器，並加強學生的生
　　活教育和樹立居民的道德心，以避免製造噪音。

二、校舍的通風

　　校舍通風（ventilation）的目的在於排除教室內、外之臭氣，調節室
內的溫度、溼度，使學生身體健康精神愉快。Nair, Fielding 和 Lackney

（2013）強調，學校建築設計需要最大量的自然通風，自然的空氣有助於健康的環境，自然通風的建築會減少建築物所釋放在空氣中的毒素。因此教室如果太小，人數又太多，使得空氣不流通，這將直接對兒童有害。根據美國環境保護署（Environmental Protection Agency, EPA）的統計，美國每天有 5,500 萬人（其中 5,300 萬兒童），在 118,000 所公立學校中渡過，惟所有中小學有一半以上學校至少有一種室內空氣品質（indoor air quality, IAQ）問題（Fickes, 2004），當然這也是因為美國的中小學使用空調系統（heating, ventilating and air condition[HVAC]）非常普遍所致。因此，美國疾病管制局（Centers for Disease Control and Prevention [CDC], 2021）為防治 COVID-19 疫情，特提醒中小學改善學校通風，多引入室外新鮮空氣，增加室內有使用者之空氣流量，使用 HVAC 應達室內空氣品質標準，校舍在啟用時間前後將空調系統先以最大外部氣流運行 2 小時。此外，要確保校舍建築啟用時洗手間排氣扇能夠正常運作並滿負荷運轉，同時檢查並保持廚房、烹飪區等之排氣通風。

　　根據日本就學校教室換氣量對學生學習效率的影響分析顯示，換氣次數 3.5 次／小時比 0.4 次／小時，學生的學習效率可提高 5～9%；同時，隨著學生在教室停留時間的增加，換氣量大的教室內學生的學習效率可提高 7%～10%（中華人民共和國住房和城鄉建設部，2011）。一般而言，一個換氣系統（a ventilation system）要能提供每生每分鐘 10～15 立方英尺（cubic feet）新鮮空氣，才能適切的沖淡和排除教室空氣中令人不悅的物質（Castaldi, 1994），而教室內溫度宜保持在 20°C～26°C，溼度宜保持在 60～65%；夏季溫度高，溼度宜小，冬季溫度低，溼度宜大（教育部國民教育司，1981、1987）。美國印第安納學校教室，學生都在教室時，空調溫度保持在 74°F～76°F（約 23.3°C～24.4°C）；沒人或最少人在教室時，空調溫度設定在 80°F（約 26.6°C）（Dykiel, Hobbs, & Roberson, 2009）。愛爾蘭教育和技術部（Department of Education and Skills, 2017）規定，小學和中學窗戶設計要確保提供每名學生每秒 8 公升的最低通風率，教學空間的溫度不得超過 25°C（整學年可有 5% 的誤差）。

　　校舍通風的方法有二種：一為自然通風，一為機械通風。臺灣是全球建築通風條件最好的區域〔自然（風力和浮力）通風利用率，臺北

41.24%、高雄 47.89%、臺中 64.06%〕（林憲德，2003），因此應多加利用自然通風。校舍通風在設計上應注意：

（一）校舍無需面對風向，應與風向成 30° 角（臺灣省政府教育廳，1966）；通風以能夠降低體感溫度，又不會使桌子上的文件飛散，0.5～1.0m/s 程度的氣流速度最為適當（田中俊六、武田仁、足力哲夫和上屋喬雄，1999/2004）。

（二）校舍建築（特殊機能空間除外），開窗面積應大於室內面積 1/5，保持室內空氣對流與新鮮（國民小學及國民中學設施設備基準，2019）。

（三）自然通風不足之校舍（如地下室），應輔之以機械通風設備，樓地板每 m^2 所需通風量 20 m^3／小時（建築技術規則建築設備編，2021）。

（四）專科教室（如：電腦教室、視聽教室、圖書館、實驗室等）、集會場所（如：禮堂）、行政辦公室、教學研究室、頂樓校舍、防噪音之校舍及自然通風不良的校舍，可依實需裝置冷氣空調。普通教室，基於節能、環保省錢及與國外教室密閉中軸廊型之設計不同，以裝置電（吊）扇為原則，吊扇位置應高於燈具高度，以避免切光現象，如有實需，裝置冷氣，其主機應避免設於師生進出的廊道上，以維安全衛生。

（五）教室設置溫度表，以保持適宜的溫度與溼度，最理想的室溫夏季為 25～28°C 之間，冬季為 18～20°C 之間，相對溼度為 60～65%（台灣學校衛生學會，2021），電腦機房及其他精密設備機房應設置溫度控制設備（國民小學及國民中學設施設備基準，2019）。

（六）空氣品質指標（AQI）為依據監測資料將當日空氣中臭氧（O_3）、細懸浮微粒（PM2.5）、懸浮微粒（PM_{10}）、一氧化碳（CO）、二氧化硫（SO_2）及二氧化氮（NO_2）濃度等數值，以其對人體健康的影響程度，採用六等級分為六顏色：綠色（良好）、黃色（普通）、橘色（對敏感族群不健康）、紅色（對所有族群不健康）、紫色（非常不健康）、褐紅色（危害）（行政院環境品質保護署。2021a），中小學應在入門川堂或在活動明顯適當之處，設置空氣品質監測顯示器或空氣品質旗幟，以供師生活動之判斷及維護健康。

（七）校舍建築應有足夠的換氣窗或換氣扇，普通教室的換氣次數：小學 2.5 次／小時，初中 3.5 次／小時，高中 4.5 次／小時（中華人民共和國住房和城鄉建設部，2011）。換氣方式，依學校所在氣候區宜採不同方式，校舍在夏熱冬暖地區，四季都可開窗；在夏熱冬冷地區可採用開窗與開小氣窗相結合的方式；在寒冷及嚴寒地區則在外牆和走道開小氣窗或做通風道的換氣方式（中華人民共和國住房和城鄉建設部，2011）。

（八）地下建築物，其樓地板面積在 1000m^2 以上之樓層，應設置機械送風及機械排風；樓地板面積在 1000m^2 以下之樓層，得視使用配置狀況，擇一設置機械送風及機械排風系統、機械送風及自然排風系統、或自然送風及機械排風系統。通風量 30 m^3／小時，但使用空調設備者減為 15 m^3／小時以上。此外，地下建築物內之通風、空調設備，在送風機側之風管，應設置直徑 15cm 以上可開啟之圓形護蓋以供測量風量使用（建築技術規則建築設計施工編，2021）。

（九）新鮮空氣進氣口應有防雨、防蟲、防鼠、防塵之構造，且應設於地面上 3m 以上之位置，該位置附近之空氣狀況如不合衛生條件，應設置空氣過濾或洗淨設備。設置空氣過濾或洗淨設備者，新鮮空氣進氣口的位置得不受 3m 以上之限制（建築技術規則建築設計施工編，2021）。

（十）COVID-19 疫情防控期間，校舍通風應注意：(1) 教室通風每天不少於 3 次，每次至少 30 分鐘。課間儘量開窗通風，如天氣暖和且空氣品質良好，則可一直保持自然通風狀態。需使用空調之教室，應確保供風安全並有充足的新風輸入，所有排風直接排至室外。(2) 圖書館、會議室、禮堂、體育館等活動區域，加強通風清潔，配備洗手液、消毒劑等，疫情期間公共場所全面停用中央空調。(3) 專科教室（如音樂教室、舞蹈教室、資訊教室等）每次學生使用後消毒 1 次，並需開窗通風 60 分鐘後，方可再次使用。(4) 通風不暢之校舍，可採排氣扇進行機械通風換氣，並可安裝紫外線消毒燈，在無人狀態下連續照射 30～60 分鐘，有人時採用循環風空氣消毒器（無臭氧）消毒。(5) 保健室通風每天不少於 3 次，每次至少 30 分鐘，紫外線消毒燈吊裝高度 1.8～2.2m。每天下班後，無人狀態下

連續照射至少 60 分鐘，消毒後及時通風換氣（馬軍，2020）。

（十一）其他配合措施，如校舍應有適當遮陽設計或設施，以避免直接日
曬；校舍屋頂應強化隔熱功能，可依實際需求建置斜屋頂；校園
內應多栽種綠葉喬木，以自然生態調節空氣；室內建築材料宜採
用低汙染標章認證的低揮發性塗裝材質等（國民小學及國民中學
設施設備基準，2019），有助於為校舍降溫及維護空氣品質，
以提升校舍通風效果。此外，每人每小時可產生熱量 250Btu
（British thermal units）（Castaldi, 1994），一班 30 名學生之
教室，1 小時內室內溫度會升高 1.1°C（蔡保田，1977），每節
下課讓學生離開教室休息 10 分鐘，不僅可消除疲勞，還可解決
室內通風問題。

第**6**章　學校庭園規劃與綠美化

學校校園景觀極其重要，但在學區的長程規劃中常被忽略。
學校的樹木、草坪、植物和庭園所組構的地方，可陶冶未
來領導者、作家、藝術家和科學家的心靈，是現在也是
永遠的議題。（The landscapes of public school campuses
are a vitally importment, but often overlooked, aspect of a
school district's long-term planning. The issue atters because
today, as always, the trees, lawns, plants and gardens of
schools help comprise the places where the minds of future
leaders, writers, artists and scientists are formed.）

$\sim$ K. Spitz, 2002

　　學校庭園是校內校舍與運動場所占校地之外的廣大空間，也是學生
課餘遊憩之所。一所學校只有校舍而無校園，或有校園而未加以妥善規劃
或不知如何規劃，使學校活動場所除了教室之外，如置身於沙漠之中，學
生於課暇之餘無休憩之所，何能調和學生身心，陶冶性情，平衡情緒，啟
迪新知？蔡保田（1977）指出校園具有啟發天賦引進新知的激勵功能。
Spitz（2002）認為校園景觀設計，如樹木和植物的栽種有其任務：界定
和分隔室外群聚空間、休憩場域，綠化道路和美化鄰里，因此要注意：(1)
景觀設計要讓樹木和植物本身具有操作的教學機會；景觀應在呈現其功能
的同時，也要以一些方法增進健康和安全；(2) 景觀的設計要節省能源經
費；(3) 景觀應具有美感，且成為鄰里的資產。White 和 Stoecklin（1998）
亦強調自然的室外空間對所有年齡學童是豐富的學習環境，透過學童可以
理解自然的特別方式，形成對孩子說話的潛在課程。Layton（2001）也說
明運用室外作為學習環境可以延伸教育的機會，學生能觀察到時間、氣候
和其他力量對校園的自然影響，而「以建築為師」（building as teacher）

的哲學，能用之於室外空間的甚至於更多。日本文部科學省為了發展孩子的體力，使之精神飽滿，提出戶外學習環境改善計畫，補助中小學（含幼兒園）改善室外學習環境的，例如：用草坪代替現有的黏土或沙地學校場地、植樹、維護運動設施等（MEXT, 2009）。受維多利亞州教育和訓練廳（the Victorian Department of Education and Training）委託研究的Cleveland（2018）指出，「室外學習空間」（outdoor learning spaces）是改善學校設計和創新的四個關鍵因素之一，愈來愈多的人認為室外空間對於學習、社交、鍛鍊和放鬆都很重要，室外學習環境正逐漸成為學校設計中重要的概念，因此鼓勵學校將校地規劃為「學習景觀」（learning landscapes），打破了「室內學習空間」和「室外遊戲空間」的傳統區別，使這些更自然的環境也能增進幸福感。維多利亞州政府建築師辦公室（The Office of the Victorian Government Architect, 2020）也提及，與自然接觸對孩子的身體和心智的發展至為重要，統整室外的教育區域能具體地增進學習的機會。據此，學校庭園環境的規劃設計，實有其不可忽視的重要性。

　　事實上，教育人員運用室外進行教學、園藝和體育，已超過100年，對室外學習的關注則如潮起潮落般，今日的室外學習則引起國際性的覺知。在美國，1990年的「全國環境教育法案」（The National Environmental Education Act）要求注意自然環境可融於所有教育階層的課程中，而環境保護署（EPA）和其他不同的公私立組織，也提供許多資源，以利環境教育併入K-12學校的課程。在英國，自1990年的「透過景觀學習」（Learning through Landscapes[LtL]）建立之後，學校土地的運用和環境教育有更直接的連結。LtL的工作與英國政府的「教育暨職業部」（Department for Education and Employment, DfEE）〔現為「教育部」（Department of Education）〕緊扣，使得學校能運用其土地實施各種類型的室外學習（Wagner, 2000）。

　　以下就學校庭園規劃的原則、綠化美化的理念、花草樹木的栽植，以及園景設施的布置，分別探究。

第一節　學校庭園規劃的原則

　　學校庭園規劃應依校地的大小、地形、地勢、土質、氣候、校區環境、經費及日後管理維護，作妥善的分配和設計，並就各園區的特性，栽植適宜的花卉草木、設計適切的花壇綠籬、配置適當的園景設施——如小橋流水、亭臺樓閣、園路水池等，務求自然環境與人為景觀相互調和，使學生能在花團錦簇、綠意盎然、景致優雅的環境中，陶融品德，益增知性。學校庭園規劃的原則有六項（湯志民，2006a）：

一、整體原則

　　學校庭園規劃首重其整體性，使其具有統一連貫的特質，並考慮未來發展的可能。在時間上，如限於經費或人力、校地之不足，則可列出短程、中程和長程計畫，分期分段實施，使校園按部就班，逐步完成。在空間上，應作妥善的區域分配，如可將校園概分為前（庭）園、中（庭）園、側（庭）園與後（庭）園四大部分。每一部分種植不同的花木、培植不同的花壇或景觀，使校園在整體配置下，發揮其各自的特色，增添活潑盎然調和的氣氛，同時可節省人力和經費，並易於維護與管理。在內涵上，中西文化源流互異，庭園景觀各有特色（Phillips & Foy, 1995），例如：中國庭園「蟬噪林愈靜，鳥鳴山更幽」的亭臺榭舫，「山窮水盡疑無路，柳暗花明又一村」的迴廊曲徑，「春江水暖鴨先知」的小橋流水、荷池水塘，以及拱門格窗、假山樹叢、玲瓏怪石、參天古木等，漫步其間，步移景異詩情畫意，巧、宜、精、雅的特色（王鎮華，1989；洪得娟，1994；許石丹，1987）。「外師造化，中法心源」，「雖由人作，宛自天開」極富自然與人文交融的氣息，創造出「生境」、「畫境」、「意境」的獨特風格（周鴻、劉韻涵，1993）。「園亭樓閣，套室迴廊，疊石成山，栽花取勢，大中見小，小中見大，實中有虛，虛中有實」之空間變幻美（汪正章，1993）令人低迴餘味不盡。歐洲庭園布局對稱成幾何圖形，花草如毯，樹籬剪形，水池雕像，對比強烈，氣氛活潑，節奏明顯，進入庭園一覽無遺（陳志華，1990；Enge & Schröer, 1990）。日本庭園池中設島，陸橋相連，園中布溪，水邊置石，土山植樹為林，點綴瀑布，草坪樹籬平整，砂石步道貫穿其間，橋低矮小裝飾燈具，誠為大自然

之縮影（龍居竹之介，1991；Carver, 1993; Oster, 1993），校園景觀應依其適切性整體規劃。

二、教育原則

　　美國學校行政人員協會（American Association of School Administrators [AASA], 1960）《規劃美國學校建築》（*Planning American's School Buildings*）一書中，曾強調校園應有濃厚的教育意識，才能刺激學生的強烈學習動機。所有學校都有庭園，不論大或小、美或醜、主動運用或遺棄，問題在於我們如何發展此一潛在的資產，使之成為最高運用的空間。有研究指出（Education Development Center & Boston Schoolyard Funders Collaborative, 2000），理想的庭園應設計三種活動區域：(1) 休閒和體育；(2) 社會發展；(3) 學業學習，以增進休閒、社會和學業活動。事實上，學校是教育場所，也是大自然、大社會的縮影，校園內一草、一木、一花、一石的環境布置，都該有教育價值之存在，而「境教」的意義和影響，自然在此深具「潛移默化」的情境中，得以延伸擴展。進言之，學校庭園與空白課程關係密切，是學生下課休憩之重鎮，也是正式課程（如在大樹下或戶外劇場上課）與非正式課程（如植樹活動、園遊會等）延展之處（湯志民，2014a）。澳洲教育學者 Tonia Gray 和維多利亞州環境教育協會（Environment Education Victoria）等發起改造校園空地、綠化校園計畫，並發展一系列與永續發展課程相關的學習計畫，包括教師與家長協力參與校園貯水箱設計、用水系統等工程，並鼓勵學生種植植物、觀察植物的成長、親近泥土；墨爾本鹿園小學（Deer Park North Primary School）也成功將龜裂的水泥地改造成溼地及木棧道環繞的友善綠化校園，而在花園裡教學的課程也使學生使用的英語字彙增加與多樣化；由此可見，校園綠化有助於戶外教育的實施，並能拓展學生的學習範疇（黃祺惠，2018）。因此，在整體規劃原則下，庭園的設施與環境布置，如休憩庭園景觀、校園學習步道設計、校園史蹟的保存及參天的百年老樹等，均應富教育意義和人際融洽關係，學生生活才會更有意義，教育效果才會更顯著，並不斷進步，而有利於多元智慧發展的教育設施，也都應融入校園規劃的考慮之列。近幾年，學校庭園結合小田園食農教育（如臺北市中小學）、永續校園環保教育，以及無障礙設施的有愛無

礙校園，都讓學校庭園的教育性大步邁進。

三、美化原則

　　校園是一項藝術的作品（the campus as a work of art）（Gaines, 1991），在整體規劃原則下，應以達成美化理想為目標。AASA（1960），即特別強調校園美化乃是成長中的孩子們最需要的東西。校園美化是豐富學校建築美感與生命的重要工作，美感的產生，主要在造形、色彩上的掌握，而生命的圓潤，則在時間的序流中，仍能使校園景觀時常呈現清新綠意與蓬勃氣息。質言之，校園美化的內涵，應力求花草樹木的栽植與園景設施的布置，在「空間」形式與「時間」韻律上作最美的結合，使學生在造形優美、色彩繽紛、充滿朝氣的校園環境中，自然孕育溫文儒雅之氣質與勤奮向學之精神。因此，學校應將綠意盎然的大樹、綠油油的草坪、雅致的休憩平臺、自然的生態水池、食農教育的小田園，透過優美的步道動線，作最適切的配置，同時善用公共藝術或裝置藝術點綴，使庭園成為最吸引人的美麗景觀。

四、經濟原則

　　學校庭園規劃應注意空間、時間、人工、費用與工具的經濟。愛爾蘭教育和技術部（Department of Education and Skills, 2017）規定，小學和中學應為學校周圍、學校與入口之間進行景觀美化，且景觀應簡單、經濟（cost effective）且易於維護。一般來說，凡是學校庭園無計畫而占用很大的校地，花草樹木和園景設施需長期的照養，同時要投入大量的人力去栽培、管理與整修，而每年也需要很多經費保養維護，以及漫無目的的購置各種不同類型的工具等，均屬不經濟的情況，應設法避免。例如：校舍與圍牆間之側（庭）園，所占空地甚大，卻因無法通達或區域狹長不易開闢，而成為學生丟棄垃圾的死角，是校園珍貴空間的浪費；葉片小且易落葉的樹種（如榕樹、鳳凰木等）宜種植在大草坪上，如種植在園路邊，則經常需花很多人力去打掃，並不經濟；如在園路邊改種葉片大或落葉較少的樹種（如欖仁樹、麵包樹、黑板樹、印度橡膠樹等）則較易整理。此外，要避免種植需水過多、根系侵入或壽命短的植物（South Australia Department of Education, 2020）。目前管理科學（management sciences）甚為盛行，應當有效地運用近代科學與技術的新觀念、新知識與新方法，來解決校園規劃上的實際問題。如能將工程（engineering）、科學（science）與管理（management）密切結合在一起，則可達成時間經濟與物質經濟的要求，亦即可以最少的人力與物力，發揮最高的效率。

五、開放原則

　　學校庭園有其教育意味，開放性的校園規劃，不僅有利於師生課間休憩活動的互動，對學生開放胸襟的培養亦有其積極正面的意義。以往，學校庭園規劃曾有「校園公園化」之呼籲，從校園綠化美化的功能上來看，確實讓學校極易掌握校園規劃與布置的方向；不過，就校園的教育性和活動性而言，「公園化」的校園應進一步加強其「開放性」，才能真正使其成為「教育性的校園」，其間原因有四：首先，有些學校為了保持庭園的綠化和美觀，常以禁制規定（如禁止踐踏草坪、禁止入內）或以圍籬「封鎖」庭園，對學生而言，雖有優美的景觀，但卻同時損失了一塊可供休憩活動的空間，其功能的互換，實難滿足中小學學生活潑好動的需求；其次，校園的禁制愈多，學生動輒得咎的負面壓力愈大，而平日辛勤的整理庭園與灑掃除草，也難免形成「以物役人」的不合理景象；第三，學生對自然生命的體會，唯有透過實景、實物的接觸與觀察，才能突破書本平面知識的藩籬，獲取具體、深刻而透澈的生活經驗；最重要的是，藉庭園開放空間的自由奔馳、群聚談心、徜徉嬉戲，更易使學生開放胸襟，而有助於德、體、群、美的陶融與培養。

六、參與原則

　　校園是學校建築中重要的教育環境之一，也是師生共同生活的大家園。校園規劃應讓最多使用者——學生，以及教師有直接參與的機會，一方面可減少學校行政工作的負擔，提升學校建築行政效益，另一方面也可增加師生對學校的認同感、隸屬感，以及投入校園環境休憩的興致。Campbell（2004）指出學校園地的設計要考慮所有人的需求，很重要的是調查學生、教師和家長，以瞭解他們如何隨著季節來使用園地（如遊戲、會談、室外課、團體運動）；並應確定讓學生能參與整個方案的規劃、設計、執行和維護，當學生感受到大家在聽他們的意見和觀點，則會

成為非常熱情的參與者。舉例而言，德國 Schenken-land 中小學的擴校計畫讓學生有表達心中完美校園願景的機會。首先由建築師向學生介紹建築史上的範例，以及如何選擇建材和顏色，而學生參與實踐的課題非常具體，提出的解決方案亦十分多元，其中共通點是所有學生都想要一個僻靜的中庭，例如：10 年級學生想要一個附帶屋頂的中庭空間供休息和逗留，能不受天候影響舉辦各種活動；6 年級學生希望擁有一個綠化的教室，在中庭周圍的建築上建置頂樓陽臺，放置長板凳和遮陽帆布，在中庭內設有果菜苗圃，收成的蔬果可用來製作咖啡廳提供的食物。所有學生的設計構想與模型皆對外公開展示，此舉從使用者觀點來規劃理想的校園，能提升學生對校園價值的認同度及瞭解其使用需求（黃祺惠，2018）。

　　國內有二篇對國民中小學校園綠化和校園景觀美化的調查研究，值得我們參考與重視。首先，根據紀淑和（1991）對臺北市 65 所國中 650 位老師及 1,950 位學生之調查結果，師生最喜歡的樹木、花卉和花色（各選二種），前五名分別依序為：

1. 樹木：榕樹、大王椰子、松樹、鐵樹、木棉。
2. 花卉：杜鵑、聖誕紅、茶花、桂花、玫瑰。
3. 花色：紅、黃、白、粉紅、紫。

　　其次，根據黃耀榮（1990）對臺灣地區 24 鄉鎮市（含省縣轄市和院轄市）90 所國小 85 位校長、167 位老師及 7,744 位學生之調查研究，在國民小學的校園景觀美化方面，有幾點重要的結論，值得我們參酌：

1. 校園園景飾物受喜愛的程度，以涼亭最為優先，因為既可觀景也是景觀。花壇、花架具有綠化及裝飾性效果也廣為教育人員所喜愛，學生則喜愛水池、噴泉、瀑布等動態性的園景。
2. 雕塑像沒有人歡迎，顯然過去校園內的雕塑均以人像為主，缺乏藝術氣息而無法塑造視覺美感。
3. 校園地面的植栽，其適用類別，教育人員均偏好種草皮，比較容易維護管理；學生則喜歡設花臺或花壇種花，景觀比較漂亮。種樹木也是師生所共同喜好的植栽，而盆景則普遍認為不合適。
4. 國民小學校園中園路的鋪面形式及顏色，學校使用者並不很滿意，因為認為很有趣或鮮明醒目等具有良好視覺效果的情形不多。
5. 愈都市化區域需要較多的綠地，同時規模愈大的學校，對綠地的需

求也較迫切。

6. 都市化地區學校喜歡灌木樹籬等較形式化的圍牆，著重於校園的安全管理。另外，學生最喜愛鐵欄杆上種植綠籬的圍牆形式，而非常反對實牆，過度的封閉性。然而類似空心磚牆、鐵欄杆圍牆等並不具封閉型態，學生喜歡程度並未很高，顯然自然植物構成之圍牆型態較為自然活潑、生動有趣，是其受歡迎的主要原因。

第二節　綠化美化的理念

　　1984 年，臺灣省政府曾訂立為「綠化年」，從此「綠化」的呼聲如一脈清泉流過空氣汙染的都市，流過童山濯濯的山嶺，在各地學校激起熱烈的迴響。臺北市政府亦將 1989 年訂為「綠化年」，並自 79 年度起至 82 年度，每年度編列 6,000 萬元預算，有計畫的完成所屬各級學校的校園綠化工作，綠化重點：以操場種草和校園四周植樹為主，並注意立面綠化，利用牆邊、校舍旁栽種爬藤類或懸垂性植物，以軟化水泥牆面；同時，規劃設置花圃、花臺、花槽，分種四時花草，使校園花團錦簇，四季都有色彩及濃郁的香氣。2015 年起，臺北市政府推展中小學「小田園」，結合課程與教學，進行食農教育體驗學習，並建置綠屋頂，利用校園屋頂及露天平臺種植植栽（臺北市政府教育局，2019a）。2016 年起，教育部推動「高級中等以下學校校園美感環境再造計畫」，推展學校特色表現美學、校園建築景觀美學、校園綠能生態美學、校園環境創「意」美學，以打造超越圍牆的「公共美學教育場」，營造兼顧自然環境、在地文化、學校需求及整體美感之校園教育場域（教育部師資培育及藝術教育司，2016）。2020 年，教育部啟動「校園樹木環境盤點及植樹計畫」，2021 年進行中小學新植本土樹種苗木，後續將建置校園愛樹教育資訊平臺，於中小學落實推動愛樹教育（教育部，2021b）。學校庭園綠化和美化，為整體不可分割性的工作，其基本理念可從綠化美化的涵義、庭園綠化的功能和綠化美化的原則等三方面之探討，獲致具體的瞭解。

一、綠化美化的涵義

　　綠化美化是校園規劃布置的主體工作，近年來「校園布置」日益受

重視，以及「校園規劃」涵義的日益擴充，與教育主管當局大力推動校園的綠化美化有直接的關聯。基本上，校園的「綠化」、「美化」工作具有整體而不可分割的特性，惟在實質涵義上，「綠化」（greening）與「美化」（beautification）是二個重疊但意義不盡相同的概念（湯志民，2016a）：

（一）就範圍而言，「綠化」範圍小，「美化」的範圍大。

（二）就從屬關係而言，「綠化」包含於「美化」之內，「美化」不以「綠化」為限。

（三）就效果而言，「綠化」一定具有美化的功效，「美化」不一定具有綠化的功效。

（四）就具體作法而言，「綠化」的主要工作是花草樹木的栽植，包括樹木的栽種、綠草的鋪植、花壇的設計、綠籬的種植、盆栽的培植和花卉的維護等。「美化」的工作，則除了花草樹木的栽植之外，還包括園路、小橋、水池、瀑布、踏石、涼亭、雕塑、綠廊、園燈、園桌椅、教材園等園景設施的布置。

　　簡言之，校園「綠化」、「美化」的具體工作內涵，可化約為：

綠化 =「花草樹木的栽植」
美化 =「花草樹木的栽植」+「園景設施的布置」

二、庭園綠化的功能

　　花草樹藤，四季滋長，吐故納新，將盎然綠意引入校園，即成為一種充滿生機與朝氣的布置。據中華民國環境綠化協會及許多學者專家（王宗年，1992；林文鎮，1984；林樂健，1984；劉麗和，2001）指出，「綠化」具有輔助教育、美化環境、平衡生態、淨化空氣、減滅噪音、調節氣溫、防風防塵、維護水質、倡導遊樂、陶冶性情和應急避難之功能。就校園環境而言，「綠化」具有下列六項功能：

（一）提升教育環境的品質

　　枝葉茂密的常綠樹不僅可淨化空氣，且可防風定砂、減滅噪音、調節氣候、溫度及光度。據統計，夏季花木能吸收 60～80% 的光能和 90% 輻

射能，而使溫度降低 3～5°C，10.5m 寬的綠帶可將附近 600m 範圍內的
空氣溼度提高 8% 左右（劉麗和，2001）；在學校建築的南方和西南方植
樹之樹蔭可減少 15～20% 的冷氣費用，在學校建築的北方和西方植樹作
防風林可減少 10～15% 的暖氣費用（Campbell, 2004）。此外，根據日
本音響學會的研究報告，35m 的林帶可將噪音減至原來的 1/10；美國氣
象家 Feederer 依 1976 年之研究指出，在充分供應水的情形下，一棵孤立
木一天中可蒸散 100 加侖的水，而為蒸散如此大的水量，需消耗 22 萬千
卡（kilocalorie）的熱量，約等於 5 部冷氣機開動 20 小時之作用（引自
林文鎮，1984）。校園綠化對校舍採光、通風和噪音調節效果，如圖 6-1
所示；由此可知，只要依日照、風向和適當的方位配植不同樹種，對學校
教育的環境品質，將可有效的提升。

圖 6-1

校園綠化對校舍採光、通風和噪音之效果

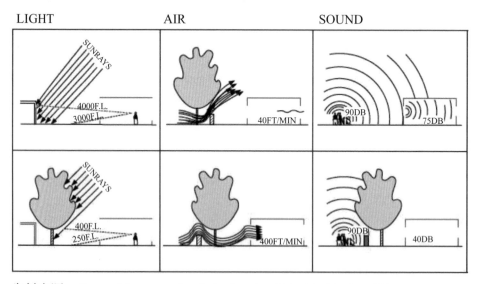

資料來源：*Toward better school design* (p. 88), W. W. Caudill, 1954. F. W.
　　　　Dodge Corporation.

（二）促進教育功能的發揮

校園綠化對教育功能的促進，有其直接性和間接性的效益。就直接性效益而言，亦即從正式課程的角度觀之，校園綠化可為學校環保教育作具體的示範；自然、生物學科的部分教材，也可由各類的植物栽培，提供具體的觀察對象，以培養學生對自然景觀和生態的敏銳觀察力與思考力；而綠草如茵、古木參天的校園，亦可作為最佳的室外教學環境，以供師生進行美術、體育、音樂、表演藝術、童軍和團體集會等教學活動。就間接性效益而言，亦即從潛在課程的角度觀之，校園綠化提供師生最佳的休憩活動場所，而中小學德、體、群、美之培育，亦可藉由更多的社會互動，達到間接影響的效果。

（三）增進師生身心的健康

學校內的建築物通常色澤單調，非白即灰，或清一色的磚紅色，若能綠化校園，使花草樹木之綠、紅、黃、藍等多種色彩點綴於校區之間，一方面藉以軟化並豐潤硬質校舍建築的生命，另一方面可調和視覺環境，使師生於課餘之暇，觀賞自然之美，不僅得以紓解課業壓力、調整思緒、陶冶心性，還可藉眼球的遠眺近觀，調和視力。尤其是，植物所散發出芬多精（phytoncide），具有殺死細菌的效果。蔡佺廷、杜明宏（2011）的研究發現，距步道 10m 才能享受到較高品質及較多種類的芬多精成分。在高度上以 160cm 處之芬多精含量較多，距地面 30cm 處所含芬多精也非常多，可能是地被植物所釋放。因此校園環境有密植的複層綠帶，輔以林園步道，有益於師生舒展心緒和促進身體健康。此外，植物具有淨化空氣的功能，將綠色植物擺設於辦公室或教室，可減少落塵、二氧化碳及揮發性有機物質（volatile organic chemicals [VOCs]），抑制微生物，維持空氣溼度，使日常活動空間更為舒適、健康（行政院環境保護署，2007）。因此，學校綠化有助於增進師生身心的健康。

（四）有助生態平衡的維護

近年來，環保教育積極推展，主要係自然環境，因經濟發展與工業汙染及其他因素，遭致嚴重的破壞。校園綠化，對環境保護與生態平衡，有積極的效益；尤其是，綠色植物可利用陽光行光合作用，吸入二氧化碳

而排出氧氣，在生物系統中綠色植物也是唯一的食物製造者，對人類和其他動物的生存至為重要。學校可以說是數量最多、分布最廣的公共設施，全面綠化對生態平衡維護的效益極為可觀；單就臺北市而言，1991年度進行綠化的 69 所重點學校，即可增加草皮面積 370,000m²，大小喬木、灌木 30,000 株以上，花臺 1,000 多處，栽植槽 3,700 餘處（黃大洲，1991）。因此，校園綠化對生態平衡的維護，有其相當程度的助益。

（五）增加國民休憩的場所

學校為社區的中心，社區居民常以學校為主要活動場所。校園內種植適宜的花草樹木，不僅可淨化空氣、綠化都市景觀、美化校園環境，還可為人口稠密、公共休閒活動空間不足的社區，提供更多的休憩綠地和活動場所，一則以怡情養性，倡導正當之休閒娛樂，再則可增進民眾之交誼、敦親睦鄰，加強社會大眾對學校的關心與支持，並可促進社會之和諧。

（六）具有防災避難的用途

以往都市火災及二次大戰中之大火，均證實建築物四周之樹木綠地具有防火的效果（林文鎮，1984）。同時，空曠的綠地更是地震時最佳避難之所。因此，如以學校為單位，造成一處小型森林綠地，則一旦發生火災（尤其是都市地區）、地震或空襲均可藉其隱蔽及防火性能，而成為師生和附近居民的最佳避難處。

三、綠化美化的原則

校園綠化美化的原則，可從消極和積極二個層面，作整體性的掌握。

（一）消極美化

應自有礙校園綠化美化的防制措施著手，原則有二（游明國，1983）：

1. 保持秩序（to keep it in order）──去亂：校園應去除「亂」源，以保持安寧的氣氛。如：道路系統要劃分清楚，人車要分離，服務性的動線儘量由校園的外圍道路承擔，避免穿越校區的中心地帶；海報看板集中張貼在師生主要聚集處；電力管線地下化，以免造成

視覺上的汙染。

2. **保持清潔**（to keep it clean）── **去髒**：學校如家庭，只要保持整齊乾淨，不必華麗的裝飾，也會很美而有清爽舒適之感。如：隨時清理校園內的垃圾，並請學生配合以養成勤勞的習慣。

（二）積極美化

應自增進校園綠化美化的布置方法入手，茲參考有關研究（林樂健，1984；紀淑和，1991；程良雄，1976；臺灣省政府教育廳，1991），整理十二項原則概述如下：

1. **簡明**（simplicity）：簡單明顯，易呈現整體之美，亦能表現出樸素、溫和及安靜之美。如：種植一大片草坪、一大片的地被植物（如蟛蜞菊）、一大片的樹林，或栽種一座純矮牽牛花壇，雖然單純卻有平穩之感。

2. **統一**（unity）：亦即使園景在式樣、型態、色彩、材料及質地的設計上，有一主題或主調，並將構想遍及校園，以呈現共同的風格和意境上的統一。如：採用某一種植物、某種色彩的花木，或以自然形樹木，布置至各處，相互呼應，運用其共通性，造成整體校園的統一美。

3. **變化**（variety）：為使複雜之畫面富有節奏，或為避免統一設計的過度呆板、單調，而將大小高低、型態種類、色彩濃淡、空間寬窄、形狀線條，相近及類似的花木，作有效的交互變化，以收同中求異、異中求同之效。如：在常青樹間配植不同季節性色彩變化的花木，或在庭園中搭配亭臺樓閣、小橋流水、休憩步道，使其變化中有統一，統一中有變化。

4. **均衡**（balance）：均衡具有安定的優美感，可分為三類：(1) 對稱均衡：即左右兩邊採用相同的材料、形狀、色彩與數量之設計，如：左右兩邊均設置相同的花壇或水池。(2) 不對稱均衡：左右兩邊的材料、形狀、色彩與數量雖不完全相同，但卻有視覺上的平衡感，如：一邊設花壇，另一邊置水池，或一株蒼勁老樹與一塊玲瓏怪石相對應。(3) 放射狀均衡：以某物為中心，四周再依放射線狀配植花木的一種均衡狀態，如：於圓形花壇中立一雕塑，四周以放

射狀分區種植不同顏色之同種花卉。

5. 比例（proportion）：係指園景設施中各物之間或整體之間，無論大小、長短、寬窄、高低或多寡，都應力求量與量之間關係的適當比例。如：樹木與建築物之大小要彼此相稱，矮建築物前不該種植高大之樹木或配置大型的規律式水池高樓前不可配以小道，失去比例，即失去美感。

6. 對比（contrast）：係性質不同或相對之材料組合，以呈現強烈對照的效果。如：「萬綠叢中一點紅」，或高低、曲直、黑白、粗細、長短、厚薄、凹凸、鈍銳、輕重、冷暖、明暗、方圓等，易給人興奮、生動活潑之印象。

7. 層次（gradation）：係指由淡到濃、由小到大、由矮到高、由窄到寬、由細到粗的層次性變化。如：牆邊花壇的花卉或圍牆邊的樹木，愈前面愈矮，愈後面愈高，即形成漸變的布置。

8. 重複（repetition）：以同樣的形狀、材料或色彩作重複連續的出現，具有整齊劃一莊嚴之效果。如：校園主幹道兩側系列成排的大王椰子樹，或連接走廊成排的鮮紅廊柱。

9. 韻律（rhythm）：是把不同的植物或園景設施作次序性的排列，或將相同形狀的植物或園景設施，依其規格尺寸作規律性的編排，以產生韻律感。如：波浪形的綠籬、山坡地的草坪、成排高低交錯的花木，以及花壇色彩的反覆排列，產生如交響樂般的律動。

10. 調和（harmony）：將性質相同或相似的材料、式樣或色彩，作適當的搭配，使之產生自然融洽與穩健之效果。如：將針葉樹之松類種植在一起，或將紅色、深紅、淡紅、紫紅等色彩配合起來。

11. 強調（emphasis）：在大空間或單調的設計上，做一些形式的變化、色彩的搭配和醒目的焦點，以襯托出整體美。如：將具有個性美的蘇鐵種植在非洲鳳仙花群中，在一大片草坪中種植一棵優型大榕樹，或在連綿的道路延伸處設一涼亭。

12. 完整（completeness）：校園綠化美化是全面性的工作，每個角落或小地方都要規劃布置，同時也要讓全體教職員工及學生都有參與之機會。如：圍牆內側、川堂走廊、樓梯廁所、教室屋頂、學校宿舍、洗手臺、垃圾場的綠化美化，以及死角的消除，均應

列入設計；師生參與的鼓勵，則有助於加強師生對學校的認同感，也會吸引其因注意自己的作品，而特別留意校園各項綠化美化的布置設計，自能使校園的「境教」適度發揮。

第三節　花草樹木的栽植

花草樹木的栽植是校園綠化美化的首要工作，其工作重點可從樹木的栽種、綠草的鋪植、花壇的設計、綠籬的種植等四方面，分別探討。

一、樹木的栽種

樹木（trees）是校園綠化美化的重要材料之一，其枝葉茂密並具立體美感，對空氣的淨化、噪音的減弱和心理上的安和作用，能發揮極大的效果。

（一）樹木栽種的方式

樹木栽植的時間，在臺灣中部一般以早春尚未萌發新芽之時，或在晚春梅雨季時栽植最為適宜；北部地區冬季亦為雨季，此時氣溫低，最適宜栽植；南部及東部可選擇在夏天雨季時栽植，如在冬季低溫時栽植，因剛好為乾季，必須勤澆水，否則不易成活（臺灣省政府教育廳，1985）。就臺北市而言，樹木的栽植，以農曆春節至清明節之間最為適宜。另老樹或大樹不易移植（必須有相當專業的斷根技術），移植後存活率低，學校綠化工作欲見速效，不妨選擇大苗栽植。至於樹種的選擇，則因種植目的而異，例如：目的在遮蔭乘涼，則要選擇樹冠完密的樹種，如榕樹、雨豆樹、鳳凰木等；目的在防風，則需選用耐風的樹種，如榕樹、黃槿、瓊崖海棠及海檬果等；目的在標明校園區界，則以樹形高大、樹姿優美者為宜，如大王椰子、檸檬桉、蒲葵等（臺灣省政府教育廳，1985）；目的在綠化速效，則可選植生長速度較快者，如印度橡膠樹、榕樹等；目的在生態綠建築，則應選植多樣、本土的喬木，如臺灣欒樹、樟樹、榕樹、茄苳等；目的在傳延文化，則應選植可流傳百年的樹種，臺灣校園百年老樹最多的如榕樹、樟樹、茄苳、刺桐等，或意蘊教義的菩提樹（如臺北市立師院的「育英菩提」）（湯志民，2002b）。

　　樹木種植的方式，有單植、雙植、三植、列植和群植等五種，其種植場所和方式說明如圖 6-2 所示。

圖 6-2

植樹的配置方式

種植的方式	主要種植的場所	圖例
單植	1. 使眼睛視線集中的場所 2. 企圖使建築物產生變化之處 3. 廣場的重點處	 1. 道路的正面　2. 建築物的四處　3. 稍偏向廣場的位置
雙植	1. 紀念碑建築物的正面 2. 與單植的場合相同 3. 與盆景石一起併植的場所	 同種同形　　　　同種異形　　　　異種異形 威嚴但卻單調　　兩樹相互關聯　　造形若能均衡 　　　　　　　　有安定感　　　　具有親切感
三植	1. 使之感覺有整體形之處 2. 使感覺到自然味道之處	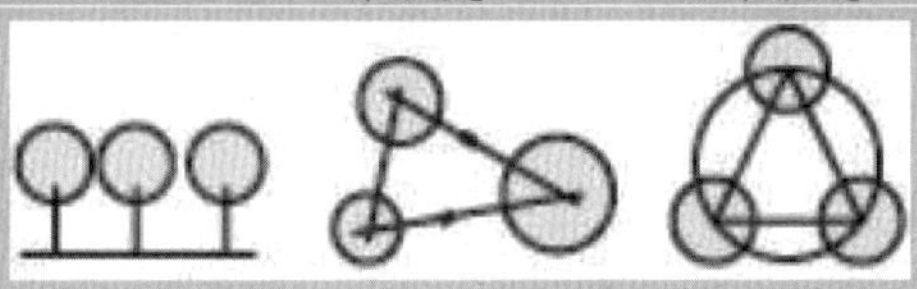 1. 整形同種等間隔　2. 自然異種異間隔　　正三角形
列植	1. 道路、建築物、有整體形之處、圍牆的周邊 2. 基地邊緣 3. 並排種植處	 1 列等間隔 整齊但卻單調　　列植 雖單調卻增加寬厚度  多列植 具自然風味　　具有自然風味 愈綠爲其栽植愈好 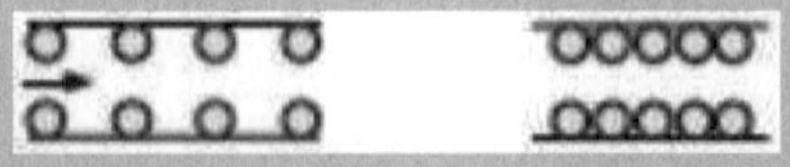 樹間距離長，具明　　　樹間距離短具莊重 調感和躍動感　　　　　感和寂靜感
群植	具自然風味的場所	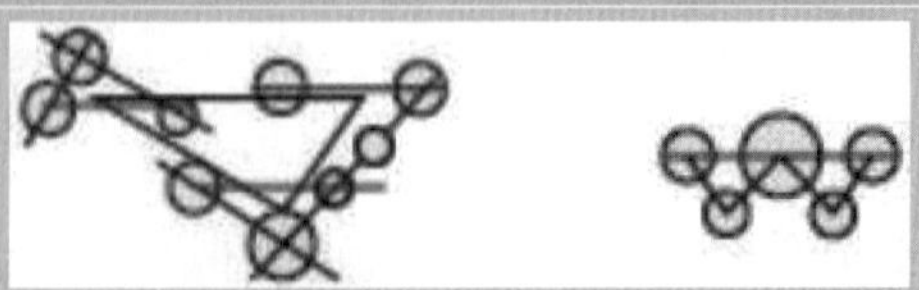 以 2 棵或 3 棵爲單位的總合栽植　　5 植、3 植的連續

資料來源：**學校教育設施與環境的計畫**（李政隆譯）（頁 141），谷口汎邦、原坦、野村豪、寺門弘道、乾正雄，1982，大佳出版社。（原著出版無日期）

（二）適合校園的樹木

適合校園種植的樹木很多，臺灣省政府教育廳（1985）在其出版的《校園綠化美化》專書中，曾就這些樹木的觀賞價值、綠化功能及其習性，均有詳盡的說明。現依喬木類、灌木類分別整理列示如表 6-1，以供參考；其中，喬木類的黑板樹開花會散發刺鼻臭味，以及木棉的棉絮有造成過敏之虞，常引起爭議，暫不列入，特此敘明。

表 6-1

適合校園的樹木

類別	名稱
喬木類	琉球松、龍伯、羅漢松、肯氏南洋杉、白玉蘭、樟樹、山櫻花、梅花、羊蹄甲、阿勃勒、黃槐、鳳凰木、相思樹、大花紫薇、雞蛋花、麵包樹、珊瑚刺桐、水黃皮、楓香、垂柳、木麻黃、臺灣欒、印度橡膠樹、菩提樹、榕樹、掌狀蘋婆、黃槿、茄苳、瓊崖海棠、福木、白千層、檸檬桉、欖仁樹、大葉桃花心木、臺灣欒樹、黃連木、流蘇樹、海檬果、火焰木、旅人蕉、大王椰子、桂花、樹蘭
灌木類	蘇鐵、蛺蝶花、葳氏鐵莧、變葉木、聖誕紅、杜鵑花、石榴、夾竹桃、仙丹花、觀音棕竹、黃椰子、金絲竹、瑞香、珍珠海、繡球花、麒麟花、檉柳、南天竹、刺葉王蘭、馬櫻丹、金葉木、朱蕉、龍血樹、鵝掌藤、黃蝦花、綠珊瑚、福祿桐、日日櫻、馬茶花、珊瑚油桐、玉葉金花、番茉莉

資料來源：修改自**校園綠化美化**（頁 58-95），臺灣省政府教育廳，1985，作者。

二、綠草的鋪植

草地（lawns）亦稱為草坪或草皮，不僅可減少塵土飛揚、保護地面避免沖刷和龜裂，增加庭園廣闊之美，還可降低氣溫。據統計，草坪表面溫度比裸露土地面低 6～7°C，比柏油地面低 8～10°C（劉麗和，2001）。美國密西根大學 Mecklberg 博士曾在夏日對鋪設塑膠草的橄欖球場，與鋪綠草的球場做比較研究，塑膠草 163°F、綠草 88°F，相差 75°F。另據同校 Carew 博士研究報告，1 英畝（4,050m²）草坪，約當 70 噸冷氣效果（臺灣省政府教育廳，1985），由此可見綠草的功效和重要

性。就校園環境而言，如有足夠的校地空間，則應大量鋪植草皮，使學校沉浸於一片綠意盎然的氣息之中。

英國教育部（Department of Education, 2020）規定，小學應設置非正式草地遊戲空間（informal grass play spaces），並依班級數（學生人數）設定，4～5 班（91～150 人）3,000m^2，6～10 班（151～300 人）5,000m^2，11～18 班（301～540 人）7,000m^2，19～28 班（541～540 人）10,000m^2，學生人數低於 91 人或高於 840 人以上之學校非正式草地遊戲空間依實需定之。需注意的是，英國小學非正式草地遊戲空間的面積幾乎占校地面積一半，實為難得。

有趣的是，南澳洲中小學的遊戲和運動都是草地型，南澳洲教育廳（South Australia Department of Education, 2020）規定，新建學校建築作為「草地遊戲區」（grassed play area）的綠地空間，小學計要有 18,000m^2，包括橢圓形足球場（8,800m^2）、曲棍球場（5,400m^2）、橢圓形足球場／板球／曲棍球場（14,300m^2）、活動／冒險遊戲區（2,200m^2）、15% 附屬遊戲區（2,200m^2）；地區學校（area school）計要有 26,095m^2，包括橢圓形足球場／最大的曲棍球場（19,375m^2）、足球場／曲棍球場（6,720m^2）；高中計要有 40,500m^2，包括大橢圓形足球場（15,400m^2）、小橢圓形足球場（10,500m^2）、足球場／曲棍球場（10,800m^2）、10% 附屬草地區（3,800m^2）。這種草地與遊戲、運動和活動結合的觀念，自然促成學校環境一片綠意盎然。

英國小學草地面積幾乎占校地面積一半，南澳洲中小學的遊戲和運動都是草地型，確為草坪鋪植擴增功能和面積之良策，值得參考。以下就綠草鋪植的方法、適合校園的綠草分別說明之。

（一）綠草鋪植的方法

綠草的栽培與樹木、花卉和其他植物之栽培大不相同。一般花木及植物的栽培，為了使生長良好，減少養分、水分和日光的競爭，植株間需留適當的空間；但種植綠草，在一定的空間中，則愈密愈好。綠草鋪植的方法有四（湯志民，2006a；臺灣省政府教育廳，1991）：

1. 鋪設法：多年生草地植物，其匍匐莖發達，可採用此法，應用最為普遍。首先，將成塊的草皮有規則地作密鋪法、等距離鋪法、品字

形鋪法、條鋪法或採以自然形鋪設；其次，將成塊草皮平鋪地面，再以木板塊打壓，或以有腳印的力量為度輕輕踐踏，使根與土壤密接，空隙以土壤填實，使表面平整，最後澆水就完工。此法一般於三、四月或九、十月或雨季中行之，臺灣四季均可鋪設。

2. 播莖法：適合此法之草種，其匍匐莖易生不定根、芽，翌春於未發芽前，除去土壤，將長約 3～5cm 的草根莖，均勻地撒於地面或每隔 15cm 條播，上覆沃土，至不見根莖為止，然後壓實灌水。此法最宜春季進行，至秋天即可長成。

3. 播種法：每公頃播種量約 2kg，通常均用撒播，亦可採用機器條播式。一般草種均混合砂土、石灰或草木灰，均勻撒種後覆土輕壓灑水即完工。

4. 扦插法：以具有 3～4 節側芽之草插入土中，此法種植效果好，但較費時費力，故大面積者不適此法。

（二）適合校園的綠草

草坪有如綠色的地毯，給人清爽潔淨、優雅自在、心曠神怡的感覺，它可突顯校園景致的人工美，也可柔化生硬的校舍建築。一般而言，草皮草種應具備七項條件：(1) 適應性強，能耐旱耐陰耐病蟲害，且能適應各類環境；(2) 外表色彩優美、質感及觸感良好、生長整齊、綠色生長期長；(3) 地面生長點低、葉茂密、生長快速、覆蓋良好；(4) 多年生植物，繁殖力佳，與雜草競爭力強；(5) 草苗維護管理容易；(6) 耐修剪，具強的再生能力，修剪後或踐踏受損後，易恢復生長；(7) 草苗易取得，成本低（林信輝、鄭梨櫻、林妍秀，2006）。臺灣省政府教育廳（1991）也持相同的看法，並強調理想的綠草有六個條件：(1) 生長力健壯，抗病力強；(2) 具有低矮之匍莖，無直立高莖特性；(3) 覆蓋性強，能抑制其他雜草孳生；(4) 葉形優美，葉色青綠；(5) 形成之群落具觀賞價值；(6) 耐寒、耐熱、耐旱性強。

事實上，要找到同時具備上述各項條件的綠草，幾乎不可能，尤其是耐寒和耐熱，很難同時存在。因此，在溫帶種植綠草常混合二種以上的綠草種，以因應不同的氣候條件，並使草坪維持綠意盎然。例如：臺北市湖山國小運動場上的草坪，種植耐熱、抗旱的百慕達草，以及耐冷的冬季草

種黑麥草，即使在氣候交替之際仍能綠意盎然。現將幾種適合臺灣氣候條件的綠草，列如表 6-2 所示，以供作校園綠草選擇的參考。

三、花壇的設計

花壇（flower bed）是以各種形式叢植各種花草，布置成為一個繽紛色彩，鮮麗耀眼的景致，也可以用矮性的木本花卉及地被植物等來布置花壇以供欣賞。

（一）花壇的種類

花壇的種類依其區位性質可分為下列四種：

1. 中央花壇：設於校門入口正面的花壇，可作為迴車中心，其式樣依設置主體分為四種：(1) 種植式──以植物為主體；(2) 假山式──以假山為主體；(3) 噴泉式──以噴泉為主體；(4) 水池式──以水池為主體。
2. 牆邊花壇：係設置於校舍建築的周圍、校園的界線、牆壁或籬笆基部、臺地斜面等，都以建築物為設計的背景或基礎，其形狀、大小視建築物的高低和園地的大小來決定，一般常用的寬度為 0.8～2m，長度為 10m。
3. 景致花壇：用以增加校園景致之花壇，其形狀可分為帶狀、方形、圓形、卵圓形、多角形、混合形等，視環境情形加以布置設計。
4. 紀念花壇：為了崇仰偉人、社會賢達或對建校有功人員表示感謝而設計之花壇，使青年學子流連其間，引發思古之幽情。

此外，花壇的種類，依開花的季節，可分為「春花壇」、「夏花壇」、「秋花壇」、「冬花壇」等四種（臺灣省政府教育廳，1991）；如依栽培的花種，則可分為「鳳仙花壇」、「杜鵑花壇」、「玫瑰花壇」等。

（二）花壇設計應注意的事項

1. 花壇是提供學生讀書和活動的空間，因此花壇的設置不宜過多，以免限制了學生的活動範圍。
2. 大多數的花卉喜歡日照充足的地方，可在校園的南向或東南向設置

表6-2

適合校園的綠草

種名	狗牙根草（百慕達草）	假儉草（蜈蚣草）	百喜草	聖奧古斯丁草（鈍葉草）	朝鮮草（結縷草）	地毯草	菲律賓草（馬尼拉芝）
價值	重要的快速綠化草種，可形成細緻的草坪	生長迅速且可形成非常緊密的草皮，維護管理容易	很好的水土保持草種，可形成緊密的草皮	1.為水土保持良材，可形成非常優美的草坪 2.為大樹下草坪的草種	1.草坪中最細葉的草種，臺灣普遍鋪植 2.美化裝飾最好的草種，但管理費時	1.適應任何土壤，可形成粗皮感草皮 2.成林果樹下良好之地被植物	對土壤選擇不嚴
特性	1.扎根性強 2.土壤適應廣 3.耐踐踏 4.耐熱、耐溫、抗旱 5.抗污染 6.剪後復原力強 7.不耐低溫	1.喜溫暖 2.耐酸性且耐旱性強 3.耐陰、耐熱力強	1.耐踐踏 2.耐熱 3.耐修剪 4.土壤適應廣 5.耐瘠、耐旱	1.生性強健 2.耐陰性強 3.耐熱 4.耐鹼性強 5.耐踐踏 6.耐修剪低割	1.不耐踐踏 2.喜潮溼 3.耐陰性低 4.需日照充足 5.喜溫暖，低溫時會枯黃	1.喜高溫溼 2.耐偶爾積水 3.喜日照 4.耐陰性低 5.耐低割	1.喜溫暖且潮溼氣候 2.喜黏性重土壤 3.耐陰、耐旱性佳 4.生長緩慢 5.適低割
適用地點	庭園草坪 運動場	庭園草坪 庭園綠地	庭園草坪 果樹覆蓋 道路護坡	大樹下 庭園 運動場	庭園草坪	成林果樹下 大樹下 庭園	庭園草坪 運動場

資料來源：國民中小學校園規劃（頁127），臺灣省政府教育廳，1991，作者。

花壇，如需在日照不足的地方設置，則要選擇半日蔭的植物。

3. 花壇宜設置土壤鬆軟、肥沃及排水良好的地方。若土質不良，在整地時一定要改善或換土。

4. 校園面積狹小者，切勿將花壇設置在中央，以免庭園被分割成兩部分而愈見狹小。

5. 花壇的花卉應選擇易栽培，植株不高，姿態形狀整齊美麗，分枝及開花數多、花期長，具有單純的花色，色彩鮮明光亮，不含有毒物質，價格便宜、易買到的花卉。

6. 花壇形狀要完整而大方，並依建物地形狀況規劃，不可太過零碎或繁瑣。

7. 花壇植物的色彩，可依觸目色調、近似色調或單一色調配置。同時要與季節搭配。在冬天，宜栽植暖色花卉，以增添熱鬧氣氛；在夏天，宜種植中性色或冷色的花卉才能帶來清涼意。如果是色彩豐富的花卉，則只要栽種同一種類的花卉，以免失之繁雜。

8. 花壇的邊緣不可太過醒目，以免喧賓奪主；造邊的材料，以能耐久、整齊、不甚突出者較適宜。

（三）適合校園花壇的植物

花壇植物大多為草本花卉，包括一、二年生草花、宿根草花和球根草花；如為木本花卉，則以矮性、分枝多、花數多的灌木為主。適合臺灣校園花壇的植物，可列如表 6-3 所示。

四、綠籬的種植

綠籬（hedges）是校園中的矮小灌木經修剪成為一堵綠色的小圍牆，具有引導、分界、擋風、遮蔽、美化景觀、降低噪音、淨化空氣、調節氣溫和保護草坪之功能。

（一）綠籬的種類

綠籬的種類依其作用目的和高度，可分為下列四種（臺灣省政府教育廳，1985、1991）：

1. **矮籬**：又稱為內籬、間隔綠籬，具有裝飾園景、區隔通道和庭園的

表 6-3

適合校園花壇的植物

類別	名稱
一、二年生草花	金魚草、金盞花、石竹類、三色堇、葉牡丹、翠菊、雛菊、麥桿菊、波斯菊、金蓮花、矮牽牛、福祿考、鼠尾草、美女櫻、萬壽菊、西洋白花菜、紫花霍香薊、百日草、花環菊、香雪球、天人菊、墨西哥向日葵、白晶菊、蛇目菊、高雪輪、金光菊、千日紅、雞冠花、爆竹紅
宿根草花	非洲鳳仙花、彩葉草、紅綠草、長春花、半支蓮、紫苑、非洲菊、四季海棠、金針花、長壽花、菊花、天竺葵、桔梗花
球根草花	大理花、鳶尾、蔥蘭、紅花月桃、薑花、文殊蘭、紫茉莉、鐵砲百合、海芋、小蒼蘭、孤挺花、美人蕉、韭蘭、水仙、鬱金香、風信子、唐菖蒲、彩葉芋、大岩洞、仙客來
木本花卉	杜鵑花、紅牡丹花、薔薇、馬纓丹、番茉莉、梔子花、六月雪、茶花、黃蝦花、繡球花

資料來源：整理自**校園綠化美化**（頁 134-135、144-171），臺灣省政府教育廳，1985，作者。

作用，高約 60～90cm。

2.**外籬**：具有分隔建築物與外界，以及防盜遮蔽的作用，高約 1.5～2m。

3.**中籬**：以防風、防水、遮蔽建築物為目的，高約 2～3m。

4.**高籬**：通常為防風、防火目的而設，高約 3～5m。

此外，還有種植二種植物以上的「混合籬」，以及利用高矮樹種組合而成的「二層籬」。

（二）綠籬種植應注意的事項

1.綠籬栽植時間以春、秋兩季為宜。

2.綠籬栽植首重土壤及排水，如土質不好或排水不良，則應混入新土，以改良原來的土壤土質及肥分；如栽植地點與草坪毗鄰，則可用磚塊構界，不但雅觀又可避免水土流失。

3. 綠籬栽植方法可為單行、雙行、三行等，依所需綠籬寬度及植物種類之不同而異。在寬敞庭園四周，以雙行和三行栽植為適，而園路兩旁則可單行栽植。綠籬植物如採用榕樹、金露花、朱槿等，因其樹性高大、生長迅速、枝葉茂密，可單行栽植；如採用月橘、六月雪等，因其枝葉纖小，則宜雙行或三行栽植。

4. 綠籬樹苗的間隔，因樹種不同而異；一般而言，約為 35～40cm。

5. 綠籬寬度以 50cm 為宜；剪枝約每年 2～3 次，一般都在七至八月上旬和十一至十二月間進行。

6. 綠籬植物的理想栽植深度，是正好可以將根球完全覆蓋住，不可太深。

7. 為求美觀、整齊，一般都將綠籬修剪成一定高度、一定式樣。從橫斷面看，有平型、斜坡型及波浪型；從縱斷面看，有平頂式、圓頂式及尖頂式。

8. 會開花的綠籬植物，在花芽抽出生長時最忌修剪，宜等開花後才修剪。

9. 為增添校園情趣，可將綠籬設計為迷宮（mazes），讓遊憩者益增玩性。

（三）適合校園綠籬的植物

綠籬植物應選擇易修剪枝葉、能耐病蟲害、繁殖快速而價廉，以及花葉美麗的長綠樹。適合臺灣校園綠籬的植物，可簡列如表 6-4 所示。

表 6-4
適合校園綠籬的植物

分類	高度（約）	適合栽植的樹種
矮籬	60～90cm	六月雪、杜鵑、黃楊、雪茄花、錫蘭葉下珠
外籬	1.5～2m	九重葛、梔子花、龍柏、羅漢松、春不老、金露花
中籬	2～3m	七里香、月橘、側柏、朱槿、鳳凰木
高籬	3～5m	竹類、夾竹桃、扁柏、細葉冬青、木麻黃

資料來源：整理自
1. **校園綠化美化**（頁 174-175），臺灣省政府教育廳，1985，作者。
2. **國民中小學校園規劃**（頁 137），臺灣省政府教育廳，1991，作者。

第四節 園景設施的布置

　　室外景觀的設計必須結合建築設計和校地配置進行，以確保室外景觀能提供多功能的教育空間，同時需考慮身心障礙學生到室外遊戲和運動的需求（South Australia Department of Education, 2020）。園景設施的布置是室外景觀設計和校園綠化美化的另一項重要工作，自應視學校的教育重點與地形地勢，並依校園環境的動線，作適度的布置，使校園、校舍和運動場結合為一體，更完美、順暢、生動且具生命活力。尤其是，學校景觀（the school landscape）在人造和自然世界之間形成重要的關係，能讓孩子體會到自然和自然之歷程，如花朵的成長和季節的變化（Burden, 2015）。園景設施的項目繁多，以下僅就其犖犖大者作一扼要的介紹。

一、園路

　　園路（paths）是校舍建築與園景設施之聯繫動脈，具有交通運輸、景觀導引之功能。校園內的道路應視園區的大小和校舍的聯繫必要性，配合庭園景觀作適當的規劃設計；一般而言，可分為主幹道（15～20m寬）、側幹道（10～15m寬）、支道（6～10m寬）、分支道（4～6m寬）、人行道（2～4m寬）等五種（臺灣省政府教育廳，1991）。園路的布置應注意：

（一）園路的路面，應依功能（車行或人行、運輸、聯繫、教學、健身或休憩）之不同，鋪設適宜之材料，常用的材質有水泥、柏油、鵝卵石、青磚、紅磚、方磚、切石板、大理石、扁平石、稜角山石、圓椿、礫石、塑木或硬木等。

（二）園路的寬度，應視校園人車的交通流量，以及主、次動線性質，作適當的規劃。

（三）園路的兩旁應栽植適宜的花卉草木，並視其需要性設置排水溝及休憩之椅凳。

（四）庭園內的步道，為免減少草坪的綠化面積並增加庭園的美化效果，應設計間歇性的曲徑踏石，以增添庭園情趣。

（五）庭園步道和草坪步道，應依校舍和景觀配置設計人行捷徑動線，步道動線的決定可在事前依人性需求判斷，也可在使用者（如師生）

走過後再行設置，正所謂「路是人走出來的」。

（六）教學用庭園步道，設置觀賞平臺與解說牌，步道動線依地形和觀測點之需求規劃。

（七）健康步道之設置，應選擇校園中較僻靜而蔭涼的地方，以利盡情鬆弛健身。

二、橋

園路逢水添橋（bridges），跨水凌波，光影漂浮，有如一葉扁舟蕩漾湖波，倍增韻趣。就校園的景觀布置而言，橋具有交通、景觀導遊和點綴園景的功能，其結構是由橋墩、橋梁和橋面三部分所構成，並可依材質之不同，分為梁板式石橋、木橋、圓拱橋及步石橋等四種。橋的布置應注意：

（一）橋墩和橋梁為橋的基礎，其構築應特別注意其堅固性和安全性。

（二）橋面的裝飾需配合園景作適當的設計，腳踏面層應有相當程度的粗糙面，並設扶手（小橋可免）以利行走。

（三）橋下池面寬廣者，橋身宜高，以增加池景的層次性和良好的倒影效果；如為小水池，則橋面宜貼水而過，以增加池水的開闊性，並利觀賞池景。

（四）造橋材料不論是鐵質、木、竹、步石或鋼筋水泥，均應注意品質，並作防鏽及防腐處理，遇有龜裂現象應迅予修護以策安全。

三、水池

水池（ponds）具有景觀、教學和水質曝氣淨化之功能，一般分為人工水池和自然水池二種。人工水池多為幾何圖形，通常設在建築物的前方或庭園的中心，為主要視線上的一種重要點綴物；自然水池其形狀不定，池岸曲折，通常置於假山腳下、溪流瀑布的一端或草地的一側。近 20 年，基於綠建築與永續校園之推展，學校水池以設置「生態池」居多。水池的布置應注意：

（一）水池的水源，以自然水源最為理想，山上學校可善用山泉水源（如臺北市湖山、溪山、大屯國小）或引入溪河水。但大多數學校自然水源有限，則應設置雨水回收系統結合雨撲滿貯水。如自然水源不

足，可設自動控制閥補充自來水（如新北市平溪國小生態池），使用自來水時，為避免魚對水中氯的敏感，出水口應高於水面 15cm 以上，並以最大量沖入池中，所產生的水泡可散出氯氣，又可提高空氣含量（王銘琪，2000）。

（二）水池的深度，如飼養觀賞魚，水深需 40～50cm，養鯉魚、錦鯉等則需 90～150cm 深。

（三）水池應有循環及過濾設施，使池水不斷流動，避免優氧化（eutrophication），使水體中氮、磷等植物營養物質含量過高引起藻類迅速繁殖，產生藻華現象，致使水體溶氧量下降，破壞水質與水體生態平衡。池底要有斜度，並設排水槽，供排水及清理水池之用。

（四）水池的位置，應避免設於落葉嚴重之樹林區內，如為生態池，大部分池面每天應維持至少 5 小時之日照條件，以利各種動植物繁殖生長，也要避開高大建築或太接近大樹，有些學校在樹林內建造生態池，常造成水生植物成長不良的現象。

（五）水池的池底，如為混凝土或灰泥材質要作去鹼處理，即水池建好後，先浸水 1～2 星期，然後清洗池面，再重新灌滿水浸 2～3 天，第二次清洗之後，就可放水養魚了（王銘琪，2000）。如為生態池底，必須具備一定的保水能力，以滲透性係數小於 10^{-7}（公分／秒）之黏土質才能達不透水之標準。如無此黏土條件，則需在生態池底進行防水構造工程，一般工法有五種（林憲德，2004）：

1. 混凝土構造工法：是較昂貴的工法，池底應有加強雙層鋼筋並表面防水粉刷，否則易龜裂漏水，混凝土池底應有 30cm 以上混和砂石之土壤層才能植生良好，才能接近生態化水池。

2. 皂土毯工法：是一種新的地工合成材料，防水功能甚佳，但價格偏高，需注意接縫處要有 20cm 之重疊，施工不慎也易漏水。

3. 塑膠防水布工法：在高透水的砂質土壤，塑膠防水布是不得不採用的工法，其護岸需十分和緩，坡度 20 度以下，否則難以覆土。防水布厚度 2mm 以上，有時需用二、三層，防水布上需鋪設 30cm 以上混和砂石之土壤層才能植生良好，才能接近生態化水池。

4. 牛踏層工法：與水稻田的保水處理相似，過去用牛踐踏，現在用機

器處理，適用於黏性粉土，砂質土壤不適用，完工應經數日放水試漏，如每日降水 20cm 表示有滲水之虞，需再清理夯實再試。
5. 黏土夯實法：最自然的方法，利用黏土成分高的土壤逐層鋪設夯實，黏土層應有 30cm 以上，中鋪設椰纖網或地工網可防龜裂，黏土層上應有 30cm 以上砂質保護土壤層以利植生。

四、瀑布

　　瀑布（waterfalls）能引發動感的節奏，其飛流千尋之勢，常為假山水景式庭園的焦點，也是最花心思布置的地方，可以自然水源或雨水回收水循環的方式，加以設計處理，其造形有下列七種：(1) 分叉型：使瀑布分為左右瀉下再合而為一的情形；(2) 單側型：從左向右高度與寬幅都傾向單側，分為兩段的瀑布；(3) 平面型：從岩石上部直接落下，不沿著石面的方式；這種情形水量太少的話就無法製造良好效果；(4) 旁落型：瀑布面稍微傾向左或右，也就是說從正面看來的話，水的流勢是斜傾的；(5) 安穩性：使水自上面平靜自然落下，成一面像燙平的布一樣，令人有安詳感，與平板型瀑布類似；(6) 絲狀型：也可以說是「白絲瀑布」，使水分如許多細絲般一同落下的瀑布；(7) 重疊型：使水流自然而無造作的相互交叉落下（李金娟，1991）。瀑布的布置應注意：
（一）以平滑的石塊作為瀑布的正面，如表面有凹凸，則需挑選左右均稱、石質優良的立石為宜。
（二）水量要穩定而充足，為固定落水量，宜在瀑布上游設一個蓄水池，讓水自然溢出，並使其瀉落看起來很自然。
（三）瀑布頂端的供水管應予隱蔽，底層應有水池或排溝，以引導瀉落的水流。

五、踏石

　　「石令人古，水令人遠；園林水石，最不可無。」踏石（stepping stones）最能表現空間序列之美，通常布置於庭園間或水池上，屬於休憩性的人行步道，主要功能供觀賞庭園景觀駐足與簡易通行之用，也具有「捷徑」之性質。踏石的配置，即「配石」，也就是所謂的「打飛石」，有千鳥打（左右各一步，順序前進的排列）、雁行（如雁子組隊飛行的

「人字型」排列）、四三連、二三崩等四種方法（如圖 6-3 所示）。踏石
的布置應注意：
（一）踏石以容易行走為優先考慮，可鋪在園路面上或穿越水池。
（二）踏石必須是表面平坦的石塊，長度 30～50cm，厚度 6cm 以上。
（三）鋪設踏石以一步之距，約 45cm 的步幅為最適當。石塊與石塊的間
　　　隔約 10cm，露出土面高度 3～6cm（王銘琪，2000）。
（四）在踏石的分歧點上，應使用稍大的石塊，以利轉折。

圖 6-3
踏石的排列法

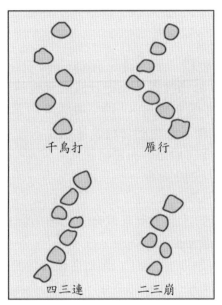

資料來源：**庭園規劃設計**（頁 39），李金娟編譯，1991，地景企業公司。

六、涼亭

　　涼亭（gazebos）有蔽陰、乘涼、眺望與點綴園景之功能。校園可視
實際需要而設立，其設置地點一般選在水池邊、水池中、假山旁、樹叢
下、山崗頂、道路延伸處或臺階爬坡連綿處。涼亭常用的材料有金屬、水
泥、竹木、磚石、石青瓦、琉璃瓦和玻璃纖維，也有以蔓藤植物攀緣生成

的綠涼亭等。涼亭的布置應注意：

（一）涼亭應設於庭園區內或校園僻靜的一角，避免來自動態活動區的噪音干擾。

（二）涼亭內應配置園桌椅，以供學生休憩談心之用。

（三）涼亭的大小、高低、造形和色彩，應配合校園環境作適當的設計，過大的涼亭或色彩太過搶眼，均非所宜。

（四）校園綠化面積不足之學校，宜搭配蔓藤植物攀緣生成的綠涼亭；校園色彩不足之學校，應適切運用涼亭的彩繪，以活潑庭園的景致。

（五）校園面積太小或無適當園景設施作為背景之校園，不宜設置涼亭，以免過於突兀。

七、雕塑

　　雕塑是校園設計地標（sculpture as campus placemarkers）（Dober, 1992），可配合公共藝術設置，以提升庭園景觀的美化品質，具有「畫龍點睛」之效；通常設置於前庭、川堂、樹蔭下、草坪上、花圃內、斜坡邊，以及花壇或水池中，使用的材料包括水泥、塑膠、木材、石材、陶土、青銅、玻璃纖維等。雕塑的布置應注意：

（一）雕塑係校園環境的點綴品，不可設置太多、太雜，以免校園環境失去美感。

（二）雕塑的選用設計，必須具有教育上的啟思性意義，以發揮見賢思齊、變化氣質或激勵勤奮向學之效。

（三）避免使用同一模式的成品，以創造各校獨特的教育思考環境。

（四）雕塑的位置、大小、色彩和造形，應配合庭園景觀作最適當的選擇與設計，以產生最亮麗的視覺焦點。

（五）室外的雕塑因日曬雨淋，極易褪色及損壞，需經常實施維修，以確實提升美化之效。

八、綠廊

　　綠廊（pergolas）又稱為涼棚、蔭棚或花廊，是一種頂部由格子條所構成，而上面攀附生長蔓生植物的園景設施，可供休憩、遮蔭、觀賞及作通道之用。綠廊栽種的植物要選葉茂花美的藤蔓植物，如地錦、木香、炮

竹花、紫藤、常春藤等。若利用成蔭的樹，使枝條相錯生長，培育成廊架的形式而供遮蔭、休憩的就是樹廊，可供使用的樹有榕樹、欖仁樹、樟樹、黑柏樹、掌葉蘋婆及印度橡膠樹等。綠廊的布置應注意：

（一）宜選擇日照、通風及排水良好的地方建造。

（二）配合園路伸展，並與校園景觀整體配合，使之和諧一致。

（三）頂棚蔓生植物長滿後應不定期修剪，並注意是否有蜜蜂棲息，如有虎頭蜂窩應即清除。

（四）要考慮頂架的負荷，不定期的防鏽及油漆處理，並於每學期開學前或颱風季節時檢查是否鞏固安全，避免倒塌而出事故。

九、園燈

園燈（lamps）具有裝飾、引導及防盜的功效。庭園的照明設計不僅有趣，且為整體庭園重要的一部分，它將庭園情趣延伸至傍晚和晚上，提供安全防護，並增進照物的美感（Stevens, 1995）。園燈通常設置在園路旁、花壇邊、水池中、假山下或草坪上。園燈種類包括有高腳燈、矮燈、活動式、固定式、獨立式、支架式和投射式等數種。照明方式有定點照明（spotlighting）、背後照明（backlighting）、放射照明（grazing lighting）、向上照明（uplighting）、月光照明（moonlighting）、水底照明（underwater lighting）和變化照明（alternative lighting）（Stevens, 1995）。園燈的光源有白熾燈、螢光燈、日光燈、水銀燈、鈉光燈、鹵素燈、LED 燈等，宜依據其照度、輝度、演色度、效果、用途來選擇。園燈的布置應注意：

（一）園燈應依園景設施之需求設置，主要設置於園路和庭園步道，以利夜間活動、校園開放之人行安全。

（二）園燈可結合太陽能板，運用再生能源，以收節能之效。

（三）園燈的燈具和燈桿構造，應有堅固性、防水性、防蝕性和絕緣性。

（四）園燈可有高矮不同的變化，但其造形、式樣和光色，應有一致性的風格。

（五）園燈管線應以地下化的方式處理，以免有礙庭園觀瞻。

（六）園燈長年顯露在外，極易損毀生鏽，應隨時注意維修，以保持其可用性。

十、園桌椅

　　園桌椅（garden furniture）具有裝飾並供師生休憩、談天、讀書及眺望校景之功能，可單獨作為園景設施，也可與涼亭、綠廊組合成一景。園桌椅應配置庭園中人們想休憩的所在地，除設於涼亭、綠廊及漫長的園路中間外，亦可置於遮蔽蔭涼處、水池邊或景色焦點處，如瀑布口、花壇邊、雕塑旁、樹蔭下、草坪上或視野開闊處。園桌椅的布置應注意：

（一）依庭園景觀背景，設計適當的造形與色彩，一般以自然、多彩、古樸較討人喜歡。標準式的單向靠背公園椅較不適宜設於中小學校園，尤其是成排的設置易使庭園景觀產生僵化的負面效果。

（二）僅具「單向」視覺空間的園椅，可設置靠背較為舒適，具有「多向」視覺空間的園椅，則以無靠背之設計較為理想。

（三）每一園桌椅的組群數，應配合學生休憩團體的群聚人數，就國小而言，一般以 3～7 人居多，學校規模大的學校通常為 8～15 人（湯志民，1991）。另應配合庭園設置單張園桌椅，讓想獨處的學生，有可以靜心休憩之處。

（四）園桌椅的坐高，小學 32.5～45cm，中學 32.5～60cm（South Australia Department of Education, 2020）。

（五）園桌椅因置於室外，應選用耐風雨而表面光滑或具不積水性的材料，木造園桌椅（timber）很適宜，因其式樣多、軟硬木皆宜、很便宜、上色柔和、在陽光下不眩光、優美古樸（Stevens, 1995）；其尺寸大小宜寬鬆、低矮，讓人坐了覺得舒服。

（六）多向視覺空間的園椅，可依「觀景」、「交談」需求，設計不同形式的園椅，如條椅、單椅、角椅、複合椅、弧形椅等（谷康、李曉穎、朱春艷，2003），如「一」型條椅適於觀景，不適於小群體交談；「口」型單椅適於觀景，不適於交談；「L」型角椅，適於觀景和交談；「弓」型複合椅，則可提供多樣的觀景、交談需求；而繞著樹幹設置的「O」型弧形椅，適於觀景，不適於交談；「C」型弧形椅內圈適於交談，外圈適於觀景；「S」型弧形椅可兼具觀景和交談之需。

十一、教材園

　　一草一木、一鳥一物，皆有其生命的意義與價值。學校經過綠化美化之後，就是最佳的植物教材園或生物教材園，使學生從親身的觀察與照顧下，瞭解自然的奧祕、生命的真諦。基於校園是大教具的理念，教材園發展快速、種類和形式很多，常見的有植物（如老樹、校樹和校園植物）、生態（如鳥類、甲蟲、氣候等）、環保（如太陽光電、雨水回收等）、食農教育教材園（如小田園）、交通安全（如交通號誌、腳踏車步道等）、族群文化（如族群、史蹟文物等）、地理區位（如學校區位）、野外求生植物（童軍）等教材園（區），這些教材園有些以區域形式設置，有些是線性帶狀步道。教材園的布置應注意：

（一）教材園的設置不以獨立的區域為限，尤其是植物教材園，除設置溫室（greenhouses）培養稀有、嬌弱、展示或實驗用之植物外，可以整個學校庭園列入規劃，以擴大學生的觀察範圍。

（二）校園內的花草、樹木、盆栽，以及其他具有知識性和教育性的教材設施，均應作適當的標示（可採互動式，加入 AR 或 QR Code），並請師生共同參與設計，以增加校園布置的教育效益。

（三）動物教材園的設置，除水池魚類之養殖外，可由學生透過校本課程之需求，由學生餵養動物、甲蟲等，並列入學習單觀察與紀錄，同時負責園地的整理與維護。

（四）校園內各項設施、園路、雕塑、植物、生物、景觀、甚至社區資源，皆為學生成長經驗中最實用的生活素材，有紀念性或知識性者可設計解說牌，也可系統規劃為數學步道、生物教學園、環保步道、社區步道或田園教學，可配合各科教學活動，或作為補充教材或學習教材，讓學生透過觀察測量、感官探索、操作培養，體會一步一天地的驚喜（湯志民，2006a）。

（五）教材園以能配合教育、生態、文化或區域特色加以布置，並讓學生能體驗學習最為理想，例如：設置小田園（種植蔬菜、水果等），推展食農教育（如臺北市中小學）；因應交通安全教育設置交通安全教材園（如臺北市大直國小整理校舍和圍牆間之死角，設置交通安全教室）；回應童軍課程需要設置野生植物教材園，讓野地求生

有實際體驗之效；也有結合學校所在之族群文化設置鄉土文化教材園（如屏東泰武國小排灣族生活文化情境布置）。特別是，學校生態良好、鳥種多，可設置即時監視系統，觀測鳥類生態和生活，成為動態性即時教材園。

（六）教材園的設置應配合課程教學和學生自主學習需求，進行多元規劃。以高中生物教材園為例，可規劃設置：(1) 植物教學園區：栽植教學所需的相關植物，並優先考慮栽植當地的原生物種，以增進校園的生物多樣性；若校地有限，也可考慮以盆栽的方式進行栽植。具體目標是希望學生能直接在校園中觀察到不同生態系內的各種植物，亦方便直接提供生物材料作為實驗課之用。(2) 蔭棚：營造出陰溼的環境，以作為蘚苔與蕨類等植物的栽植場所。蔭棚的大小不限，高度最好超過 2m，棚內可附自動灑水系統，以方便栽植或觀察。蔭棚的位置也可選擇原本就較陰溼的地方，或被大樓遮住、光線較弱，平時較少利用的角落。(3) 生態池：不但能栽植各種水生植物，更是當地各種水生動物或其他小型陸生動物的聚集點，可作為活體供應的教材園，也是觀察生態運作與動物行為的適合場所。生態池面積不宜太大與太深，儘量採用中央深、四周淺的模式，以保有較多的水量維持環境穩定，也可避免發生危險。(4) 苗圃：讓學生體驗栽種植物和一些常見的蔬菜，以瞭解植物的特性和日常食物的來源，同時可作為學生觀察植物生長的場所，對教學或科學研究都有助益（普通型高級中等學校設備基準，2019）。

（七）校園百年老樹及史蹟建築，也是絕佳的教材園設置景點。例如：宜蘭縣澳花國小 600 年老樟樹、苗栗縣興隆國小 800 年老樟樹、臺南師院附小百年老樹教學園區、板橋國小枋橋建學碑（第三級古蹟）、樹林國小咸豐（1853 年）石馬、北一女中日據時代的校訓碑、高雄市舊城國小康熙二十三年的崇聖祠（第三級古蹟），與校史結合，別具本土教育意義（湯志民，1995a、1999c）。

十二、戶外劇場

戶外劇場（amphitheatres）是提供戶外群集的重要場地，正式課程（formal curriculum），如音樂課、導師課、體育課、童軍活動、社團活

動等,可以運用;非正式課程(informal curriculum),如舉行畢業或開學儀式,也可以用此場地;空白課程(blank curriculum),如下課時間,更是學生多元展能和群聚休憩之所,學生的才藝表演可事先安排或自由表演,益增師生同儕互動和休憩情趣。在庭園設施上,戶外劇場的功能最富趣味,近年來,新設學校總會運用適切的場地加以設計。戶外劇場的布置應注意:

(一)戶外劇場的位置,通常利用校舍的高低差,設置於校舍 L 形的轉角一隅,配置於連絡走廊前端、運動場邊,或與護坡兼用,也適用於庭園之間。

(二)戶外劇場的結構,包括舞臺、座位、進出階梯等,其高度應適宜。

(三)戶外劇場的容量,通常以能容納一個班級的人數為原則。

(四)戶外劇場的座位,可以水泥或木材為之,座後可植草綠化。

(五)戶外劇場的舞臺,可與地面貼平或突起,其上可加頂蓋,以利表演者暫時遮風避雨。

(六)戶外劇場設計精巧者,扇形聚點發言處,說話者猶如拿麥克風說話,可以清楚的聽到自己的聲音。

(七)戶外劇場的遮蔭,可運用校舍建築之陰影,或設置於大樹下與林蔭之間,也可設置頂棚,以增加使用效能。

第7章 學校運動場的規劃配置

當未來世代兒童回顧 2000 年代 COVID-19 疫情大流行時會記住,過著健康、平衡生活並充分享受戶外活動是真實而持久的傳奇。

(This can be the real and lasting legacy that future generation of children living healthy, balanced lives and full enjoying the outdoors will remember when they look back at the COVID-19 pandemic of 2000.)

~P. Nair, 2021

　　奔馳的力量在運動場湧現,孩子的精力熱血奔騰,只有在最愛的地方,才能看到學校最大的動能。學校的室內和室外環境都是學生學習經驗的一部分,Taylor 和 Vlastos(1975)在《校區:兒童的學習環境》(*School Zone: Learning Environment for Children*)一書中即指出:「遊戲場是教室的延伸」(the playground as an extension of the classroom)(p. 73)。2020 年 COVID-19 疫情肆虐,對許多孩子而言,學校提供了唯一可以到室外遊戲的地方,而遊戲之所以重要,正因其已進化為「學習」(Nair, 2021)。事實上,學童也能運用室外的環境進行學習,尤其是「體育」和「群育」的培養,非賴運動場之砥礪無以竟其功;而學生更可藉運動場上的奔馳、競技,以紓解情緒、調劑身心、強健體魄,並培養「勝不驕、敗不餒」、「再接再厲」奮勇向前、力爭上游的精神和毅力。

　　日本文部科學省規定小學校運動場面積,每生應有 $10m^2$,中學校運動場面積,每生應有 $10m^2 \sim 15m^2$(姊崎洋一等人,2016)。美國南卡羅萊納州教育廳(South Carolina Department of Education, 2004)規定小學運動空間至少設置 80 英尺 ×100 英尺($743m^2$)的良好草坪,並可供 1 班教學之用。臺灣,國民中小學運動場的面積,國小每生以 $6m^2$ 以上

為原則，國中每生以 8m² 以上為原則（國民小學及國民中學設施設備基準，2019）；實際上，2019 學年度，國小每生平均使用運動空間平均為 9.5m²，國中為 13.1 m²，高中職為 6.4m²（教育部體育署，2021）。析言之，國中小有達到規定使用面積標準，但高中職則太過侷促，尤其是高中職學生體能強，比國中小學生更需要體育活動和競技空間，此一問題值得重視與改進。

　　學校運動場的種類主要可分為：(1) 田徑場——包括跑道、跳高、跳遠和擲遠場；(2) 球場——包括躲避球場、籃球場、排球場、羽球場、棒（壘）球場、足球場、手球場；(3) 體育館和風雨操場；(4) 游泳池；(5) 遊戲場。以下分別就田徑場和球場、體育館和游泳池、遊戲場規劃設置應注意的事項，作一概略性的說明。

第一節　田徑場和球場的設置

　　田徑場和球場是室外運動場地在運動和競技上，提供孩子最盡興、最能自由揮灑的空間，以下分別探究田徑場和球場的設置。

一、田徑場的設置

　　田徑場是運動競技最重要的室外賽場，也是孩子可以盡興無窮奔馳之地。田徑是一種陸上競技，由徑賽、田賽和混合運動等組成；以高度和距離（長度）計算成績的跳躍、投擲項目為「田賽」，以時間計算成績的競走和跑步的項目稱為「徑賽」（教育部體育署，2019）。根據統計，2019 學年度有場地使用歸屬的 2,592 所國小、738 所國中、511 所高中職，其田賽、徑賽場地在國小擁有率約分別為 55.2% 與 90.4%，國中階段約為 63.6%、93.5%，高中職階段約為 56.2%、82.0%（教育部體育署，2021）。由此可知，學校徑賽場地的設置比田賽場地更為重視。

　　田徑場是學校運動場設施最重要的一環，尤其是徑賽標準跑道的設置，在國內各級學校運動場的規劃中，儼然成為必然的模式。惟依個人平日觀察和研究，考量校地面積大小、運動場地耐用年限和經費、體育教學和學生下課使用、學生運動和遊戲喜好、體育發展重點、田徑人才培育、開放社區使用，以及國外案例，例如：港澳校地小少有跑道；韓國中小學

以足球場和籃球場為主，跑道較少；美國小學規範草坪和遊戲場地，中學以上都是 400m 跑道等。建議學校的「跑道」（環形）設置，以「小學可以不要」、「國中可以要」、「高中有比較好」、「大學一定要」原則，並因地制宜規劃適宜跑道，期使學校運動設施的設置，有最具效用的規劃。田徑場的設置應注意：

（一）在跑道設置上，國中至少需有 200m 跑道，國小以 200m 跑道為理想，田徑場半徑 16〜18m；受限於校地面積或地形，以設置一條直線跑道為優先（國民小學及國民中學設施設備基準，2019）。標準的 400m 跑道，直道和彎道 6〜8 道，跑道寬度 1.22m（小學 0.9m、中學 1.1m、高中以上 1.22m），起跑區至少 3m，緩衝區至少 17m，內、外側安全區建議不應少於 1m（參閱圖 7-1）。惟實際評估，以理想運動場占地 3/10 計算，校地面積需達 5 公頃以上（5 公頃 x3/10 = 1.5 公頃運動場地），方能容納設置 400m 環形跑道（最小用地 1.6 公頃）。因此，基於校地因素現場跑道的設置，中小學面積足夠者設置 200m 環形跑道（6 道，最小用地 0.58 公頃）、300m 環形跑道（6 道，最小用地 0.96 公頃）、400m 環形跑道（6 道，最小用地 1.6 公頃），面積不足者可設置 60m 直線跑道（4 道，最小用地 633m^2）、100m 直線跑道（6 道，最小用地 1,230m^2），以利體育教學和相關競賽之使用。

圖 7-1
400 公尺半圓式跑道

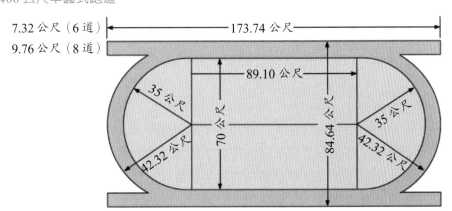

資料來源：**國民中學設備標準**（頁 447），教育部國民教育司，1987，正中書局。

（二）在跑道方位和材質上，跑道直道以南北向為宜，以避免日光直射。跑道長軸南偏東宜小於 20°，南偏西宜小於 10°（中華人民共和國住房和城鄉建設部，2011）。跑道可鋪設富有彈性的人工材料（如PU 及橡膠等），厚度 10mm 以上（不含顆料）（行政院體育委員會，2008；劉田修，2020），並注意保養維護，以減少運動傷害。至於，跑道鋪人工草皮（如 PP、PE），其縫隙會加入石英沙或橡膠顆粒，雖美觀不易隆起，但因摩擦力較低，容易滑倒，且不適合穿釘鞋。若要訓練爆發力和速度，膠底運動鞋因會打滑，往往影響訓練效果（劉田修，2020）。此外，人工草皮還有石英沙（或橡膠顆粒）易流失問題，因此中小學如維護費有限或有運動選手訓練需求者，跑道較不適合採用人工草皮。

（三）在田賽場地上，跳遠助跑道長至少 40m、寬 1.22m，沙坑長 7～9m、寬 2.75～3m（教育部體育署，2019）；跳遠的沙坑，可設在助跑道的中央或二端，較不受風向的影響，沙坑在平時不用時應有帆布或塑膠布遮蓋，以維護沙坑品質。跳遠場地宜設置於田徑場外，跳高場地得設於半圓區內；擲部場地，如鉛球、鐵餅及壘球擲遠，應視教學需要設置（國民小學及國民中學設施設備基準，2019）。

（四）在觀眾方位上，如為單側觀眾席，觀眾席應面向東；如為兩面觀眾席或環狀觀眾席之設計，主看臺應面向東方（教育部體育署，2019）。

（五）在排水澆水上，田徑場地應有良好的排水噴灑水系統：

1. 排水系統，臺灣為多雨之地帶，田徑場地應在雨後 20 分鐘內排光積水為理想，因為積水超過跑道面層紋理的高度會影響安全性和運動員成績。當田徑場完全浸滿水時，需於 20 分鐘內排光積水，使合成材料表面殘餘積水的深度，不超過表面材料的紋理厚度（教育部體育署，2019）。對於運動草皮而言，滲透水系統也相當重要，應使用具透水性之沙質壤土，沙質壤土下之砂石級配層需有足夠之滲透管排水系統，將滲下的水快速由導水管排出，而不致有泥濘之現象，尤其是草地最怕在水中被踐踏，除了會有坑洞外，也會對草本身有傷害（行政院體育委員會，2008；劉田修，2020）。

2. 噴灑水系統，應採定時定量之自動噴灑水裝置，以利運動場地草坪之養護；自動噴水孔宜設置於四周，利用高壓水柱噴水，並考慮季風的影響，避免有些區域成為死角；同時，應注意不要將自動噴水孔設於草皮內，以免干擾師生之運動或草坪之修剪（行政院體育委員會，2008；劉田修，2020）。

（六）在附屬設施上，田徑場如離校舍較遠，應在附近適當地點設置簡易洗手臺、飲水臺和廁所，以備師生就近使用。

（七）在照明設備上，田徑場應裝置夜間照明設備，中小學田徑場作為訓練和教學場地者照度應達 200～500Lux，作為休閒和推廣場地者照度達 75Lux 即可（教育部體育署，2019），以供學校及社區青少年活動之用。

（八）在場地綠化上，田徑場地內在不影響運動設施使用的原則下，應多植草坪予以綠化，以利學生休憩活動；其四周應多種植常綠樹木，以供遮蔭休息，並可淨化空氣，防止風沙飛揚。

二、球場的規劃

球類運動在中小學校體育課、下課及放學是學生最愛活動的場地，簡單、方便好玩，不用太多的準備即可上場。在球場上奔馳，有速度、有韻律、有技巧，更有合作；在球場上可當主角，也可當觀眾，可吶喊，也可靜觀；在球場上有競合與休閒並存、汗水與淚水交織、情感與精神提升、精力與壓力紓解，激發出學校生活最精彩的回憶。球場是學校匯聚人流之處，凝聚學校動能最佳場域，也是學校最經濟、實惠、功效最大且最吸引人的運動設施。球場的設置，自有其重要性和價值性，值得重視與投資建設。

南澳洲教育廳（South Australia Department of Education, 2020）規定，中小學必須提供每位學生至少 $3m^2$ 的多用途硬鋪面遊戲區（hard play area），這不包括走道、室外學習區或庭院，但可包括網球場、籃球場和無板籃球場（netball），小學要有 2 個無板籃球場或籃球場，以及 $600m^2$ 非正式鋪面區，總面積約 2,000m^2；中學要有 6 個網球場、2 個無板籃球場，以及 $500m^2$ 非正式鋪面區，總面積約 4,800m^2。英國教育部（Department of Education, 2020）規定，小學硬鋪面遊戲區（hard play

spaces）每生平均約 5.1～7.1m^2，並依班級數（學生人數）設定，4～6 班
（91～180 人）650～950m^2，7～12 班（181～360 人）1,100～1,850m^2，
13～18 班（361～540 人）2,000～2,750m^2，19～28 班（541～540 人）
2,900～4,250m^2，學生人數低於 91 人或高於 840 人以上之學校硬鋪面遊
戲區依實需定之，但至少要有 350m^2，並要求硬鋪面遊戲區最好設置有陽
光遮蔭，並能讓年紀小和年紀大的群體都能到達之處。臺灣在室外球場面
積無較明確的規定，球場的設置也是就校地條件、體育課程和活動需求規
劃。

　　球場的種類繁多，設置何種球場？或者當學校校地有限時，使用
者——學生的需求，自然成為最重要的選擇設置指標。湯志民（1991）
特就臺北市 62 所國小 2,330 名六年級學生（男生 1,171 人，女生 1,159
人），進行調查分析，發現男女生最喜歡的球類運動有性別上的差異，男
生最喜歡的球類運動，前四項依序為「躲避球」、「棒（壘）球」、「籃
球」和「羽球」；女生最喜歡的球類運動，前四項依序為「羽球」、「躲
避球」、「籃球」和「排球」；如就全體和男女生共同喜好來看，則國民
小學的球場設置應以「躲避球」、「籃球」和「羽球」為最優先。根據
許秀桃、王建臺（2019）調查臺灣地區中小學學生運動參與情形，國小
發出問卷 8,724 份，有效回收問卷 7,966 份（有效回收率 95.3%），國中
發出問卷 10,918 份，有效回收問卷 9,988 份（有效回收率 97.6%），高
中發出問卷 11,472 份，有效回收問卷 10,736 份（有效回收率 97.9%），
結果顯示學生最喜歡的運動種類以「球類運動」最高，國小占 47.1%、國
中占 52.3%、高中職占 57.3%，其他運動種類如水上運動類（占 10.0～
15.5%）、陸上運動類、舞蹈類、戶外運動類、民俗體育類、技擊運動類
等都占 0.7～9.8%。在「球類運動」中，國小前三名為籃球（7.3%）、
棒（壘）球（4.0%）、桌球（2.7%）和羽球（2.6%），國中前三名為
籃球（7.4%）、排球（2.5%）、羽球（2.4%），高中職前三名為籃球
（7.4%）、羽球（3.7%）、排球（3.5%），其餘還有足球、網球等。綜
合上述調查，學校球場的設置，大致上國小以籃球、棒（壘）球、桌球、
羽球、躲避球為優先，國中以籃球、排球、羽球為優先，高中職以籃球、
羽球、排球為優先。

　　近年來，受電視卡通「灌籃高手」、高中籃球賽（HBL）、NBA 職

籃轉播和職業籃球發展之影響，國小及國高中生對籃球運動的喜好蔚為風潮，學校籃球場地的需求日益重要。就中小學而言，各類球場，以籃球場最多（國小 96%、國中和高中職都是 98%），排球場小學比中學少很多（國小 24%、國中 80%、高中職 93%），室外羽球場（國小 34%、國中 62%、高中職 70%）、桌球場（國小 36%、國中 55%、高中職 74%）、網球場（國小 11%、國中 20%、高中職 34%）、足球場（國小 14%、國中 22%、高中職 25%）、棒（壘）球場（國小 7%、國中 11%、高中職 13%）、手球場（國小 2%、國中和高中職都是 4%）（教育部體育署，2021）。由此可知，目前中小學球類場地設置的喜好大致與學生最喜歡的球類運動一致，以籃球場居冠，其次為排球場、室外羽球場，桌球場多在室內比例亦不低，再次為網球場、足球場、棒（壘）球場，最少見的是手球場，可供中小學設置球場之參考。學校球場的規劃應注意：

（一）在球場設置上，學校應視需要設置籃球、排球、足球、手球、羽球、桌球、躲避球與樂樂棒球及其他類別之球場，可規劃為綜合球場，以發揮球場多功能用途；其他球場之設置應以學生之需求與興趣及學校體育發展重點需要設置（國民小學及國民中學設施設備基準，2019）。

（二）在球場面積上，中小學籃球場、羽球場、排球場、棒球場、足球場、躲避球場等常用的場地面積如下（參見表 7-1）：

1. 標準籃球場長 28m、寬 15m，球場底線後方至少需有 2m 緩衝區，邊線兩側至少需有 2m 緩衝區；簡易籃球場長 26m、寬 12～14m，球場後方至少需有 2m 緩衝區，邊線兩側至少需有 1m 緩衝區。籃架基柱離底線需有 1～2m 之安全間距（國民小學及國民中學設施設備基準，2019）。

2. 標準羽球場長 13.4m、寬 6.1m；標準排球場長 18m、寬 9m；標準手球場長 40m、寬 20m；棒球場地規格，整體範圍至少需100m×100m，內野為邊長 27.4m 之菱形（四方）（教育部體育署，2019）。

3. 標準足球場長 90m～120m、寬 45m～90m，根據英國足球總會，少年足球（11-12 歲）足球場長 73m、寬 46m，少年足球（13-14歲）足球場長 82m、寬 50m，少年足球（15-16 歲）足球場長

91m、寬 55m，少年足球（17-18 歲）足球場長 100m、寬 64m（教育部體育署，2019），可供中小學規劃設計之參考。

4. 躲避球場面積，正方形躲避球場長寬均為 7～8m；雙圓躲避球場內場半徑 5m，外場半徑 7m；往返躲避球場長 18～20m，寬 9～10m；長方形躲避球場長 24～26m，寬 12～13m（五年級用）或長 26～28m，寬 13～14m（六年級用）；混合躲避球場內場半徑 8m，外場半徑 10m（以上為國小用）（教育部國民教育司，1981、1987）。

表 7-1

中小學常用球類場地面積

項目	長（m，公尺）	寬（m，公尺）	備註
籃球場	28m	15m	簡易籃球場長 26m、寬 12～14m
羽球場	13.4m	6.1m	
排球場	18m	9m	
手球場	40m	20m	
棒球場	100m	100m	內野為邊長 27.4m 之菱形（四方）
足球場	90m～120m	45m～90m	
躲避球場（六年級）	26m～28m	13m～14m	1. 此為六年級用之長方形躲避球場。 2. 五年級用之長方形躲避球場，長 24～26m，寬 12～13m。

資料來源：研究者整理。

（三）在球場方位上，一般球場（如籃球、排球、足球、手球等）長邊（長軸）應朝南北向，長軸南偏東宜小於 20°，南偏西宜小於 10°（中華人民共和國住房和城鄉建設部，2011；行政院體育委員會，2008），以避免日光直射任何一方之運動人員。至於棒（壘）球場，為避免打擊者、投捕手及各壘手面向陽光，投捕線可規劃為南北走向，並朝向南方，較有益於下午時段之活動，尤其冬季更為理想。就臺灣緯度而言，冬季陽光在冬至時，太陽下山將偏南 22°～23°，因此，南北向為主的場地若能以逆時針轉向 10° 較為理想；

長軸若順時針偏西達 30° 時，冬季陽光在下午二、三時左右將會直射球場上的運動者（如籃球投籃者、足球守門員）（行政院體育委員會，2008；劉田修，2020）。

（四）在球場面材上，室外球場基礎工程之品質，甚為重要，通常砂石層之壓密度要在 95% 以上較佳，如採混凝土則應加鋪鋼筋以免龜裂，底層仍以瀝青混凝土較適合化學面層之接著。臺灣球場採用之面材大致有下列四種（行政院體育委員會，2008；劉田修，2020）：

1. 水泥粉光面材：有許多學校在面材上油漆，但下雨時易滑溜很危險，且不到一年漆色會剝落。水泥粉光時，可以摻入硬地素材，以增加強度又可延長使用年限，若在加硬地素材時再摻入骨材及水泥漆料，則其顏色可持久而不磨損，且不易滑溜，以造價及使用年限而言，甚為值得。另外，若球場需兼做停車使用時，本材質較為適合。

2. PU 面材：許多學校球場，為避免運動傷害，以 PU 材質作為面材，但底層採用混凝土結構導致接著不佳，也無法抵抗下層之水氣壓力而凸起或整塊剝離。因此，要鋪設 PU 面材時，其基礎應以瀝青柏油結構較好，熱漲冷縮較不易拉裂，也較為密合。

3. 壓克力面材：壓克力面材是國際認可之硬地網球場面材，若用於籃球場、排球場或手球場時，應注意其表層之磨擦力不宜過大，否則會造成較嚴重的傷害。壓克力面材之基礎同樣以瀝青較好。

4. 合成橡膠面材：合成橡膠為工廠壓製成型品（PU 則為液態品），特色是較不滑，也不易因陽光照射而凸起。合成橡膠厚度均勻一致，每塊間接縫處得妥處，否則會有凹凸接合縫，甚至於拉開。過去合成橡膠大都是單層材質，現在已有雙層或多層的材料，其基礎結構同樣以瀝青較佳。

（五）在球場配置上，若空間許可，最好是兩面一組或三面一組，中間多間隔幾公尺作為植樹區。因球場長軸為南北向，如四周及中央植樹，無論上午或下午均有較陰涼之區域可供集合、休息及活動之用（行政院體育委員會，2008；劉田修，2020）。

（六）籃球場地不足之學校，應在球場的四周可用之處多設置籃框架，以

增加學生活動機會。籃球框高度，小學可依年級分置不同高度之籃框，國高中可在標準高度之外，設置 1～2 個較低之籃框，以利不同高度的學生或開放校園之適用。中小學合併之學校，籃球場地宜分置。設置「女生優先」籃球架，增加女生打籃球之機會及推展性別平等教育。

（七）球場之球具可採開架式管理，設置「愛心球」或「自由球」，讓學生自由取用與管理，以方便學生打球、培養自律與增加球場的使用效能。

（八）棒（壘）球場宜設於離校舍最遠的地方（蔡長啟，1983），以免損壞建築物及其他設備。

（九）室外球場應裝置夜間照明設備，以供學校及社區青少年活動之用。

第二節 體育館和游泳池的設置

體育館和游泳池是全天候的室內運動場地，在運動、訓練、競技和休閒活動上，提供孩子上下課奔馳最舒適的活動空間，以下分別探究體育館和游泳池的設置。

一、體育館的興建

體育館（gymnasium）為室內體育場所，或稱為室內體育教室（indoor physical education room）。在中小學是作為地區及籃球、排球、羽球、桌球比賽、教學訓練和集會之用的中小型綜合體育館，規模上比巨蛋體育館（dome）和競技體育館（arena）小很多；目前學校內幾乎都屬於體育館（gymnasium），而各縣市級規劃較好的都朝競技體育館（arena）的功能設計（行政院體育委員會，2008）。過去也有人將中小學的體育館稱之為風雨操場，但現在風雨操場（canopy field）或「風雨球場」是只有屋頂沒有牆面的簡易型棚式運動設施，通常是在籃球場或綜合球場上加頂蓋即成為風雨操場。英國教育部（Department of Education, 2003）規定，中學的運動中心（sports hall）面積 440m^2（另加體育辦公室 13m^2、體育器材室 28m^2），高度 7.62m，寬度至少 16.3m（考慮設置羽毛球場）；體育館（gymnasium）面積 260m^2（另加體育器材室 20m^2、地墊

室 12m²），高度 5.1m，體育館應靠近／毗連運動中心，學生人數 551 人
以下之學校可以多目的廳（multi-purpose hall）作為體育館。南澳洲教育
廳（South Australia Department of Education, 2020）將風雨球場稱之為
有頂蓋室外學習區（covered outdoor learning area[COLA]），並規定一
般結構尺寸（尺寸為柱間淨距，高度為結構框架最低點淨高，不包括支
撐）：(1)21m×14m×5m 高：適用於 150～500 名學生的小學，以及 400
名學生以下的中學和地區學校。(2)22m×18.5m×7m 高：適用於 500 名
學生以上的小學和 400 名學生以上的中學和地區學校。(3)37m×22m×7m
高：足夠大，可以劃出一個正規的無板籃球場（netball），以及籃球場、
網球場和 3 個排球場，包括周圍所需的緩衝區（run-off areas）。

　　就體育教學而言，體育館的使用價值高於室外的運動場（王富雄，
1992）。事實上，由於體育館內之活動，既可避免夏季酷暑之曝曬，又
能免除冬季寒氣凜冽之侵襲，且不受風雨之干擾，對學校體育教學活動的
使用效益，已有日漸凌駕室外運動場之勢，而益受重視。需提的是，以往
各縣市受限於經費，中小學多以設置風雨操場代替體育館，宜蘭縣 1990
年代即突破經費限制為中小學設置體育館，甚為難得；近幾年，風雨操場
再度興盛，有些是承繼以往的代替體育館政策，有些則是為球場加頂蓋，
2018 年起教育部體育署推動「學校設置太陽能光電球場計畫」（教育部
體育署，2019），使得結合太陽能光電風雨操場的設置成為新風潮。

　　根據教育部體育署（2021）之統計，2019 學年度各級學校 3,993 所，
591 校有體育館（占 14.8%），745 校有風雨操場（占 18.7%）。就中小
學而言，國小 2,592 校，160 校有體育館（占 6.17%），470 校有風雨操
場（占 18.1%）；國中 738 校，163 校有體育館（占 22.1%），148 校有
風雨操場（占 20.1%）；高中職 511 校，154 校有體育館（占 30.1%），
99 校有風雨操場（占 19.4%）。由此顯見，各級學校體育館和風雨操場
設置比例不高，未達 20%；在中小學方面，小學風雨操場比體育館多，
中學體育館比風雨操場多，而高中職體育館達 30%，遠高於風雨操場。
學校體育館的興建應注意：

（一）在館場設置上，應遠離教室單獨設立，以避免噪音干擾教學。為供
　　　社區人士使用，應靠近停車場，並有道路方便直接出入，或與側門
　　　相聯繫，以利校外人士進出和校園安全管理。在方位上，體育館的

採光面主要為南北向，即體育館的長軸為東西向，並注意東西山牆不得開設採光窗，以防眩光（張宗堯、李志民，2000）。

（二）在館場面積上，體育館的面積 800～1,600m²，國中小 12 班以下以 800m² 為原則，13～36 班以 1600m² 為原則，37 班以上學校得依學校需求適度增加；體育館內至少能容納一座標準籃球場，室內淨高與前後左右之緩衝區依照各類球場設置標準（國民小學及國民中學設施設備基準，2019），高中體育館面積 1,500m²，至少能容納一座標準籃球場（普通型高級中等學校設備基準，2019）。臺灣中小學體育館的面積比美英規定高很多，例如：南卡羅萊納州教育廳（South Carolina Department of Education, 2004）規定：小學最低 42 英尺 ×74 英尺（289m²）或 54 英尺 ×86 英尺（431m²），最大 82 英尺 ×94 英尺（716m²，可容納一座標準籃球場和 2 班教學之需），天花板淨高 22 英尺（6.7m）。愛爾蘭 2004 年的規定，中學為 406m²（26m×15.6m，200～449 名學生使用）和 594m²（33m×18m，450 名以上學生使用）（Department of Education and Science, 2004）。

（三）在館場高度上，12 班以下學校設置 800m² 簡易型體育館，室內淨高至少 7m。13 班以上設置 1600m² 體育館，室內淨高 9～12m（羽球比賽室內淨高至少 12m，排球比賽室內淨高至少 12.5m）。

（四）在多目標設計上，如校地有限或基於建築的多目標用途，可將體育館、禮堂、游泳池合併設計為活動中心，以增加其使用效益。與禮堂合併設計之體育館，可設置活動式收存架，將平日不用的集會用椅暫時收存於兩側內牆或舞臺下，以增加活動空間；或採用租賃方式，租用集會或活動用椅子，也可撙節椅子收納的貯藏空間。

（五）在附屬設施上，體育館內應附設器材室、更衣室、淋浴設備、廁所，並得設置舞臺及準備室，若挑高空間足夠，可設置看臺，看臺可採固定或收放設計，並注意其安全維護（國民小學及國民中學設施設備基準，2019），以利體育教學活動之進行。此外，自動升降籃球架的設置，以電動懸空籃球架、遙控操作，並可彈性調整籃球框高度為佳（如臺北市溪口國小）；如購置電動（或手動）液壓（或油壓）籃球架，應注意鋼構體育館看臺高度是否足夠，以免籃

球架伸展手臂卡住，造成籃球框位置錯誤，難以使用。

（六）在結構建材上，體育館地坪應採彈性木質地板，或化學材質之運動面層（如合成橡膠或 PU 材質面層），應避免直接於水泥或磨石子面材上打球（教育部體育署，2019、2021）。窗臺不應低於 2.1m，所有門窗玻璃及室內燈具均應設置防護罩（張宗堯、李志民，2000），易碰撞到的柱子應以海綿軟墊包覆，以利緩衝；出入口應多設置，並採外開門設計。

（七）在採光照明上，羽球專用球場採側邊垂吊照明方式照明，可避免眩光；若為綜合球場則燈具應自球場長邊兩側以斜照之方式向球場投射（教育部體育署，2019）。利用屋頂平頂裝置燈具，應有適切遮光罩，避免燈管或燈泡外露，產生大量眩光。為節能可以高窗和天窗引進自然光，高窗應能電動或遙控開合，以利運用管理；天窗採光應注意直接採光面不宜過大，採用抗風壓及不易滲漏的不透明玻璃或相關材質，夏日或光源過強時，可設置電動或遙控遮簾遮光（如臺北市松山工農體育館）。體育館之照度（地面以上 1m 之水平照度），依球場類型和運用性質各有不同，如籃球場地供休閒、推廣用之照度需有 300～500Lux，供訓練、教學用之照度需有 500～750Lux，如做比賽用則需有 1,000～2,000Lux；羽毛球場地，供休閒、推廣用之照度需有 500Lux，供訓練、教學用之照度需有 750Lux，如做比賽用則需有 1,800Lux（教育部體育署，2019）。

（八）在體能設施上，設置於體育館或室內的體能設施場地，主要應注意的有：

1. 健身房（重量訓練室），高中場地面積 20m×15m 較理想，高 4～5m，鋪設地毯並設空調設備。器材包括：仰臥推舉椅、舉重槓、啞鈴、多功能肌力機、擴胸機、有氧健身車、原地電動跑步機等設備（教育部中等教育司，1999）。

2. 桌球場地，桌球桌尺寸，長 2.74m、寬 1.525m、離地 76cm。單打賽區應為長 14m、寬 7m，最小不低於長 8m、寬 6m 之範圍，桌面到天花板的垂直距離至少 5m。多場同時比賽，賽區應以約 75cm 高與深色背景顏色相同之圍布圍住，以區隔相鄰之賽區及觀眾席，

範圍應在 1.5m 以內。

3. 空手道場地，應有長 6m、寬 6m，跆拳道場地，應有長 8m、寬 8m，四周有 2m 寬之安全區。

4. 柔道比賽場最小範圍長 8m、寬 8m 或最大為長 10m、寬 10m；賽場周邊和賽場毗鄰處，應設置 4m 寬之安全區；柔道場表面鋪榻榻米或可接受之類似材質之墊子，榻榻米長 2m、寬 1m，以稻草或泡棉壓縮製成，應有防震特性。

5. 學校訓練型射箭場，射距國小 30m 以上、國中 50m 以上、高中 70m 以上，靶道每道可站 3 人，每人安全站位寬度 80cm 以上，靶道左右側和靶後方都應設擋箭牆（教育部體育署，2019）。

（九）風雨球場的設置，以可容納一座籃球場為原則，得視實際需要增減之；地坪可採鋼筋混凝土或瀝青為基礎，再於其上鋪設壓克力或化學面材之運動面層，屋頂設計應考慮能遮蔽斜陽及雨水（國民小學及國民中學設施設備基準，2019）。

（十）太陽能光電風雨球場，施作基地類型有三種：(1) 一般戶外球場建置太陽能光電風雨球場（參見圖 7-2）；(2) 空地新建太陽能光電風雨球場；(3) 原有風雨球場增設太陽能光電設備（教育部體育署，2019）。太陽能光電風雨球場主要設置重點（教育部體育署，2020）：

1. 結構柱高從屋頂下緣起算，不得低於 7cm，且太陽能光電發電設備系統需完整覆蓋整個施作標的球場。

2. 上層主結構屋簷應儘量向外伸展，用以遮斜陽。為考量屋頂洩水及太陽能光電板日照角度，屋頂設置斜率 6～8 度範圍內為佳。

3. 頂蓋之太陽能光電發電設備，有直接鋪設太陽能設備或先鋪設浪板後再加裝太陽能設備。並應注意太陽能模組之鋪設及鎖固應確實注意耐風能力及施工、運維人員之作業安全。

4. 風雨球場結構以鋼構為主，亦可採用 RC 柱結合鋼構支柱。屋架結構採韌性抗彎矩構架系統為地上 1 層鋼骨構造物。基礎底面應先鋪設高度至少 10cm 的墊底混凝土（fc' ≥ 140kgf/cm²）後，方可進行基礎版施工。

5. 支撐架，採用鋼構基材，應為一般結構用鋼材或冷軋鋼構材外加表

面防蝕處理，或耐候鋼材；鋼構基材表面處理，需至少以中度腐蝕（ISO 9223-C3）等級以上為處理基準，並以 20 年（含）以上抗腐蝕性能進行表面處理。

6. 結構耐風耐震設計，在耐風設計上，基本設計採風速 32.5m／秒，高於 32.5m／秒之地區，則採用該地區之平均風速，耐風用途係數（I），採 I = 1.1（含）以上。在耐震設計上，耐震用途係數（I），採 I = 1.25（含）以上作為設計與計算基礎。

7. 在場地安全上，應裝設天花隔離網，避免球直接擊中太陽能板，每個球場結構支柱需包覆高度達 2m 防護墊（材質：EVA、厚度：30mm），重要機電位置加裝隔離圍欄，並設置危險告示。

8. 基地下方若為地下室空間或地下停車場，應慎估基礎結構之支撐強度及穩定度，以及後續建置之地上構造物的乘載量。

圖 7-2
一般戶外球場建置太陽能光電風雨球場

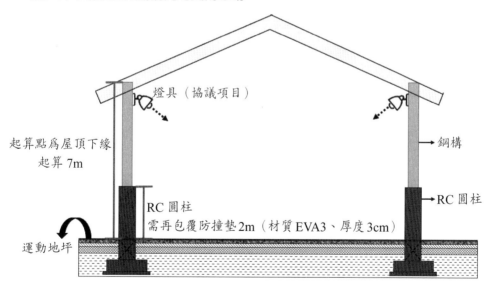

資料來源：教育部（2019b）。**學校設置太陽能光電風雨球場作業參考模式**。
http://www.cyc.edu.tw/modules/tadnews/index.php?nsn = 56134

二、游泳池的建造

臺灣四面環海，青山翠綠、溪流蜿蜒，在碧綠潛水灣中浮潛，在泳池、水塘中浪裡白條，可以圓多少孩子的夢？人可以像魚一樣，是多麼夢幻！學會游泳，就能美夢成真！

游泳池（swimming pool）是學校師生最喜歡和最重要的水上體育活動設施。20 年前，臺北市將游泳列為重要體育政策，率先提出學校游泳池「冷改溫」計畫，並大力增設溫水游泳池（臺北市政府教育局，2002）。至 2019 年底，高中職和國中小計 278 校，143 所學校有游泳池（占 51.3%），其中 134 校有溫水游泳池（占 94%）（臺北市政府教育局，2020）。根據教育部體育署（2021）之統計，2019 學年度各級學校 3,993 所，游泳池計 507 座，設置率達 11.97%，其中室外游泳池 144 座、室內游泳池 363 座，而室內游泳池中有 34 座冷水池、329 座溫水池，溫水游泳池占整體（含室外及室內）的 64.9%。就中小學而言，國小 2,592 校，153 校有游泳池（占 5.9%），計有 155 座游泳池，其中溫水游泳池有 106 座（占 68.4%）；國中 738 校，98 校有游泳池（占 13.3%），其中溫水游泳池有 66 座（占 67.4%）；高中職 511 校，158 校有游泳池（占 30.9%），計有 164 座游泳池，其中溫水游泳池有 106 座（占 64.6%）。由此可知，中小學游泳池設置率普遍偏低，學校游泳池以室內游泳池居多，溫水游泳池占整體（含室外及室內）的 65%。中小學的游泳池，除新設校之外，不易普遍設置，探其原因主要在於各縣市教育經費不足，臺北市則是校地有限，而最重要的是游泳池興建的優先順序並非列為最急需所致。此一問題，仍有待教育行政主管機構寄予進一步的關切。

中小學游泳池之使用以教學為主，競賽為輔，游泳池的建造應注意：

（一）在設置地點上，游泳池設在室內比室外理想，一則較易保養維護，避免雨水和灰塵破壞水質，再則使用效益高，終年不受風雨所阻；目前的趨勢是，合併設置於體育館或活動中心內，並應特別注意其通風、採光、噪音和水溫的處理。學校游泳池如單獨設置，以 25m 長，8 水道（每道 2.5m）計算，建設基地（長、寬約 44m×28m）至少 1,200m² （王慶堂，2012）。游泳池座向長軸應採東西向，以免游泳受太陽光照射的影響，看臺宜向南或向北為佳。

（二）在基本規劃上，游泳池的規劃，依深淺區，並運用阻波器，可使學

生依游泳程度、男女性別、年級高低、比賽或練習，作多功能而彈性多樣的運用。為提高使用率，應規劃為溫水游泳池，以利終年使用，游泳池水溫應為 25～28°C，室內溫度應比水溫高 2°C，而溼度應不超過 70%（教育部體育署，2019）。

（三）在設置規格上，標準游泳池，25m 長，8 水道，每條水道寬度至少為 2.5m。第一條水道及最後一條水道外側應預留至少 0.2m 寬的空間，水面到天花板的淨高度應為 8～10m（教育部體育署，2019）。國中小新建游泳池，池體基本規格，長 25m、寬 15m 為原則，池畔至少 2m 以上，其中應有一區面積較大可供暖身使用（國民小學及國民中學設施設備基準，2019）。

（四）在游泳池周邊上，一般游泳池出發臺端應留有至少 5 m 的空地，其餘池岸邊至少保留 3m。正式比賽池，出發臺池岸寬應至少留有 10m 的空地，其他岸邊至少保留 5m（行政院體育委員會，2008）。

（五）在游泳池水深上，游泳池之水深國小最淺處為 0.8m，最深處為 1.2m；國中最淺處為 0.9m，最深處為 1.4m（國民小學及國民中學設施設備基準，2019）。設置出發跳臺的池端，距離池壁 1～6m 範圍內，池深至少為 1.35m（教育部體育署，2019）。日本學校游泳池的水深基準，參考表 7-2；臺灣各級學校游泳池深度建議表，參考表 7-3。

表 7-2

日本學校游泳池的水深基準

游泳池別	最淺水深	最深水深
幼兒用游泳池	0.30m	0.70m
小學校用游泳池	0.80m	1.20m
中學校用游泳池	0.90m	1.40m
高中、大學用游泳池	1.20m	1.70m
競賽用游泳池	1.30m	1.80m

資料來源：**學校環境と子どもの發現：學校設施の理念ど法制**（頁 254），喜多明人，1988，エイデル研究所。

表 7-3

臺灣各級學校游泳池深度建議表

學校屬性	建議深度	建議規劃
國民小學		1. 建議設置單斜式之游泳池，一側 90cm 深，提供中低年級學生使用，另一側 120cm 深，提供高年級學生使用。 2. 興建 60～70cm 深之戲水池，作為低年級教學使用。
中低年級	90～105cm	
高年級	105～120cm	
國民中學	120～130cm	1. 建議設置單斜式之游泳池，一側 115cm 深，另一側 130cm 深。 2. 如有代表隊訓練需求，則建議一側 130cm 深，另一側 160cm 深。 3. 如考量以 OT 方式委外經營者，考量未來經營管理及使用者之需要，則池水之深度以不超過 140cm 為佳。
高級中學	130～140cm	1. 建議設置單斜式之游泳池，一側 125cm 深，另一側 140cm 深。 2. 如有代表隊訓練需求，則建議一側 130cm 深，另一側 160cm 深。 3. 如考量以 OT 方式委外經營者，考量未來經營管理及使用者之需要，則池水之深度以不超過 140cm 為佳。
標準競賽池	200cm 以上	1. 學校除有特殊功能需求，或有訓練與競賽任務外，一般學校不建議興建標準競賽池。 2. 學校之標準池建議應設置浮動平臺或設置教學椅，以確保一般游泳教學之順利進行。

資料來源：101 年度教育部學校游泳池新整建規劃參考手冊（頁 27），王慶堂，2012，教育部體育署。https://www.sa.gov.tw/Resource/Attachment/f1425280791177.pdf

（六）在游泳池設施上，主要應注意：

1. 出入水道處應有深度至少 0.2m 的洗腳消毒池。

2. 水道四周可設置溢水溝，以利池水排放表面浮游汙物。

3. 水道標線，應使用深色且鮮明的顏色，標示在每水道中間的池底，

線寬 0.2～0.3m，止於兩端池壁各 2m 處，且水道標線兩端應劃一條與水道線同寬、長 1m 的垂直橫線。

4. 水道繩應完全拉至游泳池兩端，以安裝在池壁內的掛鉤固定；掛勾應能使游泳池兩端浮標浮出水面。每一水道繩應由直徑 0.1～0.15m 的浮標串聯而成；距離兩端池壁 5 公尺長度內，浮標應為紅色。

5. 出發臺，高出水面 0.5～0.75m，跳臺面積至少 0.5×0.5m，臺面最大斜度不超過 10°（教育部體育署，2019）。

6. 歇腳溝，水深達 1.7m 之教學游泳池，應在池壁兩側水深 1.2m 處設置凹式歇腳溝，面寬為 0.1～0.15m 之間（王慶堂，2012；教育部體育署，2019）。

7. 游泳池的下水扶梯應內凹嵌入池內，數量一般為 4～6 個（行政院體育委員會，2008）。

（七）在附屬設施上，應設置管理室、更衣淋浴室、置物櫃、盥洗室、衛浴、排水、溫水及水質過濾與消毒機電設備（國民小學及國民中學設施設備基準，2019）。游泳池在服務區設計上應注意將乾溼區予以分開，溼區應設置防滑地磚，出入口則應男女生分別設置。游泳池附屬設施、泳池周圍的廣場、空地、看臺等，其占地約相當於游泳池的面積（田文政、康世平、蕭美珠、陳立宇，1991）。此外，為利整容，宜多置吹風機和相同數量的鏡子。

（八）在無障礙設施上，游泳池出入動線應平坦，並應有無障礙入池設施，可採階梯、升降臺或斜坡的設計，以供行動不便者入水使用。特教學校，游泳池底可設置電動升降板，以利中重度特教生入池及使用（如臺北市文山特教學校）。

（九）在安全設備上，至少應有急救箱、救生圈、救生繩、救生鉤、救生竿、救生臺和電話，以及標示含氯量、溫度、溼度等之告示牌。

（十）在室內照明上，游泳池採側面投光之設計，室內照度至少 600Lux，燈具配置應注意不要讓光源直接照在水面上，最好池邊兩側以斜照交叉方式照明，高度需在 6 m 以上，為了方便電燈的更換及維護，燈具最好安裝在游泳池周邊的上部（行政院體育委員會，2008）。游泳池照明系統最好採雙迴路設計，讓管理者依需

求開啟全區照明燈具或僅開啟 1/2 燈具（王慶堂，2012）。

（十一）在通風換氣上，學校游泳池需要大量換氣之主要原因為游泳池使用氯消毒系統，必須藉由大量的換氣或空氣對流降低空氣中的氯氣與氯化合物產生的臭味或刺激泳客的眼睛、呼吸道黏膜等。因此，游泳池的通風換氣應注意（王慶堂，2012）：

1. 一般室內游泳池之通風，設置於 1 樓以上的游泳池，在夏季可用大面積的側窗，提高自然採光及空氣對流量，以獲得大量新鮮空氣，降低室內氯氣與氯化合物的濃度；在冬季或氣溫較低的季節，可透過換氣天窗將室內含較高濃度氯氣與氯化合物的空氣排至室外，以保持室內空氣的清新，如換氣天窗或排煙窗之高度超過 2m 以上時，可設置自動搖窗機，以利開窗操作。

2. 地下室游泳池之通風，學校游泳池與教學大樓、體育館等共構，多設置於地下樓層，可以透過建築兩側氣窗、穿透地面的採光罩與換氣天窗、機械式抽排風機等設備，進行自然排風或人工強制排風換氣，改善地下樓層游泳池之空氣品質，如換氣天窗或排煙窗之高度超過 2m 以上時，可設置自動搖窗機，以利開窗操作。

3. 避免熱散失與刺激性空氣，室內游泳池換氣或排風時，可以將排風系統結合熱泵系統，透過回收排氣時的熱能，並將加溫後之新鮮空氣抽送入游泳池，以避免因游泳池換氣時造成大量之熱散失。室內游泳池或地下樓層游泳池在設計時，可以考慮不採用氯消毒系統，而以銅銀離子消毒系統、紫外線消毒系統或臭氧消毒系統取代傳統之消毒設計。

（十二）在水質維護上，學校游泳池常用氯殺菌系統因較經濟實惠，但因其於密閉環境中易產生氯臭，且有氧化腐蝕之化學現象，所以室內溫水游泳池也有採用銅銀離子、臭氧及紫外線殺菌系統。以氯殺菌為例，游泳池之加氯劑量係以 ppm（百萬分之一）作為單位，即每噸水加入 1 公克氯為 1ppm，如有一國小游泳池長、寬、高分別為 25m、15m、1.2m，池水量為 450 公噸（$25m \times 15m \times 1.2m = 450m^3$），所以要讓池水含氯量上升 1ppm 需加入 630 公克（0.63 公斤）純氯，用氯粉（含氯量為 65%）

則需加入 0.692 公斤氯粉，用漂白水（含氯量為 12%）則需加入 3.75 公斤漂白水，才能讓池水含氯量上升 1ppm。水質維護應注意（王慶堂，2012）：

1. 池水應經常保持餘氯量 0.3〜0.7ppm，氫離子指數（PH 值）在 6.5〜8 之間，並設置自動水質監控系統，以確保池水品質。
2. 室內空氣中二氧化碳含量應在 0.15% 以下，氯氣濃度應在 1ppm 以下。
3. 游泳池應設置回水系統，回水系統將水送入過濾系統，於完成過濾、殺菌程序後，重新注入游泳池中。
4. 國小教學游泳池過濾循環 2〜3 次／小時；國中、高中教學游泳池過濾循環 3〜4 次／小時，訓練游泳池過濾循環 4〜6 次／小時。

（十三）在中水系統上，游泳池應設置中水回收系統，以有效利用水資源。中水回收系統包括過濾系統、貯水箱（可設於筏基或單獨建置，內面需有防水處理）、管路及動力輸送設計等，回收清洗游泳池之廢水、沖洗池畔之廢水、過濾桶逆洗之廢水，以及回收之雨水，經中水系統處理之後，作為廁所沖洗或植栽噴溉之用（王慶堂，2012）。

（十四）在加溫系統上，游泳池應採用節能、無汙染之加溫系統，包括熱泵、太陽能、電能、瓦斯、燃油等加溫方式，各校可依區位、氣候、建築空間、使用人數等條件，採用一種或二種以上結合之加溫系統。惟基於學生安全維護及鍋爐操作需專業人員，學校不宜採用瓦斯、燃油加溫系統。目前較常使用的是熱泵與太陽能結合之加溫系統。例如：採用熱泵加溫系統時，應注意（王慶堂，2012）：

1. 一般熱泵加溫系統之設計，多採空氣對水、水對水熱能交換之熱泵系統，亦可與建築物之中央空調系統或除溼機系統結合，以有效運用製熱時所產生之冷源，如因季節（尤其冬季）之室內熱負荷供應及溫升不足時，需再以輔助熱源加熱，一般採用電能為主。
2. 使用熱泵加溫系統宜採雙主機之設計，如熱水之需求量可由一部主機供應時，則要採用雙壓縮機系統，以避免單主機或單壓

縮機故障時，所有熱水供應皆會中斷，而影響游泳池之營運。

3. 可採用游泳池專用低溫「直接加溫」熱泵，空氣對水熱泵之原理乃吸收空氣中的熱，在低溫游泳池使用時效率極高，極為節能；大型熱泵機組之運作效率亦會較小型機組運作效率高些，如採用高溫之熱泵系統，建議以夜間離峰電力加溫游泳池水，並製造貯存淋浴用之熱水供白天使用，以降低電費支出成本，或搭配太陽能加溫系統升高水之基礎溫度，提升加溫之效能。

4. 熱泵加溫系統，設置面積 10 坪（約 $33m^2$）於游泳池周邊機房；採用抗腐蝕之機種為宜，周邊設備需有保溫桶貯熱設備、熱交換器。

（十五）在管理營運上，主要應注意：

1. 使用容量上，每生 $2.5m^2$，國中小游泳池有教學之需，使用人數以最大承載量的 60～70% 計算（王慶堂，2012），每次約 3 班 90 名學生〔25m×15m（6 水道）÷$2.5m^2$×60% ＝ 90 人〕，如為 25m，8 水道，每次使用約 4 班 120 名學生。

2. 游泳池開放期間，必須要有專人管理及救生人員在場。

3. 委外經營（OT），可撙節管理維護支出，增加營運收入、教學效能和使用安全（如臺北市濱江國小、新北市新店國小）。OT之規劃：(1) 游泳池應有對外經營之獨立動線，不影響學生的出入、安全與使用。(2) 游泳池設施應多樣化，可考慮設置烤箱（8～$10m^2$）、蒸氣室（8～$10m^2$）、SPA 按摩池（20～$30m^2$，含水療床、水柱衝擊、湧噴等）等，也可預留空間讓經營廠商來設置。(3) 依班級數、體育課時數（游泳課）、課程和教學需求、經營成本（含救生員）和使用效能，學校規模 36 班以上者，方有獨立經營之能力；因此，36 班以下之中小學有游泳池之設置計畫，在規劃階段則應以 OT 作思考，以利空間配置和後續經營與維護。OT 之基本條件，主要在社區游泳人口之需求，游泳需求人口少，廠商意願低；通常都市學校游泳池較有可能 OT，非山非市學校和偏鄉學校則可能性很低。

（十六）在施工建造上，應採用高品質的建材，進水排水力求通暢，並注意避免龜裂及漏水滲水之情事。游泳池池體結構一般採用「鋼筋

混凝土池體」或「不鏽鋼池體」作為主結構體，並在其上鋪設面層，以增進游泳池之防水、安全及美觀；游泳池池體（含池底、池壁）應施作防水層，並進行漏水之檢測，確認無漏水現象後，再進行面層之施作（王慶堂，2012）。常用各種材質游泳池特性優劣比較，詳參表 7-4。

第三節　遊戲場的類型和設計

　　遊戲是兒童的天性，正如同鳥兒之飛翔（play is as natural for children as flying is for birds）（Frost, 1992）。遊戲是兒童的天職（a child's work）（Taylor & Vlastos, 1975）。遊戲也如同教學般重要，會影響孩子的社會的、身體的、認知的技能（The Office of the Victorian Government Architect, 2020）。遊戲場更是孩子自由奔放、想像、交流、互動的天地。湯志民（1991）對臺北市 6 所國小學生下課之活動各進行半天的實地觀察，即發現遊戲場是國小學生（尤其是中低年級）的休憩活動中心，而遊戲場設置的重要性及設計特色對學生心智的影響，更可由 Shaw（1987）下列的一段話，獲致肯定：

　　每一個遊戲環境必須給予獨特的精神（a unique spirit）——即特色（a genius loci），其創造的場地意義（sense of place）影響到使用者的心智、想像力和對該場地的認知圖（cognitive mapping）。（p. 189）

　　過去，教育多重視正式學習區域設施的充實，較少發展室外的遊戲區，乃因學校行政人員忽略了室外遊戲區可以補足室內學習活動的需求。二十世紀早期遊戲場運動（the playground movement）在美國生根，室外遊戲區通常都配備鞦韆、滑梯、翹翹板和沙箱，但今日遊戲場結構的設計則與傳統、單一目的、多件的設備有很大的差距。經由兒童發展專家、專業遊戲場建築師和商品製造業者的努力，更具創造性和多用途的遊戲結構近便可用（Essa, 1996）。

　　臺灣，對學校遊戲場的改善甚為重視，臺北市政府教育局 1998 年度

表 7-4

目前常用各種材質游泳池特性優劣比較表

項目	鋼筋混凝土製	不鏽鋼製	鋁合金製	琺瑯板製	鋼板製	玻璃纖維板製
構造	鋼筋混凝土	全焊接式	全焊接式	焊接及螺接	全焊接	手積法及螺接
建設工期（不含管理室建築）（12×25為例）	120工作日	60日	60日（如含進口則100日）	60日	60日	90日
建設成本比	70	100	120	90	80	100
循環管路	獨立分離	可與池體一體	可與池體一體	獨立分離	可與池體一體	獨立分離
施工天候影響	影響大	影響小	小	小	小	大
耐久性	良（但磁磚部分較差）	良（塗裝部分較差）	良（塗裝部分較差）	良（結合部分較差）	良（防蝕效果較差）	良（耐候性較差）
遷移性	不可	可	可	可	可	不可
承受不均等沉陷	可能斷裂	可能變形	可能變形	可能變形	可能變形	可能斷裂
表面塗裝	瓷磚 EPOXY 或 FRP	EPOXY	EPOXY	琺瑯	EPOXY 或 FRP	FRP
材料抵抗強度 kg/mm^2	-	52（SUS304）	28（A5052）	40	50（SS41）	12
材料比重（25×15M 自重）	2.3（400噸）	7.9（14噸）	2.7（8噸）	5.0（12噸）	7.8（17噸）	1.7（6噸）
熱膨脹係數	8×10^{-6}/℃	17	23	10	12	29
常見施工失誤現象	池體防水不佳，漏水，管路斷裂漏水，瓷磚脫落不易整修	表面油漆風化需重漆	表面油漆風化需重漆	結合部分易漏水需整修，管路如漏水不易整修	防蝕不佳油漆風化	表面風化，管路如漏水不易整修

資料來源：**臺北市府教育局第七六四六次局務會議資料**（第 10 頁），臺北市政府教育局，1987，作者。

不僅委託研究遊戲場設計準則，並為 16 所國小遊戲場整修改善斥資 1,000
萬元；1999 年度再編 5,000 萬元，改善 80 所國小遊戲場；2000 年度再編
5,000 萬元，為國小暨幼兒園遊戲設施整體規劃整建。基隆市政府教育局
也於 2005 年度編列專款，委託學者專家協助 5 所國小設計創意遊戲場。
2016 年，臺北市率先推動「Play for All」政策，在學校、公園等處設置
共融式遊戲場（臺北市政府社會局，2020），新北市、桃園市、臺中市、
臺南市、嘉義市及高雄市等縣市陸續跟進推展，成為遊戲場設計新風潮。
2020 年，為提升國小遊戲場設施品質，衛生福利部修訂《兒童遊戲場設
施安全管理規範》，教育部投入 21 億元經費改善 1,900 多所國小未符合
規範遊戲場，每校補助 90～190 萬元，目標 2022 年 8 月底前完成（教育
部國民及學前教育署，2020）。以下就遊戲場的類型、使用和設計，以
及共融式遊戲場的設置，分別探究說明。

一、遊戲場的類型

　　遊戲場的類型，Johnson、Christie 和 Yawkey（1987）分為三種：傳
統遊戲場、現代遊戲場和冒險遊戲場；Frost（1991, 1992），Frost、Shin
和 Jacobs（1998）和湯志民（1998、2002c）分為四種：傳統遊戲場、現
代遊戲場、冒險遊戲場和創造遊戲場；陳文錦、凌德麟（1999）分為五
種：傳統性遊戲場、現代化遊戲、冒險性遊戲場、創造性遊戲場和自然性
遊戲場。近年來，共融式遊戲場甚受重視，臺北市、新北市、臺中市、臺
南市、嘉義市及高雄市等縣市積極推展，成為遊戲場新建風潮與趨勢。以
下參考上述研究和新近趨勢，整理常見的五種遊戲場類型：傳統遊戲場、
現代遊戲、創造遊戲、冒險遊戲場和共融式遊戲場，並分述如下：

（一）傳統遊戲場（the traditional playground）

　　傳統遊戲場是一種正式的遊戲場，由金屬或鋼鐵結構的設備所組
成，並零星的散布或成排的固定在水泥或柏油平地上，較單調而無趣。典
型的設備包括鞦韆、滑梯、翹翹板、攀爬架、立體方格鐵架和旋轉裝置，
皆為運動遊戲（exercise play）和大肌肉遊戲（gross-motor play）而設計，
基本上是有限制或單一功能。此種設計可回溯至 1900 年代早期，目前國
內外小學仍可見到此一類型遊戲場。

　　這種傳統遊戲場的設計，最大的好處在不需要太多的保養，同時也提供了大空間及設備，讓兒童作大肌肉的活動。但從兒童的觀點來看，傳統遊戲場有許多缺點，例如：這些固定的設施使用方法有限，會使人感到枯燥乏味，結果是孩子們很少使用它，即使孩子們玩，也僅是玩一下就不玩了。1974 年，Haywrad 等在紐約市所作的研究發現，在遊玩的尖峰時間，傳統遊戲場有超過 88% 的時間是空著的，平均在傳統遊戲場遊玩的時間僅有 21 分鐘；Naylor 也引述了一些研究顯示，若給予選擇，孩子比較喜歡在街上玩，而不是在傳統遊戲場玩（引自 Johnson et al., 1987）。

　　其次，傳統遊戲場的缺點是它僅能鼓勵孩子作大肌肉活動。1985 年，Campbell 及 Frost 發現在傳統遊戲場進行的遊戲有 77% 以上都是大肌肉活動；相較之下，扮演遊戲比 3% 還少，其遊戲的社會層次也很低。1985 年，Boyatzis 也提出報告，在傳統遊戲場的遊戲幾乎有 60% 都是非社會性的遊戲，即獨自或平行遊戲。第三，是安全上的問題，據估計，醫生及醫院每年都要處理約 150,000 件遊戲場的意外傷害，而這些傷害大多數都發生在傳統遊戲場，主要是跌落堅硬的地面及因金屬設施而受傷甚至致命（Johnson et al., 1987）。

　　傳統遊戲場的缺點（低使用率、低層次的遊戲，以及高意外傷害率）導致社會對傳統遊戲場愈來愈不滿意，也因此刺激了現代化及具有探險性遊戲場的發展。

（二）現代遊戲場（the contemporary playground）

　　現代遊戲場是一種正式遊戲場，也稱之為設計者遊戲場（the designer's playground），由專業建築師或設計者運用製造業者的設備所創作的，強調模組、具高度美感品質，並配有多樣化功能的設備和連結的遊戲區（linked play zones）。其設備是由昂貴的木具、金屬器械和橫木（如鐵軌枕木）所組成，通常包括木造攀爬臺、圍起來供裝扮遊戲的場地、架梯、輪胎陣、吊橋、滑輪纜繩、輪胎鞦韆、平衡木、隧道及滑梯等。這些設施並非如傳統遊戲場般各自獨立和散布的，而是集中擺設的，Wardle 指出通常區分為三個區域：(1) 堅固的地面或柏油地面，專供三輪車、四輪車及其他有輪子的遊戲器行駛；(2) 在遊戲設施底下或四周都鋪有沙土及木屑的柔軟區域；(3) 有草地可供孩子遊玩或坐的區域（引自

Johnson et al., 1987）。現代遊戲場種類很多，並不一定都含有上述所列
的各種設施，但仍比傳統遊戲場提供更多樣化的遊戲經驗給孩子。

　　Forst 和 Klein 指出現代遊戲場可分為兩種型態：(1) 商業化的遊戲
場，如由 Big Toy 及 Columbia Cascade 所製造的木材組合及金屬架；
(2) 利用廢棄物如輪胎、鐵軌枕木、纜繩軸或水管建造的社區遊戲場（引
自 Johnson et al., 1987）。商業產品是現成的，設立較為方便，但所費不
貲，而社區建造的遊戲場則較經濟，也比商業型態的遊戲場提供更廣、更
多樣化的遊戲經驗。由於社區建造的遊戲場內部設施都是由孩子的父母及
老師所建造的，孩子樂意使用它，社區也引以為傲，因此會減少讓遊戲場
破壞和損毀的問題。

　　1985 年，Campbell 和 Frost 指出，有些研究比較現代遊戲場和傳統
遊戲場對孩子遊戲型態的影響，結果顯示孩子在現代遊戲場內會從事較多
裝扮遊戲及團體遊戲，但功能性的遊戲則較常發生於傳統遊戲場。此外，
Hayward 等人之研究指出，孩子在現代遊戲場玩的時間亦比在傳統遊戲場
玩的時間來得多（引自 Johnson et al., 1987）。不過，只要在瞭解這二種
不同類型的遊戲場之後，這些研究發現並不令人驚訝。

（三）創造遊戲場（the creative playground）

　　創造遊戲場是一種半正式的遊戲場，介於高級正式遊戲場和廢棄物或
冒險遊戲場之間，結合其他類型遊戲場的特色，以符應特定的社區或學校
的需求。Essa（1996）將創造遊戲場界定為：運用革新的器材，如輪胎、
電線桿、網子和電纜線軸（cable spools）的室外遊戲區。創造遊戲場廣
泛的採用製造業者和手工做的設備，購買的設備，以及許多的散置器材
（loose materials），如輪胎、破舊家具（lumber）、電線桿、鐵軌枕木、
電纜線軸、廢棄水管（scrap pipe）所創造建構的，通常由家長、教師和
兒童來規劃和建造，並運用遊戲場專家的協助，它包括固定設備、沙和
水，以及散置零件（loose parts）區，以符應所有遊戲的形式；特殊活動
的區域，如美勞、園藝和照顧動物，通常也包括在內。

　　基本上，創造遊戲場與現代遊戲場甚難區分，較明顯的有二點，首
先是場地器材不同，創造遊戲場的閒置或廢棄器材（如輪胎、破舊家具、
電線桿、網子、鐵軌枕木、電纜線軸、廢棄水管）和創造性活動（如沙、

水、美勞、園藝）之設計，比現代遊戲場多，而金屬和木具組合的多功能連結設備則少於現代遊戲場；其次是，建構者不同，創造遊戲場通常由家長、教師和兒童來規劃和創造建構，現代遊戲場則由專業建築師或設計者運用製造業者的設備來創作的。創造遊戲場與冒險遊戲場之區別，在於創造遊戲場的場地通常較小，但器材運用的安全性較高，但無如冒險遊戲場需有 1 人以上的全時制遊戲指導員。

（四）冒險遊戲場（the adventure playground）

　　冒險遊戲場是一種高級的非正式遊戲場，運用一個圍籬區，以自然的環境及各式各樣的廢棄建材（scrap building material）規劃而成，兒童在受過訓練的遊戲指導員（playleaders）督導和協助下，運用原始器材建構和重建他們自己的遊戲世界。冒險遊戲場與前述遊戲場有許多不同，除了貯物架或貯藏室之外，設施都是臨時性的，由孩子們自己建築、拆土、池塘、花園、消防洞，以及經常棲息在此地區的小生物。另外有更多的材料供兒童操弄，如木材、條板、繩索、纜繩軸、輪胎、鐵鎚、鋸子、釘子及其他舊的工具。此遊戲場內可讓兒童在多樣的創造性遊戲形式中自由表現他們自己，包括建造、拆解、起火、炊事、挖掘、在泥地滑行、栽培花木及照顧動物等（如圖 7-3），或為體能上更刺激的真實體驗（如打漆彈、攀岩、垂降等），惟需有一位或更多的遊戲指導者，來協助和督導兒童遊戲之進行。亦即，冒險遊戲場是運用一個場地的環境互動品質──結合自然資源、廢棄物和遊戲領導，以激勵環境的參與（Moore, 1990）。

　　1943 年，第一座冒險遊戲場由景觀建築師 Sorenson 及其助理創設於丹麥（Denmark）的茵德拉普（Emdrup），稱之為「廢棄物遊戲場」（a junk playground）（Frost, 1992; Henniger, Sunderlin & Frost, 1985），因此 Essa（1996）將冒險遊戲場界定為：兒童運用廣泛可用的「廢棄物」器材（available "junk" materials），以創造他們自己環境的一種歐洲革新室外遊戲區。Haas（1996）指出，「廢棄物」並不代表是人們使用後破的、鏽的和髒的殘餘物，而是來自多元豐富的生活界面。廢棄物遊戲場空間是非結構性的，兒童在此可以主動的探索他們的世界，為思考發展奠基，也可用以教導兒童在「真實」環境（"real" environments）中掌握自己，並開始有安全意識。

　　第二次世界大戰後，冒險遊戲場受到英國各界的歡迎，英格蘭的冒險遊戲場設立於二次大戰炸彈地（bomb sites），整個英國的冒險遊戲場超過 200 個（Wortham, 1985）。美國的冒險遊戲場創建於 1976 年，至 1982 年只有 25 個城市設立冒險遊戲場（Frost, 1992; Henniger et al., 1985; Johnson et al., 1987），主要係基於安全考量，如開放的池塘、生火、鬆掉的釘子及尖銳的工具，看起來相當危險，因為擔心受傷而導致興訟，加上保險費用很高，使許多州政府並不熱衷設立這種遊戲場；其次是場地不易尋覓，因常遭場地旁住戶的反對，解決方法通常就是在它的四周築起高牆。此外，冒險遊戲場的花費相當昂貴，至少遊戲指導者的薪水必須長期支付。

　　事實上，冒險遊戲場的安全紀錄非常優良（Frost, 1992）。Vance 指出來自美國、英國、歐洲的一些研究結果，證明冒險遊戲場並不會比傳統遊戲場更危險（引自 Johnson et al., 1987），並根據美國五州 14 個機構的資料提出報告，說明冒險遊戲場優於傳統遊戲場：它們的維護費較不貴、社區參與較多、傷害的數量大約一樣或較少（引自 Frost, 1992）。相對於冒險遊戲場所能提供的益處，此一遊戲場應值得投資。惟需強調的是，遊戲指導員應扮演好「協助」的角色，協助兒童練習所有無法預知的事物，讓遊戲順利進行，最重要的是必須協助兒童組織遊戲場，沒有民主（democracy），任何「冒險」（adventure）最後會很快成為純粹的「廢棄物」（junk）（Pedersen, 1985）。

（五）共融式遊戲場（the inclusive playground）

　　「共融式遊戲場」也稱之為「無障礙遊戲場」，係指能適合每一個人共同參與、遊戲及互動的遊戲空間；亦即，強調遊戲場的設計，應讓不同能力或身心狀況的兒童和學生，皆能與一般孩子一樣，有平等參與遊戲場的機會（湯志民，2002c；臺北市政府社會局，2020）。正如 Frost（1992）所言，現今盛行的回歸主流（mainstreaming）或融合行動不便兒童於教室中的觀念，應延伸至室外遊戲環境。Allen 即剴切的說：

　　　所有兒童皆需遊戲場地，他們需要空間、非正式、自由的四處
　　奔跑和吵鬧，表現他們自己，試驗和探究。智能和行動不便兒

童……甚至比其他兒童更需此自由。（引自 Frost, 1992, p. 295）

聯合國《身心障礙者權利公約》（2006）第 30 條，「確保身心障礙兒童與其他兒童平等地參加遊戲、康樂與休閒及體育活動，包括於學校體系內之該等活動」之規定，更是明確的載明「身心障礙兒童與其他兒童平等地參加遊戲」。此一觀念在歐、美、澳洲等地已行之有年，近年亞洲包括韓國、新加坡、馬來西亞及香港等，也受到這股風潮影響，開始逐步建置「共融式遊戲場」，維護不同孩子參與及使用遊戲場的權益（臺北市政府社會局，2020）。共融式遊戲場應提供一般兒童及身心障礙兒童（例如自閉症、心智障礙、肢體障礙、視覺或聽覺障礙者等）皆能使用的遊戲環境，包括無障礙環境、適合不同障別、多元刺激、寬敞、安全、具互動性、有趣及舒適等特色（趙俊祥，2020），讓所有兒童能一起遊戲、互動與發展能力。

二、遊戲場的使用

除共融式遊戲場之外，有關傳統、現代、創造和冒險遊戲場等之使用情形、互動行為、特性分析和流行趨勢之比較研究，值得進一步瞭解，可作為遊戲場設置之參考。

首先，1974 年，Hayward, Rothenberg 和 Beasley 比較傳統、現代和冒險遊戲場上的遊戲活動。6～13 歲團體在冒險遊戲場（占 45%）是遊戲場人口較多的一部分；但此一學齡團體在傳統遊戲場（占 21%）和現代遊戲場（占 22%）僅占所有使用者總數的次要比例；成年人在傳統遊戲場（占 40%）和現代遊戲場（占 35%）是最優勢的年齡團體。在傳統遊戲場上，最常使用的設備是鞦韆，其次是涉水池（the wading pool）；在現代遊戲場上，最廣泛使用的是沙區，其次是土堆和滑梯。滑梯在傳統遊戲場上，罕見任何年齡團體使用，在現代遊戲場上則使用頻繁。在現代遊戲場上，有一座小的和二座大的滑梯，可使攀爬到頂有多樣的方式；一座滑梯內有顛簸（bumps），其附近有沙和水，也可用作滑梯的地面，並可讓一位以上兒童肩並肩滑下（引自 Frost, 1992）。

該研究另一項有趣的概念是有關於兒童之間語言互動的性質（the nature of verbal interactions），在傳統和現代遊戲場上，會話重點主要在

設備的使用和相互的遊戲活動；相反的，在冒險遊戲場上，兒童的會話重
點超出現有情境，論及遊戲場外與他們生活有關的廣泛多樣論題。兒童用
在每一個遊戲場的時間長度也有顯著差異，待在傳統遊戲場的時間最短，
其次是現代遊戲場，待在冒險遊戲場的時間最長（待在遊戲場的時間中
數，分別為 21 分鐘、32 分鐘、75 分鐘）。冒險遊戲場的意義不明確，
提供兒童一個潛在情境（a potential setting），讓他自己和空間去界定，
並提供散置零件（如輪胎、木頭、工具、顏料、植物、種子等）供兒童選
擇。因此，對於使用者而言，環境意義的重要差異，在於傳統和現代遊
戲場係由他人所規劃，它們是固定的（permanent），創作結合（original
combination）的潛力最小；在冒險遊戲場上，形式（the form）係由使用
者所創造，只有他們「選擇它之所是」（chose it to be）才是固定的（引
自 Frost, 1992）。

　　其次，Johnson 等人（1987）認為傳統遊戲場所提供的器材僅適於大
肌肉活動遊戲，現代遊戲場較好，能鼓勵精細動作活動及扮演遊戲，而冒
險遊戲場則能提供所有形式的遊戲，不僅能讓孩子運動和玩戲劇遊戲，彈
性區及工具也鼓勵建構遊戲活動的進行。Johnson 等人並就遊戲場設計的
特色：結合性、彈性器材、不同程度的挑戰性、經驗的多樣化、促進遊戲
類型（功能遊戲、建構遊戲、戲劇遊戲、團體遊戲）等，對傳統遊戲場、
現代遊戲場和冒險遊戲場加以評分，結果冒險遊戲場明顯地在這些指標上
都占有極高的評價，現代遊戲場則緊跟在後（參見表 7-5）。在美國，由於
冒險遊戲場有成立維護上的困難，現代遊戲場是較適合於學校及社區的需要。

　　此外，Frost（1992）根據學者專家的研究指出，傳統遊戲場是最盛
行的類型，設置主要的動機在於運動（宣洩精力）、耐久和易於維護，從
安全和發展觀點來看是貧乏的場所，使用率低於可選擇作為遊戲場地的非
遊戲場（如道路和許多地方），使用率也比現代、冒險和創造遊戲場低。
現代遊戲場正得勢中（尤其是在公園），其設置動機通常與傳統遊戲場相
同，基本上缺乏可活動的器材，如玩沙和戲水設備、輪車、構築工具，以
及裝扮器材。至於冒險遊戲場普遍地未被大多數的美國成年人所接受，創
造遊戲場則在流行中成長（尤其在學前學校），此二種遊戲場汲取現代的
理論、兒童發展理論，以及最近的兒童遊戲和遊戲場行為的研究，提供不
同形式的社會和認知遊戲，能同時容納大量的兒童、比較安全（給予正常

表 7-5

鄰里遊戲環境

遊戲場設計特色	傳統式	現代式	冒險式
結合性	－	＋＋	＋
彈性器材	－	＋	＋＋
不同程度的挑戰性	－	＋	＋
經驗的多樣化	－	＋	＋＋
促進遊戲類型			
功能遊戲	＋	＋	＋
建構遊戲	＋	－	＋
戲劇遊戲	－	＋＋	＋
團體遊戲	－	＋	＋
1. 假定現代遊戲場有所有正向特色（沙、不同的運動設備、戲劇遊戲、大而寬的溜滑梯和平臺），否則，原有＋就變成－。 2. －表示缺點；＋表示優點；＋＋表示極優。			

資料來源：*Play and early childhood development* (p. 206), Johnson, J. E., Christie, J. F., & Yawkey, T. D., 1987, Scott, Foresman and Compamy.

的維護和督導），允許兒童創造他們自己的形式、結構和複雜性的程度，在遊戲價值（play value）上，明顯地優於傳統和現代遊戲場。

　　就臺灣而言，遊戲場甚受重視，傳統遊戲場仍有不少，安全維護仍是主要問題；現代遊戲場和創造遊戲場漸漸成為主流，目前已有許多小學和幼兒園設置木具和金屬器具組合的現代遊戲場。過去許多塑膠模型接近一體成形的遊戲場，被戲稱為「罐頭遊戲場」。而近幾年由遊戲場廠商規劃設計，但造形和遊戲設施幾乎雷同的制式化現代遊戲場，又被批評為「罐頭遊戲場 2.0」，顯見遊戲場需有因地制宜的創意規劃。近幾年，共融式遊戲場正在起步，將成為未來的設計趨勢，臺北市新近規劃設計和新建的學校遊戲場，都朝共融式遊戲場發展。冒險遊戲場可以臺北市私立薇閣小學的田園教學區（位於陽明山竹仔湖常青農場，占地約 10 公頃）為代表；溪山國小的「溯溪」，利用鄰近溪河作為校本特色課程場地，也可算是一種冒險遊戲場。冒險遊戲場的設置內涵和精神，在國高中可結合童軍營

地、攀岩場、漆彈場、體適能場地轉變為體能活動設施的型態，在國小和幼兒園則可結合現有的簡易現代遊戲場地，作更為整體性規劃的擴充，以豐富幼兒的遊戲天地。

三、遊戲場的設計

　　學校遊戲場係指學校在室外永久裝置（含可移動）的無動力兒童遊戲設備之場地（湯志民，1998、2002c），遊戲設備建構方式各有不同，學校應避免傳統遊戲場的設計，並依學生的身心發展和學校空間條件，建構學生適用的遊戲場地。Frost（1992）特別指出，最好的遊戲場是永無終止的（the best playgrounds are never finished），隨著兒童和遊戲指導者的創造活力而改變和成長。因此，許多建築師、設計家和教育家提出室外遊戲區的設計指引，例如：Shaw（1987）強調創設「統整環境」（unified environment）的重要性，並指出遊戲場的統一環境應有從小的、封閉的到大的、開放的多樣空間，也必須是可供多樣活動的「關鍵場地」（key places），由交叉性通道系統（a system of intersecting paths）相連接，以提供兒童一些決定點和練習選擇的機會。此一遊戲場也應該是分層的（layered）或堆積的（stacked），使身體、語言和視覺能有最大的互動。一般而言，許多設計者重視上述的設計特徵如複雜性、多樣性、互動的機會和私密性、挑戰層級的需要，以及可移動和可操作的東西（Weinstein & Pinciotti, 1988）。

　　學校遊戲場的設計應依循統整性（unification）、發展性（development）、多樣性（variation）、挑戰性（challenge）、創造性（creativity）、近便性（accessibility）和安全性（safety）之原則（湯志民，2002c）。因此，學校遊戲場的設計應注意：

（一）在區域配置上，應掌握「分開又能便利」的規劃原則，亦即高、低年級和幼兒園的遊戲場應分開設置，以免高年級侵占低年級、幼兒園的活動機會；同時，遊戲場應靠近教室，以利課間休息就近活動。

（二）在場地規劃上，應有「統整且具創意」的規劃設計（如圖 7-3 所示），使活動的主體成為四周最複雜部分的中心，否則庭院的其他部分將毫無作用；如果遊戲場的各部分無法實質上的連接，則可借用附近現有建築的牆面或一棵大樹，以創造統整的空間關係

圖 7-3

佛羅里達州奧多蘭市佛萊斯特公園學校的統整遊戲空間計畫

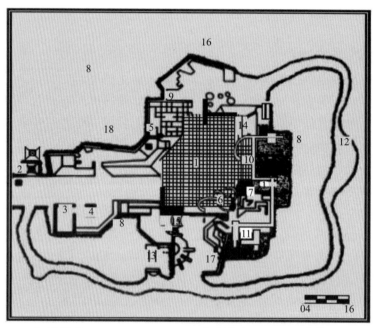

1. 開放中心	7. 直角迷宮	13. 隧道
2. 遊戲場（覆頂）入口	8. 滾草丘	14. 滾丘
3. 玩具貯藏室	9. 不規則臺階	15. 滑梯
4. 鬆弛區	10. 塗鴉箱	16. 洞穴區
5. 下落墊	11. 沙區	17. 舞臺區
6. 曲線迷宮	12. 環道	18. 步行板

資料來源：Designing playgrounds for able and disable children, L. G. Shaw, 1987. In C. S. Weinstein, & T. G. David (Eds.), *Spaces for children: The built environment and child development* (p. 192). Plenum Press.

（Shaw, 1987）。

（三）在性質種類上，應選置「刺激而又多樣」的現代化體能設施，既可增加遊戲場的趣味性和吸引力，也可發揮設施的使用效率；同時，又能提高學生的遊戲興致，並使其感官經驗更為豐富。

（四）在管理維護上，應注意「安全兼顧耐用」的基本要求，就安全性言，動態性的遊戲器材（如鞦韆、浪木、迴轉地球等）應在其進出活動方向保留適當的安全距離以免危險，靜態性的遊戲器材（如滑梯、助木、雲梯、爬竿等）可在其下設置彈性地墊以策安全；就耐用性言，遊戲器材的鐵質部分應儘量改用不鏽鋼，木質部分應留意其承載力，銜接處則應經常檢查是否鬆脫並隨時維修，期使學生能在安全的遊戲環境中盡情嬉戲奔放。遊戲器材應標示正確使用方法和使用規則。

（五）在設置標準上，學校遊戲場常見的平衡木、攀爬架、上肢運動設備、滑桿、滑梯、鞦韆、旋轉木馬、旋轉滑梯、翹翹板、彈簧搖動設備、滾木、軌道車、梅花樁等設備，以及無障礙通道和設備等，應依照國家標準（CNS）公共兒童遊戲場設備（CNS12642）之規定設置（經濟部標準檢驗局，2021）。

（六）在安全規範上，應依衛生福利部社會及家庭署（2017）《兒童遊戲場設施安全管理規範》之規定設置並定期維護管理，並應符合中華民國國家標準「公共兒童遊戲場設備」（CNS 12642）、「遊戲場用攀爬網及安全網／格網之設計、製造、安裝及測試」（CNS 15912）、「軟質封閉式遊戲設備」（CNS 15913）、「遊戲場鋪面材料衝擊吸收性能試驗法」（CNS 12643）規定或美國 ASTM F1487、F1292、F1918、歐盟 EN1176 系列、EN1177 等國際相關標準。學校遊戲場安全檢查應注意事項，詳閱兒童遊戲設施自主檢查表（如表 7-6）。

四、共融式遊戲場的設置

（一）共融式遊戲場設計的原則

共融式遊戲場的設計原則（臺北市政府社會局，2020）：

1. 公平（be fair）：遊戲場應能讓所有人，包括兒童、照顧者、身心障礙者及特殊需求者公平參與。

2. 融合（be included）：考量身心障礙者或特殊需求者的身心狀況與需要，提供無障礙環境，排除空間及遊樂設施的障礙，讓特殊需求

表 7-6

兒童遊戲設施自主檢查表

安全檢查					
項次	安全檢查應注意事項	符合情形／項目			待改進或檢修事項	複檢日期及結果
		是	否	不適用／無該項目		
1	於適當地點公告遊戲方法，且告示牌無損壞，文字或圖案內容清晰可見。					
2	光線明亮、通風、無視覺死角、無危險物品，擺盪空間無障礙物。					
3	告示牌上應訂有鄰近醫療院所聯絡方式；屬室內環境者，應備有效期內之急救用品。					
4	現場兒童遊戲設施是否符合遊戲場設置平面圖。					
5	遊戲設施基礎穩固，地樁未外露，沒有鬆動、晃動，產生異音或變形等現象。					
6	各項結構組件組裝固定，扣件完整，沒有鬆動、晃動、位移、遺漏、鏽蝕等現象。					
7	具有軸承組件的遊樂設施（鞦韆、旋轉設施等），應功能正常，且有做適當潤滑，無異音。					
8	遊戲設施材料外觀沒有脫漆、過度磨耗、鏽蝕、脆化、龜裂、變形、破損、斷裂、尖銳物外露（如輪胎沒有鋼絲或鋼片外露）等現象。					
9	遊戲場地面上的鋪面材料平坦，無明顯坑洞、縫隙、高低不平，且地面無積水、溼滑、青苔等現象。					

表 7-6（續）

項次	安全檢查應注意事項	符合情形／項目			待改進或檢修事項	複檢日期及結果
		是	否	不適用／無該項目		
10	遊戲設施內不得積水，堆積髒亂之物（如輪胎內槽、溜滑梯、沙池不得積水）。					
11	遊戲場沙池定期翻沙、耙平，避免尖銳物等雜物藏於沙坑，並定期補充沙池內沙子。					
12	戶外沙池應充分曝曬陽光，四周架設網子，以防止動物進入；室內則在沙池上灑上一層適量「光觸媒沙」，以達初步殺菌的功效。					
13	遊戲場地或遊戲設施損壞時，應立即停止使用，並儘速進行修繕。					
14	遊戲場待修期間，應確實將損壞之遊戲設施或整體遊戲場地封閉並公告。					
15	發現遊戲設施不符安全要求時，應執行修繕、拆除、報廢等程序。					
16	幼童常接觸的室內設施應定期消毒並製作紀錄（以稀釋至500ppm之含氯漂白水，每日至少消毒一次，並視使用頻率增加次數，且工作人員應能正確配製消毒液）。					
17	遊戲場入口處或周邊應設置洗手設備，或提供手部消毒液、張貼提醒洗手之公告。					

資料來源：衛生福利部社會及家庭署（2017）。**兒童遊戲場設施安全管理規範**。https://www.sfaa.gov.tw/SFAA/Pages/Detail.aspx?nodeid＝454&pid＝7714

者能夠融入遊戲場。

3. 智慧（be smart）：打造簡單、直覺性、具有發展性的遊戲空間，幫助每個人能從遊戲場當中獲得探索、成長、發展、冒險、互動、學習的機會。

4. 獨立（be independent）：提供各種感官及認知功能的溝通資訊與刺激，支持兒童發展及獨立參與的可能性。

5. 安全（be safe）：打造安全的遊戲環境，確保參與者的安全。

6. 積極（be active）：遊戲場應能提供不同程度的社會互動與運動機會，讓每個人能更積極地探索及發展。

7. 舒適（be comfortable）：遊戲場應提供不同年齡、能力、體型、感官功能程度、移動能力差異者舒適、無障礙的參與機會。

　　臺北市國小共融式遊戲場（2017～2020 年）設置情形，參見表 7-7。潭美國小共融式遊戲場，臨近特教教室區，平整且一體成形的安全地墊，設置攀爬架、傳聲筒、翹翹板、盪鞦韆、彈跳床、旋轉盤等，提供所有兒童安全、舒適的遊戲環境（參見圖 7-4）。

（二）共融式遊戲場設計舉隅

　　White 和 Coleman（2000）針對共融式遊戲場的設計運用，提出一般性遊戲場和考慮特殊兒童需求而修正的共融式遊戲場之對照圖例。圖 7-5 是遊戲場設計的例舉，讀者可以自己試著設計一個遊戲場，設計的過程中若不斷地重新考量你的設計是很正常的事，因為遊戲場就像教室一樣是一項需要不斷改良、進步的工程。

　　White 和 Coleman 就上述的遊戲場設計表示，遊戲場就像教室一樣應該能配合所有兒童的能力與需求，應設置寬大的門、坡道、較寬的小徑等以配合輪椅的使用，適當修剪花木以免視障兒童不小心受傷，對攀爬有困難的兒童而言水平橋（level bridges）是相當有幫助的，淺一點的水池方便坐輪椅的兒童到水的活動區，鞦韆綁帶可以讓需要繫綁的兒童安全地固定，用較輕的材質製作的拖拉隧道（pull tunnels）可以讓腳不方便的兒童使用，高一點的沙池和不同高度的植栽盆可以讓不方便下彎或站立的兒童使用，為配合坐輪椅兒童所做的共融式遊戲場（inclusion within a playground），可將前述的遊戲場調整臚列如下（參見圖 7-6），你認為

表 7-7

臺北市國小共融式遊戲場設置一覽表（2017～2020 年）

校名	共融式遊戲場設施內容	啟用時間
老松國小	攀爬網、攀爬塊、攀爬板、涵洞、遊戲板、傳聲筒、單人式鞦韆、鳥巢式鞦韆	2020.12
芝山國小	平衡木、三維攀爬網遊具、彈跳床、抿石子滑梯、鳥巢式鞦韆、轉轉杯、管狀螺旋滑梯及梅花樁	2020.12
臺北特殊教育學校	攀爬網、傳聲筒、滾輪式溜滑梯、水洗牆、水幫浦、噴霧裝置、沙桌、翻轉板、敲敲琴分布於木棧道	2020.7
日新國小	大型滑梯組、大轉杯、大鐵琴、彈跳床、觸碰式聲響器、爵士鼓音樂板、鋼琴音樂板、體適能攀爬組	2020.4
興隆國小	攀爬網、攀爬牆、傳聲筒、磨石子溜滑梯、涵洞、滑草、遊戲板	2019.12
古亭國小	向日葵魔法陣滾輪滑梯、磁力急急棒、森林冒險互動遊戲區、卡爾琳多感官攀爬區	2019.2
潭美國小	攀爬架、傳聲筒、翹翹板、盪鞦韆、彈跳床、旋轉盤	2018.10
文林國小	攀爬網、水泥滑梯、攀岩、鞦韆、音樂牆板、數字踏樁、搖擺船、休憩小站、旋轉盤	2018.9
和平實驗小學	藍天巨石陣（含圓弧攀爬架、交叉攀爬架、六角攀爬架、單索吊橋、水平吊梯、獨木樁、追趕跑跳碰、無障礙轉盤、共融滑梯）、微笑夏綠地（幼兒共融遊具組）、共融沙坑（含共融挖掘機、遊戲沙桌）、共融式魔力飛盤鞦韆、共融式滾輪滑臺	2018.1
大安國小	攀爬滑梯、共融式巨蛋攀爬架、翹翹板、共融式鞦韆	2017.4
建安國小	共融式攀爬架、傳聲筒、共融式翹翹板、音樂板及多功能板、平衡木棧道	2017.4

資料來源：整理自**共融式遊戲場**，臺北市政府工務局公園路燈工程管理處，
　　　　　2021。https://pkl.gov.taipei/News.aspx?n=814B5F1DDD347C53&s
　　　　　ms=7B56BA5392EB632C

圖 7-4

臺北市潭美國小共融式遊戲場

臨近特教教室區，平整一體成形的安全地墊，
提供所有兒童安全、舒適的遊戲環境。

資料來源：研究者拍攝。

圖 7-5

原遊戲場設計

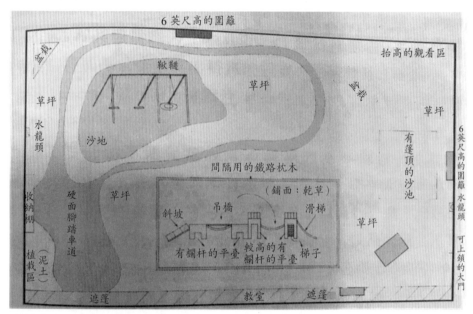

資料來源：*Early childhood education: Building a philosophy for teaching* (p.
319), C. S. White, & M. Coleman, 2000. Pretice-Hall, Inc.

圖 7-6

共融式遊戲場

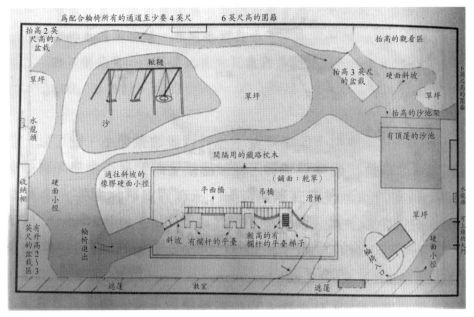

資料來源：*Early childhood education: Building a philosophy for teaching* (p. 319), C. S. White, & M. Coleman, 2000, Pretice-Hall, Inc.

還可以有哪些調整呢？

1. 配合輪椅高度提高的植栽盆。

2. 在遊戲場和觀看區的斜坡道和轉換點。

3. 包含入口在內的鋪面要讓輪椅方便推移、通行。

4. 能提供輪椅擺置空間的野餐桌。

5. 配合輪椅高度的沙池。

選擇兩種類型的特殊兒童（如：注意力不足、視障、聽障、單隻手臂），你的遊戲場要如何配合這些特殊兒童而作調整。

第 8 章

學校附屬設施的設置

良好的需求規劃可以減少不良的規劃和日後必要的重新規
劃，以避免不可預測的後續成本。（Good requirements
planning can reduce bad planning and hence necessary
replanning at a late date, thus avoiding unpredictable
subsequent costs.）

～K. Bartels and B. Pampe, 2020

「一個籬笆三個樁」、「一個好漢三個幫」、「紅花還需綠葉襯」。
　學校建築中有許多「附屬」於校舍、校園或運動場的建築與設備，有
的配合設立、有的單獨興建，其目的在輔助或促進學校建築「主體」發揮
其最大的功能。但，這些學校附屬設施分置或配屬在室內外不同空間，在
整體規劃中附屬建築尚可關注，但之後細部設計較易被忽略，尤其是附屬
設備涉及後續的營運與使用，在規劃設計中更難探討，為提升學校附屬設
施規劃之效能，特立專章探析，以利學校建築規劃之參考。
　學校附屬設施其種類數量細瑣繁多，約可分為「附屬建築」和「附屬
設備」二類：
1. **附屬建築**：包括校門、圍牆、傳達室、走廊、川堂、樓梯、地下
室、廁所、洗手臺、司令臺、停車場等。
2. **附屬設備**：包括課桌椅、粉筆板、公布欄、圖書設備、電腦設備、
飲水設備、消防設備、垃圾處理設備等。
　這些附屬設施與學生的學校生活關係甚為密切，茲分別就其設置上應
注意的事項，分別作一簡略的說明。

第一節 附屬建築的設置

一、校門

校門（school gate）是學校的入口與標誌，具有便捷出入和保安的作用，也是學校形象的表徵。校門的設置應注意：

（一）校門應與傳達室和圍牆整體設計興建，並力求創新與特色的建立。

（二）校門可結合公共藝術設計，融合學校願景或當地文化（如臺北市中山國中、萬興和延平國小、新北市北大國小），以增加美觀和吸引力。

（三）校門與校舍之間，應有無障礙通道或花壇、植栽，以延伸入校縱深，增加美觀和校園開闊之感，並適度減少噪音。

（四）校門應有適當的高度和寬度，以及寬廣的迴車空間，並注意人車分道的設計，以及行人進出之安全。平時管制人員進出的小校門，宜有一輛汽車可通過之寬度（約 2.5m），以供臨時訪客進出之用。

（五）校門應依實際需要設置電動門及障礙感知器，以利進出安全維護；應設置對講機、門燈、門牌及郵箱，以利辨識與聯繫。

（六）校門前如臨大馬路，則依實需設人行道，以維護學童安全。

二、圍牆

圍牆（fence）是學校空間的界線與發展的極限，其功能主要是校園管理與安全維護。學校圍牆在設置上：

（一）圍牆的形式，圍牆具有學校管理範圍之區分及校園安全之功能，在形式設計一般採「高」、「寬」、「難」之防護方式，使之不易跨越、攀爬或穿入校園。學校圍牆設置形式與原則（臺北市政府教育局，2015）：

1. 綠籬：(1) 高度與植栽寬度至少 1m 以上，以達適當阻隔效果。(2) 植栽應密植，其間應搭配網狀物（如 PVC 網）或其他器具（如竹竿），以達避免穿越功能。

2. 欄杆式：原則以透空式設計，圍牆高度不高於 2m、牆面透空率 70% 以上，牆基高度在 60cm 以下。(2) 樣式以直立式設置為宜，

且其間距不超過 15cm，材質應考量維護管理方便性，以美觀不易生鏽為原則，若配置橫桿應盡可能設置於圍牆最下緣或最上緣處，避免成為墊腳攀爬施力點。

3. 混合式：校園腹地足夠，圍牆以欄杆形式外層搭配植栽綠籬，綠籬寬度依現地條件調整。

（二）圍牆的美化，圍牆應與校門搭配作整體調和的造形設計，如以水泥為材料，則牆面上應作美術圖案、校徽或具有教育意義的人物和故事浮雕裝飾；如以鐵柵，則可在圍牆前方設花壇，後方植樹予以美化。

（三）圍牆的高度，學校圍牆的高度應以安全為基本思考，當然愈低愈具有親和性，在社區人口不複雜的學校很適宜以綠籬為圍牆，或作無圍牆的設計。

（四）圍牆的位置，依規定自道路境界線後退不得小於 3.5m，以作為無遮簷人行道（建築技術規則建築設計施工編，2021）。如臨近巷道窄小，或為師生和鄰里方便進出和使用，許多學校設置「通學步道」，將圍牆後退 5m 以上，或將校舍當圍牆邊界，拓寬上學人行步道，並將圍牆加以美化（如臺北市校園圍籬好好看），效果更佳。

（五）圍牆的安全，圍牆上不可設置會危及生命安全的尖狀物或碎玻璃片，以免學生或行人誤觸受傷。

（六）圍牆的結構，為加強耐震效果，磚造圍牆須有 RC 基礎底板、補牆柱及過梁；遇軟弱土質，圍牆需放大基角，加深基礎；圍牆較長時，應於適當距離規劃伸縮縫（葉旭原，1997）。

三、傳達室

傳達室（或稱警衛室）（guardhouse）具有傳達、詢問、服務及門禁管理的作用，其設置應注意：

（一）傳達室的設計，應與校門、圍牆整體規劃興建，並以校門為主體，傳達室、圍牆為賓體，使三者相輔相成連成一體。

（二）傳達室的位置，可設於校門左右兩側或中間，校地廣袤汽車可行駛校區者，傳達室應設置於校門中間，以利車輛進出管制和換證。需

注意的是，傳達室宜凸出於校門，並以能清楚觀察到所有的校訪客為原則，以利人員進出服務和安全管理。

（三）傳達室的空間，可隔成 2 間，前面為警衛辦公室與訪客等候處，後面為警衛盥洗室。

（四）傳達室的設備，應裝置監視系統，以利校園安全維護；監視系統位置應讓警衛或保全人員專心監看時，眼睛餘光仍可關注到校門人員之進出和服務為佳。此外，應設電話分機或對講機，以利傳達、聯絡，室內備有訪客紀錄簿，以供登錄管制。

（五）傳達室的布置，力求整潔雅致，清新美觀，俾能予訪客留一好印象。

（六）傳達室的管理，可以警衛、保全人員或工友負責，並應注意加強管理人員校門安全維護、傳達能力和服務態度的培訓，使學校的公關能每天成功的從傳達室開啟。

四、走廊

走廊（corridor）是學生往來、休閒、集合、活動常用之場所，尤其學生數眾多、校舍樓層太高、校園狹小之學校，走廊更是學生在課暇之餘群英聚會，舒展身心之所。正如 Perkins 所言，在物質上，走廊是教室到教室的移動空間；在心理上，走廊也是讓人心曠神怡、心情放鬆、愉悅交流的地方（Perkins & Bordwell, 2010）。走廊的設置應注意：

（一）走廊的寬度，《國民小學及國民中學設施設備基準》（2019）之規定，為學生安全與疏散避難考量，走廊至少應達 2.5m；普通教室不包括走廊，室內面積每間 72m²，包括走廊每間 117m²，經申算教室長 9m、寬 8m，前後走廊寬各為 2.5m。

（二）走廊的拓寬，為擴充教室前走廊，依現行規定國中小教室前後走廊寬各有 2.5m，可將後走廊縮小，將餘留面積移到前走廊以增加其開闊性及其他使用功能。以過去國中小標準長方形教室內空間為長 9m、寬 7.5m，在面積不變原則下，有學校改為設計正方形教室，室內空間長、寬各為 8.22m，其走廊寬度可由 2.5m 擴增為 2.74m，此一處理模式也可供拓展走廊空間參考。

（三）走廊的欄桿，依《建築技術規則建築設計施工編》（2021）第 38

條之規定，室外走廊欄桿扶手高度，不得小於 1.1m，欄桿不得設有可供直徑 10cm 物體穿越之鏤空或可供攀爬之水平橫條。基於安全維護，也可以學生平均身高的 7/10（約至胸前）作為走廊的欄桿相對考量高度。

（四）走廊的遮板，東西向教室為減少東西曬，可增設雙面走廊，並在走廊上緣設置垂直遮陽板，以減少日照。

（五）走廊的安全，主要應注意：

1. 走廊的撐柱最好採用圓柱，有銳角出現時應以防撞軟墊包覆，以減少傷害。

2. 走廊地面因打掃或雨天易造成溼滑，應設置止滑之鋪面，以利行走之安全。

3. 露臺式走廊，易受雨水侵襲，應設置截水溝截留雨水，避免雨水入侵教室。

4. 走廊的電燈開關，應設置於撐柱的內側，以免學生碰撞損壞或發生危險。

5. 十字形走廊，應設置轉角鏡，以減少意外碰撞。

（六）走廊的無障礙空間，主要為：

1. 走廊之地板面有高低時，其坡度不得超過 1/10，並不得設置臺階（建築技術規則建築設計施工編，2021）。既有建築，走廊有高低差已設置臺階者，得視實需設置「階梯式輪椅升降平臺」，以利輪椅通行。

2. 特殊學校和連通特殊教室的走廊，應加裝扶手，以利行動不便學生行走。

3. 走廊應淨空，洗手臺與飲水機應設置於凹室或突出於走廊外，以保持行走之安全、順暢。

（七）走廊的布置，可附裝櫥架，以便陳列標本、模型，放置學生隨身用具或成績、作品等；也可設置校史走廊，或在不影響行走動線和安全下，規劃休憩空間和學習角落，益增同儕交流和學習功能。

五、川堂

走廊是與教室平面平行的通道，川堂則是與教室平面垂直的通道。川

堂通常位於 1 樓，比走廊更具文化教育功能，在設置上應注意：

（一）川堂應依樓梯的設置標準，最少每 5 間教室應設置 1 間川堂，期使
　　　學校庭園間能彼此連貫為一體。

（二）川堂應提供足夠學生移動的空間，並裝置照明設備，以策安全。

（三）校地、校舍不足之學校，可設計大型川堂（2 間教室大），並鋪上
　　　止滑地磚，以利學生休憩活動及作為半室外活動空間之用。

（四）川堂可配置學校願景、校訓、教育文宣資料或統計圖表、學校地理
　　　位置和學區分配圖、競賽榮譽榜和優良作品展示櫥、校聞或時事報
　　　導等，以豐富其文化走廊之內涵。

（五）川堂布置應加強綠化美化，並力求整潔、新穎、實用、美觀。

六、樓梯

　　走廊和川堂是校舍的橫向通道，樓梯（stair）則為校舍的縱向通道，
其重要性隨著校舍樓層化而日益增加。樓梯在設置上應注意：

（一）學校建築物樓面任一點至樓梯口之步行距離不得超過 30m，以每 3
　　　間普通教室設立一座樓梯，面積以 1/2 間教室為原則（國民小學及
　　　國民中學設施設備基準，2019）。

（二）國中小樓梯淨寬至少 1.4m 以上，每級踏步高度國小 16cm、國
　　　中 18cm 以下，深度 26cm 以上（建築技術規則建築設計施工編，
　　　2021）。主動線樓梯，淨寬至少 2.2m 以上，樓梯二側各留 10cm
　　　設置扶手，2m 寬的樓梯可供 4 人同時上下，以利紓解上下課之瞬
　　　間流量。

（三）樓梯高度每 3m 以內應設置平臺，平臺淨寬至少 1.4m 以上，其深
　　　度不得小於樓梯寬度。

（四）自樓梯級面最外緣量至天花板底面、梁底面或上一層樓梯底面之垂
　　　直淨空距離，不得小於 190cm。

（五）室外樓梯欄桿扶手高度，不得小於 1.1m，欄桿不得設有可供直徑
　　　10cm 物體穿越之鏤空或可供攀爬之水平橫條。

（六）建築物內規定應設置之樓梯可以坡道代替，其坡度不得超過 1/8，
　　　坡道之表面應為粗面或其他防滑材料。

（七）樓梯之寬度在 3m 以上者，應於中間加裝扶手，但級高在 15cm 以

下，且級深在 30cm 以上者得免設置，樓梯高度在 1m 以下者得免
裝設扶手。

（八）樓梯及平臺寬度二側各 10cm 範圍內，得設置扶手或高度 50cm 以
下供行動不便者使用之昇降軌道（建築技術規則建築設計施工編，
2021）。

（九）樓梯梯級踏面邊緣應作防滑處理，設置防滑條（non-slip）其顏色
應與踏面有明顯不同，且應順平（內政部營建署，2019）。此外，
裝置自動感應照明設備及樓層標誌，以策安全。

（十）樓梯應適當美化，可在踏步垂直面上設置英語學習步道（英文字
大、中文字小，句子短，不宜太複雜），也可做圖案彩繪；樓梯間
牆面可布置學生美術或工藝作品（如臺北市溪口國小），也可布置
校史發展圖片或資料（如臺北市大同高中）。

七、地下室

　　防空避難所（shelter）是置於地下或無窗戶的建築（Builing Research
Institute, 1963），地下室（basement）是學校中最常見的防空避難室。
過去，地下室常是學校校舍最陰暗、潮溼和難以管理的死角。為發揮其功
能，臺北市政府教育局於 1989、1990 年度將地下室整建列為施政重點，
其中 1990 年度編列整建經費高達 1.67 億元。教育部長年補助國民中小學
整建老舊校舍，也將地下室納入整建重點（國民及學前教育署，2019）。
加以閒置空間再利用的政策推動，而今地下室在學校的努力經營和維護之
下，有許多地下室出現令人驚豔的風貌。其實，地下室常用是好事，經常
整理、維護，既可消滅死角、增加學校活動空間，將來作為防空避難室才
會有好功能。地下室的設置應注意：

（一）校舍樓層在 5 層以上者，按建築面積全部附建，校舍任一點至最近
之避難室步行距離，不得超過 300m。

（二）地下室兼防空避難室每人以 $0.75m^2$ 為準，地下室天花板高度或地
板至梁底之高度不得小於 2.1m。如設半地下室，其露出地面部分
應小於天花板高度 1/2（建築技術規則建築設計施工編，2021）。

（三）地下室有自然採光與通風之設計者為佳，通風不良者應依實需裝置
機械通風設備，以為空氣之流通與換氣。

（四）地下室應嚴防有漏水、積水、滲水之情形。學校地下室開挖通常需設置連續壁，可採用雙層牆複式壁（double wall）（簡稱為「複壁」）之設計，以防潮溼和滲漏水問題。

（五）地下室有凸出地面或與地面臨接，且有颱風進水、淹水之虞者，應設置防水閘門，以防地下室淹水。

（六）校地、校舍不足之學校，可充分利用地下室空間作各種用途，如室內活動場、感覺統合教室、韻律教室、柔道場、桌球場、童軍活動室或展覽室等，以不裝置固定設備或器材可隨時搬動的活動為原則。

八、廁所

廁所（washroom）是學校提供舒適理想教育環境的起點，根據一項調查顯示，如果一所學校缺乏校門、廁所、水、電、操場、教職員辦公室、其他等設備時，有 50% 以上的國中、小學校長和有關人士認為「廁所」是最先需解決的問題（熊智銳，1982）。事實上，上廁所又稱為「No1」，正因為在學校所有親師生都會使用此一空間，廁所自然成為學校最重要、最需優先整建的設施。基於此，臺北市政府教育局於 1988、1989 年度計編列 5 億多元，大力整頓市屬各級學校廁所，以無臭味為最低標準。教育部國教署「公立國民中小學老舊廁所整修計畫」，每年約編列 2 億元經費，辦理廁所設施設備改善工程，有效改善校園廁所環境。2015～2017 年，補助約 540 所國民中小學計 1,740 間老舊廁所進行整修，提供師生乾淨舒適、環境美、通風好、採光佳及省水節能之如廁場所（教育部國民及學前教育署，2017）。2020 年「公立高級中等以下學校老舊廁所改善計畫」，核定補助規劃設計監造經費，計 594 校、3,158 間廁所進行整修工程（教育部，2021b）。近幾年，更有許多中小學設置「五星級」廁所，使如廁開始成為學習之外另一種享受。

現代化的學校廁所，可從人性化的設計、舒適性的環境、現代化的設施、教育性的布置和無障礙的空間等方向來努力，透過綠化、美化、淨化、教化、文化的規劃設計過程，使之達到舒適美觀、整潔、明亮、高雅、方便、溫馨、芳香的理想（湯志民，1995b）。廁所的設置應注意：

（一）高中、國中和國小廁所便器數量，男廁大便器，每 50 人 1 個，小

便器每 30 人 1 個，女廁便器每 10 人 1 個（國民小學及國民中學設施設備基準，2019；普通型高級中等學校設備基準，2019）。需注意的是，男女生的便器總數，應保持平衡或女多於男。

（二）幼兒園和低年級廁所，應儘量接近教室（臺灣省政府教育廳，1991）或配置於教室內（Castaldi, 1994），以利幼兒內急就近使用並利教師督導。另，考量校園開放之需，宜至少設置一處對外開放使用之廁所。

（三）廁所出入口處，對外宜有轉折或設置遮蔽、屏風或盆栽，廁所內裝設鏡子不要對著便所的門或小便器，以免「一覽無遺」，閃躲無門。

（四）一般廁間的門採內開式（教育部國民教育司，1989；臺灣省政府教育廳，1991；日本建築學會，1974），在學生進出安全無虞或設置基地受限時廁間門可採外開設計。採偏心門軸，無人使用時，使門自動斜開約 15°，使用時不必敲門即知可進入，校方安全巡視也可快速判斷是否有人在使用或潛伏在廁所內。

（五）坐式廁間，設計重點（台灣衛浴文化協會、內政部營建署，2010）
1. 廁間寬度應為至少 100cm，以 120cm 為理想，長度 160cm（含設備管牆 20cm）。
2. 便器與廁間門扇之淨距離應不小於 70cm。
3. 門板下緣離地面應為 5～10cm 範圍內。
4. 坐式便器座位高度，成人用者應為 40～45cm 範圍內，兒童用者應為 30～35cm。
5. 男、女廁間數如超過 5 間時，應於靠近入口處之一間提供作為方便高齡者使用之廁間，其寬度應為 120cm 以上，並於靠固定牆之側加裝一支 L 型扶手。

（六）蹲式廁間，設計重點（台灣衛浴文化協會、內政部營建署，2010）
1. 廁間應為寬度 100cm 以上，長度 120cm 以上。
2. 蹲式便器之設置應與門平行，且地坪不得有高低差。
3. 便器應儘量採用長度 70cm 以上直角收邊型之蹲式便器，其施工方式應為崁入式收邊，並與地面地磚齊平。
4. 門板下緣離地面應為 3～5cm 範圍內。

5. 蹲式便器前方應設置垂直扶手為 60cm，水平扶手為 40cm 之倒 T 形扶手；扶手中心距便器前緣 25cm。

（七）小便器，設計重點

1. 小便器應採半截壁掛式，斗口應採尖凸式。

2. 小便器中心點間距應為 80cm 以上，距離側牆 40cm 以上。

3. 小便器之下方應鋪設深度 48～50cm 之深色腳踏鋪面，其材質應具不吸水、耐酸性、容易清潔等特性。

4. 小便器後方應設置深 15cm 以上，高度 120～140cm 之設備管牆，可兼做置物平臺及綠化美化使用（台灣衛浴文化協會、內政部營建署，2010）。

5. 小便器前線高度，國小低年級約 36cm，中、高年級約 45cm；國中約 52cm（國民小學及國民中學設施設備基準，2019）。

6. 小便器應加裝離地式隔板（搗擺），隔板高度 120cm 以上；中學以上學校可適度提高，建議國中 125～135cm，高中及教職員 135～140cm。

（八）小便器後方無設備管牆者，可在上方設橫隔板，可放置隨手物品並維護隱私。女（男）生廁間內設置物平臺及掛勾，置物掛勾應設在側牆距地面 80～100cm，以及門扇背面距地面 140～160cm 處，女用廁間掛勾需有二個以上，以便於置放隨身物品（台灣衛浴文化協會、內政部營建署，2010）。

（九）沖水設備，大便器坐式以抽水馬桶，蹲式以手按（或腳踏）油壓式為宜，大小便器亦可考量採紅外線自動感應沖水裝置較衛生。抽水馬桶宜用二段式省水馬桶，大號一次用水量在 9 公升以下，小號一次用水量在 4.5 公升以下（黃世孟、郭斯傑、周鼎金，2002）。

（十）男、女廁內可各設置 1 間附有換裝平臺及洗面盆之廁間。以利女生生理期或高齡者尿失禁時，整理與換裝之需，換裝平臺可在未使用時收納於牆面（台灣衛浴文化協會、內政部營建署，2010）。簡易型設計，可在便所間內設置一小型洗手臺，方便需要者使用（如臺北市大直國小）。

（十一）在採光通風上，設計重點（台灣衛浴文化協會、內政部營建署，2010）

1. 廁所應以自然採光為主，人工照明為輔。廁所照度，廁間地面照度 100Lux 以上，洗面盆臺面照度 180Lux 以上。獨立式廁所得設置照明自動感光點滅裝置，以節約能源並便於維護管理。其點滅感應照度於屋簷下者可設為 40～100Lux，於室內者可設為 100～120Lux 始點亮。

2. 廁所之通風換氣，採自然換氣為主者，其開口部數量應設置兩處以上，且應以重力換氣等方法，達到空氣有效對流；採機械換氣者，其通風量應達每小時 10～15 次換氣次數。

（十二）在附屬設施上，設計重點

1. 廁所應設置洗面盆，洗面盆數量達 5 個以上者，應設置 1 個供大人使用之洗面盆。洗面盆之臺面高度，成人用為 75～80cm，兒童用為 60cm，淨深均應達 45cm 以上；洗面盆前之淨空間應留設 120cm 以上。

2. 自閉式按壓省水龍頭單次給水時間宜為 4～6 秒之間。

3. 整容鏡，女廁以可照全身之長鏡為佳，並注意鏡子不得正對小便器或廁間，亦要避免由廁所出入口處可經鏡面反射小便器影像。

4. 設置有蓋垃圾桶，提供衛生紙（以再生紙為佳），以維整潔衛生。

5. 廁所內應設置工具間一處，其長度為 150 公分以上，寬度為 90 公分以上。

6. 廁所建築，應以鋼筋混凝土建造之沖水式設備及化糞池或汙水處理系統為原則（台灣衛浴文化協會、內政部營建署，2010）。

7. 緊急求助鈴，可在廁所及每一廁間裝置緊急求助鈴，並與警衛室監視系統連線及能顯示廁所位置，以利緊急維安處理。

（十三）行動不便廁所（兼親子廁所），行動不便廁所之使用者包含高齡者、肢體障礙者、視力障礙者、孕婦、親子等，因此可在無障礙廁所盥洗室加設相關設備使之成為多功能使用之廁所。例如：中小學一般常用的無障礙廁所盥洗室，僅供如廁與盥洗功能，如加設嬰兒用尿布臺、嬰兒安全座椅、兒童用馬桶等，則成為行動不便廁所 B 型（兼親子廁所）；其中，換尿布臺下方空間可設置

60cm×60cm 之活動平臺，作為婦女、兒童更衣用；兒童用座式便器高度應介於 30～35cm 之間（參見圖 8-1）。

圖 8-1

行動不便廁所 B 型（兼親子廁所）

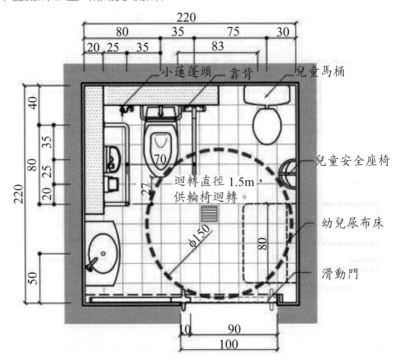

資料來源：**公共建築物衛生設備設計手冊**（頁 26），台灣衛浴文化協會、內政部營建署，2010。（https://www.cpami.gov.tw/%E6%9C%80%E6%96%B0%E6%B6%88%E6%81%AF/%E6%A5%AD%E5%8B%99%E6%96%B0%E8%A8%8A/39-%E5%BB%BA%E7%AF%89%E7%AE%A1%E7%90%86%E7%B5%84/）

（十四）性別友善廁所（all gender restroom），又稱無性別廁所（unisex restroom）」、中性廁所（gender neutral restroom）」，無論使用者生理性別、心理性別為何，皆可方便使用的廁所（黃麗玲，2017）。亦即，不以傳統男廁或女廁為標示，強調無性別限

制，無論男性、女性、中性或跨性別者都能自在使用之廁所（游明國、陳海曙、李東明和顏敏傑，2016，第 3 頁）。Earthman（2019）指出，學校要提供跨性別學生所需的廁所設施，而且不論學生是自我認知或天生的跨性別都可使用此廁所設施。中小學性別友善廁所可視實際需要設置，設計重點：

1. 性別友善廁所，可分散單間設置，也可考慮將學校使用率較低的一間無障礙廁所改設，或將一處男廁改設。廁所內設置有小便斗及坐式／蹲式馬桶，設計模式包括單間式（簡易型）、單間式（複合型）、多間式（小便器採用廁間模式）及多間式（小便器用大隔板模式）（參見圖 8-2）。

2. 性別友善廁所，為保障使用者個人隱私，所有便器皆配有完整隔間。其中，男用小便器以採用廁間模式為佳，限於經費可用大隔板模式（高度 2.2m 以上）做整體隔間。每一廁間應標示便器樣式，以利選擇使用。

3. 因男女生如廁習慣不同，應加強性別友善廁所之性平使用教育和衛生整理，如經縝密規劃，以及良好的使用教育、管理和維護，性別友善廁所不僅可為非傳統性別特質者提供能安心如廁的環境，還可調節女生廁所數量，紓解女廁排隊問題。

圖 8-2

學校性別友善廁所設計參考圖

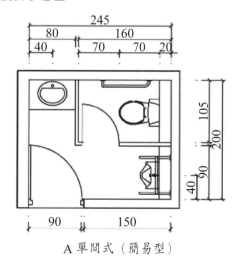

A 單間式（簡易型）

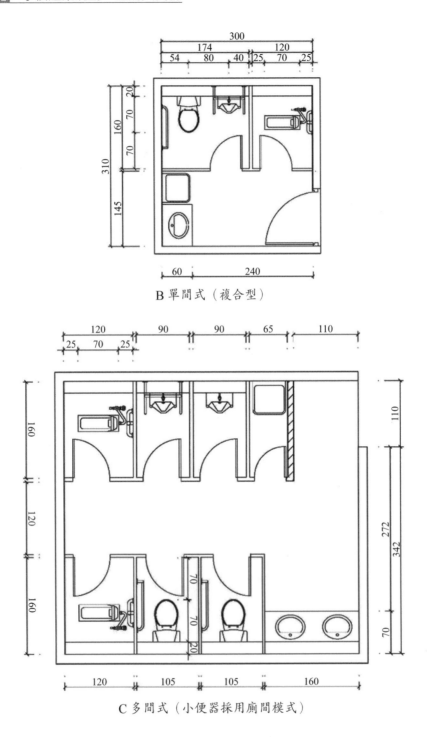

B 單間式（複合型）

C 多間式（小便器採用廁間模式）

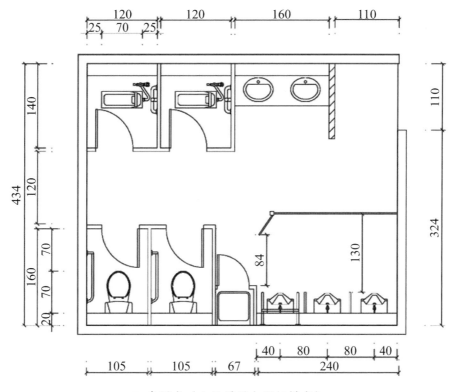

D 多間式（小便器用大隔板模式）

資料來源：邱永彰建築師事務所。

九、洗手臺

　　洗手臺是學生在學校學習和生活中極為密切的附屬設施之一，在設置上應注意：

（一）國小每 2 間教室，國中每 3 間教室，均應設置洗手臺 1 座，每座應有水龍頭 3 個及肥皂盒 1 個（教育部國民教育司，1981、1987）。水龍頭應有一個設置不同高度，以利大人或小孩使用。

（二）基於安全上之考量，洗手臺應設於走廊欄杆之外側或設於「口」字形校舍的四個轉角處，以不影響廊道行走動線為原則；如有凸出之稜角，則應磨成圓角或設防撞軟墊，以策安全。

（三）洗手臺可在兩側（或一側）附設位置較低的拖把清洗槽，運用雨水
　　　回收系統供水，以供學生整潔活動之用。

（四）洗手臺有足夠的空間，應裝置整容鏡，以供學生隨時整肅儀容之
　　　用。

（五）水龍頭採橫柄設計，也可自動感應或自閉式按壓省水龍頭（單次給
　　　水時間宜為 4～6 秒之間），不僅較易使用且符合環保節約用水。
　　　惟拖把清洗槽的水龍頭不宜採用自動感應或自閉式按壓設計。

十、司令臺

　　司令臺是運動場上的主體建築物，通常位於 100m 跑道外的長邊上，
在設置上應注意：

（一）司令臺可單獨設置或與校舍建築整體配置，並注意無障礙通道之設
　　　置，以利人員和器材之進出。

（二）司令臺的造形及色彩，應力求實用、美觀、大方。

（三）司令臺的方位為東西向時，以面向東為宜，以避免學生朝會集合時
　　　遭受日光直照之苦。

（四）司令臺的體積和高度，應配合運動場的大小和整體環境，避免大而
　　　不當。

（五）司令臺後側如另有廣場或球場，應採「雙向」之設計，以增加其使
　　　用功能。

（六）司令臺應裝設簡易舞臺設施、播音設備、照明設備，以及適用的插
　　　座，以供集合指揮或室外表演臺之用。

（七）司令臺為全校視線的焦點，其背面、屋頂和兩側應予適當的綠化美
　　　化，以增加其親和力。

（八）司令臺的命名，可以「典禮臺」、「集合臺」、「指揮臺」、「朝
　　　陽臺」、「春風臺」或「化雨臺」等為之，以減少官衙味道，益增
　　　教育氣息。

十一、停車場

　　由於經濟日益繁榮，國民所得普遍提高，學校教職員以汽機車代
步者日漸增加，國中小學生有騎自行車上下學，高中生也有騎機車上下

學。因此，中小學停車場的規劃與設置刻不容緩。南澳洲教育廳（South Australia Department of Education, 2020）規定：(1) 學校應有交通管理政策以反映當地交通和停車場需求；(2) 停車場的設計必須避免行人、學生和自行車通道，以及校地動線之間的衝突；(3) 汽車停車場，應提供每位教職員工 1 個停車位，外加 10% 的訪客停車位（或 5 個停車位，以較大者為準），以及 2 個無障礙停車位。(3) 教職員工和訪客停車場，應盡可能設置於管理區域附近和視野內可見之處；(4) 新學校和重大整建項目必須考慮整合電動汽車充電點／基礎設施，以邁向低碳交通方式。(5) 隨著社區對學校的使用愈來愈多，學校必須與教育廳和當地議會協商，在學校附近提供額外的校外停車位，或作為鄰里設施的一部分。學校停車場在設置上應注意：

（一）學校停車場之設置，以人車分道為原則。汽車、機車與自行車場分置，並有專用道路通往正門或側門。

（二）學校停車場（主要停車場和臨時停車場）之進出管制口，宜設置於警衛室右側，利於車輛順向入校。

（三）學校主要停車場應設置於地下室，都市地區或社區公共停車需求高，可與交通局停車管理處合作，共構地下停車場，通常設於運動場下或與校舍、中庭、體育館等共構。非山非市學校和偏鄉學校，或社區公共停車需求低之學校，學校主要停車場宜設置於警衛室右側校門區或地下室，以不影響教學與學習空間，且易於警衛或保全人員管理為原則。如受限於空間，設置於側門或後門區，應從警衛室右側起，以順向進入停場區，並設置對講機，以利車輛進出之管理與服務。

（四）學校臨時停車場，5～10 個汽車停車位，最好設於警衛室右側校門區，且易於警衛或保全人員管理為原則。

（五）汽車停車位，依《建築技術規則建築設計施工編》第 59 條之規定，都市計畫區內學校樓地板面積超過 500m^2 部分，每 250m^2 設置一輛，建築基地達 1,500m^2，加倍附設之。

（六）停車空間之樓層淨高不得小於 2.1m，汽車場每輛車停車位為寬 2.5m、長 5.5m，但停車位角度在 30° 以下者，停車位長度為 6m。設置於室內之停車位，其 1/5 車位數，每輛停車位寬度得寬減

20cm，但停車位長邊鄰接牆壁者，不得寬減，且寬減之停車位不得連續設置。

（七）機械停車位每輛為寬 2.5m，長 5.5m，淨高 1.8m 以上，但不供乘車人進出使用部分，寬得為 2.2m，淨高為 1.6m 以上；惟學校無專人管理者或非有必要，應避免設置機械停車設備。

（八）車道供雙向通行且服務車位數未達 50 輛者，得為單車道寬度；50輛以上者，應為雙車道寬度。但汽車進口及出口分別設置且供單向通行者，其進口及出口得為單車道寬度。

（九）車道寬度，單車道 3.5m 以上，雙車道 5.5m 以上，停車位角度超過 60° 者，其停車位前方應留設深 6m，寬 5m 以上之空間。車道內側曲線半徑應為 5m 以上；車道坡度不得超過 1：6，其表面應用粗面或其他止滑之材料。

（十）地下停車場照度，室內停車空間至少 60Lux，車道至少 30Lux，車道出入口至少 100Lux。

（十一）地下停車場，停車空間有效通風面積，不得小於該層樓地板面積 5% 或依規定設置機械通風設備。機械通風設備應能供給樓地板面積每 $1m^2$，每小時 $25m^3$ 以上換氣量，但各層樓地板面積 1/10 以上有效通風之開口者，不在此限。

（十二）學校與停車管理處共構之公共停車場，汽車出入口不得臨接下列道路及場所：(1) 自道路交叉點或截角線，轉彎處起點，穿越斑馬線、橫越天橋或地下道上下口起 5m 以內。(2) 坡度超過 8：1 之道路。(3) 自公共汽車招呼站、鐵路平交道起 10m 以內。(4) 自幼兒園、國民小學、特殊教育學校、身心障礙者教養院或公園等出入口起 20m 以內（建築技術規則建築設計施工編，2021）。

（十三）新建汽車停車場應依實需與規定，設置電動汽車充電點／基礎設施，以因應低碳交通之發展。

第二節 附屬設備的設置

一、課桌椅

　　課桌椅是與學生關係最密切的教學設備，小原二郎、長南光男（1975）曾言：最近發現學童近視率的異常提高和患脊柱側彎症的人數增多，其原因之一就是不適當的桌椅所致。Kennedy（2005b）也指出，不適用的課桌椅會使學生的工作分心，設計不良的家具會導致反覆壓力傷害、眼睛疲勞、脖子酸痛和其他健康問題；因此，人體工學專家建議教室應有不同規格的課桌椅和桌子，以符應同年級不同高度學生的需求。課桌椅的重要性由此可知，在設置上應注意：

（一）課桌椅的規格，依學生之高度應用人體工學設計合於健康、舒適的課桌椅，最重要且必須列入的三項參數是：(1) 端坐後，眼睛與桌面之距離不得低於 35cm；(2) 腿隙（即抽屜下）是否有足夠空間讓大腿放入，活動不受阻且能提供停歇處；(3) 椅子深度與大腿長度相配，使上身重量能均勻坐落在椅子上，增加舒適感並減少疲勞（教育部，1999）。課桌椅高度的簡易計算公式為：椅高 = 2/7 身長，桌高 = 3/7 身長；課桌椅型號規格尺寸表，參見表 8-1。

（二）課桌椅的桌面，單人課桌平面尺寸 60cm×40cm 或雙人課桌平面尺寸 120cm×40cm，國小中、低年級可用雙人課桌，並注意桌面之色彩不可太鮮豔且要避免反光。

（三）課桌椅的構造，椅座和椅背應依人體工學略呈弧度，桌面略呈傾斜為佳，課桌椅的下方可設置物櫃，以利學生存放文具用品。

（四）課桌椅的選購，以實用、質堅、輕便、易移、可組合者為佳，以利配合教學活動機動配置。

（五）課桌椅的調整，可彈性調整的課桌椅，應注意其依需要調整的便利性，尤其要能堅固耐用，以減少損壞和維護費用。課桌椅高度與學生體位不符時，應隨時調整，至少每學期開學時調整一次。

（六）課桌椅的排列，最前排課桌的前沿與前方黑板的水平距離不宜小於1.6m（日本建築學會，1974）；最後排課桌的後沿與前方黑板的水平距離，小學不宜大於 8.0m，中學不宜大於 9.0m；最後排課桌

表 8-1

課桌椅型號規格尺寸表

單位：cm

型態	110型	115型	120型	125型	130型	135型	140型	145型	150型
圓柱色彩	乳黃	土黃	茶	淡藍	藍	深藍	紅	橙	黃
適用範圍	106~113	111~118	116~123	121~133	126~138	131~143	136~148	141~153	146~158
適用範圍	106~110.9	111~115.9	116~120.9	121~125.9	126~130.9	131~135.9	136~140.9	141~145.9	146~150.9
延伸範圍	111~113	116~118	121~123	126~133	131~138	136~143	141~148	146~153	151~158
課桌 h_1 桌高*	49.2	51.4	53.5	57.8	60.0	62.1	64.3	66.4	68.6
課桌 d_1 桌面深	40~45								
課桌 w_1 桌面寬	60								
課椅 h_2 椅座高*	28.7			33.0			36.5		
課椅 d_3 椅座深	24.7			29.9			33.8		
課椅 d_3 椅座深	32~36			34~38			36~40		

型號	155型	160型	165型	170型	175型	180型	備註
圓柱色彩	翠樣	綠	墨綠	暗紅	白	黑	
適用範圍	151~163	156~168	161~173	166~178	171~183	176~188	*為課桌椅主要尺寸公差為±0.2cm，
適用範圍	151~155.9	156~160.9	161~165.9	166~170.9	171~175.9	176~180.9	其餘次要尺寸公差為±0.5cm。
延伸範圍	156~163	161~168	166~173	171~178	176~183	181~188	
課桌 h_1 桌高*	70.7	72.9	75.0	77.1	79.3	81.4	
課桌 d_1 桌面深	40~45						
課桌 w_1 桌面寬	60						
課椅 h_2 椅座高*	39.9			43.4			
課椅 d_3 椅座深	37.7			41.5			
課椅 d_3 椅座深	38~42			40~44			

資料來源：整理自國民中小學課桌椅規格，教育部，2000，教育部資訊網，2004 年 12 月 11 日，取自 http:www.edu.tw/EDU_WEB/EDU_MGT/PHYSICAL/EDU7663001/health/cycsight/desk/89standard.doc

後沿至後牆面或固定家具的淨距不應小於 1.1m，以利留設橫向疏散走道。中小學普通教室課桌椅的排距不宜小於 0.9m，室內縱向走道寬度不應小於 0.6m，沿牆布置的課桌端部與牆面或壁柱、管道等牆面突出物的淨距不宜小於 0.15m。此外，前排邊座座椅與黑板遠端的水平視角不應小於 30°（中華人民共和國住房和城鄉建設部，2011）。

二、黑板

黑板在所有的教學輔助工具中，歷史最久，應用最廣，使用最多，設置時應注意：

（一）黑板至少有 4m 長，1.1～1.4m 寬，懸掛時離地約 0.8～1m（教育部國民教育司，1981），小學宜為 0.8～0.9m，中學宜為 1.0～1.1m（中華人民共和國住房和城鄉建設部，2011）；黑板與最前面之桌子距離最少 1.6m（日本建築學會，1974）。

（二）黑板的表面要平滑，易於擦拭，裝訂要牢固，並有適當弧度，以免反光。

（三）顏色以深（墨）綠色（反射率為 20～25%）最理想。

（四）黑板應具吸鐵磁性，上方應設置凹槽、掛鉤或夾子，以利懸掛或展示圖表，黑板的下方可設置板擦和粉筆盒，供收存板擦與各色粉筆之用。

（五）黑板可加設移動白板，易增書寫面積與功能。配置板擦機，也可依實需購置無塵水擦黑板，避免粉筆灰擦拭之汙染問題。

（六）黑板可改建裝置 86 吋互動式觸控螢幕，以利數位教學。

（七）黑板面照度力求均勻，應有 2 支（長 1.2m）或 3 支（長 0.7m）之燈管〔T5（28W）或 LED〕，照度 750Lux，照射黑板光源要在教師眼睛（平均高度 1.6m）仰角 45° 上方，以免上課刺眼；黑板燈應經過配光曲線設計，能將配光投射於黑板面之黑板專用燈，其照明燈具可旋轉調整反射角度，以消除黑板眩光（工業技術研究院，2018；周鼎金，1998；財團法人台灣產業服務基金會，2012）。

三、公布欄

公布欄是一個多目標的教育園地，也是學校教職員工與師生間溝通的橋梁，可設於辦公室內、教室中、樓梯間、走廊、川堂上或在校園的適當角落上，設置時應注意：

（一）公布欄的造形，應依學校的需要作平面或立體的設計，其形狀可採正方形、長方形、菱形、圓形、橢圓形、梅花形或六角形等，單一規格或多樣變化。

（二）公布欄的裝置，一般多採切入牆壁的裝框方式，並可依其需要裝設玻璃門或壓克力門，如為公文書類之公布欄以設鎖管制為宜。

（三）公布欄的材質，如三合板、蔗板或磁鐵板等，應依其展示物品之需求，選用方便拆卸者，以利隨時更換。

（四）公布欄的高度，其最高點應在學生仰視 45° 以下，以利學生觀看。

（五）公布欄的照明，在轉折川廊或視線不佳處，應特別注意照明燈具之設置，提供適宜的光源，以利閱覽。

（六）校園內單獨設立的公布欄，其造形與色彩應與周圍環境相調和。

四、圖書設備

圖書館一向被稱為學校的心臟，不僅是學校的知識寶庫和學習資源所在，也是師生研究進修和休閒的中心。圖書設備的設置應注意：

（一）圖書館藏量，國中小基本館藏量

1. 國民中學圖書館基本館藏量為圖書資料 9,000 種（件）或每名學生 60 種以上；學校班級數逾 13 班者，每增 1 班增加圖書 400 種（件），並有期刊至少 30 種，報紙 3 種。

2. 國民小學圖書館基本館藏量為圖書資料 6,000 種（件）或每名學生 40 種以上；學校班級數逾 13 班者，每增 1 班增加圖書 200 種（件），並有期刊至少 15 種，報紙 3 種（國民小學及國民中學設施設備基準，2019）。

（二）閱覽座位以容納 2 個班級學生使用為原則，每閱覽席占地 $1.2m^2$（教育部，2002）。中小學應提供多樣性閱覽座位，如高／低、個人／群聚、軟墊／硬地板、沙發／木椅、固定／擺動等，以增加閱

讀趣味及因應不同閱讀需求。

（三）圖書架應設計可收納於書架之內的活動閱讀桌板，以利現場臨時借
　　　閱置放圖書之用。圖書架上方燈具應設於中間通道上方，以利借閱
　　　選擇和臨時閱讀之需。

（四）圖書館建築，應注意通風、防火、防潮、採光和隔音，書架以鋼製
　　　最經久耐用，如為木製應注意堅韌，並防蟲蛀。

（五）館內之布置以活潑、愉快為原則，不可過於嚴肅、呆板。參閱方式
　　　採開放式為宜，並以電腦自由索引館藏圖書。

五、資訊科技設備

　　二十一世紀，資訊科技瞬息萬變，對學校環境與設備之規劃與設
置，產生重大影響，並將持續成為重要發展趨勢。教育部自 1997 年推動
「資訊教育基礎建設計畫」起，歷經 1998 年資訊教育擴大內需方案、
2001 年中小學資訊教育總藍圖、2008～2011 年中小學資訊教育白皮書、
2016～2020 年資訊教育總藍圖（教育部，2016a），帶動中小學資訊科
技之全面發展。各縣市教育主管機關也紛紛將高中（職）及國中小資訊
教室暨網路教學基礎設備列入推展工作重點。例如：高雄市政府為推展
高中以下學校之資訊教育，於 1998 年訂定「高雄市資訊教育白皮書」，
在 1999～2002 年共編列 10 億 4,129 萬元，其後又修正研訂「高雄市政
府教育局推動資訊教育計畫」（2001～2004 年），編列 13 億 4,080 萬元
用以推動資訊教育。依該計畫內容除更新或新增電腦教室外，每年將建置
25% 之教室電腦，並於 2004 年達到班班有電腦之目標。臺北市政府教育
局，於 1998 年 6 月即訂定「臺北市資訊教育白皮書」，1999～2001 年投
資新臺幣 28 億 9,732 萬元，2002～2004 年的「臺北市資訊教育白皮書第
二期計畫」，再投資新臺幣 20 億 1,548 萬元，以建立優良便捷的資訊教
學與學習環境，強化教師資訊科技融入各領域之教學能力，培養學生自主
學習的能力和加強資訊行政管理體系以支援教學，資訊教室及班班有電腦
之建置（臺北市政府教育局，2001）。

　　2009 年，全臺灣的國中小電腦教室完成設備更新，並達到班班可上
網，以及完成國中小「多功能 e 化數位教室」和「多功能 e 化專科教室」
之建置，同時教育部推展「建置中小學優質化均等數位教育環境計畫」，

2010 年提出「創造公平數位機會白皮書」，積極增建與擴充學校資訊科技，建置數位學習環境（教育部，2009b、2010；教育部電子計算機中心，2009 年 4 月 10 日）。2011 年，教育部進一步推出「教育雲」計畫，擬以 2.45 億元經費，打造符合雲端運算之教學系統，將使臺灣的數位學習進入雲端時代（教育部，2011a）。2016 年，教育部「教育雲：校園數位學習普及服務計畫」（2017～2020），投資新臺幣 5.1 億元，建置雲端計算整合平臺、終身教育 ID、教育資源匯集、普及雲端服務、巨量資料分析環境、個人化資料服務（教育部，2016b）。為達「建構下世代的智慧學習環境」之願景，教育部（2018）「建置校園智慧網路計畫」在 2017～2020 年計投資 26 億元，辦理高級中等以下學校校園內主幹網路提升為光纖線路，建置教室間網路連接，強化可支援行動學習之無線網路存取覆蓋率。至 2020 年，建置中小學校園智慧網路環境，提升校內主幹網路為光纖線路之比率達 95%；提升國中小每班教室網路速度為具高可用性的有線網路接取點及無線網路接取點，且頻寬具 Giga 介接能力之比率達 95%；公立高級中等學校光纖到校頻寬 100Mbps 以上之比率達 99%；中小學累計完成 54,493 間智慧教室資訊設備之建置（教育部，2021a、2021b）。近幾年人工智慧（AI）、第 5 代行動通訊網路（5G）、物聯網（IoT）、雲端運算（cloud computing）、大數據（big data）、擴增實境（AR）／虛擬實境（VR）／混合實境（MR）、社交網路，如浪潮般來襲，加以量子電腦的出現和 6G 的研發，使智慧校園的推展具有無限發展的潛力（湯志民，2020a）。學校資訊科技設備的建置重點如下：

（一）智慧校園的整體架構

　　智慧校園的整體架構，湯志民（2018a、2020a）根據相關研究（王運武和于長虹，2016；國家市場監督管理局、中國國家標準化管理委員會，2018；蔣東興，2016 年 10 月 26 日；Dong, Zhang, Yip, Swift, & Beswick, 2020; Jurva, Matinmikko-Blue, Niemelä, & Hänninen, 2020; The Digital Education Institute of Institute for Information Industry, 2019; Xu, Li, Sun, Yang, Yu, Manogaran, Mastorakis, & Mavromoustakis, 2019），將之分為基礎設施層、感知平臺層、網路通訊層、支撐平臺層、應用平臺層、應用終端層、資訊標準與規範體系、資訊安全體系，茲分別論述如下：

1. **基礎設施層**：基礎設施層是智慧校園平臺的基礎設施保障，提供異構通信網路、廣泛的物聯感智和海量資料匯集存貯，為智慧校園的各種應用提供基礎支持，為大數據挖掘、分析提供資料支撐，包括校園資訊化基礎設施、資料庫與伺服器等。

2. **感知平臺層**：感知平臺層主要的感測器，包括無線射頻識別（RFID）、感測器網（WSN）、攝像頭（IP Cam）、全球定位系統（global positioning system, GPS）等，其功能在物與物的感知、人與物的感知，以及系統間資訊的即時感知、蒐集和傳遞等，實現對校園人員、設備、資源等資訊的環境感知。感測器不僅可即時感知人員、設備、資源的相關資訊，還可感知學習者的個體特徵和學習情境。

3. **網路通訊層**：網路通訊層透過 3G、4G、5G、6G，WiFi、藍牙（Bluetooth）、低功耗局域網協定（ZigBee）等無線通訊技術，以及和網路位址（IPV4/IPV6），主要功能是實現移動網、物聯網、互聯網、校園網、視訊會議網等各類網路的互聯互通，讓校園中人與人、物與物、人與物之間的全面互聯、互通與互動，為隨時、隨地、隨需的各類應用提供高速、泛在的網路條件，從而增強資訊獲取和即時服務的能力。

4. **支撐平臺層**：支撐平臺層是智慧校園 AI、IoT、雲端運算、大數據、社交網路及其服務能力的核心層，為智慧校園的各類應用服務提供驅動和支持，包括資料交換、資料處理、資料服務、支撐平臺和統一介面等功能單元。關鍵技術運用包括人工智慧（AI）、物聯網（IoT）、雲端運算、大數據、社交網路等。

5. **應用平臺層**：應用平臺層是智慧校園應用與服務的內容，在支撐平臺層的基礎上，構建智慧校園的應用服務系統，包括智慧教學、智慧學習、智慧行政、智慧管理和智慧生活，為師生員工及社會公眾提供無所不在的個性化與智慧化之應用服務。

6. **應用終端層**：應用終端層是接入存取的資訊門戶和智慧終端，資訊門戶是指教師、學生、家長、校友、管理者和社會公眾等用戶群體，存取者通過統一認證的平臺門戶，以智慧終端（各種瀏覽器及移動終端）安全存取，隨時隨地共享平臺服務和資源。智慧終端是

指桌上型電腦、筆電、平板電腦、智慧手機、86 吋觸控螢幕、穿戴設備、AR、VR、MR 眼鏡、機器人、全息影像（holograms）的 3D 投影機等，用以接入存取獲取資源和服務。

7. **資訊標準與規範體系**：智慧校園資訊標準與規範體系，確定了資訊蒐集、資訊交換、資訊處理、資訊服務等歷程的標準和規範，規範了應用系統的數據結構，滿足資訊化建設的要求，為數據融合和服務融合奠定了基礎。

8. **資訊安全體系**：資訊安全體系是貫穿智慧校園總體框架的多層面安全保障系統，包括物理安全、網路安全、主機安全、應用安全和數據安全。

智慧校園的整體架構，參見圖 8-3。

圖 8-3

智慧校園的整體架構

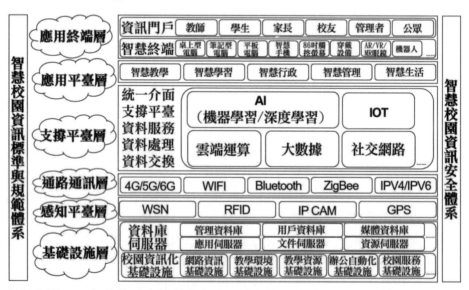

資料來源：AI 智慧校園的規劃與建置，湯志民，2020a。載於中華民國學校建築研究學會（主編），**建設 AI 智慧學校**（頁 21）。作者。

（二）中小學資訊科技設備的設置應注意重點

1. 校園網路資訊基礎環境，主要包括：(1) 建置全校無線網路系統。(2) 設置網路控制室，以利網路機櫃之管理，並注意通風、散熱及噪音之防制。(3) 教室和校園內依實需設置電腦網路節點，供教學與學習使用。(4) 應視需求設置不斷電系統。

2. 普通教室資訊設備，主要包括電腦（主機及顯示器）、單槍投影機、投影螢幕、電子白板、簡易遮光設備，並依實需設置數位設備櫃（或 E 化講桌）、影音播放設備。其中，單槍投影機（包括投影螢幕或電子白板）及液晶電視或 86 吋以上互動式觸控螢幕，擇一購置；單槍投影機流明度至少 3,500 流明以上，以短焦及超短焦為理想。

3. 視聽教室資訊設備，主要包括電腦（主機及顯示器）、單槍投影機、投影螢幕、電子白板、遮光設備、數位設備櫃（或 E 化講桌）、影音播放設備、實物投影機、數位攝錄影機。其中，單槍投影機（包括投影螢幕或電子白板）及液晶電視或 86 吋以上互動式觸控螢幕，擇一購置；單槍投影機流明度至少 5,000 流明以上（國民小學及國民中學設施設備基準，2019）。

4. 資訊教室設備，主要包括個人電腦主機一螢幕（教師及學生用）、大型顯示設備（如單槍投影機、投影螢幕、電子白板、液晶電視或 86 吋以上互動式觸控螢幕）、穩壓器（夠整間教室全數設備使用）、伺服器（供貯存各項教學資源）、高速乙太網路交換器（足夠所有設備連線使用，包括網路布線）、機櫃（內置伺服器、網路交換器）、不斷電系統（供伺服器、網路交換器使用）、電腦還原系統（具備系統還原功能之軟體或硬體）、教學廣播系統、各式印表機（如雷射印表機、3D 印表機）、3D 掃描器、360 度攝影機、VR 虛擬實境設備、AR 擴增實境設備、手寫繪圖裝置、充電車、行動載具（如平板電腦）、貯存裝置、可程式化機電開發模組、耳機及麥克風、防潮櫃、高架地板（以隱藏管線到地板下，並方便維修為原則）、視訊攝影機（可連結視訊會議，並作遠距教學）、無線投影設備、實物投影機、數位相機、數位攝影機、簡報器（包括雷射光筆）、外接式大容量硬碟、無線網路存取點（需具備資安存

取控制功能）（國民小學及國民中學設施設備基準，2019；普通型高級中等學校設備基準，2019）。

5. 電腦的設置，宜與窗戶成直角，以避免窗戶入射光線的影響。顯示器、鍵盤與文件宜設置於使用者的正面，以免造成身體扭曲和頭、眼的不停轉動，並注意，顯示器中心高度90～115cm，傾斜度88～105°，至桌邊距離50～75cm；鍵盤高度70～85cm，至桌邊距離10～26cm（張一岑，2004）。

(三) 無障礙網站設計應注意重點（國家通訊傳播委員會，2017、2020）

1. 應適用身心障礙者，包括視障、聽障、肢障和認知障礙或神經疾病（cognitive or neurological disabilities）等使用網站資訊，以及考慮身心障礙人士所使用的特殊上網裝置（包括螢幕報讀軟體、螢幕擴大機、特殊按鈕、特殊鍵盤、特殊顯示裝置、點字輸入裝置和點字顯示器等），這些裝置可能是使用各種不同的操作系統，或只具有基本的網站瀏覽功能。

2. 網站無障礙可及性設計，應依照可感知、可操作、可理解、穩健性等四項原則來整理資訊和規劃網站。例如：對於輸入項目多且操作功能複雜的網頁，應該考慮使用替代網頁；網頁各項操作不應限定只能以滑鼠操作，應該考慮鍵盤操作；網站的子系統網頁架構不宜太複雜，網頁的配置和結構也力求單純，以方便身心障礙者瀏覽。

3. 網站無障礙可及性設計，應依照十二項指引：(1) 替代文字：為任何非文字的內容提供相等意義的替代文字，使這些內容能依人們的需求，轉變成大字版、點字、語音、符號或簡化過的語言等不同型態。(2) 時序媒體：針對時序媒體提供替代內容。(3) 可調適：建立能以不同方式（例如：簡化的版面）呈現，而仍不會喪失資訊或結構的內容。(4) 可辨識：讓使用者能更容易地看見及聽到內容、區分前景和背景。(5) 鍵盤可操作：讓所有的功能都能透過鍵盤使用。(6) 充足時間：提供使用者充分的時間來閱讀及使用內容。(7) 防痙攣：不要用任何已知會引發痙攣的方式來設計內容。(8) 可導覽：提供協助使用者導覽、尋找內容及判斷所在的方法。(9) 可讀性：

讓文字內容可讀並可理解。(10) 可預期性：讓網頁以可預期的方式來呈現及運作。(11) 輸入協助：幫助使用者避開及更正錯誤。(12) 相容性：針對目前及未來的使用者代理與輔助科技，最大化其相容性。
4. 身心障礙者上網輔具設備，在視覺障礙電腦輔具上，包括點字觸摸顯示器（45 點字方）、中文語音合成器、盲用筆記型電腦、盲用點字列表機，以及中文視障資訊系統軟體。在身心障礙者電腦輔具上，適用肢體障礙者、脊髓損傷、中風、腦性麻痺等，包括特殊改裝軌跡球／大軌跡球，單鍵／按鍵式／搖桿／紅外線／頭控／腦控／眼控／嘴控或指動滑鼠、多層式手掌鍵盤、大型（或小型）智慧電腦模擬鍵盤、鍵盤保護框（洞洞板）等。

六、飲水設備

　　飲用水的供應是學校行政的重要工作，尤其在夏天和體育活動之後，學生對飲用水的需求量更大，學校應適時提供安全衛生的飲用水。飲水設備的設置應注意：

（一）有安全自來水設備（水質化驗合於安全標準者）之學校，每 3 間教室應設置飲水臺一座，其高度以學生平均身高 2/3 為宜；無安全給水學校，每 3 班應設置飲水桶一個。

（二）飲水機設置，提供冷／溫／熱水飲水機，每 3 間教室應設一臺，並選用符合 ISO 或正字廠牌。同時注意濾心每週需清洗 1 次，以排除堆積其上的雜質；濾心使用約 3 個月至半年應加以更換（過濾布、矽藻濾心約 3 個月更換；活性碳濾心約半年更換，或出水量減少時，即需更換），才能確保濾出水的安全（國立臺灣大學公共衛生學系，2016）。清洗或更換濾心後的飲水機，需放水流出 10 分鐘以上，方可飲用（中華民國學校衛生學會，1997）。飲水機出水口高度，南澳洲教育廳（South Australia Department of Education, 2020）規定幼兒學校（junior primary schools）60～65cm，小學和中間學校（primary and middle schools）75～80cm，中學（secondary schools）90～100cm。

（三）飲用水之供應，應注意有充足之水源和優良之水質（自由有效餘氯在 0.2～1.0 毫克／公升之間；水之酸鹼度 PH 值在 6.0～8.5 之間；

不含病原體、雜質、無色、無臭、硬度適宜），並備有餘氯測定器
和酸鹼度測定器，隨時檢查（飲用水水質標準，2017；教育部國民
教育司，1987）。

（四）每人每日平均用水量，小學約 40 公升，國中約 50 公升，高中約
80 公升，成人約 100 公升。蓄水池及屋頂水塔之總容量應有一日
設計用水量的 4/10 以上，但不得超過二日用水量；學校在連續假
日（2 天以上）或寒暑假時，應調低水位自動控制器或調整進水
閥，以降低蓄水池、水塔容量，保障水質之新鮮度（維持適當餘
氯）。飲用水若貯放超過 2 天以上，水中餘氯可能不足，不適合直
接飲用，可用於清潔用途，以增加換水率，提升水中餘氯濃度（國
立臺灣大學公共衛生學系，2016）。

（五）用水量計算公式

$$Q = \frac{（學生人數 \times D）+（教職員人數 \times D）}{1,000} \times S$$

其中，Q 為一日設計用水量，單位：m^3

D 為每人每日平均用水量

S 為安全係數 1.3

此外，水池有效容量 = Q×30%，水塔有效容量 = Q×10%。例如：
某國中學生人數 1,200 人，教職員工 110 人，

$$則其一日設計用水量 = \frac{(50 \times 1,200)+(100 \times 110)}{1,000} \times 1.3 = 92.3m^3$$

水池有效容量 27.69m^3（92.3m^3×30%），水塔有效容量 9.23m^3
（92.3m^3×10%）。

（六）飲用水設置，應先改善校內水池水塔及管線。蓄水池、水塔採鋼筋
混凝土建造，水箱內牆貼白色小口磁磚，蓄水池應設置於地面上，
避免設置於地面下或地下室，以利管理維護。水塔高度與用水點高
差至少 5m 以上，才有適當的壓力，水塔與用水點的水平距離則愈
短愈好，自水塔分接的每一分支管，應設置水閥；給水管用不鏽鋼

管或銅管等優良管材。

（七）飲水點與原水（處理前的自來水）愈近愈好，亦即處理後的送水管線愈短愈好。水質處理重點在殺菌，因此，過濾器愈少愈好，採煮沸法（開水機或鍋爐）殺菌最好，終端飲水機（臺）可加裝流入式紫外線殺菌器。如想飲用冷水，可在 1 樓試設數處生飲點（行政院環境保護署，1998；臺北市政府教育局，1998）。

（八）蓄水池、水塔之清洗至少每半年 1 次，可配合學期時間，於開學前1～2 週進行清洗工作，即可有效維持蓄水池及水塔之清潔；水質不良或氣溫較高地區之學校，應適度增加清洗之頻率（國立臺灣大學公共衛生學系，2016）。

（九）蓄水池、水塔和飲用水管線，易受天然災害或人為事件之影響，如地震、暴雨和淹水、乾旱（停水）、水媒病（如微生物、大腸桿菌汙染）、惡意破壞、缺乏維護管理、接錯管線（如消防用水、汙水和自來水管線錯置）、工程影響等，會造成飲用水正常供應和水質安全之重大問題，因此應加強維護管理、意外防範與緊急應變處理，以利正常供水和維護水質安全（國立臺灣大學公共衛生學系，2016）。

（十）COVID-19 疫情防控期間，飲水供應應注意：(1) 直飲水系統應關閉，改用電開水器或桶裝水供應開水。(2) 開水供應裝置應確保水煮沸後方可飲用。(3) 飲水機水嘴按鈕、開水器水龍頭把手應進行消毒（用 75% 酒精擦拭），每天至少 4 次（中華人民共和國教育部學校規劃建設發展中心、同濟大學建築設計研究院，2020）。

（十一）飲用水管線與室外公廁、垃圾場等汙染源間的距離應大於 25m（中華人民共和國住房和城鄉建設部，2011）；並注意飲用水管線與汙水管線、消防用水管線分開，以確保水質的安全。

（十二）運動場、球場、活動中心、體育館、游泳池和遊戲場之附近，應設置不妨礙活動的簡易飲水設施，以適時供應師生飲水之需。

七、防災設備

防災設備包含防火、滅火、避難和警報設備等，學校建築的防災設備應遵守「寧可百日不用，不可一日不備」的原則，依規定設置，以備不時之需。防災設備設置時應注意：

（一）防火設備，應依《建築法》、《消防法》及相關法令適當配置，包括：1.防火門窗：甲種1小時、乙種30分鐘以上防火時效；2.防火牆、防火區劃：1小時以上防火時效；3.防火樓板；4.撒水幕；5.防煙垂壁：自天花板下垂50cm以上；6.防火閘門：電動式、機械式；7.緊急升降機（黃世孟等，2002）。

（二）滅火設備，包括滅火器、室內消防栓設備、室外消防栓設備、自動撒水設備、水霧滅火設備、泡沫滅火設備和二氧化碳滅火設備等，應有專人管理，定期檢查（黃世孟等，2002）。地下室每100m^{2}配置適當之泡沫、乾粉或二氧化碳滅火器一具，滅火器應即可使用並固定放置於取用方便之明顯處所（建築技術規則建築設計施工編，2021）。需注意的是，火災依燃燒物質之不同可區分為四大類，滅火方式和設備亦有所不同（詳見表8-2）。

表 8-2

不同燃燒物質的四大類火災

類別	名稱	說明	備註
A類火災	普通火災	普通可燃物如木製品、紙纖維、棉、布、合成樹脂、橡膠、塑膠等發生之火災。通常建築物之火災即屬此類。	可以藉水或含水溶液的冷卻作用使燃燒物溫度降低，以致達成滅火效果。
B類火災	油類火災	可燃物液體如石油，或可燃性氣體如乙烷氣、乙炔氣，或可燃性油脂如塗料等發生之火災。	最有效的是以掩蓋法隔離氧氣，使之窒息。此外也移開可燃物或降低溫度，亦可達到滅火效果。
C類火災	電氣火災	涉及通電中之電氣設備，如電器、變電器、電線、配電盤等引起之火災。	有時可用不導電的滅火劑控制火勢，但如能截斷電源再視情況依A或B類火災處理，較為妥當。
D類火災	金屬火災	活性金屬如鎂、鉀、鋰、鋯、鈦等或其他禁水性物質燃燒引起之火災。	這些物質燃燒時溫度甚高，只有分別控制這些可燃金屬的特定滅火劑能有滅火效果（通常均會標明專用於何種金屬）。

資料來源：**各級學校校舍維護管理參考作業手冊**（頁58），黃世孟、郭斯傑、周鼎金，2002，教育部。https://docs.google.com/viewer?a=v&pid=sites&srcid=dGFlcy50cC5lZHUudHd8ZXZlbnR8Z3g6MTFlY2QyODY0YzA2YThiOA

（三）消防栓，每層樓每 25m 半徑範圍內應裝置消防立管 1 支，裝於走廊或防火構造之樓梯間附近便於取用之位置，距地板高度不得大於 1.5m，不得小於 30cm，消防栓口徑 6.3cm，放水量每分鐘不得小於 130 公升；並應自備一種以上可靠之水源，水源容量不得小於裝置消防栓最多樓層之全部消防栓繼續放水 20 分鐘之水量（建築技術規則建築設備編，2021）。

（四）自動撒水設備，撒水頭四周應保持 60cm 以上之淨空間，密閉溼式或乾式撒水頭放水量每分鐘不得小於 80 公升，開放式每分鐘不得小於 160 公升；並應自備一種以上可靠之水源，水源容量，應不得小於 10 個撒水頭繼續放水 20 分鐘之水量（建築技術規則建築設備編，2021）。

（五）避難設備，指火災發生時為避難所使用之器具或設備，應依《建築法》、《消防法》及相關法令適當配置，包括：1. 避難器具，如滑臺、避難梯、避難橋、救助袋、緩降機、避難繩索、滑桿及其他避難器具（各項避難器具之適用性，參見表 8-3）；2. 標示設備，如出口標示燈、避難方向指示燈和避難指標；3. 緊急照明設備（黃世孟等，2002）。校舍通往樓梯、屋外出入口、陽臺及屋頂平臺等之走廊或通道應於樓梯口、走廊或通道之轉彎處，設置或標示固定之避難方向指標，觀眾席座位間通路等應設置出口標示燈（建築技術規則建築設計施工編，2021）。

（六）學校應依規定設置火警自動警報設備，包括手動火警探測設備、手動警報機、報警標示燈、火警警鈴、火警受信總機和緊急電源。校舍建築應接緊急電源之設備，包括：1. 火警自動警報設備；2. 緊急廣播設備；3. 地下室排汙水抽水機；4. 消防幫浦；5. 消防用排煙設備；6. 緊急昇降機；7. 緊急照明燈；8. 出口標示燈；9. 避難方向指示燈；10. 緊急電源插座；11. 防災中心用電設備（建築技術規則建築設計施工編，2021）。

表 8-3

各項避難器具之適用性

避難器具 ＼ 樓層	地下室	二樓	三樓	四、五樓	六樓以上
避難梯	●	●	●	●	●
避難用爬梯	●	●	●		
滑桿		●			
避難繩索		●			
滑梯（臺）		●	●	●	
緩降機			●	●	●
救助袋			●	●	●
避難橋		●	●	●	●

資料來源：各級學校校舍維護管理參考作業手冊（頁61），黃世孟、郭斯傑、
　　　　周鼎金，2002，教育部。https://docs.google.com/viewer?a=v&pid=
　　　　sites&srcid=dGFlcy50cC5lZHUudHd8ZXZlbnR8Z3g6MTFlY2QyO
　　　　DY0YzA2YThiOA

八、垃圾處理設備

　　垃圾做好分類並有效回收，能促使廢棄物變成資源，減少環境汙染，維護生活品質。2005 年起，臺灣全面實施「強制垃圾分類」政策，將垃圾分為三類：（一）資源垃圾：資源垃圾包含廢紙、廢鐵鋁容器、廢玻璃容器、廢塑膠類、廢乾電池、廢燈管（泡）、廢資訊物品、廢電子電器產品等相關物品。（二）廚餘：廚餘就是生、熟食物、殘渣，以及有機性廢棄物。（三）一般垃圾：其他一般不可回收之廢棄物都算一般垃圾（行政院環境保護署，2021b）。因此，應將垃圾分類為「資源垃圾」、「廚餘」及「一般垃圾」三類，並分別妥善處理。

　　學校垃圾處理，為學校行政每日必行的重要工作之一，對學生衛生習慣、環境整潔和環保教育，更具意義。垃圾處理的原則：（一）減量原則：即是減少校內垃圾的產量，如鼓勵學生自備餐具或購物袋。依據 2006 年

免洗餐具限制使用對象、實施方式及實施日期，學校不得提供塑膠類之杯子及餐盒。（二）重複使用原則：教導學生在購買物品時應選擇可重複使用性高的產品，如以不鏽鋼餐具取代免洗餐具，以及自行攜帶水杯取代免洗杯。（三）回收再利用、再生原則：學校垃圾中其實有大部分是可回收的資源，如辦公室廢紙可製成再生紙再利用，且藉由回收的工作，可減少校園垃圾總量，同時亦節省垃圾處理的費用。（四）安定原則：垃圾中若所含的有機物水分量高，極易產生腐敗，造成校園環境汙染。因此，在垃圾的處理上應儘速蒐集、密封及清運，以避免二次汙染產生。（五）無害原則：針對校園有害垃圾應謹慎地另行處理，如廢棄乾電池、實驗室廢棄物等，不可任意丟棄或傾倒，必須另訂回收系統及設置廢液蒐集筒，經統一蒐集後，再行處理（台灣學校衛生學會，2021）。垃圾處理設備之設置應注意：

（一）設置垃圾清運場及資源回收場，應選擇便於垃圾車進出、通風良好，且不妨礙校內人員活動之地點設置。並注意：

1. 垃圾清運場，應保持乾燥，並時常清洗消毒，避免蚊蠅滋生。在垃圾清運場旁應加設資源回收空間，俾利於資源之分類與回收。其外壁應加以美化並予以明顯的標示（國民小學及國民中學設施設備基準，2019）。

2. 資源回收場，將室內外資源回收桶可再利用之回收資源（如紙張、鐵罐、鋁罐、塑膠瓶等）集中分類回收處理，並配合實施垃圾分類教學，也可變賣增加學校經費收入。

（二）設置垃圾桶和資源回收桶，教室和校園內的垃圾和資源回收，主要可分為四種類別：(1) 紙類：如報紙、紙張等；(2) 金屬類：如鐵罐、鋁罐等；(3) 塑膠類：如寶特瓶等；(4) 其他雜物，學校應在室內外適當場地設置垃圾和資源回收桶，以利師生處理垃圾。此外，師生用餐之後，應將剩菜剩飯另用廚餘桶蒐集處理。

（三）購置垃圾壓縮機，學校其他雜物等廢棄物，可以垃圾壓縮機處理後再清運（如臺北市私立復興中小學）。

（四）設置子母車，學校垃圾之清運，以子母車方式最為適當，惟應注意提供足夠垃圾車迴旋的空間，並避免在校（正）門轉運，以免妨礙觀瞻。

（五）設置有機肥資源處理區：學校得依本身條件設置有機掩埋場，以推
　　　展環保教育；校內喬木之落葉、經修剪之草皮屑，可置於有機掩埋
　　　場掩埋，使之發酵成為有機肥料，作為學校花木施肥原料（國民小
　　　學及國民中學設施設備基準，2019），如屏東縣彭厝國小設置具
　　　有環保教育意義的落葉堆肥場。此外，廚餘可製肥，或以廚餘處理
　　　機回收處置（如臺北市景興中小學）。

第**9**章 學校綠建築與無障礙校園

學校綠建築創造了一個讓學生和教師更舒適、更不容易生病、更專注於教學與學習的環境。學校設施品質常被忽略是學生學業表現的主要因素,然而學校建築不僅是學習的場所——它們還可以幫助或阻礙學習歷程。(Green school buildings create an environment where students and teachers are more comfortable, less prone to illness and more focused on teaching and learning. The quality of school facilities is often overlooked as a major factor in students' scholastic performance. However, school buildings are not only the setting for learning—they can also help or hinder the learning process.)

～The Center for Green Schools, 2018

我們創造了一個學習環境,不僅要準備好面對而且要歡喜迎接學生的差異。(We create a learning environment that is not only prepared for student difference but welcoming.)

～A. Fritzgerald, 2020

近 20～30 年來,世界上有二大學校建築規劃趨勢——「綠建築」和「無障礙校園」,影響臺灣的學校建築興建與發展。「綠建築」和「無障礙環境」的規劃與設計,已列入建築法規,與新建築使用執照取得息息相關,並在臺灣中小學快速崛起與推展,讓校園建築環境進一步與環保、人權等結合,使境教意義更為提升。因此,本章特就學校綠建築和無障礙校園環境的規劃設計,列入論述範疇,讓學校建築規劃更具永續與人文意涵。

第一節　學校綠建築的規劃設計

近百年來，人類毫無節制地開發與消耗能源，使地球 CO_2 的濃度逐年遽增，造成地球高溫化、臭氧層破壞、氣候異常、森林枯絕、物種消失、淡水減少等現象。建築會影響人類生存的環境，建築營建和大氣中 CO_2 的製造有莫大關係，事實上建築用了全球 40% 的能源，並在世界上製造出 40% 的碳足跡（carbon footprint），且用掉了全世界 20% 可飲用的水（NSW Office of Environment and Heritage, 2014）。因此，如何使建築物成為消耗最少的地球資源，製造最少廢棄物，並具有生態、節能、減廢、健康特性的綠建築（green buildings），成為全球性的議題。學校建築為公共建築的一環，也是教育的場所，學校綠建築的規劃及設計，融合綠建築與相關環境教育，更引起世界各國的重視，如永續學校（sustainable school）、生態學校（eco-school）、綠色學校（green school）、健康學校（health school）、高成效學校（high performance school）、智能學校（smart school）和種子學校（seeds）等，乃如雨後春筍般因應而生。

世界綠建築協會（World Green Building Council, 2013）在 2013 年「世界綠建築週」（World Green Building Week 2013）特以「綠建築、好地方、健康人」（Greener buildings, better places, healthier people）強調綠建築對人的價值——辦公人員會有較高產出，學生會改善學習成果，教師和護士會有較佳的工作場所，或讓全世界的人都有好住家。國際教育設施規劃協會（CEFPI）每年 4 月都會與美國環境保護署（the U.S. Environmental Protection Agency）、美國建築師學會（the American Institute of Architects）、全美教師聯盟（the American Federation of Teachers）、全國教育協會（the National Education Association）、美國綠建築協會（the U.S. Green Building Council）及超過 20 個協會和私人企業，共同辦理「未來學校設計競賽」（School of the Future Design Competition）（CEFPI, 2012a），讓中學生挑戰創造設計明日的綠色學校，以增進學習、保護資源，回應環境並融入社區（CEFPI, 2010）。2012 年擴大到讓加拿大和英國的中學生團隊參與，2013 年更有來自世界各地的學生，規劃和設計出未來的二十一世紀學習環境（CEFPI, 2012b,

2013）。CEFPI（2014）強調每年的「未來學校設計競賽」都著重在高成效、健康、安全和永續的校園設施，以及其與學習的連結，並能與社區融合。中國，國務院辦公廳（2013）規定政府投資的學校、博物館、科技館、體育館等建築，自 2014 年起全面執行綠色建築標準。

　　臺灣，行政院國家永續發展委員會於 1997 年成立，經建會將「綠建築」列為「城鄉永續發展政策」之執行重點，內政部營建署透過「營建白皮書」正式宣示全面推動綠建築政策，環保署亦於「環境白皮書」納入永續綠建築的推動。此外，內政部分別於 1995 年、1997 年在「建築技術規則」中增（修）訂「節約能源」條款，並於 1999 年 8 月 18 日頒訂「綠建築標章推動使用作業要點」，同年 9 月 1 日開始受理申請綠建築標章，2000 年 3 月函送「綠建築與評估手冊」、「綠建築宣導手冊」與「綠建築標章申請作業手冊」等，供各政府機關興建綠建築之參考（內政部，2001）。2001 年行政院核定「綠建築推動方案」，規定中央機關或受其補助達 1/2 以上，且工程總造價在新臺幣 5,000 萬元以上之公有新建建築物，自 2002 年 1 月 1 日起，應先行取得候選綠建築證書，始得申請建造執照；直轄市、縣（市）政府公有建築訂定實施方式比照辦理。2004 年，內政部在《建築技術規則建築設計施工編》中再增訂「綠建築專章」，以強制執行新建建築推行綠建築設計；2021 年，再修正為「綠建築基準」。

　　2002～2007 年內政部建築研究所推展「綠色廳舍暨學校改善計畫」協助高中職、特殊學校和大專院校就綠化、保水、屋頂隔熱、立面外遮陽、建築空調節能、建築照明節能、節水、雨水中水再利用、生物多樣性、太陽能熱水系統等項目進行改善（內政部建築研究所、財團法人台灣建築中心，2009）。2008～2011 年，實施「生態城市綠建築推動方案」，2010～2015 年再推出「智慧綠建築推動方案」（內政部建築研究所，2014）。推行至 2021 年 3 月，臺灣已有 3,441 件綠建築標章、6,063 件候選綠建築證書，使用階段預估每年可省電約 21.72 億度，撙節 76 億元／年；省水約 1.06 億噸（相當於 42,373 座國際標準游泳池的容量），撙節 10.59 億元／年；減少之 CO_2 排放量約為 11.56 億公斤，這個量約等於 7.75 萬公頃人造林（約等於 2.64 個臺北市面積）所吸收的 CO_2 量（財團法人台灣建築中心，2021a）。

　　921 震災災區的「新校園運動」，清楚的以「永續發展的綠色校園

環境」作為其校園重建的八項具體原則之一（湯志民，2006b）。行政院
（2001）更於「8100 臺灣啟動」計畫中，投資 3 億元推動綠建築方案，
進行永續校園改造推廣第一期計畫。2003 年，教育部發布「教育部補助
永續校園局部改造計畫作業要點」，全力推展「綠校園」推廣計畫（教育
部，2003b）。2004 年，屏東縣彭厝國小、花蓮縣壽豐國小、南投縣社寮
國小、新北市深坑國小榮獲第一屆國家永續發展績優獎（行政院國家永續
發展委員會，2004）。2011 年，臺灣科技大學臺灣建築科技中心獲優良
綠建築貢獻獎，國立南科國際實驗高中、高雄市立前鋒國中獲優良綠建築
設計獎，還有許多學校：如國立臺南藝術大學、淡江大學蘭陽校區、國立
屏北高中、國立新化高中、臺南市億載國小、紅瓦厝國小、新民國小、
宜蘭縣凱旋國中等皆為優良綠建築案例（內政部建築研究所，2014）。
2012 年，成功大學孫運璿綠建築科技大樓、國立南科國際實驗高中、臺
南市億載國小榮膺綠建築示範基地，對學校綠建築的推展提供值得學習之
典範。

　　學校綠建築的觀念已蔚為世界趨勢，行政院和教育部亦積極介入推
動，蕭江碧、黃世孟、陳瑞玲、林憲德、郭曉菁和林達志等（2001）曾對
國中小進行研究，發現許多學校綠建築規劃問題，甚值關切。2020 年，
行政院宣布「中小學教室裝設冷氣，2022 年夏天前全面完工」，改善校
舍電力、裝設冷氣總經費計 323 億元；由教育部督導學校建築、設施改善
電力及加裝冷氣，同時研議安裝太陽光電屋頂、智慧節能、降溫設施的可
行性（行政院新聞傳播處，2020）。臺北市政府教育局（2019b）強調面
對酷熱議題，應從整體思維，以科學方法解決，包括綠校園（太陽能板、
綠化植栽、節能減碳）、智慧校園（電力改善、契約容量等數位管理）、
降溫設施設備（如綠牆、灑水降溫系統及遮陽設施改善）及學生健康等；
並委託財團法人台灣建築中心研究「臺北市立國民中小學校園環境降溫與
校舍節能策略」，以資具體因應。學校建築該如何規劃，以符應「綠建
築」之規準，以利未來理想校園之構築，實值深入探討瞭解。以下擬就學
校綠建築的涵義、學校綠建築的重要、學校綠建築的規劃要點，分別加以
探析。

一、學校綠建築的涵義

「綠建築」，日本稱為「環境共生建築」（建築思潮研究所編，2004），中國稱為「綠色建築」或「可持續性建築」，綠色建築（green building）係指在全壽命期內，節約資源、保護環境、減少汙染，為人們提供健康、適用、高效的使用空間，最大限度地實現人與自然和諧共生的高品質建築（中華人民共和國建設部，2019，第3頁）。在歐洲國家，稱為「生態建築」（ecological building）或「永續建築」（sustainable building），主要強調生態平衡、保育、物種多樣化、資源回收再利用、再生能源及節能等永續發展課題；在美國、澳洲、東亞國家、北美國家，則多稱為綠建築（green building），主要講求能源效率的提升與節能、資源與材料妥善利用、室內環境品質及符合環境容受力等（內政部建築研究所，2014；林憲德、林子平、蔡耀賢，2019）。臺灣，採用「綠建築」之名稱，界定為「生態、節能、減廢、健康特性的建築物」（內政部建築研究所，2003；林憲德，2003），內政部建築研究所（2014）進一步定義為「以人類的健康舒適為基礎，追求與地球環境共生共榮，以及人類生活環境永續發展的建築設計。」

「學校綠建築」（green school buildings, green building for school），或稱之為「學校永續建築」（sustainable building for schools, sustainable school buildings）、「綠教育設施」（the greening of educational facilities）、高成效學校（high performance school）。學校綠建築的涵義，可從一些學者專家和相關權威機構的描述或界定來加以瞭解。例如：Weiss（2000）認為永續學校（sustainable schools）有以下特徵：(1) 在學校設計、建造和營運期間，所運用到的資源應減廢；(2) 無論何時都盡可能使用可更新再用的資源；(3) 學校自行製造可代替的資源；(4) 利用學校所在地的氣候及城市環境的優點，來降低對化石燃料（fossil fuels）的依賴；(5) 在合理的運作費用下，創造健康及安全的學校；(6) 創造一個學校環境成為不可或缺的教育工具和社區資源，以展示並告知學生和社區其經濟體系、環境和社會。

美國能源部（U. S. Department of Energy）（2003）界定高成效學校（high performance school）是：(1) 有高品質的室內空氣；(2) 節能；(3) 省建材；(4) 省水；(5) 易於維護和營運；(6) 操作方法是經設計過的；(7)

溫度、視覺、聽覺上的舒適；(8) 尊重校地和周遭環境；(9) 跨學科學習的資源（a resources for interdisciplinary learning）；(10) 安全和保全；(11) 社區資源；(12) 激勵性建築（a stimulating architecture）；(13) 能適應變遷的需求。

Yudelson（2007）認為：綠建築是將五項因素列入考量的建築，包括促進適當用地的選擇和環境永續用地發展、促進水資源運用效率、節能、運用再生能源和保護大氣資源、節省建材、廢棄物減量和明顯的運用自然資源，以及保護和增進室內空氣品質。

Earthman（2019）認為綠色學校是具有節能、節水設計，以及建造上是環境友善的建築物（P. 256）。

美國綠建築協會（The U. S. Green Building Council）（2021）界定：綠建築是設計、建造、營運和維護上具有資源高效、高成效、健康、成本效益的建築物。

教育部（2003）界定「綠校園」是將已具備環境自覺及實踐能力的綠色學校，施以綠建築及生態校園環境之改造技術，使符合永續、生態、健康原則之校園環境。

林憲德（2012）界定「綠色校園」專指為了打造學校成為環境教育基地所必要的學校硬體設施，亦即為了實現地球永續、環境友善之綠色學校所需要的校園營造工程（第 6 頁）。

本書參照湯志民（2003）定義，「學校綠建築」（green school buildings）是具有生態、節能、減廢、健康特性的校舍、庭園、運動場及其附屬設施。

需提的是，世界各國學校綠建築的推展有許多不同的計畫名稱，包括永續學校（sustainable school）（如澳洲、美國）、生態學校（eco-school）（如歐洲、英國、日本）、綠色學校（green school）（如美國、瑞典、日本、臺灣、中國）、健康學校（health school）、高成效學校（high performance school）和智能學校（smart school）（如美國）、種子學校（seeds）（如加拿大），以及「綠校園」、「綠色學校」或「永續校園」（如臺灣）等，這些學校綠建築計畫重點各有不同，如日本的「綠色學校」專注於學校硬體是否符合綠建築的標準，日本文部科學省與經濟通產省 1997～2001 年選出 147 所示範綠色學校，分別進行太陽能光

電、太陽能熱水器、風力發電、生態綠化、中水系統、外殼節能改善等改造工程（林憲德，2004）；美國的「高成效學校」、「健康學校」、「綠色學校」和「智能學校」，則鼓勵學校做省能源的硬體改善和進行相關教學及活動；英國的「生態學校」，以環保教育為主體兼顧綠建築之設計；臺灣的學校綠建築，先以著重環保教育的「綠色學校」起家，之後並行推展綠建築規劃設計的「綠校園」；「綠校園」名稱於半年後正式定名為「永續校園」，使用迄今。

二、學校綠建築的重要

　　基本上，任何教育者都想提供學生最好的學習環境，但許多學生通往卓越之路的障礙是：學校建築本身，如學校設施未經慎思的設計、不當的通風、不良的音響、黯淡的照明、透風的門窗、耗能的空調系統和其他裂隙，都會減弱學生學習的能力（Kennedy, 2003）。Bolin（2003）指出永續建築設計的裨益主要分為三方面：(1) 生態利益（economic benefits），包括減少生命週期和運作成本；(2) 環境利益（environmental benefits），包括增加能源和水的效率，減少汙染和垃圾填埋；(3) 社會利益（society benefits），乃藉著降低環境衝擊，增加建築使用者的舒適、健康和生活品質。Gelfand（2010）根據研究指出，永續學校的好處有：(1) 提升學生測驗成績；(2) 營運經費較低；(3) 增進教師表現和滿意度；(4) 增加建築使用年限；(5) 環境影響較低；(6) 改變態度。美國佛羅里達州教育廳（Florida Department of Education, 2010）認為成為綠色學校的好處有：(1) 健康、安全的學習環境；(2) 高學生成就；(3) 增加教師和職員的滿意度和留校率；(4) 增加教師、職員、學生和家長的歸屬感；(5) 增加社區和學校的連結；(6) 讓學生瞭解和面對現在與未來的環境變遷；(7) 與社區建立夥伴關係共同設計、執行健康和安全學校方案；(8) 將學校建築和校地作為教學工具；(9) 在建築、景觀設計、減少維護費上成為環境保護實務典範；(10) 避免經費賠償；(11) 減少營運經費；(12) 減少消耗和營運費可撙節經費；(13) 保護自然資源；(14) 減少債務，避免壞名聲。Mill, Eley, Ander 和 Duhon（2002）的研究，以及美國環境保護署（U. S. Environmental Protection Agency, 2014）指出高成效學校的優點有：(1) 較高的測驗分數；(2) 增加每日平均出席率；(3) 減少營運經費；(4) 增加

教師的滿意度和留校率；(5) 減少曝晒；(6) 降低環境影響。澳洲綠建築協會（Green Building Council Australia, 2021）認為建造綠色學校的好處有：(1) 更具學習效率的場所；(2) 更好的教學場所；(3) 吸引學生；(4) 降低環境影響。綜上，學校綠建築的重要，主要在影響學習成就、推展環保節能和作為教學場域三方面。

（一）影響學習成就

　　美國綠建築協會（The U.S. Green Building Council, 2014a）綜合許多研究指出，綠色學校有助於學習。就日照而言，使用「晝光」（daylight）作為照明光源，可以使人們較為快樂、健康及更有生產力。所謂「晝光」係指多雲天空中漫射的光線，所有方位均為上方明亮、地平線處黑暗，其溫度和色彩兩者同屬溫和、涼爽（Loveland, 2002）；美國環境保護署（U. S. Environmental Protection Agency, 2014）根據對加州、華盛頓、科羅拉多州的一項學區研究指出，增加晝光和提高學生成效有強烈相關，以加州為例，教室晝光最多比最少者，在一年之中，學生數學測驗進步 20%，閱讀測驗進步 26%；該研究也從教師、學生和家長數年之體會中證實：好的設施——舒適的音響、採光、室內空氣品質等，會增進學習和測驗成績。就室內溫度而言，舒適的室內溫度可提高工作效率並使學生更加機敏，2016 年對紐約市 75,000 名學生的高風險測驗（high-stakes test）成績進行的一項研究中，研究人員發現，氣溫每升高 1°F，考試成績就會下降 0.2%。儘管看起來很小，但結果意味著學生在 90°F 的日子裡考試失敗的可能性比 75°F 的日子高 12.3%（The Center for Green Schools, 2018）。再就通風設計來看，美國綠建築協會（The U.S. Green Building Council, 2014a）根據勞倫斯柏克萊國家實驗室（Lawrence Berkeley National Laboratories）研究人員指出，當通風率在最低或低於最低標準，學生成就測驗會降低 5～10%。

（二）推展環保節能

　　美國能源部（U.S. Department of Energy, 2003）指出：全國超過 70% 的學校在 1970 年以前建造，有 50% 的學校需要更新；美國重建「能源智能學校」（Energy Smart Schools）將節能措施納入 1 億 7,400 萬平

方英尺（約 1,616 公頃）學校建築之中，每年節省超過 7,200 萬美元。美國綠建築協會（The U.S. Green Building Council, 2014b）表示，如果今天美國所有新學校的興建和整建都使之成為綠色學校，則未來 10 年整個能源經費會節省超過 200 億美元；根據研究指出，綠色學校比傳統興建學校節能 33%，節水 32%，在運作經費上平均每年省 10 萬美元，可至少新聘 1 位教師，買 200 臺新電腦或 5,000 本教科書。加州能源委員會（California Energy Commission）估計，以高成效學校為例，新建學校（new schools）每年可以節省經費 30～40%，在整建學校（renovated schools）每年可以節省經費 20～30%，如果學校整合運用多種節能措施，從設計歷程開始，到每一建築要素（如窗戶、牆、建材、空調、景觀等），都視為連動的統整系統，整體考量使之有最大成效，經積極的設計則每年可以節省 50% 的經費（U. S. Environmental Protection Agency, 2014）。對永續學校而言，室外環境與室內環境一樣重要，根據永續發展卓越中心（The Center of Excellence for Sustainable Development）的研究指出，校地適當的美化可降低 30% 的熱能消耗，空調能源消耗減少 75%，水資源的消耗減少 80%（Moore, 1999）；洛杉磯學區和市府水電部（Department of Water and Power）合作的「酷校」方案（"Cool Schools" program），在校園中種植 8,000 棵樹，可保持建築物涼爽，降低空調和其他電力的花費到 20%，並吸收 CO_2，鎖住水分，且用在「涼爽學校」的每 1 元美金，會因為減少能源花費及增進空氣品質而回收大約 2.37 元美金（Kennedy, 2001）。2020 年 3 月，聖地亞哥猶太學院（The San Diego Jewish Academy）在校園屋頂和停車棚上設置 800 千瓦的太陽能光電板，預計每年可節省 40 萬美元，並讓學院成為一個完全能源自給自足的校園（Kennedy, 2020）。紐約市教育局（New York City Department of Education, 2021）表示，紐約市未來 2 年內購買 75 輛無障礙電動校車（accessible electric school buses），到 2035 年紐約市所有校車都將是電動校車；從柴油校車到全電動校車將帶來顯著的氣候、健康和成本節約優勢，包括將減少校車 30% 的碳排放、消除空氣汙染（可避免每年 2 人過早死亡）、減少哮喘急診，以及呼吸和心臟住院，並節省約 1,800 萬美元的醫療保健費用。澳洲，澳洲綠建築協會在 2013 年的一項研究中發現獲得綠星認證建築（Green Star-certified buildings），耗電量

比澳洲的一般建築物少 66%，產生的溫室氣體排放量比澳洲一般建築物
少 62%，使用的飲用水比一般建築物少 51%，回收 96% 的廢棄物，而新
建案的平均回收率為 58%（Green Building Council Australia, 2021）。

（三）作為教學場域

　　學校綠建築是結合生態、科技、環保、節能、健康的教育設施，極具
教育意義，亦可提供絕佳的教學場域。林憲德（2004）即指出，學校的
生態系統是城鄉人造環境中最重要的一環，在國土配置上最均勻而廣泛，
大專院校、高中職、國中小乃至於幼兒園所擁有的廣大校園，皆具備最優
良的綠化、透水、生物棲息條件，如能以「永續校園」的方向，廣建更優
良的生態環境，對於城鄉生態綠網、都市氣候、生物基因交流、國土生態
保育和全民生態教育，當有莫大的幫助。需注意的是，綠建築和節能建築
都不是我們的目的，而是使我們的教育設施能成為最好的教育設施之策
略（Ohrenschall, 1999）。正如 Nair 等（2013）所強調的，在學校情境
中，永續設計成為卓越的教具，它是動態的模式，自然和諧的教導建築、
工程、建造和環境科學。南澳洲教育廳（South Australia Department of
Education, 2020）也強調，環境永續性原則納入教育設施設計和建設，以
確保教育設施創造出能促進社會、環境和經濟永續性的學習環境，並努力
改善教育設施的環境績效，以降低營運成本和電網負載。因此，學校的設
計、建造、運作和維護，都必須對學童最有利，尤其是學校能源效率的處
理，更應以「改善教師的教學和學生的學習」為我們第一和唯一的目的，
如此才能完成節能、永續和綠學校（Schoff, 2002）。需強調的是，永續
校園是運用綠建築和永續發展的理念，規劃與設置能促進地球永續、環境
友善，以及推展環保與永續教育的校園環境。綠建築與永續校園概念關係
圖，詳見圖 9-1。永續發展的核心概念是：(1) 少即多，如節能、減碳、
減廢等；(2)「生態循環」（ecological cycle），如再生、再利用。永續
校園，如各國的綠色學校、生態學校、高成效學校、綠絲帶學校、綠星學
校、種子學校等，都是以「綠建築」（具生態、節能、減廢、健康特性）
為發展基地，永續發展為核心觀念，推展永續和環境教育（運用方案本位
學習、地方本位教育、食農教育、社區學習中心），與社區共生共榮，共
創永續發展社區，成為地球環保的守護基地（湯志民，2019c）。

圖 9-1

綠建築與永續校園概念關係圖

資料來源：綠建築理念與永續校園之發展，湯志民，2019c，**教育研究，300，**
　　　　51。

　　析言之，永續校園是學校綠建築的建置、提升與運用，永續校園以學校綠建築為發展基地，永續發展為核心，推展永續和環境教育，以培育永續發展人才，共創永續發展社區，為愛護地球盡一份心力。

　　臺灣推展綠建築與永續校園已有 20 年之久，揆諸先進國家，以永續校園整合綠建築和永續教育，結合課程和體驗學習，從做中學涵融永續發展素養，讓學校成為永續發展和環境教育的守護基地，此一綠建築與永續校園推展之整合趨勢，實值借鏡。

三、學校綠建築的規劃要點

　　行政院 2001 年 3 月 8 日核定「綠建築推動方案」，內政部函自 2001 年 3 月 21 日起實施，其實施方針規定，中央機關或受其補助達 1/2 以上，且工程總造價在新臺幣 5,000 萬元以上之公有新建築物，自 2002 年 1

月 1 日起，應先行取得候選綠建築證書，始得申請建造執照。而「綠建築標章暨候選綠建築證書」評定審查作業之評估指標系統，進一步自 2003 年 1 月 1 日起，由七項指標增加為九項指標，二項門檻指標增訂為四項指標，其中「日常節能」及「水資源」二項仍為必須通過之門檻指標（內政部建築研究所，2003、2014）。2011 年起，廢止四項指標合格門檻之限制，全面採用單一五等級的分級標示制度，「日常節能」及「水資源」二項仍為必要之門檻指標，其他七項指標無合格與否之認定，九項指標總分為 100 分，綠建築創新設計採優惠加分，綠建築等級分為：(1) 合格級（得分概率 30% 以下），20～37 分以下（免評估生物多樣性則為 18～34 分以下）；(2) 銅級（得分概率 30～60% 以下），37～45 分以下（免評估生物多樣性則為 34～41 分以下）；(3) 銀級（得分概率 60～80% 以下），45～53 分以下（免評估生物多樣性則為 41～48 分以下）；(4) 黃金級（得分概率 80～95% 以下），53～64 分以下（免評估生物多樣性則為 48～58 分以下）；(5) 鑽石級（得分概率 95% 以上），64 分以上（免評估生物多樣性則為 58 分以上）（林憲德等，2019）。

　　以下參考相關研究（中華民國建築學會，1999；內政部建築研究所，2014；林憲德，2004、2010a、2010b、2012；林憲德等，2019；財團法人台灣建築中心，2021b；湯志民，2003、2006a、2014a），擬就學校綠建築設計的九項指標（參見表 9-1）：生物多樣性、綠化量、基地保水、日常節能、CO_2 減量、廢棄物減量、室內環境、水資源、汙水及垃圾改善等之規劃要點，分別加以說明。

（一）生物多樣性的規劃要點
　　生物多樣性指標僅適用於大型基地之開發評估，校地 1 公頃以上的基地規模才適用於本指標，小於 1 公頃之基地免於接受本指標之監督。生物多樣性的規劃要點：
　　1. 生態綠網
　　(1) 綠地面積至少 25% 以上。
　　(2) 周邊綠地系統：綠地配置連結周邊外綠地系統，且未被封閉圍牆或寬度 30m 以上之人工設施、無喬木綠帶道路所截斷。
　　(3) 區內綠地系統：基地內綠地連貫性良好，且未被封閉圍牆或寬度

表 9-1

臺灣綠建築評估系統 EEWH

大指標群	指標內容	
	指標名稱	評估要項
生態	1. 生物多樣性指標	生態綠網、小生物棲地、植物多樣性、土壤生態、照明光害、生物移動障礙
	2. 綠化量指標	綠化量、CO_2 固定量
	3. 基地保水指標	保水、貯留滲透、軟性防洪
節能	4. 日常節能指標（必要）	外殼、空調、照明節能
減廢	5. CO_2 減量指標	建材 CO_2 排放量
	6. 廢棄物減量指標	土方平衡、廢棄物減量
健康	7. 室內環境指標	隔音、採光、通風、建材
	8. 水資源指標（必要）	節水器具、雨水、中水再利用
	9. 汙水及垃圾改善指標	雨水汙水分流、垃圾分類、堆肥

資料來源：綠建築，內政部建築研究所，2014，**綠建築資訊網**。http://green.abri.gov.tw/

30m 以上之人工設施、無喬木綠帶道路所截斷。

2. 小生物棲地

(1) 水域生物棲地：自然護岸，溪流、埤塘或水池具有平緩、多孔隙、多變化之近自然護岸，岸邊水生植物綠帶寬 0.5m 以上或岸上混種喬、灌木林寬 1m 以上；生態小島，在水體中設有植生茂密、自然護岸，且具隔離人畜干擾之島嶼。

(2) 綠塊生物棲地：混合密林，多層次、多種類、高密度之喬灌木、地被植物混種之密林面積 30m^2 以上，最好被隔離而少受人為干擾；雜生灌木草原，當地雜生草原、野花、小灌木叢生的自然綠地面積 50m^2 以上，少灌溉，少修剪，最好被隔離而少受人為干擾。

(3) 多孔隙生物棲地：生態邊坡或生態圍牆，以多孔隙材料疊砌、不以水泥填縫、有植生攀附之邊坡與圍牆，或以透空綠籬做成之圍

牆；濃縮自然，在被隔離而少受干擾的隱蔽綠地中堆置枯木、薪柴、亂石、瓦礫、空心磚、堆肥的生態小丘，或人造高密度、多孔隙動物棲地。

3. 植物多樣性

根據成大建研所之調查發現，臺灣的國民中小學校園平均種植喬木只有十五種，而平均種植灌木只有十三種，甚至有些國中小校園中只種三至四種喬木與二至三種灌木而已，如此很容易造成植物群落弱化的現象；這種「少物種大量栽培」的作法，不但降低了植物族群的穩定性，也造成野生原種生物快速消失，一旦發生病蟲害或異常氣候時，植物就會變得毫無抵抗能力，甚至導致全體死亡（林憲德等，2019）。因此，植物多樣性設計首重植物之「歧異度」：

(1) 校園喬木種類愈多愈好，最好有二十種以上。

(2) 校園灌木或蔓藤植物類愈多愈好，最好十五種以上。

(3) 植物最好選用原生種（參見表 9-2）或誘鳥誘蝶植栽，避免種植黑板樹、肯氏南洋杉、小葉欖仁等少數外來明星樹種，或種植大面積的觀賞用草花花園與韓國草坪。而所謂的「原生植物」也必須因地制宜，例如：在海岸區域的基地之原生植物必須是林投、草海桐、馬鞍藤之耐鹽分、耐風害的海岸植物，或在臺南、高雄白堊地質之處則必須是孟宗竹林、龍眼、芭蕉之耐鹼植物，設計者只要依當地水文地理條件就近尋找當地植栽即可。

(4) 複層雜生混種綠化，以大小喬木、灌木、花草密植混種（喬木間距均在 3.5m 以下）來提升綠地生態品質，綠地最好三成以上採複層綠化。

4. 土壤生態

(1) 表土保護，係保護土壤內原有微小生物之分解功能，以提供萬物生長的養分；在生態條件良好的山坡地、農地、林地、保育地之基地新開發案中，對於原有表土層 50cm 土壤有適當堆置、養護並再利用。需注意的是，在基地開發上常常會挖掘大量表土，通常必須將表土往基地一端堆積保養，並將表土置於有灑水養護之陰涼處，上面可種植豆科植物或以落葉草皮覆蓋，以免表土乾燥風化而傷害土中微生物的生存，待建築開發完成後，再將表土回

表 9-2

原生植物參考表

闊葉大喬木	樟葉槭、蓮葉桐、糙葉榕、香楠、臺灣欒樹、大葉楠、欖仁、苦楝、烏心石、楓香、刺桐、白雞油、榕樹、樟樹、茄苳、紅楠、山欖、雀榕、青剛櫟、稜果榕、臺灣朴樹、臺東漆、青楓、竹柏、假三腳鼈、欖仁舅、九丁樹、瓊崖海棠
闊葉小喬木、針葉林或疏葉型喬木	港口木荷、黃槿、穗花棋盤腳、山刈葉、山黃皮、香葉樹、披針葉饅頭果、鐵色、橄樹、恆春厚殼樹、鵝掌柴（江某）、牛乳榕、臺灣石楠、無患子、黃連木、流蘇樹、野桐、血桐、杜英、九芎、大頭茶、山黃麻、羅氏鹽膚木、鐵冬青、魯花樹、相思樹、臺灣山桃杷、臺灣肖楠、水柳、珊瑚樹、臺灣扁柏、水黃皮、火筒樹、臺灣黃楊、筆筒樹、山黃梔、百日青、海檬果、破布子、內冬子、菲律賓饅頭果、過山香、呂宋莢蒾、臺灣海桐
棕櫚科	臺灣海棗、山棕
灌木	蘭嶼羅漢松、華八仙、海埔姜、七里香、苦林盤、海桐、野牡丹、銳葉柃木、杜虹花、有骨消、月桃、芙蓉菊、厚葉石斑木、鵝掌藤、姑婆芋、木槿、金毛杜鵑、臺東火刺木、硃砂根、三葉埔姜、苦檻藍、臭娘子、桔里珍、雞母珠、紅柴
草本	巒大秋海棠、桔梗蘭、臺灣澤蘭、水鴨腳、文珠蘭、蛇莓、兔尾草、假儉草、沿階草、紫蘭、車前草、香蒲、槍刀蔡、奶葉藤、爵床、天胡荽、山蘇
蔓性及懸垂植物	馬鞍藤、薜荔、蟛蜞菊、虎葛、地錦、海金沙、濱刀豆、金銀花、臺灣木通、葎草
海濱植物	大葉山欖、欖仁樹、黃槿、棋盤腳、臺灣海桐、銀葉樹、海檬果、臺東漆、水黃皮、瓊崖海棠、臺灣海棗、苦林盤、海埔姜、臺東火刺木、毛苦參、三葉埔姜、苦檻藍、山豬枷、臭娘子、桔里珍、白水木、草海桐、濱刀豆、馬鞍藤、蟛蜞菊
水生植物	野慈菇、香蒲、鴨舌草、水芹菜、滿江紅、臺灣水龍、大安水蓑衣、水丁香、圓葉節節菜、臺灣萍蓬草、水竹葉、菖蒲、小菩菜、燈心草

資料來源：**綠色校園建設參考手冊**（頁 55-56），林憲德（主編），2012，內政部建築研究所。

填至基地內綠地之上層 1m 左右作為滋養綠地之基礎，如此綠地才能保有分解微生物、昆蟲的活動，植生群落生態也較容易達成穩定之群落。

(2) 採有機園藝、自然農法，全面禁用農藥、化肥、殺蟲劑、除草劑，並採用堆肥、有機肥料栽培。需提的是，土壤中的細菌、真菌、微生物、草履蟲、小蜘蛛、馬陸、蜈蚣、擬蝎子、跳蟲、小甲蟲等，每一種生物都扮演草食者、掠食者或是清道夫的角色，將動植物的廢屑不斷轉換成土壤的養分。例如：蚯蚓的排泄物可提供比一般土壤，多上 1,000 倍的催化腐爛的細菌、5 倍多的氮含量、7 倍多的磷，以及 11 倍多的鉀，遠比人類製造的化學肥料更具養分。現在最新的「自然農法」，甚至完全不施藥、不施肥，順著節令、土壤、氣候等大自然的作息去栽種最適當作物的方法，是最生態的園藝。

(3) 廚餘堆肥，通常在有學校餐廳或有營養午餐的學校中進行，「廚餘堆肥」必須以最生態的完全發酵處理方式，才可能確保安全無虞的有機肥料。

(4) 落葉堆肥，是取自基地內植物落葉，經堆放、絞碎、覆土、通氣、添撒發酵劑（石灰或氮）、定期翻堆澆水等處理後而成為堆肥之方法，對「土壤生態」有很大助益。由於堆肥腐熟需時 3～6 個月，同時必須反覆翻堆澆水工作，因此常需要專業知識與長期人力來維護，方能順利進行。

5. 照明光害

(1) 避免路燈眩光，所有路燈照明必須以遮光罩防止光源眩光或直射基地以外範圍。

(2) 避免對鄰地投光、閃光，凡是設有閃光燈、跑馬燈、霓虹燈、雷射燈、探照燈、閃爍 LED 廣告燈等，均會造成鄰地侵擾的投光、閃爍光。

(3) 避免建物頂層投光（天空輝光防制），不可有向上投光至建築頂層立面或頂層廣告之照明。

6. 生物移動障礙

(1) 避免人工鋪面之廣場或停車場障礙，400m² 以上人工鋪面之大型

廣場或停車場，至少單向每 20m 間距應有一條喬木綠道分割（但喬木間距應在 6m 以下）。

(2) 避免道路沿線障礙，基地內 15m 寬以上之道路，兩邊皆無綠帶者，應予避免。

(3) 避免橫越道路障礙，基地內 20m 寬以上道路，未設中間綠帶，應予避免。

（二）綠化量的規劃要點

1. 綠地面積儘量維持在校地總面積 15% 以上，大部分綠地種滿喬木或複層綠化，小部分綠地種滿灌木，減少人工草坪或草花花圃。

2. 校園內校舍建築物、田徑場、球場和消防水池等以外之空地，空地面積 50% 以上應予綠化，依《建築技術規則建築設計施工編》（2021）第 302 條之規定，單位綠化固碳當量基準為 0.83（kg/ $m^2 \cdot yr$）。植物固碳當量 Gi（kg CO_2e/($m^2 \cdot yr$)），參見表 9-3。

3. 大喬木是成樹平均生長高度可達 10m 以上之喬木，小喬木是成樹平均生長高度 10m 以下之喬木。所謂臺灣常見的闊葉大喬木，有榕樹、刺桐、樟樹、楓香、梧桐、菩提、臺灣欒樹、火焰木等，此類喬木類植物的特色是樹形高大、樹葉量多，其固碳效果亦屬最佳，常用於遮蔭、觀景與行道樹。所謂闊葉小喬木就像阿勃勒、無患子、楊梅、含笑、海檬果、黃槿、羊蹄甲、枇杷等；針葉木就如小葉南洋杉、龍柏、圓柏、琉球松等；疏葉形喬木就如小葉欖仁、木棉、相思樹、垂柳等，此類樹種之葉面積量較闊葉大喬木少，其固碳效果亦較小。

4. 為保有植物根部充分的生長空間，植物必須保有充足的覆土深度，喬木與大棕櫚類為 1.0m 以上，灌木及蔓藤為 0.5m 以上，花圃、草坪及薄層綠化為 0.3m 以上。

5. 建築配置避開既有老樹設計，老樹是米高徑 30cm 以上或樹齡 20 年以上之喬木，施工時保護老樹不受傷害；即使在人工鋪面上，也應以植穴或花臺方式儘量種植喬木。需提的是，移植老樹因存活率極低，為免反生態且助長偽裝自然之歪風，在綠建築指標計算中由外移植來的老樹一律視同新樹評估。

表 9-3

植物固碳當量 Gi（kg CO$_2$2e/(m^2 · yr)）

栽植類型		固碳當量 Gi (kg/m^2 · yr)	覆土深度		最小樹穴面積
			屋頂、陽臺、露臺	其他	
生態複層	大小喬木、灌木、花草密植混種區（喬木間距3.5m 以下）	2.00	1.0m 以上	1.0m 以上	4.0m^2
喬木	闊葉大喬木	1.50	0.7m 以上		1.5m^2
	闊葉小喬木、針葉喬木、疏葉喬木	1.00			
	棕櫚類	0.66			
灌木（每 m^2 至少栽植2株以上）		0.50	0.4m 以上	0.5m 以上	
多年生蔓藤		0.40			
草花花圃、自然野草地、水生植物、草坪		0.30	0.1m 以上	0.3m 以上	
薄層綠化、壁掛式綠化		0.30	0.1m 以上	0.3m 以上	

註：學校用地植物固碳當量基準為 0.83。

資料來源：**綠建築評估手冊——基本型**（2019 Edition）（頁 31），林憲德、林子平、蔡耀賢（主編），2019，內政部建築研究所。

6. 鼓勵在陽臺、露臺、屋頂、建築牆面加強立體綠化，並注意要有良好防漏水設計及固定水源供應（如雨水回收），同時要定期澆灌與維修。惟需注意，屋頂花園、花架或農場需有極大的維護人力和不少水費，學校應依時需規劃設置。

7. 校園儘量以透空性圍籬或喬木、灌木混種的綠化作為校界。

8. 綠化應採用當地原生植栽樹種為宜，綠化時避免採用單一樹種大量的植栽方式，而應力求植栽的多樣化，期能創造具有教學功能之教材園。

9. 校園綠化不只為美化，應同時考量綠化效果如何落實於環境教學之需求。

（三）基地保水的規劃要點

1. 在確保容積率條件下，儘量降低建蔽率，並且不要全面開挖地下室，以爭取較大保水設計之空間。

2. 「基地保水設計」主要分為：(1)「直接滲透設計」是利用土壤孔隙的毛細滲透原理來達成土壤涵養水分的功能；校地位於透水良好之粉土或砂質土層時，以直接滲透設計為主。(2)「貯集滲透設計」是設法讓雨水暫時留置於基地上，然後再以一定流速讓水滲透循環於大地的方法；校地位於透水不良之黏土層時，以貯集滲透設計為主。

3. 直接滲透設計，包括：(1) 綠地、被覆地或草溝設計；(2) 透水鋪面設計；(3) 貯集滲透空地；(4) 滲透排水管設計；(5) 滲透陰井設計；(6) 滲透側溝設計。貯集滲透設計，包括：(1) 人工地盤花園土壤貯集設計；(2) 景觀貯集滲透水池設計；(3) 地下貯集滲透設計。

4. 基地位於透水性良好之粉土或砂質土層時，可以參考以下設計對策：(1) 建築空地儘量保留綠地。(2) 排水路儘量維持草溝設計。(3) 將車道、步道、廣場全面透水化設計。(4) 排水管溝透水化設計。(5) 在空地設計貯集滲透廣場或空地。

5. 基地位於透水不良之黏土層時，可以參考以下設計對策：(1) 在屋頂或陽臺大量設計良質壤土人工花園。(2) 在空地設計貯集滲透水池、地下礫石貯留來彌補透水不良。(3) 將操場、球場、遊戲空地下之黏土更換為礫石層，或埋入組合式蓄水框架，以便貯集雨水並促進滲透。

6. 校地為透水性良好的砂質土壤，採用綠地或透水鋪面之直接滲透設計即有良好的保水效果，不必花費龐大經費於地下滲透管溝、滲透井、礫石貯集之設施上。但校地為透水性不良的黏質土壤，採用透水鋪面或植草磚設計反而較無效果，這時以人工花圃、地面貯集、地下礫石貯集之保水設計較有效果。

7. 「透水性鋪面」表層通常由連鎖磚、石塊、水泥塊、磁磚塊、木塊、高密度聚乙烯格框（High Density Polyethylene[HDPE]）等硬質材料，以乾砌方式拼成，表層下的基層由透水性十分良好的砂石級配構成；透水性鋪面下為地下室或基層由混凝土層等不透水材料

構成的鋪面，一概不予計入透水鋪面。學校常有許多透水性鋪面設計，因基層砂石級配夯實不足而產生不均勻沉陷之現象，宜慎處理確保透水與安全功能。

8.「貯集滲透空地」通常利用停車場、廣場、球場、遊戲場、庭園廣場空間，做成能匯集周邊雨水之透水型窪地，此窪地依其功能可做成草地、礫石地，也可做成滲透型鋪面廣場，平時作為一般的活動空間，下暴雨時則可暫時蓄洪；為了公共安全，這些「貯集滲透空地」的蓄水量必須在 24 小時內消退完畢，因此在土壤滲透係數 k 在 10^{-7}m/s 以上時，其蓄水深度小學必須在 20cm 以內，中學必須在 30cm 以內，一般情形則在 50cm 以內，其邊緣高差應分段漸變以策安全。

9.「滲透排水管」及「滲透陰井」通常設置於操場、庭院、坡崁、擋土牆來蒐集土壤內積水，是地面下的排水系統，兩者最新皆使用高密度聚乙稀透水網管，因為使用毛吸透水原理，不必使用碎石或不織布也不會造成阻塞。

10.「滲透側溝」則是蒐集屋頂排水或表面逕流水的地表排水系統，滲透側溝入流處、彎折或寬度變化點應設置陰井，以進行初步之穩流與沉砂。「滲透側溝」不要鄰接建築牆面、擋土牆、圍牆，以免失去滲透之功效；滲透側溝較好的設計還是以滲透網管把水溝暗管化，可免除阻塞及防止積水而產生蚊蟲汙染之困擾。

11.「人工地盤花園土壤貯集設計」是在人工地盤或不透水黏土層上設計綠地花園，利用土壤孔隙之含水性能來截留雨水的設計。

12.「景觀貯集滲透水池」，就是一種具備滲透功能的滯洪池，通常將水池設計成高低水位兩部分，低水位部分底層以不透水層為之，高水位部分四周則以自然緩坡土壤設計做成，其水面在下雨後會擴大，以暫時貯存高低水位間的雨水，然後讓其慢慢滲透回土壤；在平時則縮小至一定範圍，維持常態之景觀水池，水岸四周通常種滿水生植物作為景觀庭園。

13.「地下貯集滲透」是在空地地下挖掘蓄水空間，此地下空間埋設的礫石愈大，其蓄水孔隙率愈大，尤其是蓄洪專用的組合式蓄水框架的蓄水空間比更高達 80% 以上，因此下大雨時，此地下空間便

能貯集較大的水量，然後讓其慢慢滲透回土壤之中，以同時達到貯集及滲透的保水功效。「地下貯集滲透」可在廣場、空地、停車場、學校操場、庭院等開闊區域廣為設置，有時透過一些配管抽水手法，更可將貯集的雨水作為洗車、澆花等雜用水的利用。

14. 特殊保水設計（如貯集滲透空地、滲透排水管、滲透陰井、滲透側溝、景觀貯集滲透水池、地下貯集滲透設計），在山坡地及地盤滑動危機之區域應嚴禁採用。

15. 可以植草磚、碎石或廢棄混凝土塊做鋪面，設計透水停車場，惟供車道和停車場用之植草磚需有 20cm 以上的級配層，才有足夠載力。

（四）日常節能的規劃要點

「日常節能指標」以建築外殼、空調系統及照明系統等三項來進行節能評估，三項必須同時通過才算合格。

1. 校舍建築外殼節能設計

(1) 學校、辦公類建築物，應儘量設計建築縱深小於 14m，以便在涼爽季節採自然通風，並停止空調以節能。校舍空間縱深超過 14m，必須長期依賴空調換氣設備，因此非因教育實驗或教學需求，不宜設計超過 14m 寬的班群教室空間（會有室內通風、照明和電費問題）。

(2) 切忌採用全面玻璃造形設計，辦公類建築開窗率最好在 35% 以下，其他建築在合理採光條件下，不宜採用太大開窗的設計。

(3) 儘量少採用屋頂水平天窗設計，若有水平天窗其開窗率應抑制於 10% 以下，且必須採用低日射透過率的節能玻璃。

(4) 開窗部位儘量設置外遮陽或陽臺以遮陽。

(5) 校舍（尤其是教室）大開窗面向避免設置於東西曬方位。

(6) 空調型建築多採用低輻射玻璃（low emissivity class），Low-E 玻璃是表面具有極細薄的氧化金屬鍍膜的透明玻璃，此一膜層容許波長 380～780nm 的可見光波通過，但對波長 780～3,000nm，以及 3,000nm 以上的遠紅外線熱輻射的反射率相當高，因此在寒帶地區可以隔熱保溫，在熱帶或亞熱帶地區可以減少室外陽光所

傳遞的熱，以減輕空調負荷。

(7) 校舍建築屋頂之平均熱傳透率（U 值）應維持在 0.8w／（m²·K）以下，以利提升屋頂隔熱性能。一般混凝土樓板或五腳磚、空心磚、泡沫混凝土所組成的屋頂結構的隔熱效果並不好，最重要的要加入玻璃棉板之類的纖維保溫材或聚乙烯發泡板（polyehylene, PE）之類的樹脂保溫材才會有良好的隔熱，因保溫材不耐磨、不耐候，通常要外加五腳磚或鋼筋混凝土保護保溫材。如要設置雙層屋頂，應注意成本不便宜，而空氣層需夠大且通風夠好，否則不如直接採用具有良好保溫層的高隔熱屋頂設計（林憲德，2012）。

2. 空調節能效率設計

(1) 中央空調，中小學學校建築圖書館、體育館、禮堂、大型演藝廳或視聽教室（容約 150 人以上）、大學校院單棟建築（尤其是行政辦公大樓）等，冷氣需求量大且有固定使用時間者，採水冷式冰水主機為佳，也可考慮採水冷式貯冰主機較節省經費，需注意避免使用低效率的水冷式箱型空調機系統（有嚴重噪音和耗電問題），惟因各校使用條件不一，仍應請空調工程師設計。

(2) 中央空調，建築空間應依空調使用時間實施空調區劃，依據實際熱負荷預測值選用適當適量的空調系統、高效率熱源機器，並嚴格執行空調熱負荷計算，避免冷凍主機超量設計，依空調重要度而定其備載容量，且不宜採太高的備載設計。大型高耗能中央空調建築物，宜採用建築能源管理系統（Building and Energy Management System[BEMS]）。

(3) 分散式教師辦公室、教學研究室、教材製作室和研討室等中小型校舍空間（容量約 50 人以下），較適用分離式空調機。

(4) 選用高效率冷凍主機或冷氣機，切勿貪圖廉價雜牌貨或來路不明的拼裝主機，以免浪費大量能源而得不償失。

(5) 中央空調應採用主機臺數控制節能系統，亦即不要採用單一大容量的熱源機器，而採用複數個容量較小的熱源機器以應付多樣化的負荷變動。當負荷小時只開動其中一臺熱源機組以節約能源，而負荷大時才開動複數臺之熱源機組以達空調要求。

(6) 空間平面深度儘量低於 7m，所有窗戶應可開啟，以便在秋冬之季採自然通風而停止空調冷氣。

(7) 為維持健康的空氣環境，可採用 CO_2 濃度外氣控制空調系統，一般健康的空調空氣之 CO_2 濃度不超過 1,000ppm，據此每人每小時大約需要 20m³ 的外氣量，而以最大設計外氣量供應空調的一般系統在平常非尖峰人員量時，常常引入過多的外氣量而大量的浪費能源，甚至盲目為省電之故，任意關閉引進外氣設備，使室內空氣品質惡化。CO_2 濃度外氣控制空調系統，係利用室內 CO_2 濃度指標來自動調降外氣量，以降低外氣負荷的節能系統，此一方法對於室內人員變化量大的建築物中特別有效。

(8) 主機及送水馬達採用變頻控制等節能設備系統，風管式空調系統採用全熱交換器等節能設備系統。還有，變風量（variable air volume, VAV）節能設備系統，是將送風溫度固定，而以調節送風量的方式來應付室內空調負荷之變動，亦即以一定溫度來送風，視室內熱負荷變動來改變送風量大小的空調方式，此一方式一方面透過風量的調整來減少送風機的耗電量，另一方面可增加熱源機器的運轉效率而節約能源。

(9) 校舍建築較不受高溼環境困擾，可設置負壓風扇系統，設備頗為低廉而經濟實惠。負壓風扇系統（有的會附加水簾）是一種裝於建築出風面的排風系統，利用風扇所產生的負壓吸引涼風由另一端進入生活空間，以達到降低體感溫度的熱環境調節系統。負壓風扇系統用在自然通風難以達成的大深邃空間，更有意義（林憲德等，2019）。

3. 照明節能設計

(1) 校舍建築應保有充足開窗面以便利用自然採光，室內採用高明度的顏色，以提高照明效果；大型辦公室之窗邊，設置晝光感知控制自動點滅照明控制系統。

(2) 一般空間儘量採用電子式安定器、高反射塗裝之螢光燈或 LED 燈，避免採用鎢絲燈泡、鹵素燈、水銀燈或採用無安定器、無反射燈罩之低效率燈具，並合理設置自動調光控制、紅外線控制照明自動點滅等照明設計。

(3) 體育館、演藝廳等高大空間，儘量採用高效率投光型複金屬燈、鈉氣燈來設計；閱覽、製圖、縫紉、雕刻等精密工作空間之天花板照明不必太亮，儘量採用檯燈、投光燈來加強工作照明即可。

(4) 教室照明配合室內工作模式做好分區開關控制，以隨時關閉無人使用空間之照明，或設置晝光控制自動點滅照明設計，於採光充足時逐排關掉靠窗之照明器具。

（五）CO_2 減量的規劃要點

1. 結構合理性：為了降低建材的使用量，首重合理而經濟的結構系統設計。因此，校舍建築外觀以簡樸素雅為主，避免不必要的裝飾表現，造形變化愈多，會產生更多結構弱點導致補強建材增加。因此，校舍建築平面設計儘量規則、格局方正對稱，除了大廳挑空之外，儘量減少其他樓層挑空設計；建築立面設計力求均勻單純、沒有激烈退縮出挑變化；建築樓層高均勻，中間沒有不同高度變化之樓層；建築物底層不要大量挑高、大量挑空；建築物不要太扁長、不要太瘦高。

2. 建築輕量化：建築物的輕量化直接降低了建材使用量，進而減少建材之生產耗能與 CO_2 排放。因此，校舍建築鼓勵採用輕量鋼骨結構或木結構、輕量乾式隔間、輕量化金屬帷幕外牆、預鑄整體衛浴系統，以及採用高性能混凝土設計以減少混凝土使用量。

3. 耐久性：耐久性的提升有助於建築壽命的延長，相當於節約建材使用量。因此，校舍建築結構體設計耐震力要提高 20～50%，柱梁鋼筋和樓板鋼筋之混凝土保護層增加 1～2cm 厚度，屋頂層所有設備以懸空結構支撐，與屋頂防水層分離設計，空調設備管路、給排水衛生管路採明管設計，電氣通信線路採開放式設計。

4. 再生建材使用：鼓勵採用爐石粉替代率 30% 的高爐水泥作為混凝土，校舍室內外建築採用再生面磚作為表面材，採用再生骨材作為混凝土骨料，採用回收式內外家具與設備，採用再生磚塊或再生水泥磚作為圍牆造景，採用再生級配骨材作為混凝土骨材。

5. 應避免使用非經過森林管理與計畫伐林之木材；使用木構造為輕量化獎勵對象者，應提出永續森林經營的林木出產證明。

6. 保存校園史蹟建築，加強舊建築物整修、空餘教室及閒置空間再利用。

（六）廢棄物減量的規劃要點

　　臺灣擁有全球最高密度的鋼筋混凝土（RC）建築物，使臺灣的營建廢棄物汙染尤其嚴重。臺灣鋼筋混凝土建築物每平方公尺樓地板，在施工階段約產生 $0.314m^3$ 之建築廢棄物、$0.242m^3$ 之剩餘土方、1.8 公斤的粉塵，在日後拆除階段也產生 1.23 公斤的固體廢棄物，不但危害人體，也造成大量廢棄物處理的負擔（林憲德等，2019）。「廢棄物減量指標」著眼於減少施工中與拆除後之環境汙染量，對策有：

1. 工程土方平衡：校地開發最好是現地取得土方平衡，如土方不平衡不論是需運出多餘土方，或需由外運入基地填方，均為相同的環保負荷。因此，校舍建築應掌握地形、地質、地貌，儘量減少地下室開挖以減少土方，如有多餘土方大部分均用於現場地形改造或用於其他基地工程之土方平衡。

2. 減少施工和拆除廢棄物：校舍建築工程應減少施工廢棄物和拆除廢棄物，可採用木構造或輕量鋼骨結構，以減少水泥用量；如為 RC 構造，可採用爐石粉替代率約 30% 的高爐水泥作為混凝土材料，可採用再生面磚作為建築室內外建築表面材，可採用再生級配骨材作為混凝土骨料，戶外道路、鋪面、設施儘量採用再生建材。

3. 營建自動化：校舍建築工程採用 RC 構造時，應儘量引進營建自動化工法以降低營建汙染，例如：採用金屬系統模板、預鑄外牆和預鑄梁柱，以減少木模板使用；採用預鑄浴廁和乾式隔間，以減少現場廢棄物。

4. 防制施工空氣汙染：校舍建築工程，應對各種施工採行空氣汙染防制措施，例如：工地四周有 1.8m 以上防塵圍籬，結構體施工後加裝防塵罩網，土石運輸車離工地前覆蓋不透氣防塵塑膠布，工地車行路面全面鋪設鋼板或打混凝土，建築工地設有施工車輛與土石機具專用洗滌措施，工地對於車輛汙泥、土石機具之清洗汙水與地下工程廢水排水設有汙泥沉澱、過濾、去汙泥、排水之措施，以防營建汙染。

（七）室內環境的規劃要點

1. 音環境

音環境主要控制空氣傳音和固體傳音。空氣傳音的控制方法以隔絕噪音為主，要選擇隔音性能較佳之門窗及牆壁構造；固體傳音的控制則以樓板結構體之剛性設計及增設緩衝材、空氣層來對應。

(1) 建築 RC 外牆和樓板結構均要有 15cm 以上，以隔絕戶外噪音。

(2) 依據既有隔音材料實驗檢測，推開式氣密窗在隔音性能上有較佳之效果。一般推開窗玻璃厚 5mm 以上；雙層窗對於隔音性能很有利，雙層窗玻璃厚度 5mm，間距大於 20cm 為佳。一般建築物較常使用之橫拉窗之氣密性與隔音性能較差，橫拉窗玻璃厚要有 8mm 以上或用 6 ＋ 6mm 之膠合玻璃。

(3) 建築樓板厚度 RC 15cm、鋼構複合樓板 18cm，另於樓板構造上加設緩衝材或空氣層皆有助於減少垂直向樓板衝擊音之干擾。空氣層厚度≥ 30cm，可有效衰減衝擊音約 10dB。

(4) 校舍噪音控制，室內噪音應控制在 50dB（A）以下，並注意避免製造噪音，如學校擴音器隨意亂用；避免受噪音干擾，如校舍與主要道路及校舍之間距至少 30m，音樂和韻律等教室易產生噪音需加強隔音及與需安靜的教學區隔離或單獨設置。體育館和演藝廳會有噪音或回音，其室內牆面與天花板應有良好吸音設計。

2. 光環境

(1) 校舍建築，除有空間機能需求之考量（如攝影棚、暗房、視聽教室等）外，應多運用自然採光；校舍建築深度儘量維持在 14m 以內，並儘量維持一字形、L 形、ㄇ形、口形的配置，以保有採光潛力。

(2) 校舍所有開窗面最好有 1m 以上的水平外遮陽設計，在東西曬方位更應有深邃的格子板遮陽，或是活動百葉遮陽設計。

(3) 燈具要有防眩光格柵、燈罩或類似設施（燈管不裸露），教室室內照明桌面照度不低於 500Lux，黑板照度不低於 750Lux。

(4) 儘量採用明亮的清玻璃或淺色 low-E 玻璃，不要採用高反射玻璃（因容易造成室內陰暗與反光公害）或重顏色之色版玻璃，以保有良好採光。

3. 通風換氣環境

(1) 校舍建築通風換氣，目的主要在於引入室內足夠之新鮮空氣，稀釋室內汙染物濃度，去除室內環境（如教室、實驗室、游泳池、廁所、廚房、地下室等）之熱量、溼氣或異味，保持室內適度的溫溼度，主要通風方式有自然通風、空調和機械通風。

(2) 校舍建築深度（含陽臺、走廊）儘量維持在 14m 以內，外形儘量維持一字形、L 形、ㄇ形、口形的配置，並注意對流通風設計，以利自然通風：A. 校舍單側或相鄰側通風路徑開窗之空間深度（含陽臺、走廊），需在 2.5 倍室內淨高以內，臺灣的中小學教室大多為寬 7.5m，加上單面走廊寬 2.5m，因此需相對側開窗。B. 校舍相對側或多側通風路徑開窗之空間（含陽臺、走廊），至少有一向度深度在 5 倍室內淨高以內，有些班群空間或多目的活動空間（含陽臺、走廊）之空間深度擴大至 12～15m，不利自然通風和採光。C. 以通風塔、通風道系統、送風管或其他通風器輔助，有助於自然通風。

(3) 校舍單側開窗、相鄰側開窗，較難使新鮮外氣進入室內遠端而排除遠端的汙染物；相對側開窗及多側開窗方式，可以使氣流以近似活塞流的方式將室內髒空氣推擠出去，而有較佳的空氣置換效率；其他如配合機械輔助或熱浮力動力之通風方式，也能形成良好的通風路徑。中央空調系統與分離式系統，均應設置新鮮外氣系統以保有良好空氣品質。

(4) 教室走廊矮扶牆不應做成密不通風的矮牆，應以設計成鏤空欄杆，以利風能穿越進入教室。

(5) 貯藏室和地下室需乾燥或易潮溼的地方、游泳池和淋浴間的溼氣、廚房五味雜陳的空氣、化學和生物實驗室等易產生有毒氣體的地方，需藉助機械通風系統抽風。

(6) 中小學校舍地下室通常不深邃，如在地下室四周設計寬 1m 的採光通風天井，並設計耐陰性之植物庭園，依靠兩邊天井自然通風對流即可保持空氣新鮮，不用啟動機械通風；也可在室內裝設 CO 濃度偵測器，在 CO 濃度 10ppm 以上時才啟動機械通風，全年可能無需使用機械通風，可大量節能（林憲德，2012）。

4. 室內建材裝修

(1) 依《建築技術規則建築設計施工編》（2021）第 321 條之規定，建築物室內裝修材料、樓地板面材料及窗，其綠建材使用率應達總面積 60% 以上，但窗未使用綠建材者，得不計入總面積檢討。

(2) 在整體裝修量上，室內裝修（天花、牆壁、地板）以簡單樸素為主，儘量不要大量裝潢，不要立體裝潢，並多採用具有國內綠建材標章或相關環保標章之建材（即低逸散性、低汙染、可循環再利用、廢棄物再利用之建材）。綠建材標章自 2004 年起受理申請，截至 2020 年底止，累計核發 2,668 件標章，產品包括塗料、天花板、地板、隔間牆材料、吸音材等共 19,298 種系列產品（內政部，2021）。

(3) 在表面裝修建材上，獎勵採用綠建材，包括：A. 生態綠建材，如永續林業經營之木材或竹、草纖維壁紙、棉麻窗簾、亞麻仁油漆、硅藻土塗料等天然材製之建材。B. 健康綠建材，如低甲醛、低揮發性有機化合物之合板、夾板、石膏板等板材、水性及油性塗料、填縫劑等。C. 高性能綠建材，包括高性能防音綠建材（如隔音門、窗、樓板緩衝材、吸音天花板等）、高性能透水綠建材（如單元透水磚、透水鋪面），以及高性能節能玻璃等。D. 再生綠建材，即回收國內廢棄物再利用之建材，如廢棄物再生製造之石膏板、纖維水泥板、高壓混凝地磚、碎石級配料、陶瓷面磚（林憲德等，2019）。

（八）水資源的規劃要點

　　臺灣雖有豐沛降雨量，年平均高達 2,500 公釐以上，但因人口稠密之故，每人平均雨量僅為世界平均的 1/6，成為聯合國組織認定的缺水國家之一。臺灣目前處於新水源開發不易，因此節約用水勢必成為缺水對策最重要的方法（林憲德等，2019）。水資源的規劃要點：

1. 大小便器與公共使用之水栓必須全面採用具省水標章或同等用水量規格之省水器材，並將一段式馬桶改成具省水標章的兩段式馬桶。

2. 省水閥、節流器、起泡器等省水水栓之節水效率較有限，改用自動感應、自閉式或腳踩式水栓，節水效率更好。

3. 採用具備減少冷卻水飛散、蒸發、排放功能之節水型冷卻水塔，冷卻水塔除垢方式由化學處理方式改為物理處理方式。另外，鼓勵設置空調冷凝水回收系統。

4. 儘量不要設置大耗水的人工草坪或草花花圃，如有設置，則應裝置自動偵溼澆灌等節水澆灌系統。

5. 設置親水設施、游泳池、噴水池、戲水池、SPA 或三溫暖等耗水設施者，必須設置雨水貯集利用或中水利用設施。

6. 開發總樓地板面積 2 萬 m^2 以上或基地規模 2 公頃以上者，必須設置雨水貯集利用、中水利用設施或具智慧水表的監控方式（林憲德等，2019）。

7. 雨水貯集利用系統比中水利用系統更簡易經濟，校園建築受限於經費可優先採用雨水貯集利用系統，如校舍屋頂及校園地面之雨水宜規劃匯集至雨水槽，經簡單過濾後作為綠地澆灑花草用水，能多重使用尤佳。

8. 雨水供水管路之外觀應為淺綠色，且每隔 5m 標記雨水字樣；生活雜排水回收再利用水供水管之外觀應為深綠色，且每隔 4m 標記生活雜排水回收再利用水字樣。所有貯水槽之設計均需覆蓋，以防止灰塵、昆蟲等雜物進入；地面開挖貯水槽時，必須具備預防砂土流入及防止人畜掉入之安全設計。

9. 由雨水貯留利用系統或生活雜排水回收再利用系統處理後之用水，可使用於沖廁、景觀、澆灌、灑水、洗車、冷卻水、消防及其他不與人體直接接觸之用水（建築技術規則建築設計施工編，2021）。

（九）汙水垃圾改善的規劃要點

1. 汙水垃圾改善指標大多為興建設備空間與營建管理有關的規定，學校需從規劃設計階段即開始注意各設置要項，並於施工階段預留專用管道空間及排水孔（尤應注意管道暢通，避免破裂或阻塞），並確實督導水電設計及施工者將排水管接續至汙水處理設施或汙水下水道。

2. 汙水改善上，廚房、餐廳、宿舍、浴室及洗衣空間的生活雜排水均確實接管至汙水處理設施或汙水下水道；其中，廚房及洗衣空間需

設有油脂截留器並定期清理。

3. 垃圾改善上，專用垃圾集中場應設有充足垃圾貯存處理及運出空間，加強綠化美化或景觀化，設置防止動物咬食的密閉式垃圾箱，並定期執行清洗及衛生消毒。其次，應設置資源垃圾分類回收系統、廚餘蒐集再利用系統，並設置垃圾壓縮機、有機肥處理、廚餘處理等設施，使資源回收和垃圾處理更有效能；資源回收桶，可分為廢紙類、廢寶特瓶、廢玻璃容器、廢紙容器、廢鐵鋁罐等。

　　面臨全球暖化日益嚴重，氣候急遽變遷，「綠」即王道，重視與力行節能、減碳、減廢，以及運用再生能源等環保觀念，已成為教育的大主流，而在校園建築環境上，學校綠建築和永續校園也是莫之能禦的大趨勢。校園是教育基地，也是地球環保的先鋒，期待大家持續努力，使校園更自然、更亮麗。

第二節　無障礙校園環境的設計

　　「無障礙環境設計」（barrier-free environment design）主要起源於1950年代末期北歐斯堪地那維亞半島諸國的「正常化」（normalization）概念，認為「只以健康的人為中心的社會，並不是正常的社會」，主張讓身心障礙者也能和一般人一樣地在地域社會過普通的生活，希望解除社會隔離的制度，使身心障礙者回歸社會主流（mainstreaming），達到社會整合和統合（integration）的目的。不久，這種訴諸身心障礙者權利，強調身心障礙者應在社區中和一般人共同生活重要性的「正常化」思想，自北歐諸國向歐洲本土延伸，然後擴及美國（田蒙潔，2001；曾思瑜，1996、2001）。

　　1959年，歐洲召開關於建築障礙的歐洲會議，並議決「考慮肢體障礙者方便使用的公共建築物設計及建築」。1969年國際復健協會（Rehabilitation International）制定「為身心障礙者設計的國際符號標誌」，讓身心障礙者容易接近、方便使用建築物。1974年，聯合國與國際復健協會合作，根據身心障礙者生活環境專家會議，整理出報告書，無障礙設計（barrier free design）一詞於是普及。

英國，1963 年訂定「行動不便者可及性建築」（Accessible for the Disabled to Buildings），1999 年教育暨職業部（Department for Education and Employment[DfEE], 1999）提出「行動不便者可及性學校建築：管理和設計指引」（Access for Disabled People to School Buildings: Management and Design Guide）。瑞典，1969 年制定「身心障礙者建築基準」（SBN 67, Sweden Building Norms）。加拿大，1965 年制定「身心障礙者建築標準」（Buildings Standards for the Handicapped），1999 年英屬哥倫比亞省教育、技術與訓練部（Ministry of Education, Skills and Training, 1999）提出「可及性學校設施：規劃資源」（Accessible school facilities: A resource for planning）；日本，1974 年東京都町田市制定全國最先驅的「町田市福祉環境整備綱要」，之後頒布「考慮身心障礙者使用之設計標準」（1982 年），而各縣市及地方自治體也紛紛著手於「無障礙環境」相關的「福祉鄉鎮建造整備指針」（東京都 1988 年）、「建築基準法施行條例」（神奈川縣、兵庫縣 1990 年）之訂定（曾思瑜，1996、1997）。

美國，無障礙環境法規制定最早也最完整，1961 年美國國家標準局（American National Standard Institute[ANSI]）訂定「可及和可用的建築與設施」（Accessible and Usable Buildings and Facilities），這是世界上最早有關「無障礙環境」設計的規範。1968 年制定「建築障礙法案」（Architectural Barriers Act, ABA〔Public Law 90-480〕）。1973 年制定「復健法案」（Rehabilitation Act〔Public Law 93-112〕）。1975 年制定「所有身心障礙兒童教育法案」（the Education for All Handicapped Children Act〔Public Law 94-142〕）。1984 年訂定「統一全國可及性標準」（Uniform Federal Accessibility Standards, UFAS）。1990 年修改「所有身心障礙兒童教育法」為「行動不便者教育法」（Individuals with Disabilities Education Act, IDEA〔Public Law 101-476〕），再次強調提供「最少限制環境」（the least restrictive environment）的重要政策，主張身心障礙學生應盡可能安排在最能適應的正常教育環境中接受教育，並使身心障礙者統合於非障礙者的主流學習環境中，同享正常化的學習環境。1990 年制定「美國行動不便者法案」（The Americans with Disabilities Act, ADA〔Public Law 101-336〕）。1991 年制定「美國行動

不便者法案可及性設計標準」（ADA Standards for Accessible Design）。1994 年「美國行動不便者法案可及性指引」（ADA Accessibility Guidelines[ADAAG]）。2004 年，修正提出「ADA 和 ABA 的建築與設施可及性指引」（ADA and ABA Accessibility Guidelines for Buildings and Facilities）（Abend, 2001; Ansley, 2000; Bar & Galluzzo, 1999; The WBDG Accessible Committee, 2012）。2010 年，修訂 1994 年版的「美國行動不便者法案可及性指引」，並提出「2010 美國行動不便者法案可及性設計標準」（2010 ADA Standards for Accessible Design），詳訂無障礙設施各項規範（U.S. Department of Justice, 2010）。美國無障礙理事會（The U.S. Board, 2021）架立 ADDAG 網站，提供最新、最完整的無障礙空間、設施（含圖示）與相關資訊，利於無障礙校園環境的設計之參考。

澳洲，2005 年的「身心障礙差別法案」（The Disability Discrimination Act[DDA]），要確保所有行動不便者都受到合理的尊重，在可及性上，主要目標是提供安全、公平和有尊嚴的進入建築設施、服務設施和教育設施，讓所有建築都能符合「無差別可及」（non-discriminatory access）的要求；2005 年的「身心障礙教育標準」（The Disability Standards for Education），闡明了教育和培訓者的義務，並確保身心障礙學生能夠與其他學生在相同的基礎上接受和參與教育，而所有提供教育服務的設施，以及身心障礙學生的教育設施，都要遵守這些規定。因此，新設施的設計和興建、既有設施的重新發展，包括門、電梯、資訊和通信技術、飲水機、校地、建築、坡道、停車場等，都必須考量「通用性設計」（universal design）的原則，通用設計原則包括：(1) 提供公平使用、隱私、保護、可及和安全，對所有使用者都是平等有效的。(2) 設計元素適應各種個別的喜好和能力。(3) 無論使用者的經驗、知識、語言技能和認知能力如何，空間都是直觀且易於理解的。(4) 無論環境條件和使用者的感官能力如何，都可以有效地傳達有關空間使用的必要訊息。(5) 設計最大限度地減少意外或有意行為的危害和不利後果。(6) 可以高效、舒適地使用空間，並且儘量減少疲勞。(7) 無論使用者的體型、姿勢或移動性如何，提供適當的尺寸和空間，以利接近、觸及、操作和使用（South Australia Department of Education, 2020）。

　　紐西蘭，其教育體系也致力於提供融合（inclusion）的教育經驗，紐西蘭教育部（New Zealand Ministry of Education, 2016）提出能讓所有孩子運用的彈性學習空間（flexible learning spaces [FLS]），其通用設計原則為：(1) 公平使用（equitable use）：該設計對各種能力的人都很有用。(2) 使用靈活（flexibility in use）：空間可以改變以適合學習者的需求或喜好。(3) 簡單直觀的使用（simple and intuitive use）：空間易於使用，不用考量使用者的經驗、知識、語言技能或專心程度。(4) 可感知的訊息（perceptible information）：無論環境條件或使用者的感官能力如何，都可以弄清楚如何有效利用空間。(5) 誤差容忍（tolerance for error）：該設計盡可能減少危害，並考慮了意外或意外行為的後果。(6) 低體力（low physical effort）：使用該設計無需花費太多力氣。(7) 接近和使用的大小和空間（size and space for approach and use）：無論空間大小、運用姿勢或移動性如何，使用者都能夠接近該空間，並更改以滿足他們的需求。

　　愛爾蘭教育和技術部（Department of Education and Skills, 2017）非常重視學校的無障礙環境和通用性設計，主要包括：(1) 所有教室空間都要具無障礙條件，讓所有不同能力的學生都能使用。(2) 從校地入口到學校建築，以及到所有主建築入口都要有無障礙道路，正門附近設一無障礙停車位。(3) 所有新校舍和學校擴建部分的設計應有無障礙環境、所有入口都無障礙，讓所有不同能力的人都能順利使用。(4) 應在多樓層學校建築每一層樓梯間設置適合行動不便者避難區（refuge areas），並配備雙向緊急語音通訊系統至行政／辦公室中央監控站。(5) 無障礙廁所應位於學校方便和可及的地方，並易於辨識。(6) 與無障礙設施相關的所有配件和鐵器，應都能夠握拳頭操作。(7) 無障礙衛生設施應有向外敞開的門。如果提供向內開門，則應增加該區域的面積，以便門的擺動不會侵入輪椅轉動空間，並且門應有緊急釋放鉸鏈。此外，對坡道、扶手、電梯、淋浴間等都有相應規定。

　　臺灣，1980 年公布《殘障福利法》。1988 年《建築技術規則建築設計施工編》第十章列入「公共建築物殘障者使用設施」，首次對無障礙校園設施予以規範。1990 年修正《殘障福利法》，並明定公共設施、建築物、活動場所及交通工具，都該考慮無障礙環境之設計，未符合規定者，不得核發建築執照，並規定舊有建築物在 5 年內改善。1997 年，修正並

將《殘障福利法》更名為《身心障礙者保護法》，建築技術規則也將「殘障者」更名為「行動不便者」。1999 年，《憲法》增修條文第 10 條也規定國家對於無障礙環境之建構應予保障。2007 年將《身心障礙者保護法》再更名為《身心障礙者權益保障法》。依《身心障礙者權益保障法》（2021）第 30 條之規定：「各級教育主管機關辦理身心障礙者教育……應依其障礙類別、程度、學習及生活需要，提供各項必需之專業人員、特殊教材與各種教育輔助器材、無障礙校園環境、點字讀物及相關教育資源，以符公平合理接受教育之機會」。第 57 條明列：「新建公共建築物及活動場所，應規劃設置便於各類身心障礙者行動與使用之設施及設備。未符合規定者，不得核發建築執照或對外開放使用。公共建築物及活動場所應至少於其室外通路、避難層坡道及扶手、避難層出入口、室內出入口、室內通路走廊、樓梯、升降設備、哺（集）乳室、廁所盥洗室（含移動式）、浴室、輪椅觀眾席位周邊、停車場等其他必要處設置無障礙設備及設施。」2008 年，內政部營建署訂定《建築物無障礙設施設計規範》，並於 2012 年 11 月修正，同時發布「既有公共建築物無障礙設施替代改善計畫作業程序及認定原則」（內政部營建署，2012a、2012b），更於 2018 年修正「既有公共建築物無障礙設施替代改善計畫作業程序及認定原則」、2019 月修正《建築物無障礙設施設計規範》，使之成為無障礙校園環境設計最重要的法規依據。

　　無障礙校園環境不僅在法規上要求，教育部局處也大力推展無障礙校園環境。教育部 2003 年起訂定《教育部補助改善無障礙校園環境原則》，補助各直轄市和縣市政府，以及所屬大學校院、國私立高中職（含特殊學校），改善無障礙建築設施及設備（包括裝設無障礙電梯）（教育部，2011b）。2009～2011 年教育部依內政部《建築物無障礙設施設計規範》，補助國私立高中職 721 校次計 6 億元，以落實提供無障礙校園環境（林純真，2012）。2013～2014 年教育部補助大專校院改善無障礙校園環境計 1.5 億元，補助中小學改善無障礙校園環境計 3.1 億元（教育部教育經費分配審議委員會，2013）。依《教育部國民及學前教育署補助改善無障礙校園環境原則》（2021）之規定，補助中小學、特教學校和幼兒園，設置無障礙昇降機（每座最高新臺幣 400 萬元），其他無障礙設施，每校最高以補助新臺幣 200 萬元為原則。有些縣市中小學評鑑也將無

障礙環境列為評鑑要項之一，尤其是新建學校和校舍工程無障礙設施需審核通過方能取得使用執照，顯見無障礙校園環境和設施，已成為校園規劃的關鍵項目之一。本節擬就無障礙校園環境的意義、重要、整體規劃和設計要點，分別加以說明，以供學校規劃和設計無障礙環境之參考。

一、無障礙校園環境的意義

　　無障礙（barrier free）一詞的 "barrier" 是障礙、壁壘之意，"free" 則是自由、開放之意，直譯為「去除障礙」；意指對於以高齡者與身體障礙者等人的生活有關之建築、室內，以及環境等整體，創造出容易生活且採取安全、纖細之考慮的舒適設施，以及照護環境（楢崎雄之，2000/2002）。無障礙環境（barrier free environment）一般通俗的用語為「可及的環境」（accessible environments），也有採用「賦能的環境」（enabling environments）（Steinfeld & Danford, 1999）、「融合性設計」（inclusive design）（Imrie & Hall, 2001）或「融合性建築環境」（inclusive built environments）（Sawyer & Bright, 2004），在特殊教育領域用語則為「最少限制環境」（the least restrictive environment）（Abend, 2001; Ansley, 2000）。無障礙校園環境係以無障礙環境理念來建構的校園環境，或稱之為「無障礙校園」、「無障礙學校」或「可及的學校」（accessible schools）（Ansley, 2000; Bar & Galluzzo, 1999; Department of Education and Lifelong Learning, 2002; Ministry of Education, Skills and Training, 1999），其涵義可從下列學者專家之界定，知其梗概。

　　Kowalski（1989）認為就學校而言，無障礙環境係去除設施的障礙，使行動不便者能正常的和依原來方式運用（p. 183）。無障礙校園環境是一個建築和設備無障礙的情境，其中，建築的障礙，是設計或建造的因素，使得行動不便者無法以適度的力量進入使用建築或學校設施；設備的障礙，則因學校的設備或本然的設置，使行動不便者受到同樣的限制。

　　吳武典（1992）認為「無障礙的校園環境」，主要藉助校園內軟體（師生態度、教材、教法、教學及行政措施等）、硬體（建築物、設備等）的改善，使身心障礙學生能在最少限制的環境下，做最有利的學習，同時達到統合安置的最大目標──相互瞭解、相互幫助、相互接納（第23

頁）。

楊國賜（1992）認為「無障礙校園環境」，就是要排除現存於校園內對殘障學生形成障礙的一切措施，使殘障學生在最少限制的環境中，接受適性的教育，以充分發揮其潛能（第9頁）。

李素珍（2003）：無障礙校園環境（barrier-free campus）是一個以整體性的概念透過軟硬體設施與態度所建構出來的人性化校園環境，是一個完整包含物理、社會、心理各層面的無障礙環境，達到提供使用者一個「人性」、「安全」、「便捷」、「順暢」、「連貫」、「可及─可到達、可進出（逃生、避難）、可使用」的整體環境，以滿足國民參與性格的心理取向、展現人權均等的精神。

簡言之，無障礙校園環境（barrier-free school environment）係以無障礙空間和設施構成行動不便者可到達、可進入、可使用的學校建築與校園環境（湯志民，2002a）。其中，無障礙空間是指以無障礙設施使學校建築的室內外區域，成為行動不便者可進出運用之空間；無障礙設施，根據內政部營建署（2019）《建築物無障礙設施設計規範》，係指定著於建築物之建築構件（含設備），使建築物、空間為行動不便者可獨立到達、進出及使用，無障礙設施包括：室外通路、坡道及扶手、避難層出入口、室內出入口、室內通路走廊、樓梯、昇降設備、廁所盥洗室、浴室、輪椅觀眾席位、停車空間等（參見圖9-2）。至於，行動不便者係指個人身體因先天或後天受損、退化，如肢體障礙、視覺障礙、聽覺障礙等，導致在使用建築環境時受到限制者；另因暫時性原因導致行動受限者，如孕婦、老人、抱小孩的成人、肢體受傷、病患、骨折患者、提重物者等，為「暫時性行動不便者」。

二、無障礙校園環境的重要

1997年美國K-12年級需特殊教育的行動不便學生有600萬名，其中有75%在普通教育教室中上課（Ansley, 2000）。據美國教育部（the U.S. Department of Education）之報告，1988～1989學年度至1997～1998學年度，行動不便學生80～100%時間在普通教育教室中上課之比例由30%提升到46%，同時安置於獨立的公私立設施則由5%降至3%（Abend, 2001）。因此促成教室的戲劇性改變，並期望行動不便學生和不同文化

圖 9-2

建築物無障礙環境設計參考圖

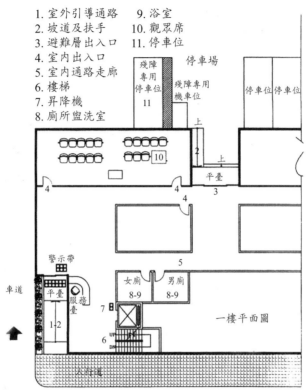

資料來源：**臺北市無障礙環境設計手冊**（頁 23），劉王濱和田蒙潔，1996，
臺北市政府教育局。

學生都能成功融合在普通教育情境之中（Hall, Meyer, & Rose, 2012）。
受維多利亞州教育和訓練廳（the Victorian Department of Education
and Training）委託研究的 Cleveland（2018）指出，「融合教育設計」
（inclusive education design）是改善學校設計和創新的關鍵因素之一，
約有 4% 的學生需要特殊教育，採用通用設計是重要的一步；因此，學校
應提供共融式設施，具有無障礙通道、聽力增強系統，以及諮詢或治療室
等，使學校更歡迎和接納行動不便、聽力、視力或其他身體或認知障礙
的學生。日本文部科學省將「無障礙教育設施」（barrier-free educational

facilities）列為學校設施重要政策之一，強調無論是否存在身心障礙，學生都可以毫無問題地在學校生活，發生災害時，學校還可以作為當地居民（社區老人多）的臨時疏散中心等（MEXT, 2021）。校園無障礙環境的需求和重要性日益提升，相關建設費用卻不高。根據美國會計總署（the U.S. General Accounting Office, GAO）興建完整的無障礙校園環境，新學校約占興建總經費的 0.5%，如一所學校興建經費要 1,500 萬美元，無障礙校園環境經費為 7.6 萬美元；如為舊校對既有結構更新或做現代化裝修，約占總經費的 1.5～3%。在一所 300 萬元的學校更新案中，無障礙校園環境經費大概在 1.5～9 萬美元之間（Earthman, 2013）。由於，無障礙校園環境需求性高和經費需求不高，在學校建築「成人之美」的效益上，相當值得投資。

　　就臺灣地區而言，無障礙校園環境規劃以提供行動不便者最少限制環境的重要和必要性，可從特殊教育學生、身心障礙者和老年人口增加，見其端倪。

（一）特殊教育學生需求增加

　　依《特殊教育法》「零拒絕」的規定，接納日益增加的特教學生回歸主流及實施融合教育是必然趨勢，校園環境自應有所回應。

　　101 學年度，高中職、國中小身心障礙類學生計 83,104 人，至 109 學年度增至 89,264 人，其中國中小 67,940 人，高中職 21,324 人，8 年來增加 6,160 人，平均每年增加 770 人（教育部，2021c）。就 107 學年度而言，高級中等以下學校身心障礙學生，安置一般學校有 107,536 人（占 95.14%），安置特殊教育學校有 5,491 人（占 4.86%）。一般學校中就讀學前教育階段有 19,445 人，國小階段 41,115 人，國中階段有 25,925 人，高中階段有 21,051 人，特教學校幼兒部有 219 人，國小部有 607 人，國中部有 823 人，高中部有 3,842 人。由此顯示，高級中等以下學校身心障礙學生絕大多數在一般學校就學，少數在特教學校就學（侯禛塘、王素琴，2021）。這表示一般學校的無障礙校園環境，需特別加強注意。

　　其次，身心障礙類特殊教育班的設置，一般學校計有 2,791 校，設置特教班計 5,329 班。學前教育階段 319 校，設 470 班；國小階段 1,503 校，設 2,821 班；國中階段 723 校，設 1,391 班；高中階段 246 校，設 647 班；

在特教班類型上，分散式資源班 2,961 班（占 55.57%）、集中式特教班 1,537 班（占 28.84%）、巡迴輔導（含在家教育）831 班（占 15.59%）。特教學校計 28 校，設 673 班，其中幼兒部有 65 班，國小部有 107 班，國中部有 127 班，高中部有 374 班。由此顯示，高級中等以下學校身心障礙類特教班，設在一般學校，以國中小階段占的比率較高（79.04%），以分散式資源班居多；而特殊教育學校班級設置以高中部居多（侯禎塘、王素琴，2021）。這表示國中小的無障礙校園環境，因分散式資源班居多，學生需從普通班移動到資源班上課，因此要特別加強無障礙空間和設施的整體性規劃設計。

　　總之，一般學校、特殊教育學校皆安置許多身心障礙學生，基於其學習權，校園環境自應提供最少限制環境的教育機會，無障礙校園環境為其受教的基礎，更是身心障礙學生學習權的基本保障。此外，依據《身心障礙者權益保障法》（2021）之規定，公私立學校為進用身心障礙者義務機關。公立學校員工總人數在 34 人以上者，進用具有就業能力之身心障礙者人數，不得低於員工總人數 3%。學校教職員亦需依規定進用身心障礙者，更增加無障礙校園環境規劃的重要性。

（二）身心障礙及老年人口增加

　　學校是公共財，也是社區活動的重要場所，校園開放人人有權進入使用，身心障礙者和老年人亦同，無障礙校園環境的需求自因身心障礙和老年人增加，益顯重要。首先，臺閩地區身心障礙人數，2008 年人數為 1,040,585 人，至 2020 年增為 1,197,939 人（占總人口數的 5.08%），每年約增加 1.3 萬人，其中肢障者 357,241 人（占身心障礙總數 29.8%），視障者 56,036 人（占 4.7%），聽障者 124,825 人（占 10.4%），多重障礙者 135,166 人（占 11.32%），平衡機能障礙者 3,300 人（占 0.3%）（衛生福利部統計處，2021）；其次，臺灣人口老化，65 歲以上人口比率逐年升高，截至 2013 年底總人口達 2,337 萬 3,517 人，65 歲以上人口 269 萬 4,406 人占 11.53%，而衡量人口老化程度的老化指數為 80.5%（65 歲以上老年人口對 0～14 歲人口之比），10 年內已增加 33.9%。2013 年老化指數雖較加拿大、歐洲各國及日本等為低，但較美國、紐西蘭、澳洲及其他亞洲國家為高（內政部統計處，2014）。需注意的是，截

至 2020 年底總人口達 2,356 萬 1,236 人，65 歲以上人口 378 萬 7,315 人占 16.27%，人口老化指數高達 127.8%，7 年之間人口老化又增加 47.3%（內政部戶政司，2021）。根據國家發展委員會（2020）的報告，我國於 1993 年邁入高齡化社會（65 歲以上老年人口占總人口比率超過 7%）。2018 年成為高齡社會（超過 14%），預估 2025 年將進入超高齡社會（人口占比超過 20%），2040 年將升至 30.2%，2070 年持續增加至 41.6%，且其中超過 1/4 為 85 歲以上之超高齡老人。有鑑於此，校園於週休二日、其他開放時間、夜補校、樂齡學堂、親子共學和社區大學等，提供給身心障礙、高齡和超高齡老人使用的比率日漸增加，無障礙校園環境規劃與設計，更顯迫切。

　　此外，學校內師生還有許多短暫性行動不便現象，如打球手腳骨折或扭傷、生病體虛或貧血、女教職員懷孕、女生生理期、搬運教材教具、推營養午餐車，還有提送重物或送貨的工人，校園開放或活動推娃娃車到校等，皆需校園無障礙設施的扶持。因此，無障礙校園環境規劃設計之目的，主要在於改善校舍建築和教學環境設施，消除校園內各種有形與無形之障礙，以增進行動不便師生對校園生活的教學、學習和適應能力，使其能在最少限制的環境中，與一般師生共同運用學校空間和設施，並讓其他行動不便的家長和社區人士，能在校園中自由的進出與活動（湯志民，2002a）。惟需注意的是，有些學校會認為行動不便的學生很少或沒有，而忽略無障礙校園環境的設計需求，或囿於經費和缺乏規劃設計實務經驗，致無障礙校園環境之建構，成效十分緩慢，甚至也有新設學校仍會出現無障礙校園環境規劃與設計問題，實值關切，並尋求改進。

三、無障礙校園環境的整體規劃

　　對行動不便者而言，校園是一個相當廣闊的公共空間，校舍建築系統複雜或聚或散，其無障礙空間和設施，如何配合學校環境和多樣的行動不便者需求，尤需整體規劃。以下參考相關研究（林敏哲，1998、2002；Abend, 2001），擬就整體規劃的原則和作法，分別加以說明（湯志民，2002a、2006a、2006c）：

（一）整體規劃的原則

1. **整體性**（entirety）

無障礙校園環境整體性之規劃，可從設施設置、平面設計、立體環境來思考。在學校設施設置上，建築法規要求之無障礙設施和特殊教育所需要之教學設備，應完整設置。在平面設計上，各校舍樓層每一平面層應有連貫的無障礙通路，每一校至少有地面層應有連貫的無障礙通路和設施。在立體環境上，校舍、校園、運動場之間，無障礙環境應整體連貫，水平和垂直（如樓梯、電梯）、室內和室外之無障礙通路應銜接。

2. **通用性**（universality）

無障礙校園環境通用性之規劃，可從使用者、正常化來思考。在使用者上，應兼顧行動不便者和行動無礙者的需求，讓所有人皆能安全、舒適和有尊嚴的運用校園環境。在正常化上，將無障礙空間和設施，很自然的融入環境設計，讓校園環境成為行動不便者和行動無礙者的共用環境。需補充的是，「通用性設計」（universal design）在日本譯為「共用環境開發」（楢崎雄之，2000/2002），其原則有七：(1) 公平的使用（equitable use）；(2) 使用的彈性（flexibility in use）；(3) 簡單且直覺的（simple and intuitive）；(4) 可知覺的資訊（perceptible information）；(5) 容許錯誤（tolerance for error）；(6) 不費力（low physical effort）；(7) 易接近與使用的空間及尺度（size and space for approach and use）；當然，這些原則不一定適用於所有的設計，設計者在設計歷程中仍應併入其他考量，如經濟、工程學、文化、性別和環境關懷（Connell, Jones, Mace, Mueller, Mullick, & Ostroff et al., 1997）。

3. **可及性**（accessibility）

無障礙校園環境可及性之規劃，可從可到達、可進出、可使用來思考。在可到達上，應有連貫的無障礙通路，讓行動不便者可靠近校園各個空間及設施，尤其不要使無障礙設施成為「孤島」或迷宮尋「寶」。在可進出上，應有適宜的無障礙空間，如無障礙廁所和室內出入口門寬至少 80cm，室內出入口內外應有可迴轉的空間（直徑 150cm）或平臺，以利行動不便者進出、停等和迴轉。在可使用上，應有適宜的設施規格和管理，讓行動不便者方便使用無障礙空間和設施。Ansley（2000）特別強調無障礙環境是「可及和可用的」（readily accessible to and usable by），

應避免無障礙飲水機和公共電話設置在坐輪椅者無法到達之處，無障礙停車場被占用，或無障礙廁所和電梯一直是上鎖的情形。

4. 安全性（safety）

無障礙校園環境安全性之規劃，可從安全措施、設施維護來思考。在安全措施上，應注意無障礙通路地面要防滑，扶手要耐用，樓梯要有防護緣，廁所要設警鈴，廊道不可有突出物等，以增加行動不便者使用的安全性。在設施維護上，應有專人負責，如無障礙通路鋪面破損、室外坡道的落葉、廊道的突出物、廁所的雜物、扶手生鏽或搖晃等，均應定期檢查並（或）隨時處理，以增加無障礙空間和設施的堪用性。

5. 尊嚴性（dignity）

無障礙校園環境尊嚴性之規劃，可從專屬性、近便性、人性關懷來思考。在專屬性上，應提供行動不便者使用之專屬空間和設施（如廁所、停車位、觀眾席位等），並於明顯處標示無障礙標誌，避免占用（如將無障礙廁所當貯藏室），以示對專用空間之尊重。在近便性上，應設計便捷的無障礙空間和設施，以就近、順暢為原則，如坡道可直上就不要轉折，無障礙廁所宜設置於電梯間附近，電梯應設置在主動線最便利處，以免行動不便者四處奔波。在人性關懷上，應符合行動不便者人體工學動靜態伸展和操作之需，並注意無障礙空間和設施不以低標為限，如條件足夠，坡道由 1/12 改為 1/20 更理想，無障礙廁所門淨寬 80cm 改為 100cm 更舒適，更重要的是無障礙設施應以行動不便者能獨立使用來設計，其空間感、觸感、質感和舒適感，應有體貼入微的思考，以示對行動不便者的關懷。

（二）整體規劃的作法

1. 學校周圍 100m 內之十字路口、人行步道、站牌、行動不便者專用停車位等應詳細規劃，以因應行動不便者來校的各種交通之需，如步行（包括坐輪椅）、搭公車、復康巴士（參見圖 9-3）、計程車、自用車或騎三輪摩托車等。

2. 學校大門宜設置駐車彎，其出入通路及進出大門的設計，要讓行動不便者便於抵達和進出。

3. 學校校門口、前庭或最近之建築，宜設置無障礙地圖或立體點字牌（如圖 9-4），以供行動不便者瞭解校園建築和無障礙設施之位置。

圖 9-3

臺北市文山特殊學校復康巴士

註：文山特殊學校校內提供寬敞的復康巴士停靠區。

資料來源：研究者拍攝。

圖 9-4

香港理工大學設置全校區立體點字牌

註：香港理工大學克服山坡地困境，並努力創造校園全境無障礙環境，全校區
　　立體點字牌位於校門口處，供視障者使用甚為便利親和。

資料來源：研究者拍攝。

4. 校舍建築間，要有適宜的主動線（車道、步道）配置，使行動不便者能夠通達各校舍建築及各區域場地，並注意人車分道原則；進出校舍建築之大門及通路，皆應詳加設計。

5. 校舍建築內，要有適當的動線配置，使行動不便者能夠通達各個主要空間。水平動線，要有足夠寬度的通道、走廊和川堂，並且無高低差，讓輪椅通行無阻；如有高低差，需設置坡道，坡道以直線上下為原則，非因腹地受限不要設置轉折坡道，如設轉折平臺應有 150cm 空間。垂直動線，宜設置電梯，樓梯要設置扶手，方便拄柺杖者和其他障礙者行動。

6. 學校的行政中心、圖書館、研究室、教室、專科教室、餐廳和宿舍等之間，以及校舍建築 1 樓到室外庭園或運動場空間，其聯絡動線有高低差者，應設置坡道，地面應平順，以利行動不便者通行。

7. 校舍建築（主要教學大樓）3 樓以上，應裝設電梯；如僅有 2 樓高，可設置樓梯昇降臺或設計大坡道增加建築造形，兼進出校舍動線。不同期興建校舍，有高低落差者，可在轉角處設置可半階停等之電梯（如臺北市市立大學附小）；不同棟校舍建築，有教學關聯需求者，宜規劃設置輪椅可通行之聯絡走廊。特教學校電梯，應有一部比照醫院方便病床進出之長方形電梯（如臺中特教學校、南投特教學校），以利中重度學生在樓層中需急救輸送之必要。

8. 每棟校舍建築，如無電梯者，地面層至少要有一處無障礙廁所；有電梯者，每一層樓至少要有一處無障礙廁所。如校舍空間不足，可設置男女共用的行動不便者廁所。無障礙小便器不可置於無障礙廁所內（以免阻礙輪椅迴轉），應與一般廁所小便器一起配置。

9. 校舍建築應依其機能設置各項無障礙設施，如室外通路、坡道及扶手、避難層出入口、室內出入口、室內通路走廊、樓梯、昇降設備、廁所盥洗室、浴室、輪椅觀眾席位、停車空間等；雖依規定各級學校新建教室、教學大樓和相關教學場所可免設「浴室」（內政部營建署，2019），惟因各級學校大多有特教生或資源教室且為教育場所，建議新建學校應設置，新建校舍可酌設，資源教室應優先配置。此外，校園內休憩設施，如電話機、飲水機、洗手臺、園路、園桌椅或烤肉架等，應便利行動不便者靠近及使用。

10. 供行動不便者使用之教室，如無電梯者應配置於 1 樓，教室中提供可調整式桌椅（height-adjustable desks and chairs），桌面採凹入設計，黑板加扶手並購置可上下移動者，貯物櫃設於邊端較低位置利其使用，家具採圓弧邊較為安全。

11. 行動不便者使用之宿舍，宜配置於 1 樓，其床位周邊要有供輪椅活動空間，迴轉直徑至少 150cm，並設置專用廁所和浴室。

12. 學校游泳池，從更衣室到游泳池及下水入池，應在適切處設無障礙昇降臺、坡道或扶手，以利行動不便者使用。

13. 校舍建築和空間配置主動線儘量採直交動線系統，並建立定點標示或引導標示。

14. 無障礙區域應統整於學校建築中，如將無障礙工作站合併設計於特殊教室或融合教育教室中；特殊學生上課教室、資源教室、專科教室等應注意室內應有坐輪椅者可行之動線；視聽教室、演藝廳、餐廳、圖書館等無障礙席位，不要孤立設置，而要合併設計。

15. 提供最短的動線，如餐飲服務、廁所，尤其是電梯，要居中設置。

16. 新設學校應整體規劃無障礙空間與設施，朝「全境無障礙」設計，讓身心障礙學生與一般學生一樣能同步移動與使用各項教育設施。

四、無障礙校園環境的設計要點

依《建築技術規則建築設計施工編》（2021）第十章「無障礙建築物」，以及內政部營建署（2019）《建築物無障礙設施設計規範》、內政部營建署（2018）「既有公共建築物無障礙設施替代改善計畫作業程序及認定原則」之規定項目，依規定要設置的無障礙設施，包括室外通路、避難層坡道及扶手、避難層出入口、室內出入口、室內通路走廊、樓梯、昇降設備、廁所盥洗室、浴室、輪椅觀眾席位、停車空間等，各級學校幾乎都至少要設置 1 處以上（參見表 9-4）。

茲參考政府規定及相關研究（內政部營建署，2018、2019；王武烈，1995；田蒙潔和劉王賓，2006；吳武典、張正芬、林敏哲、林立韙，1991；李政隆、林敏哲、林立韙、黃正銅、林金靜，1991；林敏哲，1998；胡永旭，2008；張蓓莉、林坤燦，1992；湯志民，2002a、2006a、2014a；廖慧燕，2008；台灣衛浴文化協會、內政部營

表 9-4

既有公共建築物改善無障礙設施之項目

建築物使用類組			無障礙設施項目 公共建築物	室外通路	避難層坡道及扶手	避難層出入口	室內出入口	室內通路走廊	樓梯	昇降設備	廁所盥洗室	浴室	輪椅觀眾席位	停車空間
D類	休閒、文教類	D-1	室內游泳池	V	V	V	V	V	O	V	V	V	V	V
		D-3	小學教室、教學大樓、相關教學場所	V	V	V	V	V	V	V	V		V	V
		D-4	國中、高中（職）、專科學校、學院、大學等之教室、教學大樓、相關教學場所	V	V	V	V	V	V	V	V		V	V
F類	衛生、福利、更生類	F-2	特殊教育學校	V	V	V	V	V	V	V	V	V	V	V
		F-3	1. 樓地板面積在五百平方公尺以上之下列場所：幼兒園、兒童及少年福利機構 2. 發展遲緩兒早期療育中心	V	V	V	V	V	V	V	O			V

說明：

一、「V」指每一建造執照每幢至少必須設置一處。

二、「O」指申請人視實際需要自由設置。

資料來源：**既有公共建築物無障礙設施替代改善計畫作業程序及認定原則**，內政部營建署，2018。https://www.cpami.gov.tw／最新消息／法規公告／30-建築管理篇／10505-既有公共建築物無障礙設施替代改善計畫作業程序及認定原則.htm

建署，2010；Bar & Galluzzo, 1999; U.S. Department of Justice, 2010; Department for Children, Schools, and Families, 2009），就學校最主要無障礙設施：無障礙通路（包括室外通路、室內通路走廊、出入口、坡道、扶手等）、樓梯、昇降設備、廁所盥洗室、浴室、輪椅觀眾席位、停車空

間，以及無障礙標誌，分別要述其設計重點，以供無障礙校園環境的建構與設計之參考。

（一）無障礙通路

無障礙通路應由以下一個或多個設施組成，包括室外通路、室內通路走廊、出入口、坡道、扶手、昇降設備、升降平臺等。

1. 室外通路，地面應平整、防滑且易於通行，淨寬不得小於 130cm，淨高度不得小於 200cm，地面坡度不得大於 1/15。寬度小於 150cm 之通路，每隔 60m、通路盡頭或距盡頭 350cm 以內，應設置直徑 150cm 以上之迴轉空間。

2. 室內通路走廊，寬度不得小於 120cm，淨高度不得小於 190cm，地面坡度不得大於 1/50。寬度小於 150cm 之走廊，每隔 10m、通路走廊盡頭或距盡頭 350cm 以內，應設置直徑 150cm 以上之迴轉空間。

3. 出入口，兩側之地面 120cm 之範圍內應平整、防滑、易於通行，不得有高差，且坡度不得大於 1/50。

(1) 避難層出入口，出入口前應設置平臺，平臺淨寬度與出入口同寬，且不得小於 150cm，淨深度亦不得小於 150cm，且坡度不得大於 1/50，地面平順避免設置門檻。

(2) 室內出入口：門扇打開時，地面應平順不得設置門檻，且門框間之距離不得小於 90cm；另橫向拉門、折疊門開啟後之淨寬度不得小於 80cm。

4. 坡道

(1) 在無障礙通路上，上下平臺高差超過 3cm，或坡度超過 1/15 者，應設置坡道，並以便捷、直線（通）為原則，非因地形限制應避免太多轉折，以利坐輪椅者通行。就校園而言，一般學校設置單向坡道即可，特殊學校、特殊班或有特別需求者設置雙向坡道。

(2) 坡道寬度，不得小於 90cm，如坡道為取代樓梯者（即未另設樓梯），則淨寬不得小於 150cm。

(3) 坡道坡度，供行動不便者使用之坡道不得大於 1/12（約 8%），國小、國中坡道之坡度以 1/20（約 5%）以下為宜。

(4) 坡道平臺，坡道起點、中間及終點，應設置長、寬各 150cm 以上，且坡度不得大於 1/50 之平臺；坡道轉彎角度大於 45 度處，應設置直徑 150cm 以上且坡度不得大於 1/50 之平臺（參見圖9-5）。

圖 9-5
無障礙坡道及平臺

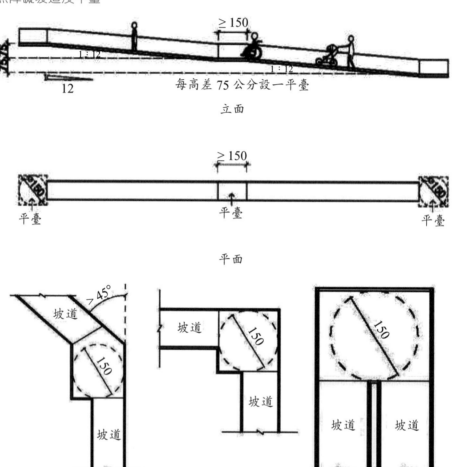

立面

平面

註：坡道起點、中間及終點，應設置長、寬各 150cm 以上之平臺；坡道轉彎大於 45 度處，應設置直徑 150cm 以上之平臺。

資料來源：**建築物無障礙設施設計規範**，內政部營建署，2019。https://www.cpami.gov.tw/filesys/file/chinese/publication/law/lawdata/1070820550.pdf

(5) 坡道與鄰近地面高差超過 20cm 者，未鄰牆壁側應設置高度 5cm 以上之邊緣防護。

5. 扶手

(1) 坡道高差超過 20cm，兩側應設置連續性扶手。

(2) 設單道扶手者，高度為 75～85cm；設雙道扶手時，分別為 65cm 及 85cm；設置小學兒童用扶手時，高度應各降 10cm。

(3) 扶手直徑 2.8～4cm，扶手如鄰近牆壁，與壁面保留之間隔不得小於 5cm，且扶手上緣應留設最少 45cm 之淨空間。

(4) 扶手端部應作防勾撞處理，並視需要設置可供視覺障礙者辨識之資訊或點字。

（二）樓梯

1. 樓梯的形式，不得設置旋轉式及梯級間無垂直板之露空式樓梯。行動不便者使用樓梯應為直通樓梯或轉折樓梯，「平衡機能障礙者」及「視障者」不宜使用旋轉梯、圓形梯及扇形梯，因會造成其方向迷失，且樓梯級深不一，容易跌跤。

2. 樓梯梯級，樓梯級高與級深應統一，級高應在 16cm 以下，級深應在 26cm 以上。梯級突出之斜面不得大於 2cm，挑頭需圓角平滑，以避免絆腳。

3. 樓梯扶手，樓梯兩側應裝設扶手，樓梯中間平臺外側扶手得不連續。樓梯兩端扶手應水平延伸 30cm，惟不得突出於走廊上，端部需作防勾撞處理。

4. 防滑條，樓梯梯級踏面邊緣應作防滑處理，防滑條應順平，其顏色應與踏面有明顯不同；防滑條要有顏色的對比或彩螢光漆，方便弱視者或夜間部（或補校）師生能明確辨別踏面位置。

5. 終端警示：距梯級終端 30cm 處，應設置深度 30～60cm，與地板表面顏色且材質不同之警示設施（參見圖 9-6）。

圖 9-6

無障礙樓梯

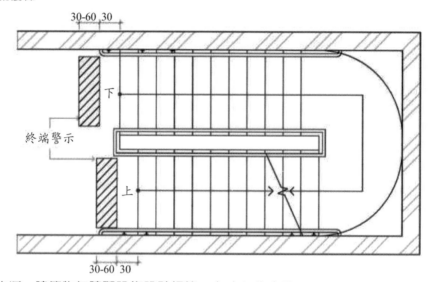

資料來源：**建築物無障礙設施設計規範**，內政部營建署，2019。https://www. cpami.gov.tw/filesys/file/chinese/publication/law/lawdata/1070820550.pdf

（三）昇降設備

1. 學校昇降機主要為「電梯」，電梯應位於門廳處，或主要動線上，或連接其他公共空間通道上，學校如限於經費應至少設置 1 部電梯，電梯乘載量至少 11 人以上，以 15 人以上為理想。

2. 昇降機門淨寬度不得小於 90cm，機廂深度不得小於 135cm（參見圖 9-7A）。

3. 昇降機引導：昇降機設有點字之呼叫鈕前方 30 公分處之地板，應作長度 60 公分、寬度 30 公分之不同材質處理，並不得妨礙輪椅使用者行進（參見圖 9-7B）。

4. 昇降機出入口之地板面應平整，機廂地板面之水平間隙不得大於 3.2cm，並留設直徑 150cm 以上，且坡度不得大於 1/50 之輪椅迴轉空間。

5. 昇降機入口觸覺裝置：在昇降機各樓層入口兩側之門框或牆、柱上

圖 9-7

無障礙昇降機（電梯）

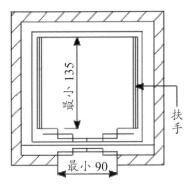

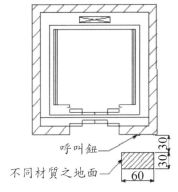

A.昇降機出入口淨寬度為最小 90cm，機廂深度不小於 135cm。

B.昇降機呼叫鈕前方 30cm 處之地板，應作 30cm×60cm 之不同材質處理。

資料來源：**建築物無障礙設施設計規範**，內政部營建署，2019。https://www.cpami.gov.tw/filesys/file/chinese/publication/law/lawdata/1070820550.pdf

　　應設置觸覺裝置及顯示樓層數字、點字符號，觸覺裝置之中心點應距地板面 135cm，且標示之數字需與底板顏色有明顯不同。

6. 昇降機內操作盤應包括緊急事故通報器，並應統一配備及設計，按鈕數字需與底板顏色明顯不同。為讓視障者方便使用電梯，點字標示應設於一般操作盤（直式操作盤）按鈕左側（注意點字標示與按鈕分置），按鈕內部可設燈光，點字標示距地面 130〜140cm（視障者站立時手可觸及之範圍），以利視障者操作；坐輪椅使用的操作盤，設置在側面壁上，以橫式排列為宜，操作盤的高度（中心線）85〜120cm，操作盤距機廂入口壁面之距離不得小於 30cm、入口對側壁面之距離不得小於 20cm。

7. 昇降機內如無法供輪椅迴轉，面對機廂之後側壁應設置安全玻璃之後視鏡（若後側壁為鏡面不鏽鋼或類似材質得免之），方便輪椅倒退；後視鏡之下緣距機廂地面 85cm，寬度不得小於出入口淨寬，高度大於 90cm。但設置有困難者，得設置懸掛式之廣角鏡（寬 30〜35mc，高 20cm 以上）。

8. 昇降機內至少兩側牆面應設置扶手，單道扶手高 75cm。

9. 昇降機內部應設語音播報設備，提供樓層數、行進方向和門開關情形，語言系統以國語或當地通用語言擇一即可（太多語言會形成噪音，非為適宜），說明到達之樓層數。昇降機開門時，昇降機門應維持完全開啟狀態至少 10 秒鐘。

10. 其他昇降設備，如昇降臺，一般裝置於高低差 150cm 之處，可設置於室內及室外，輪椅昇降臺所需之淨空間為 80cm×125cm，控制按鈕之位置必須手可觸及之範圍。

（四）廁所盥洗室

1. 無障礙小便器

(1) 一般廁所設有小便器者，應設置至少一處無障礙小便器。無障礙小便器應設置於廁所入口便捷之處，且不得設有門檻，無障礙小便器前方不得有高差，並應考慮乘輪椅者迴轉直徑150cm之空間。

(2) 無障礙小便器之突出端距地板面高度不得大於38cm，與其他小便器間應裝設隔板，隔板間之淨空間不得小於小便器中心線左右各50cm（參見圖 9-8A）。

(3) 無障礙小便器兩側及前方應設置扶手，兩側扶手中心線之距離為60cm，長度為 55cm，扶手上緣距地板面 85cm，下緣距地板面65～70cm；前方扶手上緣距地板面為 120cm，其中心線與牆壁之距離為 25cm（參見圖 9-8B）。

2. 無障礙廁所盥洗室

(1) 應設置於無障礙通路可到達之處，並有無障礙標誌。

(2) 應採橫向拉門（特教學校可依實需設置電動開關門），出入口淨寬 80 cm 以上（有 90cm 更佳），地面平整無障礙，使用空間需設置直徑 150cm 以上之迴轉空間（參見圖 9-9A），馬桶至少有一側邊之淨空間在 70cm 以上，設置掀起式可動扶手，以方便輪椅活動（參見圖 9-9B）。

(3) 應使用一般型式之馬桶，馬桶不可有蓋，座墊高度為 40～45cm，且應設置背靠（水箱作為背靠需考慮其平整及耐壓性），背靠距馬桶前緣 42～50cm，背靠下緣與馬桶座墊之淨距離為 20cm（參見圖 9-9C）。

圖 9-8
無障礙小便器

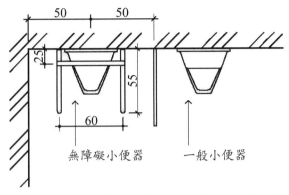

A.無障礙小便器與其他小便器間應裝設隔板，隔板間之淨空間不得小於小便器中心線左右各 50cm，兩側扶手中心線之距離為 60cm。

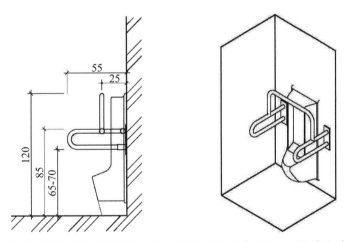

B.無障礙小便器兩側及前方應設置扶手，兩側扶手長度 55cm，扶手上緣距地板面 85cm，下緣距地板面 65～70cm；前方扶手上緣距地板面為 120cm，其中心線與牆壁之距離為 25cm。

資料來源：**建築物無障礙設施設計規範**，內政部營建署，2019。https://www.cpami.gov.tw/filesys/file/chinese/publication/law/lawdata/1070820550.pdf

(4) 馬桶側面牆壁應設置 L 型扶手，並有一側為可固定之掀起式扶手，扶手外緣與馬桶中心線之距離為 35cm，扶手水平與垂直長度皆不小於 70cm，垂直扶手外緣與馬桶前緣之距離為 27cm，水平扶手上緣與馬桶座墊距離為 27cm。

(5) 馬桶側牆應設置洗面盆（加扶手）、鏡子（參見圖 9-9D）、沖水閥、急救鈴、衛生紙架等。

（五）浴室

1. 學校宜設置無障礙浴室（特教學校則應設置），包括浴缸、淋浴間，應設置於無障礙通路可到達之處，並有無障礙標誌。

2. 無障礙浴室，應採橫向拉門，出入口淨寬為不小於 80cm，地面應堅硬、平整、防滑，尤其應注意地面潮溼及有肥皂水時之防滑。

3. 無障礙浴缸，深度不得小於 80cm，浴缸內側長度不得大於 135cm，前方淨空間長度不得小於浴缸長度；浴缸外側距地板面高度 40～45cm，浴缸底面應設置止滑片；浴缸側面牆壁應設置水平扶手及垂直扶手。另外，應設置兩處求助鈴（一處在浴缸以外之牆上，一處在浴缸側面牆壁），且應明確標示，易於操控。

4. 無障礙淋浴間，應設置直徑 150cm 以上之迴轉空間，淋浴間應提供具扶手及背靠之沐浴椅，座面高度為 40～45cm，並應注意防滑。淋浴間應裝設水平及垂直扶手、水龍頭操作桿及蓮蓬頭。另外，應設置兩處求救鈴，且應明確標示，易於操控。

（六）輪椅觀眾席位

1. 學校建築物設有固定座椅席位者（如視聽教室、演藝廳等），應依規定留設輪椅觀眾席位（固定座椅 100～350 席位，應設置 2～4 個輪椅觀眾席位）；輪椅觀眾席位可考量安裝可拆卸之座椅，如未有輪椅使用者使用時，得安裝座椅。

2. 輪椅觀眾席位，得設於觀眾席不同位置及區域，以增加多方位的較佳視野角度；惟需注意應設於鄰近避難逃生通道、易到達且有無障礙通路可到達之處。

3. 輪椅觀眾席位，單一席位寬度不得小於 90cm，多個席位時，每個

圖 9-9

無障礙廁所盥洗室

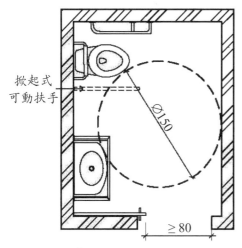

A.出入口淨寬 80 cm 以上，使用空間需有直徑 150cm 以上之迴轉空間。

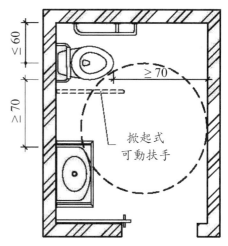

B.馬桶至少有一側邊之淨空間在 70cm 以上，設置掀起式可動扶手。

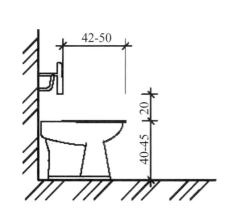

C.使用一般型式之馬桶，馬桶不可有蓋，座墊高度為 40～45cm，且應設置背靠，背靠距馬桶前緣 42～50cm，背靠下緣與馬桶座墊之淨距離為 20cm。

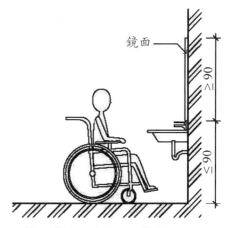

D.鏡面底端距地板面不得大於 90cm，鏡面高度應在 90cm 以上。

資料來源：**建築物無障礙設施設計規範**，內政部營建署，2019。https://www.cpami.gov.tw/filesys/file/chinese/publication/law/lawdata/1070820550.pdf

席位寬度不得小於 85cm。席位深度，可由前後方進入者深度不小於 120cm，僅可由側面進入者，深度不得小於 150cm。

4. 輪椅觀眾席位 2 個以上並排時，應有寬度 90cm 以上之通路進入個別席位。輪椅觀眾席位前地面有高差者，應設置高度 5cm 以上之邊緣防護與高度 75cm 之防護設施。

（七）停車空間

1. 無障礙汽車停車位，至少應設置一處，超過 50 個停車位者，超過部分每增加 50 個停車位及其餘數，應再增加一處無障礙停車位。

2. 室外無障礙停車位，應設於最靠近建築物無障礙出入口或無障礙昇降機之便捷處。室內停車場無障礙停車位，應設置於無障礙昇降機附近，以及有服務管理人員之處（學校地下公共停車場）。

3. 停車位地面應堅硬、平整、防滑，表面不可使用鬆散性質的砂或石礫，如為植草磚，可在停車部分使用，下車區地面則應堅硬、平整、防滑，地面斜率 1/50 以下。

4. 汽車無障礙停車位，單一停車位，長度不小於 600cm、寬度不小於 350cm（包括寬 150cm 的下車區）。相鄰停車位，得共用下車區，長度不得小於 600cm、寬度不得小於 550cm（包括寬 150 cm 的下車區）（參見圖 9-10）。

5. 機車無障礙停車位，長度不得小於 220cm，寬度不得小於 225cm，停車位地面上應設置無障礙停車位標誌，標誌圖尺寸不得小於 90cm×90cm。機車停車位之出入口寬度及通達無障礙機車停車位之車道寬度，均不得小於 180cm。

6. 學校車道入口處至無障礙停車位，需設置明顯之指引標誌，引導無障礙停車位之方向及位置，並於明顯處豎立行動不便者專用停車標誌，或於地面上塗裝無障礙標誌。

7. 室內外無障礙停車位應設置具夜光效果，且無遮蔽、易於辨識之懸掛或張貼標誌之豎立標誌。停車位地面上應設置無障礙停車位標誌，標誌圖尺寸不得小於 90cm×90cm。

8. 停車格線之顏色應與地面具有辨識之反差效果，下車區應以斜線及直線予以區別。斜線間淨距離為 40cm 以下，標線寬度為 10cm。

圖 9-10
無障礙停車位

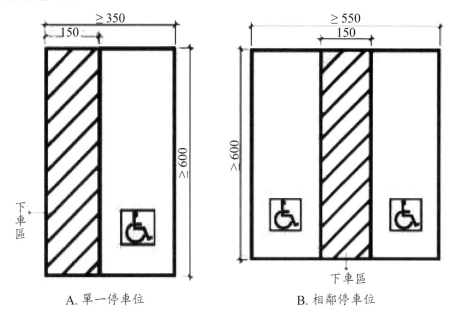

A. 單一停車位　　　　　　　B. 相鄰停車位

資料來源：**建築物無障礙設施設計規範**，內政部營建署，2019。https://www.
cpami.gov.tw/filesys/file/chinese/publication/law/lawdata/1070820550.
pdf

（八）無障礙標誌

　　學校應在無障礙通路上設置適當引導標示，指示最近無障礙設施之方向與路線，並在無障礙設施旁邊或附近明顯處設置無障礙標誌。無障礙標誌之顏色與底色應有明顯不同，且該標誌若設置於壁面上，該標誌之底色亦應與壁面顏色有明顯不同；得採用藍色底、白色圖案或採用白色底、藍色圖案，無障礙標誌參考圖示，參見圖 9-11。

　　無障礙校園環境是一項相當細膩的人性關懷工程，如非有很好的規劃設計理念，即使大家的熱心有餘，也會造成校園變成「為德不卒」的有礙環境。期盼因為大家有正確認知和努力，使行動不便者皆能公平使用校園設施，校園方能真正成為「有愛無礙」的無障礙校園環境，更希望所有校園皆能成為全境無障礙校園。

圖 9-11

無障礙標誌參考圖示

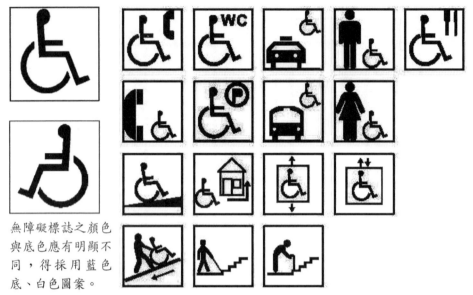

無障礙標誌之顏色
與底色應有明顯不
同，得採用藍色
底、白色圖案。

資料來源：**建築物無障礙設施設計規範**，內政部營建署，2019。https://www.
cpami.gov.tw/filesys/file/chinese/publication/law/lawdata/1070820550.
pdf

第10章 學校建築規劃的發展趨向

二十一世紀有效能規劃的基本因素必須是「超越今日的思考」。（A basic element of effective planning for the 21st century must be "thinking beyond today".）

～K. R. Stevenson, 2002

　　過去二千年來，學校建築的學習空間有非常戲劇性的變化，早先並無所謂的教育設施，也沒有教室和課桌椅，Plato 和 Aristotle 與學生交換和討論觀念時，是在任何方便的開放空地上，也可能在神殿或一座牆的陰影下。當時，教師所在即「學校」所在（Wherever the teacher was, there was the "school"），物質環境並不受重視（Castaldi, 1994）。有好幾個世紀，這些「教育的物品」（things of education）並未受到重視。事實上，第二次世界大戰之前，仍未將學校建築視之為特殊的公共建築物，學校只是一個保護師生的「實用的結構信封」（utilitarian structural envelopes），對師生而言學校建築是「庇護所」（shelters），而教育的物品基本上是由「椅子、桌子、書本、鉛筆、鋼筆、紙張和石黑板」所組成（Bauscher & Poe, 2018）。十九世紀初，美國開始實施公共教育，即期望他們的學生能在特定空間內受教，因此，在學校的興建和設計上投資了大量的經費，也增加了對這些空間的外觀、布置和方位的意識（conscious），使得學校建築與教育同義，而學校也成為所有人生活中最重要的時間（Cutler, 1989）。二十世紀，美國學校建築發展主要在戰後，在嬰兒潮大量標準化校舍興建之後，隨著經濟成長、社會變遷、教育理念變革、教育設施研究，以及後現代主義和數位科技的影響，從省錢、有效的傳統標準化校舍，轉型朝向具有彈性多樣空間，展現空間美學，符應教育效能、節能減碳、數位科技和資源共享的未來學校大步邁進。英國，學校建築發展主要也在戰後，在嬰兒潮大量標準化校舍興建之後，轉

型朝向開放空間和師生同儕互動的社會性建築發展，以及重視行動不便者需求、環境評估、資訊通信技術（ICT）的未來學校，並著力於制定建築公報，完備設計審查制度，更務實的重建和整修狀況最差的中小學建築之物理環境（音響、通風、採光）、無障礙、環境服務、防火、結構設計等（湯志民，2018b）。西風東漸，歐美等先進國家學校建築的轉型和發展，對臺灣中小學學校建築規劃與發展都會有直接與間接的影響。

　　臺灣學校建築的發展，大致而言，從 1960 年代重視「工程」的標準化建築和安全，逐漸進入強調造形創新和人文關懷，為學校建築「工程」注入新生命力。新世紀伊始，挹注更多永續、活化、美學、性別、科技、優質的概念，再為學校建築「工程」融入更多教育意涵。近 10 年，因應數位科技、經濟發展和社會急遽變遷，學校建築逐漸邁向動態、虛擬、複合的校園建置和經營型態，也面臨更大的挑戰（湯志民，2018b）。展望未來，學校建築規劃的發展趨向，有二方面值得我們去探討瞭解：其一是學校建築規劃的發展趨勢，另一是學校建築規劃的改進方向，以下將就此分別加以分析與探討。

第一節　學校建築規劃的發展趨勢

　　「趨勢」（trends）是一種指引線或動線，興建新學校或整修既有建築使之現代化，考量變遷中的教育趨勢至為重要。學校建築要符合當前和未來需求的關鍵，在於教育人員、社區、企業界和決策者有正常溝通管道，不斷的審視環境，覺察當前教育、設計和環境議題，並知道有哪些趨勢會影響學校的規劃與設計（Stevenson, 2002, 2010）。正如 Reyna（2012）強調，教育建築需像教育系統一樣，為反映不斷變化的社會特徵和需求而發展。因此，學校建築興建面臨一系列挑戰，其中六項挑戰如下：(1) 為不斷變化的世界設計學校；(2) 透過學校建築設計，以增加教育的可及性；(3) 學校建築的負責人和使用者的參與；(4) 將學校建築視為學習工具；(5) 設計永續、安全、舒適的學校建築；(6) 確保設計品質。簡言之，學校興建不僅要永續發展，但至為重要的是，學校建築的基礎性需求和未來導向規劃（needs-based and future-oriented planning）（Bartels, & Pampe, 2020）。學校建築規劃與發展的趨勢，可以從先進國家對未來學

校建築的建設理念中，見其端倪。

　　近 20 年，美、英、蘇格蘭、歐洲、澳洲和經濟合作開發組織
（Organization for Economic Cooperation and Development[OECD]）等
都戮力投資和研究，並以更前瞻的眼光興建二十一世紀的學校建築。例如
美國，2010 年 3 月 Obama 總統的「教育藍皮書」直指學校設施的安全和
健康狀況，是改善學校學習環境的重要因素（Chan & Dishman, 2011）。
美國二十一世紀學校基金、加州大學伯克利分校城市＋學校中心、全國
學校設施委員會及美國綠色學校中心，於 2016 年共同啟動了「PK-12
基礎設施初步規劃」（Planning for PK-12 Infrastructure Initiative, P4si
Initiative），P4si 計畫的目標：加快改革和改進 PK-12 基礎設施系統的
努力，為所有孩子提供健康、安全、教育適宜、環境永續，以及社區共
享的公立學校建築和場地（Filardo & Vincent, 2017）。Filardo（2016）
對全美 K-12 學校設施狀況研究報告指出，1994～2013 年，這 20 年中由
於提高健康和安全標準、更多的無障礙需求、更多的科技使用和校內的
增建計畫，使得學校設施的變革比任何時候都快。為滿足公立幼兒園到
高中入學率的成長，美國各地方學區努力營運、維護和現代化 K-12 學校
設施。2011～2013 年，每年的投資總額接近 990 億美元。但要達現代化
標準（每年需投資 1,450 億美元），則需聯邦的補助。鑑此，Filardo 等
人推出了「重建美國學校基礎設施聯盟」（[Re] Build America's School
Infrastructure Coalition, BASIC），倡議聯邦資金幫助公立學區，實現現
代化和建設公立學校設施，以提供健康、安全和適合教育的現代化學校設
施，這是最基本的（BASIC）。2018 年，獲得美國 116 名眾議員和 15 名
參議員共同支持第 115 屆國會的立法，在未來 10 年內投入 1,000 億美元
用於公立學校設施建設和現代化（Filardo, Vincent, & Sullivan, 2018）。
2020 年 COVID-19 肆虐，美國政府動支 1.9 兆美元的「美國救援計畫法
案」（American Rescue Plan Act）用以緩解冠狀病毒，幫助學校重新開
啟。廠商的「藍光稜 K-12 計畫」（The BluEdge K-12 program）為學校
空調診斷並規劃簡單、彈性並具成本效益的過濾和通風系統，提供 K-12
學校健康、安全和永續建築，以及良好室內空氣品質，讓學生、教師和
工作人員能安全、健康的實施面對面教學（in-person instruction）（Palm
Beach Gardens, 2021）。

　　英國 2003～2010/11 年針對中學辦理「興建未來學校」（Building Schools for the Future, BSF）方案，一所新建學校要價 2,000 萬英鎊，投資經費從 2007/08 年 64 億英鎊增至 2010/11 年的 82 億英鎊（PriceweaterhouseCoopers, 2008），預計每年改善 250 所中學，至 2020 年，整個方案估計要投資 520～550 億英鎊，現有 78% 的當地主管機關及 86% 的企業公司投入 BSF 方案，目的在重建、修建和提供資訊科技給全英國 3,500 所中學，以確保學生擁有符合二十一世紀標準優質的學習環境（National Audit Office, 2014）。2014 年推動的學校重建計畫，稱之為「優先學校建築方案」（Priority School Building Programme [PSBP]），投資 44 億英鎊，重（或修）建 491 校，每校 900 萬英鎊，將於 2022 年底完成。2021 年 9 月開始，推展「十年學校重建方案」（Ten-year School Rebuilding Programme），針對北部和中部地區條件最差的 50 所學校，投資 10 億英鎊，每校 2,000 萬英鎊。此外，2020～2021 年額外支出 5.6 億英鎊，用於學校的維修和更新升級。教育部長 Gavin Williamson 強調：以現代、綠色節能的設計更新和升級條件較差的學校建築，將為學生和教師提供他們應有的環境，並支持他們發揮最大的潛力（Whittaker, 2020）。

　　蘇格蘭的未來學校方案（Scotland's Schools for the Future Programme）結合公家機關和企業共同合作，讓經費投資和公共服務產生更好的價值。在學校建築設計上，強調要反映「需要」（needs）而不是「想要」（wants），並使之具有效率、效能和彈性，才可能使其有社會、環境和經濟上的永續性（Scottish Futures Trust, 2012）。蘇格蘭政府投資 12.5 億英鎊，使未來學校作為典範，以協助地方主管機關在新學校經費投資上創造最大價值。2010 年 9 月，第一所未來小學動土，並於 2012 年正式啟用（Scottish Futures Trust, 2014），至 2021 年，蘇格蘭未來學校方案已完成了 10 年計畫，新建了 117 所學校，蘇格蘭政府提供 11.3 億英鎊，地方當局提供 6.65 億英鎊，計 17.95 億英鎊，教育部長 John Swinney 指出：成千上萬的學生在最先進的設施中接受教育，使他們的學校生活更加愉快，教師也能在最適用的現代化設施中展現價值。根據統計顯示，在良好或令人滿意的建築中接受教育的兒童比以往任何時候都多；我們已經取得了長足的進步，以確保我們的學校建築具有現代化和

高品質。學校是社區的中心，蘇格蘭政府與地方當局將繼續合作，在未來的「學習資產投資方案」（Learning Estate Investment Programme）再投資 20 億英鎊，以建造更多的學校（Scotland, 2021）。

澳洲，2009 年澳洲聯邦政府「國家建築—經濟振興計畫」（The Nation Building-Economic Stimulus Plan）的「構築教育改革」（the Building the Education Revolution, BER）方案，投資澳幣 162 億元用以提升澳洲學校設施品質，使之成為二十一世紀的學習空間，包括三個次方案：(1) 二十一世紀的小學（primary schools for the 21st century）——新建和更新禮堂、多目的空間、圖書館和教室，計澳幣 142 億元；(2) 二十一世紀中學的科學和語言中心（science and language centres for 21st century secondary schools）——新建和更新科學實驗室和語言學習中心，計澳幣 8.218 億元；(3) 國立學校的榮耀（national school pride）——新建和更新有覆蓋的室外學習區和運動設施，計澳幣 12.8 億元。BER 方案計執行全澳洲學校 9,500 所，24,000 建造專案（Harrison & Hutton, 2014; Victoria Department of Education and Early Childhood Development, 2013）。

由歐洲 10 國教育部參與指導的歐洲學校網盟互動工作小組（European Schoolnet Interactive Classroom Working Group），2012 年提出未來教室實驗室（the future classroom lab[FCL]）為學生提供彈性學習空間，以支持二十一世紀的教學。FCL 規劃 6 個學習區（探究、創造、發表、互動、分享、研發），結合 ICT 創新使用的新教學法，計有 20 個國家的 2,500 多個中小學教室，運用其中 2～3 個學習區的觀念進行改造，奧、捷、義、葡、瑞士、挪威、伊朗、愛沙尼亞等 8 國分享改造教室的教室配置和成效（Bannister, 2017）。歐盟的未來學校（school of the future）方案，由德國、義大利、丹麥、挪威等 4 國共同合作研究適宜本國當地氣候之 4 所學校案例，於 2011 年 2 月運作至 2015 年 1 月，分析建築體（building envelope）、暖氣系統、通風系統、熱水系統、人工採光、再生能源、能源管理系統等，以瞭解如何達到未來的高成效建築水準，學校建築和主要使用者學生皆為該方案之焦點，尤其是「零排放建築」（zero emission buildings）是不同國家邁向 2020 之路的主要目的，使未來學校成為「零排放學校」（zero emission schools）（Zinzi(Ed.),

2013, 2014）。此外，OECD（2013）推展「革新學習環境」（innovation learning environment[ILE]），從 20 個以上國家的 125 個案例中抽出 40 個已進行細節的個案研究，這些案例皆經各國內部系統的確認，顯著適於青少年和兒童的主流學習配置，以符應達成二十一世紀需求的遠大目標。「教學法核心」（pedagogical core）是 ILE 動態關鍵要素的核心，由學習者、教育者、內容和資源等四個要素，形成一個有機、整體概念的生態系統學習環境，此一學習環境建基於學習的社會本質，以及主動激勵「井然有序的協作學習」（well-organised co-operative learning）。

　　從上述美、英、蘇格蘭、澳洲、歐盟、OECD 等先進國家和國際組織，投資重金和研究，相繼推出未來學校、未來教室實驗室、二十一世紀的學習空間、革新學習環境（ILE）等，其規劃與建置健康安全、教育適宜、節能減碳、環境永續，以及社區共享的現代化、高品質學校建築和彈性學習空間，為未來學校建築規劃與發展趨勢，提供值得學習的大方向。學校建築規劃的發展趨勢，參考上述以及邵興江（2013）、湯志民（2001、2006a、2008b、2011、2012、2014a、2017b）和相關研究（Bauscher & Poe, 2018; Earthman, 2019; MEXT, 2021; Mirchandani, & Wright, 2015; Tanner, & Lackney, 2006; The Office of the Victorian Government Architect, 2020），可分為建築內涵人文化、學校設備科技化、學校環境生態化、校舍空間彈性化、建築系統智慧化、營運管理複合化、規劃設計數位化、設施更新優質化等八項，茲分述如下：

一、建築內涵人文化

　　學校建築的發展會大量反映人文化的特質，亦即學校建築內涵愈來愈重視人性、文化、學術、生活、藝術、無障礙、性別平等，並與社區融合校園環境的規劃，此一以「人」為核心思考的校園建築，使學校朝向人文學校、友善學校、社區學校、無圍牆學校大步邁進。

　　具體言之，未來的學校建築與設備會融入更多人文理念。人文建築富含藝術、歷史、文化等價值，凝固著學校的文化精神與教育追求，凝固著學校的歷史與現實，凝固著時間流動中師生的夢想、生命和情感（邵興江，2013）。學校是教人的場所，孕育許多生命故事，學校的歷史、文化與發展，隨著歲月更迭，譜寫出無數動人的詩篇。有生命故事的學校具

有歷史、文化、活力、內涵、感動、激勵人心的特質，學校的生命力和故事由所有人共同參與創造，從空間願景、規劃、方案、設計、施工、營運，每一階段都有參與人的血汗和動人故事，歷史、文化、故事，代代相傳。臺灣百年學校比比皆是，戰後興建的學校校史也超過 70 年，即使是九年國教新建的國中，校史也近 50 年，當學校歷史一年一年變長，過去胼手胝足開拓的美好成果，今日創建的學校特色，邁向未來的明日願景，都會以學校的歷史、文化、特色為發展脈絡，穿越過去、現在與未來，成為學校最動人的生命故事（湯志民，2017b）。因此，未來的學校建築造形與情境會融入更多藝術人文的氣息，學校教學環境會提供更優質的教學研究環境和學習資源，各樓層休憩空間、公共藝術、師生交誼空間、五星級廁所將逐一出現，讓學校有家庭般的溫馨。未來的學校建築會更反映出對學術和文化的重視，強化校史室或校史廊道的設計，保存史蹟建築、老樹和文物，重視教室、廊道和樓梯的教學與學習情境布置，以及設置適用於課程與教學的學校設施，如 Rydeen（2012）強調規劃可增進科學、科技、工程和數學（Science, Technology, Engineering and Mathematics, STEM）之教學與學習活動的自足式教室（self-contained classrooms），空間、家具和設備彈性化，較大的媒體中心，甚至學校毗連有湖的公園，並可步行到另一個湖做環境研究。未來的學校建築會更重視人因工程學理論，提供使用者最實用與適用教育空間與設備。未來的學校建築會更尊重人權，重視行政與教學、教師與學生使用空間之平權，重視性別平等，強化女性空間的規劃；重視行動不便者，使校園環境全境無障礙；與社區融合，無圍牆學校會愈來愈多；對遠道學生的生活照顧，設置學生宿舍。人性、文化、親和、友善、美感、平等等人文化觀念，是學校成為教育場域的精神與表徵，學校建築規劃的發展會愈來愈重視與強化此一教育情境之建置。

總之，單調、灰白水泥的「火柴盒」、「信封」或「工廠」式的學校建築意象將走入歷史，人文化會成為學校建築發展的趨勢之一。

二、學校設備科技化

學校建築的發展會大量反映科技化的特質，亦即學校建築設備愈來愈重視科技、資訊、網路、虛擬校園環境的規劃，此一以「數位」為核心思

考的學校建築，使學校朝向智慧學校、虛擬學校、網路學校、雲端學校、未來學校大步邁進。

　　具體言之，未來的學校建築與設備會完全融入資訊科技系統，如 86 吋互動式觸控螢幕、液晶電視、電子白板、單槍和螢幕、平板電腦、無線網路、遠距教學、擴增實境（AR）／虛擬實境（VR）／混合實境（MR）、數位攝影棚、數位圖書館、數位校史館等，將來學生可在家透過線上學習，在線上完成作業與評量並予以認證。例如：教室數位化（裝置互動式觸控螢幕、無線麥克風、高流明單槍投影機）、設置媒體製作室、架設全校無線與有線寬頻網路；建構校務行政管理系統，推展無紙化電子公文，落實文書管理效能；透過館際合作整合圖書館資源庫，或與大學光纖連線（如政大附中）；建置校園電子圖書，結合雲端科技規劃智慧教室、未來教室（如臺北市南湖國小、南港國小），規劃數位攝影棚、提供相關資源供師生教學或學習使用；設置電子圍籬與智慧保全系統，杜絕安全漏洞；發展學校智慧卡，提供門禁讀取及回傳機制，確保學生安全。此外，以資訊科技建構「分散式即時教室」（distributed real-time classrooms）或「合作式建築」（cooperative buildings），將演講廳和分散在校園的辦公室、會議室、圖書室等連線（Long & Ehrmann, 2005），政大附中即運用此一原理將國際會議廳、演藝廳和教室以資訊科技連線結合，辦理 e 化朝會、班聯會和專題演講等，以強化空間運用效能。正如 Lippman（2010）所言，二十一世紀的學習環境需要加以規劃，以鼓勵大家在校園的各個區域能彼此交流，而資訊科技可讓學習發生在所有環境之中。Erickson（2020）更強調，2020 年 COVID-19 疫情大爆發，在物質教室以講述為主的教學整個翻轉為線上學習，今日的學生是崛起於全球化科技（globalized technology）的世代，要成為「面向未來」的人（to be "future-ready"）。尤其是，近 10 年來，人工智慧（AI）、第 5 代行動通訊網路（5G）、物聯網（IoT）、雲端運算、大數據、擴增實境（AR）／虛擬實境（VR）／混合實境（MR）、社交網路，如浪潮般來襲，加以量子電腦的出現和 6G 的研發，使智慧校園的推展具有無限發展的潛力（湯志民，2020a）。在智慧教學上，提供智慧雙師課堂，讓更多邊遠地區兒童獲得優質教學資源；遠端全息投影教學，投射真人影像到遠端多個聽課教室，打造自然互動式教學體驗（湯志民，2020a）；在智慧學習上，

建置新世代學習空間（new generation learning spaces）——以學生為中心，採多模式、多中心的空間配置和彈性家具，並以資訊和通信技術（ICT）為基礎設計，以符應多元和多樣學習需求的空間與設施（湯志民，2019a），以及規劃主動學習空間（active learning space）提供以學生為中心，彈性、動態的室內外環境，配置能支持與促進學生與教師、同儕積極互動或獨立學習的空間和設備（湯志民，2020b），都益顯急迫且重要。

　　需注意的是，美國有 27 州的政府經營虛擬學校（virtual schools），在虛擬 K-12 機構註冊的學生有 200 萬人（Maslen, 2013）。全球頂尖大學開設 1,000 個以上的「大規模開放式線上課程」（Massive Open Online Courses[MOOCs]），大多數有文憑（Open Culture, 2021a）。2020 年 COVID-19 疫情爆發，全球共 950 所大學推出 16.3 萬堂 MOOCs，使用 MOOCs 者突破 1.8 億人（陳映璇，2021）。新加坡的所有國際學校因應 COVID-19 疫情，也不再開辦實體學校（physical schools），而是改辦「虛擬學校」，學生可從學校以外的任何地方透過視頻參與教師即時授課，且必須像普通學校一樣在虛擬教室中，與老師雙向互動學習（Maria, 2020）。COVID-19 造成世界各國大部分 K-12 和高教學校關閉，學生學習中斷等重大問題，許多 K-12 免費線上教育資源（如學習影片、應用程式、書、網站等），線上學習和遠距教學，形成後疫情時代學習的新風潮（湯志民，2021; Open Culture, 2021b）。而 AI 來襲，也造成教育機器人的發展，教育服務機器人（educational service robots）是具有教與學智能的服務機器人，在中小學用的有機器人教師（能根據不同的教學情境，獨自完成一門課程的教學）、課堂助教機器人（協助教師完成輔助性、重複性工作或完成演示實驗等）、特殊教育機器人（可有效改善特教生的社交與行為能力）等，至 2023 年教育機器人市場規模將達到 841 億美元（北京師範大學智慧學習研究院、互聯網教育智慧技術及應用國家工程實驗室，2019）。資訊、網路、數位、雲端、虛擬、教育機器人等科技化發展，是世界進步的主流趨勢，學校建築規劃的發展勢必以此為軸心觀念。

　　總之，一支粉筆、一塊黑板、一支教鞭的傳統教室將走入歷史，科技化會成為學校建築規劃發展的趨勢之一。

三、學校環境生態化

　　學校建築的發展會大量反映生態化的特質，亦即校園建築環境愈來愈重視生態、節能、減廢和健康環境的規劃，此一以「環保」為核心思考的校園建築，使學校朝向生態學校、綠色學校、零碳學校、健康學校、高成效學校和永續學校大步邁進。

　　具體言之，未來的校園建築與設備會融入更多環保觀念，運用綠建築與綠建材，以興建最少廢棄物與自然永續共生的建築。而舊有校舍建築，依永續或綠建築觀念整體修建，可延續歷史資源和資產，建置永續環境並益增經濟效益（Craig, Fixler, & Kennedy, 2012）。根據 Kats（2006）30 年來對美國綠色學校（即能源效率、健康和環境友善的學校設計）的研究，發現每年每校平均節省 10 萬美元（可聘 2 位全時教師），2007年 K-12 的學校興建總經費超過 350 億美元，試想興建為綠色學校會有多少經費效益？日本文部科學省（MEXT, 2021）推展環境友善教育設施的「生態學校」（eco-school），並稱之為「地球友善學校」（earth-friendly schools），以建立減少環境負荷、與自然共存，以及推動地球環境和能源教育的學校設施。日本文部科學省、農林水產省、國土交通省、環境省（2017）合作推展「生態學校」（eco-school），2012～2015 年，計有 351 校中小學（含幼兒園）參加，分為八類型：(1) 太陽能熱利用型：將太陽能集熱器安裝在屋頂等處，用於供暖、熱水供應、游泳池供暖等。(2) 太陽能發電型：在屋頂等處安裝太陽能電池以利用產生的電力。(3) 新能源利用類型：A. 風力發電：在屋頂等處安裝風力渦輪機以利用產生的電力。B. 地熱利用空氣通過埋在地下的通風管循環以交換熱量。C. 生物質熱利用：生物資源（生物質）如疏伐木材被加工並用作加熱燃料、熱水池的鍋爐、爐灶等。D. 燃料電池：從液化石油氣等提取氫氣，與空氣中的氧氣發生化學反應，利用製水過程中產生的電能。E. 小水電：使用小河的小水頭產生電力。F. 冰雪熱利用：冬天積累的雪和被外面冷空氣凍結的冰，作為冷熱源貯存到夏天並用於冷卻。(4) 節能型：A. 絕緣：使用雙層玻璃、雙層窗扇、隔熱材料等。B. 遮陽篷：將提供屋簷、百葉窗、陽臺等。C. 節能設備：引進節能照明設備和空調設備。D. 能源／CO_2 管理系統：為了有效地檢查浪費和管理能源消耗，掌握能源消耗和 CO_2 排放

的實際狀態。E. 雨水利用：從建築物屋頂蒐集的雨水貯存在水箱中，過濾後用於沖洗廁所和澆灌校園。F. 廢水再利用：設施中產生的廢水，過濾後用作廁所沖洗水。(5) 自然共生型：A. 建築綠化：綠化建築物的牆壁和屋頂。B. 室外綠化：將校園變成草坪或設置生物群落。(6) 木材利用型：使用當地材料等，室內裝修木質化。(7) 資源回收型：A. 使用再生建材，使用再利用廢料製成的建築材料。B. 廚餘處理設備：將學校午餐廚餘轉化為肥料並減少垃圾量。(8) 其他：A. 自然採光：使用天窗、高窗等引進自然光。B. 自然通風：運用樓梯間引進自然通風。至 2018 年，公立中小學安裝的可再生能源設施（包括太陽能發電設備、風力發電設備、太陽能熱利用設備、生物質熱利用設備、地下熱利用設備、燃料電池、冰雪熱利用設備、小水電設備等），具有即使停電也能使用的功能的設備比例為 58.6%（2015 年為 44.5%），其中太陽能發電設備安裝率為 31.0%（2015 年為 24.6%）（文部科學省，2018）。日本生態學校，在設施上，要易於建造、與周圍環境相協調，並提供健康舒適學習空間和生活空間；在營運上，要考慮耐久性和靈活性、長時間使用、有效利用自然能源，以及高效使用和不浪費。在教育上，要用於環境教育，有助於學習。此一重視綠建築和永續環境理念之生態學校，自會成為學校建築規劃的發展方向。

正如 S. Wagner（2021）所提點，新建學校應注意整體的永續性和對環境的影響，使之成為「生態友善學校建築」（the eco-friendly school building），對環境、社區和即將在新學校建築中學習的學生都會有正向的影響。Thomashow（2014）也說，每一個校園都是一個生態的場域，其地理特性、氣候、學校的動植物都整合在校園景觀之中，並符應辦公室、教室、運動場和所有類型建築設計的不同功能。所有室內外場域，透過自然美、人為設計，或歷史境遇，使之具有深沉的文化意義。Qian 和 Yang（2018）特別強調，現代綠建築是既可以最大化資源效率（包括能源、土地、水和材料），又可以減少整個建築生命週期中的環境負荷的建築；為了保護環境，減少汙染，綠建築始終與自然和諧共存，採用一系列先進的資源節約技術，如自然通風、自然採光、低碳建築結構、再生能源利用、水資源再利用、綠建築材料、智慧控制和綠色配置等。例如：印尼峇里島綠色學校（Green School Bali, 2021）以 5 年生竹子，建構校舍建築，運用自然通風、自然採光、低碳建築結構，創造綠建築生態

奇蹟，特別是善用再生能源，包括太陽能光伏板、微水渦旋（microhydro vortex）發電，生物巴士（bio bus）使用回收食用油製作的生物燃料，使該校成為碳積極學校（a carbon positive school）。因此，推動淨零能建築（net zero energy buildings）、推展碳中和學校建築（carbon neutral school buildings）、運用再生能源、使用永續建材、採模組化結構，以及善用現有空間等都是學校綠建築與永續校園發展之重要趨勢（湯志民，2019c）。此外，師生在室內占了大多數的時間，室內空氣品質（indoor air quality[IAQ]）不佳，影響學生的出勤率、舒適和表現，以及降低教師和職員工友的表現，良好的 IAQ 有助於給學生一個良善的環境，讓教師和職員工友有良好的表現，並為大家帶來舒適、健康和福祉之感，並可幫助學校完成其核心任務——教育孩子（Environmental Protection Agency, 2021a）。美國環境保護署（Environmental Protection Agency, 2021b）特提供「學校室內空氣品質設計工具」（IAQ Design Tools for Schools），對新建、整修、更新和維護現有學校設施，以及在空調系統（heating, ventilation and air conditioning systems[HVAC]）選擇和設計上，協助學校設施規劃者設計出下一代的學習環境，讓學校設施幫助學校達成教育孩子的核心使命。就臺灣而言，四周臨海，有良好的山林環境和自然水平風，中小學校舍建築只要採南北向（教室窗戶朝南北向，以走廊在南最理想），即能獲得最佳的自然通風和晝光（daylighting），提供最自然、優質的室內學習環境；如室外空氣品質不良，則需有良好的室內通風對策（如電扇、機械通風或冷氣空調等），也可擴增校園綠覆地，種植多樣喬木和原生種植物以資相應。生態、環保、綠色、永續，是莫之能禦的世界潮流與趨勢，學校建築規劃的發展應以此為重要的核心觀念。

　　總之，過去「水泥叢林」的校園建築將走入歷史，生態化會成為學校建築規劃發展的趨勢之一。

四、校舍空間彈性化

　　學校建築的發展會大量反映彈性化的特質，亦即校園建築空間愈來愈重視課程、教學、學習、彈性機能的規劃，此一以「多功能」為核心思考的校園建築，使學校朝向開放學校、學習型學校、無鐘聲學校、學生中心學校、新世代學習空間大步邁進。

　　具體言之，未來的學校建築與設備會融入更多開放空間、學習型組織和無所不在的學習等理論。首先在教室應規劃和設置彈性的空間和設備，以資因應課程、教學和學習的變化和使用，Hassel（2011）即指出，作為二十一世紀學習環境的教室設計，空間應足以因應許多學習活動的需求，教室的家具要能彈性運用，讓師生和同儕之間能合作和互動。例如：在課程設計上，因應跨班選修、校本課程或特色課程之教室（如國中小的多目的空間、高中的多用途專科教室等），彈性的空間和可移動的桌椅，以及可分享運用的教學設備，益增空間的課程效能。在教學方法上，運用彈性隔間和家具，使單一空間同一時間能彈性多樣（如班群教室），提供學生多樣學習角落和環境。在教學研究上，使單一空間在不同時間運用上有多樣功能，如教師專業發展空間（室），可作為領域教學研究會、共備課和議課、教師研習、參訪簡報等之運用空間，突破過去單一空間、單一活動的限制。在學生學習上，彈性空間配置和家具，以及便利、多元、豐富、可操作的學習資源，更適用於學生多元和多樣的學習需求。要言之，「彈性」（flexibility）是學習者導向（learner-driven）、以人為中心的環境之關鍵，空間要保持開放而不雜亂，所有的設備、家具、科技資源貯藏室等盡可能使之簡單且具多功能（La Marca, 2010）。因此，Lippman（2010）提醒，未來教育設施的彈性規劃，特別要有好的配置和維護，並考量這些場地的設施會如何使用。McConachie（2007a、2007b）特別強調，不論未來的學習方式如何改變，學校的建築都必須具備調整的能力，因此小至室內空間、大至不同的建築物，都要有變化的彈性，McConachie說「彈性可變的空間」（flexibility and adaptability）是未來學校的建築設計條件之一，「彈性」指的是以「小時」或是「天數」為單位的改變能力，「可變空間」指可移動空間的隔間牆，或改變家具和設備的擺設，他認為可變性是讓校園空間在長時間具備可以適應不同教學需求的空間內涵，一所學校如果設計要使用50年，不只建築結構要有50年的強度，更要能配合這50年來的教學方式與科技演進。當然，「彈性」是現代教育和學習空間的「行話」（buzzword），也能從中得利；但如太過依賴視之為「從頭到尾都靠它」（be all and end all）也不會是答案（Hudson & White, 2020）；正如，教師不協作教學，彈性的班群空間難有效能，而單就空間來看，彈性總是帶來更多變化的可能，對未來適

應性也會更強一些。多變、適應、多功能等彈性化發展，是學校建築長年最受青睞的特質，學校建築規劃的發展勢必持續以此為重要觀念。

　　總之，固定隔牆、制式單一空間的校園建築將走入歷史，彈性化會成為學校建築規劃發展的趨勢之一。

五、建築系統智慧化

　　學校建築的發展會大量反映智慧化的特質，亦即校園建築系統愈來愈重視機械、電信、消防設備等自動受訊與反應環境的規劃，並結合資訊科技使建築維護與管理更具人工智慧，此一以「效率」為核心思考的校園建築，使學校朝向智慧建築、智慧綠色校園大步邁進。

　　具體言之，未來的學校建築與設備會融入更多人工智慧理論，運用各種警報器、跳電自動偵測、自動感應開燈、即時保全監測的設備，以協助學校在節約電能，彌補人力的不足，並建立安全的校園環境，隨著未來技術的發展，全自動操控的系統會更為完整，「智慧建築」（intelligent building）的實踐將會加快腳步。正如 Clements-Croome（2013）所言，智慧建築反映使用者和社會的需求，其功能性和永續性提升生活和工作的舒適。因此，智慧建築應具有永續、健康、科技的意識，以符應使用者的需求，也要能彈性和適應環境變遷（Clements-Croome, 2014）。「智慧建築」係指藉由導入資通訊系統及設備之手法，使空間具備主動感知之智慧化功能，以達到安全健康、便利舒適、節能永續目的之建築物（智慧建築標章申請審核認可及使用作業要點，2020）。智慧建築有八項指標：(1) 綜合布線：綜合布線是一種提供通信傳輸、網絡連結，建構智慧服務的基礎設施，以綜合其結構、系統、服務與營運管理，滿足使用者的舒適性、操作者的方便性、設備的節能性、管理的永續性與資訊化的服務性。(2) 資訊通信：智慧建築之資訊及通信系統，應能對於建築物內外所需傳輸的訊息（包含語音、文字、圖形、影像或視訊等），具有最快速及最有效率的傳輸、貯存、整理、運用等功能。(3) 系統整合：建築有許多自動化服務系統，如空調監控系統、電力監控系統、照明監控系統、門禁控制、對講系統、消防警報系統、安全警報系統、停車場管理系統等，應系統整合，避免因出自不同的製造商或系統商，使得系統設備間無法資源共享。(4) 設施管理：智慧建築涵蓋之系統設施，包括資訊通信、防災保全、

環境控制、電源設備、建築設備監控、系統整合及綜合布線與設施管理等系統之整合連動，需有良好的設施管理才能確保各系統的正常運轉並發揮其智慧化的成效。(5) 安全防災：智慧建築透過自動化系統，從「偵知顯示與通報性能」、「侷限與排除性能」、「避難引導與緊急救援」三個層面，對可能危害建築物或威脅人身安全之災害，達到事先防範、防止其擴大與能順利避難之智慧化性能。(6) 節能管理：智慧建築之空調、照明、動力設備等，應採用高效率設備，具有節能技術、再生能源設備，以及能源監控管理功能。(7) 健康舒適：健康舒適指標包括「空間環境」、「視環境」、「溫熱環境」、「空氣環境」、「水環境」與「健康照護管理系統」，以提供高效率、便利性與舒適性工作環境。(8) 智慧創新：智慧建築鼓勵業者、建築師、相關技師依使用者或現況需求提出其他創新技術作法，以推動智慧化創新加值服務，促成產業間的異業合作（財團法人台灣建築中心，2018）。王運武、于長虹（2016）認為智慧大樓具有智慧化的設備維護、安全監控、狀態監控、通信和防災救護設施、空氣監測等，利用互聯網、物聯網、大數據等現代化技術和設施，為使用者提供安全、高效、舒適，便利學習、工作和生活的環境；並強調智慧大樓為傳統建築注入了綠色、生態、環保的理念，會是未來建築的必然趨勢。

就學校建築而言，建置各項自動化、科技和資訊設備，在使學校行政和管理效能大幅提升，美國校園建築也有運用「電腦化維護管理系統」（a computerized maintenance management system[CMMS]），管理和改善校舍與設施的維護，可自動依行事曆和儀表做預防性維護、延長設備壽命、降低總體成本，並提高可靠性和生產率；相關資訊可隨時隨地透過手機、電腦、筆電或其他智能設備傳送，使學校設施的營運、管理更有效能（eMaint, 2019; Kennedy, 2012）。建築自行監控、管理、營運與維護等智慧化發展，會快速成為學校建築規劃的重點工作。

總之，過去管理、維護、監控系統運用過多人力的學校建築將走入歷史，智慧化會成為學校建築規劃發展的趨勢之一。

六、營運管理複合化

學校建築的發展會大量反映複合化特質，亦即學校建築營運愈來愈重視省錢、有效、多功能、開放校園環境的規劃，此一以「經濟」為核心思

考的學校建築，使學校朝向社區學校、社區中心學校、終身學習學校大步邁進。

　　具體言之，未來的學校建築與設備會融入更多社會投資和公共財理論，校園開放、引進社區資源或委外經營，使學校建築多角經營，以撙節經費支出，增進和提升建築使用效能。學校營運複合化，指的是學校的空間除了為學生的學習場所之外，能與其他單位共同使用，空間營運模式可能與政府單位或是社區進行合作，例如：(1) 縣市政府或鄉鎮公所出資在學校內興建圖書館、活動中心、游泳池或停車場，彼此共同使用，如臺北市中小學運動場與停管處合建地下停車場，臺北市西湖國中與市立圖書館合設分館，新北市鷺江國中與體育處合建國民運動中心，可以解決政府施政需求與增加校園建築功能。(2) 學校設置英語村與他校分享使用，如臺北市濱江國小、桃園市文昌國中和快樂國小、澎湖縣文澳國小，益增校園設施功能。(3) 學校設置特色教室或資源空間與他校分享使用，如臺北市陽明山國小的「藍染教室」、關渡國小的「海洋教育資源中心」、新北市中園國小「能源教室」、屏東縣泰武國小的「排灣族文化體驗」，提供特色或資源分享空間。(4) 學校空間與設備和社區共用，如設置社區大學、媽媽教室、樂齡學習中心、數位機會中心、新移民學習中心、安親班接送區，或如 Winter 和 Gyuse（2011）所建議的規劃設置 K-8 年級的課後學習空間（after-school space），讓學生在低壓力情境、探索新興趣，以及和朋友師長發展有意義的關係。(5) 學校建築設施委外經營（OT），與社區共同使用，如臺北市濱江國小游泳池 OT、臺北市成德國中活動中心 OT、新店國小游泳池 ROT 等，以撙節學校營運費用和拓展財源。(6) 學校設置非營利幼兒園和托嬰中心供社區共用，2016 年起幼兒園需求快速擴充，運用學校餘裕空間設置非營利幼兒園和托嬰中心蔚為風潮，如臺北市天母和永建國小，濱江、三民和螢橋國中等 23 校設置非營利幼兒園（臺北市政府教育局，2021），臺北市大直、永樂、潭美、成德和溪口國小，濱江和萬華國中等 54 校設置托嬰中心（臺北市政府社會局，2021），新北市和各縣市亦紛紛設置。(7) 學校與鄰近環境整體規劃，與社區資源共享，如政大附中興建之初將鄰近學校的公園綠帶併入校園整體規劃興建，不僅可以增加校園的整體性，減少未來再施工的危險性，並可提高校園與社區公園連結的使用效率。正如 Bartels 和 Pampe（2020）所

言，學校應成為教育景觀（educational landscape）的一部分，並開放和融合為學區的「全天候教育中心」（all-day education centers），例如：美國科羅拉多州一個社區學校——福特·柯林斯高中（Fort Collins High School），校地 92 英畝（約 37 公頃），學校與學區教育委員會、公園委員會三方協議共創一所社區學校並成為社區中心，該校於 1995 年竣工，社區公園與學校之間沒有任何圍牆或者圍籬，學校（包括學科教育、表演藝術教育、音樂教育及體育教育）、公園和商業中心沿著一條蜿蜒的主要街道而立，這條街道是社交的熱門場所（Brubaker, 1998）。澳洲，以往學校設施一直是最不充分利用的公共資產之一，在課餘時間很少使用，近年來學校作為社區中心的想法受到愈來愈多的關注，尤其是在快速發展的城市和地區中心，學校場地不再是專供學校教育（上午 9:00 至下午 3:30）之使用，還作為支持為個人、家庭和社區團體提供一系列計畫和服務的寶貴資產；體育館、室外球場、運動場、游泳池、早教中心、婦幼保健設施和一系列其他空間，也可用作社區資源，以改善學校與社區的關係，並擴展學校的服務範圍（Cleveland, 2018）。(8) 校際聯盟資源共享，如教育部 2007～2011 年連續 5 年，每年評選 100 所特色學校，補助各校經費活化空間資源，推展特色遊學，包括南投日月潭特色遊學圈（整合明潭、德化、頭社、車埕國小和明潭國中）、苗栗南通湖聯盟遊學圈（結合南庄、蓬萊、東河、五湖、南和國小和西湖國中）等（郭雄軍、蔡淑玲，2011），結合學校特色空間、當地自然景觀、地域文化和風土民情，讓校內外學生或國際學生，透過遊學活動使校園空間活化與再生。此外，香港蒲崗村道學校村是全港第一個具規模的學校發展群組，占地 3.75 公頃，村內設有 3 所小學和 1 所中學，除有各自教室之外，最大特色就是擁有多樣化的共用設施，包括 200m 跑道和小型足球場、2 個有蓋籃球場、跳遠沙池、綠化緩跑徑、小型更衣室、2 個可停泊 17 部校巴及 28 部汽車的停車場、中央花園及休憩地方，為村內學校帶來資源共享的文化（香港教育署，2002）。設施共構、資源整合、資源分享等複合化發展，將成為未來學校建築規劃核心前提。

　　總之，單一教學功能的封閉式學校建築將走入歷史，複合化會成為學校建築規劃發展的趨勢之一。

七、規劃設計數位化

　　學校建築規劃發展會大量反映數位化特質，亦即學校建築設計愈來愈重視虛擬、非制式化、非對稱性、單元環境的規劃，此一以「虛擬」為核心思考的校園建築，使學校朝向虛擬建築、數位建築、有機建築大步邁進。

　　具體言之，未來的學校建築與設備會融入更多虛擬和數位理論，運用先進的資訊科技和數位化系統，使學校建築與校園規劃設計圖的繪製，幾乎都是在數位資訊軟體上完成。例如：運用「建築資訊模型和管理」（building information modeling and management[BIM]），可協助建築師更快速設計和興建更有效率的建築，並能節省更多維護費。BIM 是一個模式歷程，可在興建之前模擬完工的建築物，並可提供空間關係、燈光分析、地理資訊、建築成分的數量和材料（包括機械和結構系統），只要敲一下滑鼠可以看到移動一個牆面會如何影響機械和結構系統，也可以在建築設計的早期階段模擬能源的表現和消耗，設計者可以計算出晝光和窗戶大小與比例，以確保空間品質和建築能源負載，運用 BIM 可節能 20～30%；美國印第安那大學（Indiana University）有 8 個校園 825 棟校舍建築，2009 年 10 月決定創造 BIM 標準，是最早採用 BIM 環境的機構之一，BIM 也成為該校制式合約的一部分（Phillips, 2010）。美國國家 BIM 標準（The National BIM Standard-United States）透過參考現有標準、文件資訊交流，為整個建築環境提供共識性標準，同時藉助開放的 BIM 標準，可以建構詳細的模型，提供運行期間使用的準確產品，以確保設施在生命週期之功能，並提供高成效、碳中和（carbon neutral）和零耗能基礎設施（net zero energy based facilities）（The National Institute of Building Sciences, 2021a）。此外，因為數位化的關係，可有更複雜、非制式化、非對稱性的結構，畫出過去制式化模式裡沒辦法看得見的結構，像是目前透過電腦設計就會在螢幕面前呈現生動模擬動植物或融入大自然的「新有機建築」（new organic architecture）（Pearso, 2001/2003）。需補充的是，1997 年數位建築正式誕生，讓向來被視為建築生命的「空間與形體創作」有了巨變，著名的麻省理工學院的史塔塔資訊中心（Ray and Maria Stata Center）是由曾獲建築最高榮譽普利茲克獎的 Gehry 以數位建築設計，數位建築發展至今有四個明確的發展方向：建築形體的

解放、空間概念的演化、人工智慧的設計、數位類型的建構（劉育東，2007）。此一發展有助於學校建築造形與空間的轉型與突破，大跨距結構的學校體育館設計更為容易；雖然，數位建築將使學校的樣貌更多元與更複雜，但仍需考量實際建築技術是否成熟及可行性，以確保建築上的安全。模擬、虛擬、有機等數位化發展，是學校建築結構與造形多變的關鍵，學校建築規劃都會以此規劃設計，以資預見未來。

　　總之，傳統標準化的學校建築規劃與設計將逐漸走入歷史，數位化成為學校建築規劃發展的趨勢之一。

八、設施更新優質化

　　學校建築的發展，未來校園會大量反映優質化的特質，亦即校園建築更新愈來愈重視安全、造形、美感、增能、活化、再利用的規劃，此一以「品質」為核心思考的學校建築，使學校朝向安全學校、優質學校、特色學校、創意學校大步邁進。

　　具體言之，未來的學校建築與設備，會以安全為基礎，強化校園的防洪、防颱、防震的安全設計（Line, Quinn, & Smith, 2010），設置保全和監視系統、安全地圖、提醒易受傷地點，增強防災避難動線標示。2010年3月Obama總統的「教育藍皮書」（President Obama's Education Blueprint）特別強調學校設施的安全和健康狀況，是改善學校學習環境的重要因素（Chan & Dishman, 2011）；日本文部科學省（MEXT, 2021）也強調，30多年前建造的設施約占所有公立學校設施的一半，為確保地震和日常生活的安全，以及延長設施使用年限，有必要推展老舊學校設施的改造和改善。其次，校園會融入更多美學理論，校舍建築造形與情境會融入更多裝修、色彩與美感，老舊校舍「拉皮」整體更新，重新配置並調節機能，整理舊管線和油漆粉刷，配合市容整建學校圍牆、拓寬上學步道；學校教室增置置物櫃和e化設備，強化教學和學習功能，教師辦公室強化生活機能；強化校園活化與閒置空間再利用，充實專科教室、擴增辦公室、教師專業發展空間、社團活動室、樂活運動場地、玩具圖書館、藝文中心、社區大學或增置幼兒園等，益增建築機能與空間美學。尤其是，Gisolfi（2011）特別強調校園在教育設計上有看不到的地方，大部分有正式功能都稱之為「建築」，學校是一個空間實體，建築的四周是開放空

間，有時候建築本身會成為毗連街道的邊緣，因此校園建築要注意：(1) 關照自然情境，如地形、陽光方向、微氣候；(2) 校園建築是人為文化脈絡的一部分；(3) 校園建築設置適當，可創造有用的室外空間；(4) 結合室內外空間設計，可增進社群互動；(5) 學校的設計應特別注意使校區能讓使用者清楚而理解；Gisolfi 的觀念和見解，對於未來學校建築更新優質化，甚具參考價值。更重要的是，美國最著名的學校建築雜誌《美國學校和大學》（*American School & University*[AS&U]），每年都會評審和推薦各級學校最好的學校建築與校園規劃案例，2020 年評選教育室內設計（educational interior design）獲獎指標有七項：(1) 清晰的方案願景和組構策略；(2) 室內材料適切反映年級群和學校意象；(3) 彈性、調適和輕快敏捷的空間與家具；(4) 空間反映多樣的學習形態，以激勵和支持學生社群；(5) 考量安全和保全；(6) 耐用和易於維護；(7) 情境融合並反映社區的需求（George, Fried, Moir, & Vonderberg, 2020）；並分門別類說明教室、實驗室、圖書館、媒體中心、科技中心、演藝廳、公用區、健康設施、體育設施、休憩中心、學生活動中心、餐廳／餐點區、幼兒園等之優質室內裝修和空間設計，圖文並茂，堪稱視覺之饗宴，對未來室內空間和設施之優質裝修，提供最佳典範。當然，當經濟繁榮、社會富裕，除新建學校之外，老舊校舍會依需求整體重新改建，或進行優質化修建工程，促進學校建築能現代化以及增進空間與設施的美感與舒適，讓學生能在優質、優美的校園建築環境中學習和成長。安全、精緻、活化等優質化發展，是既有建築更新與保存的策略，也是未來學校建築規劃與校園建築生命週期延伸的重點思考。

　　總之，老舊、龜裂、閒置、失能的校園建築將換上新貌，優質化會成為學校建築規劃發展的趨勢之一。

第二節　學校建築規劃的改進方向

　　學校建築規劃問題，經緯萬端，根據相關研究（湯志民，2006a、2012、2014b；Stack, 2012）和長期實地訪查學校經驗，大致可分為學校建築行政、學校建築規劃、校園環境規劃、學校建築研究等四方面，分別探究說明，以作為未來改進方向之參考。

一、學校建築行政的改進方向

　　學校建築行政的改進方向，主要有：成立專責機構提供學校建築規劃服務、多辦理學校建築規劃專業成長研習、提供學校建築規劃系統資訊、整體更新中小學設施設備基準、學校建築規劃應有足夠時間、用後評估（POE）要編列經費因應等六項，分別加以分析說明。

（一）成立專責機構提供學校建築規劃服務

　　中小學校的設置與學校建築規劃的發展，大至配合都市發展計畫，小至學校建築重大工程的興建施工，都需教育當局成立專責機構負責統整或作專業性的指導。都會地區、新興都市計畫區或人口聚集快速的重劃區，新設學校需求高，需有學校建築整體規劃與興建，而老舊社區學校建築臨界或超過耐用年限 55 年者，有的要整體改建，有的是部分或單棟改建建築，加以建築法規與時俱增（如耐震設計、綠建築、無障礙設施、公共藝術等）、學校設施設備基準修正（如國民小學及國民中學設施設備基準、普通型高級中等學校設備基準）、複合化經營日增（附設幼兒園、托嬰中心、樂齡學堂、運動中心、社區圖書館、地下停車場，以及體育館或游泳池 OT 等），使得學校建築規劃的內涵和歷程的複雜度再登新高，這些工作實非學校行政的專業和人力所能承擔處理，更有待學校建築專責機構之大力協助。鑑此，1998 年 8 月，臺北市政府教育局率先成立專責性的學校建築科（第八科），稱之為「工程營繕及財產管理科」，現稱之為「工程及財產科」，專任和臨編人員計 31 人，20 多年來為臺北市中小學學校建築行政工作增添無數服務和助力。緊接著五都也繼而成立專責機構，新北市政府教育局設置「工程及環境教育科」，專任和臨編人員計 39 人；桃園市政府教育局設置「教育設施科」，專任和臨編人員 25 人；臺中市政府教育局設置「工程營繕科」，專任和臨編人員 18 人；臺南市政府教育局設置「永續校園科」，專任和臨編人員 17 人；高雄市政府教育局設置「工程管理科」，專任和臨編人員 10 人。六都之外，宜蘭縣政府教育處設置「教育資源管理科」、花蓮縣教育處設置「教育設施科」，各計有專任和臨編人員 11 人之外，另十二個縣市政府教育處都還是由原稱的「國民教育科」擔綱，專任和臨編人員各計有 7～20 人不等，缺乏工程專業人員（如技正、技士或技佐之編制），且大多數是約聘僱或借調人員，

人力和專業尚待提升。此外，成立府層級的「校園規劃設計審議委員會」是很好的制度設計，例如：新北市由教育局長主持（市長發聘），相關局處參與，對新北市中小學學校建築新建、重建、增（改）建，以及校園整體規劃，提供專業的審議和協助，績效卓著，值得肯定。當然，如在後續學校建築設計後期的「細部設計」和工程發包與監工，有工程專業單位的協助更佳，如臺北市新建工程處的專業參與，更有助於學校建築整體工程品質的提升。

（二）多辦理學校建築規劃專業成長研習

Taylor 和 Enggass（2009）在《連結建築與教育：學習環境的永續設計》（*Linking Architecture and Education: Sustainable Design of Learning Environments*）一書中指出，教育建築環境本身和其內之物都是教學工具或是立體的教科書（three-dimensional textbook），建築師和教育人員應以「慧眼」（knowing eye）作整體創意的設計，並強調教育設施設計的整體性目的，包括：(1) 教育目的在於使孩子成為完整的學習者——身體（身體的學習）、心智（認知的學習）、精神（情緒的學習）；(2) 建築目的在於設計出完整的校舍——堅固（結構）、有用（功能）、愉悅（美感）；Taylor 和 Enggass 進而說明——除非所有目的都符應，包括高層次美感的滿足和心理的舒適，否則孩子的教育不完全，建築也不算完成。

如果要讓校舍建築具有「教育」、「行政」、「課程」、「教學」和「學習」的「學校」機能，而非只是「結構」、「造形」、「通風」、「採光」、「機電」等「建築」量體，亦即讓學校建築更「學校」而非更「建築」，則必須在興建校舍建築時加強學校建築「規劃」，增加籌建人員學校建築的專業知能，提供更充裕的規劃時間，讓學校的教育和教學功能能融入「建築」之中，使學校的「建築」具有學校教育的生命力（湯志民，2014b）。惟據長期（非正式）調查中小學校長與主任儲訓班，在學校服務期間有參加過 3 小時以上學校建築規劃研習者，都只有 3～10%，顯見學校行政人員在學校建築規劃的理念和方法，仍有許多的專業成長空間。尤其是有許多學校行政人員，誤以為學校建築興建是建築師的事，而錯失了在「規劃」階段將學校「教育」、「行政」、「課程」、「教學」和「學

習」的機能納入檢討的機會，此一問題亟待改進。因此，多辦理學校建築規劃專業成長研習，自有其價值與重要性。

　　過去，各縣市為學校行政人員辦理的學校建築研習活動，一般多以學校營繕工程、採購法和預算執行的實務訓練為主，而較少涉及學校建築規劃理念與方法學之培養，造成新建築不斷的增建，但又與舊建築在空間配置或功能、校舍色彩、造形或動線上產生扞格不入的現象。因此，學校建築規劃專業成長研習之作法如下：

1. **研習進修多模式**：由國家教育研究院、縣市政府教育局處、辦理校園建築規劃和重改建實務研習，或由大學（教育研究所或校長中心）辦理專業成長進修，研習模式包括：(1) 校長和主任儲訓班、初任校長班，為其辦理「學校建築規劃」及新議題（如空間美學、空間領導）研習課程 3～6 小時（如臺北市、新北市、桃園市、新竹市、高雄市等）。(2) 校長培育學分班，為其辦理「學校建築規劃」及新議題 1～2 學分。(3) 籌備處和校園規劃小組，加強新設校和校舍重改建者籌備處（或小組）校長、總務主任及校園規劃小組之學校建築實務規劃研習，也可邀請建築師共同參與研習；(4) 專案計畫執行者，配合教育設施政策（如更新圖書館、專科教室、風雨操場、廁所、設置幼兒園等），以及參加優質學校校園營造評選（如臺北市教師研習中心）等，為其辦理專案計畫研習 3～6 小時（含實地觀摩學習）。(5) 學校行政人員（包括校長、總務主任、庶務組長、職員等），有計畫邀請參與，並定期或不定期辦理學校建築新觀念的研習活動，才能使學校建築整（修）建跟得上時代且有更多新觀念。

2. **研習進修新議題**：學校建築理念與時俱進，因應教育和課程改革、教學和學習革新觀念，有許多新興議題，如人文藝術環境、校園空間美學、生活休憩空間、性別平等空間、綠建築和永續校園、無障礙校園、學科型教室、智慧教室、智慧校園、校本課程或特色教室（如創客教室、能源教室、英語情境教室、AR/VR/MR 教室等）、空間領導、教育設施品質、新世代學習空間、主動學習空間規劃；還有，臺灣地區地震頻仍，學校建築的耐震設計，以及最近興起風雨操場（球場加蓋或設置太陽能光電屋頂）、共融式遊戲場等新議

題，皆值重視。

　　此外，許多縣市教育局（處）會延伸校長和主任儲訓班課程，或定期辦理校長、總務主任或學校行政人員之學校建築與規劃新議題之進修研習，並因應政策需求加強主題性、深度與研習時數，以深化學校建築規劃專業成長效果，值得肯定。

（三）提供學校建築規劃系統資訊

　　學校建築規劃與相關法令規定甚為繁瑣，特別是有的縣市總務主任和庶務組長，有任期限制，加以現今學校行政難為，行政人員更迭極為頻繁，經驗傳承易中斷，不具經驗者比比皆是。許多學校建築規劃與相關法令規定，例如：(1) 學校建築規劃、設計、都審、申請建照、發包興建、驗收和請領使用執照等流程；(2) 公共藝術、無障礙設施、綠建築標章等新法規和申辦流程；(3) 採購法、投標須知、標單、徵圖表件和評分表、合約書（含開口合約、OT 合約書）等制式表件。上述攸關學校建築規劃設計之重要資訊，各縣市政府教育局（處）學校建築主政科，應更有系統的整理，依學校建築常見興建類別〔如整體新建、校舍增改建、運動場、體育館、游泳池、公共藝術、無障礙設施、遊戲場（含共融式遊戲場）、廁所、地下停車場等〕、採購金額、或以更適切之分類，將現行法規、執行流程、制式表件等，編印成學校建築規劃指引（或營繕工程）手冊，並設置專屬網站將系統資訊掛網（隨時更新，並供下載），讓學校行政人員按圖索驥。具體作法如下：

　　1.教育部設置學校建築資訊網：內容包括：(1) 各級學校設施設備基準；(2) 學校建築規劃與相關法規（含教育部所屬學校建築規劃執行流程、制式表件）；(3) 教育部教育設施推展政策（含經費補助重點方案）；(4) 國內外優質校園規劃案例和教育設施政策推動成果；(5) 國內外各級學校獲獎學校建築作品之模型、照片或圖片、規劃平面圖之範例蒐集；(6) 建立各級學校（包括大學、高中職、國中小、幼兒園、特殊教育學校和私立學校）校地、校舍、校園和運動場地之基本資料庫；(7) 建立臺灣的人體工學資料，以供國內研製學校設備規格，並供學校和建築規劃設計之參考。

　　2.縣市政府教育局處設置學校建築資訊網：內容包括：(1) 縣市學校

建築規劃與相關單行法規（含教育局處所屬學校建築規劃執行流程、制式表件）；(2) 縣市教育設施政策推動政策（含經費補助重點方案）；(3) 縣市優質校園規劃案例和教育設施政策推動成果；(4) 中小學獲獎學校建築作品之模型、照片或圖片、規劃平面圖之範例蒐集；(5) 建立縣市轄屬各級學校（包括大學、高中職、國中小、幼稚園、特殊教育學校和私立學校）校地、校舍、校園和運動場地之基本資料庫；(6) 建立縣市具有學校建築專業或經驗的學者專家和建築師人才資料庫。

美、英、加、澳等先進國家常提供完整的學校建築規劃資訊，以供遵行。例如：美國北卡羅萊納州公立教學廳學校規劃科，提供「公立中小學學校設施指導方針」（North Carolina Public Schools Facilities Guidelines）和學校規劃協助，包括興建學校的空間和要素，以及電腦輔助工具為新設校預期容量計算所需的空間和規模，學校規劃科評估設施需求、特定校舍建築和校地問題分析，學校建築經費資訊等技術性協助學校（North Carolina Department of Public Instruction, 2003）。紐澤西州也提供「二十一世紀學校設計手冊」（21st Century Schools Design Manual）（New Jersey Schools Construction Corporation, 2004）。Dykiel 等（2009）的《印第安納學校設施領導和管理指引》（A Guide to Leading and Managing Indiana School Facilities）專著，提供學校建築和校地評估、新（改）建和維護的整體計畫，以及財務、節能、建立專業團隊等相當具體的資料、分析和建議。尤其是，美國教育部 1997 年成立「全國教育設施資訊交換所」（The National Clearinghouse for Educational Facilities[NCEF]），由美國「國家建築科學研究所」（The National Institute of Building Sciences[NIBS]）管理，長期提供有關教育設施規劃、設計、建造、安全、維護、健康、高成效學校和大學校園等相關研究（NIBS, 2017）。NCEF 現已併入美國 NIBS 所指導建立的「整體建築設計指南」（Whole Building Design Guide[WBDG]）網站，NIBS 是 1974 年由美國國會依法設立的一個獨立、非營利、非政府組織，致力於推動建築科學和技術的發展；對政府而言，需要一個組織作為介面來提供私部門一種資源，使之能用於計畫、設計、採購、建造、使用、營運、維護、更新和淘汰物質設施。NIBS 匯集了來自建築行業、設計、建築、

營建和政府的專家，進行對話以確保建築物和社區安全，並努力尋求解決共同關心的問題（NIBS, 2021b）。WBDG 網站從「整體建築」的角度提供相當廣泛的建築指南、標準和技術的最新資訊，目前分為設計建議、專案管理／營運和維護、聯邦設施標準、繼續教育、附加資源等五大類資訊（WBDG, 2021），有助於學校建築規劃與設計之參考。

英國，教育部（Department of Education, 2021）設置一個「學校設計標準」（School Design Standards）網站，提供最新的中小學學校建築規劃和設計標準，以及建造學校所需相關資訊，包括：(1) 建築手冊（building handbook），有幼兒園、小學和中學的建築手冊，就新學校建築的規劃和設計及其應符合的標準提供建議和指導，包括校地、校舍、動線空間和遊戲設施——所有與課程有關的學習環境事項。(2) 學校和基礎工程（schools and infrastructure），有申請方式、區域規劃、社區關係、學校衛生和安全、學校改善計畫、學校校產、學校財務、學校管理、學校方案規劃、分享教育、學校交通、學校類型、最新學校設置案例等。此外，也提供經費標準、資訊和通信技術（ICT）指引、節能、學校音響設計、學習支持中心（中學）、校長指引等。這些學校設計標準相關資訊，分門別類、應有盡有、鉅細靡遺，最重要的是隨時更新，提供幼兒園、小學和中學學校建築規劃最新、最正確和最完整的資訊，值得學習。

加拿大，新布倫瑞克省教育和幼兒教育發展廳（Department of Education and Early Childhood Development, 2016）提供「教育設施規劃指引」（Planning guidelines for educational facilities），第一部分一般指引，包括規劃歷程、校地選擇、校地發展、校舍設計原則；第二部分學校類型和空間配置，分就中小學、完全學校和小型學校之設計取向、空間配置和教學站數提供指引；第三部分空間描述，包括幼兒園、普通教室、幼教發展空間、主題工作區、科學、藝術教室、音樂和表演藝術、體育和休閒、職業教育、科技教育、家庭研究、學生事務和學生服務、圖書館／學習事務、自助餐廳、個人中心／教師研究室、行政辦公室、服務和系統（如走廊、樓梯、穿堂、電梯、盥洗室、露天看臺），以及社區使用等，甚為翔實。

澳洲，南澳洲教育廳（South Australia Department of Education, 2020）的「教育設施設計標準」（Education facilities design standards），設計原則、設計說明書（包括屋頂、天花板、牆、**聲響**、地板、門窗、樓梯、坡道、扶手、廁所、建材和裝修等）、建築服務（包括管理、太陽能光電系統、空調、機械排氣系統、消防、水服務、電力和瓦斯供應）、升降機、資訊和通信技術（ICT）、專業貯藏、設備和家具、校地工作（包括校地進出、停車場、人行道和鋪面、景觀、室外休憩區、頂蓋室外遊戲區結構、遮蔭結構、廢棄物管理、白蟻防治等）、角色和責任（包括校地領導者、建築師和設計者、營建商、維護人員、設施經理、資產標準和環境管理團隊等）、支持資訊等，鉅細靡遺，具有清晰及有系統，技術標準更是翔實的資訊指引。

　　日本，文部科學省（2021c）所建立的「公立學校設施整備」網站，主要為：(1) 關於國庫補貼的基本思路：分為關於國庫補貼業務、設施維護基本方針／設施維護基本計畫、操作細節、交貨指南等。(2) 各種扶持措施：分為介紹設施補助科在公立學校設施維修方面的工作、促進防止公立學校設施老化的措施、提高公立學校設施的抗震能力、推廣環保學校設施（生態學校）、學校設施中的木材使用、有效利用封閉的學校設施和備用教室、利用「民間融資創建」（private finance initiative [PFI]）開發公立學校設施。(3) 系統說明：分為國庫補貼制度、關於學校設施環境改善補助金程序、抗震改造業務、長壽改善項目、學校午餐等之常見問題說明（Q&A）。(4) 公立學校設施調查。(5) 其他：出版訊息、相關網站的鏈接。各項學校設施資訊豐富、即時、完整、透明，甚為完備。

　　美、英、加、澳洲、日本等教育主管部門所提供的學校建築網站、標準、指引或手冊，對學校行政團隊，有很好的協助和服務之效，值得效法。此外，國外也有許多非營利、非政府或其他專業組織、學校建築雜誌，如「美國學校和大學」（AS&U）、「學習空間」（Spaces4Learning）等，定期出版免費電子期刊，提供學校建築規劃理念和相關資訊，且每年辦理優良學校建築甄選和介紹獲獎案例，如AS&U 的「建築檔案」（Architectural Portfolio）、「教育室內裝修展」（Education Interiors Showcase），Spaces4Learning 的「教育設計展」（Education Design Showcase）；臺灣，《建築師》雜誌和學校建築學會等也有網站，提供珍貴資訊，皆可供學習和借鏡。

（四）整體更新中小學設施設備基準

學校設施設備基準是學校建築規劃最重要的依據，會影響學校建築的發展。臺灣的學校設施設備基準之研訂存在一些值得關切的問題。如2002年公布「國民中小學設備基準」，將原來二本厚達700多頁的國民中小學設備標準，簡化為32頁的設備基準，優點是減少許多細項設備的說明，缺點是重要校舍設施名稱與數量說明不足，參閱不易明確。2005年和2009年為配合95和98課綱，修訂「高級中學設備標準」，各科設備標準過於瑣碎，且因由許多不同學校負責研修，內部體例不一致或矛盾。2019年配合108課綱，修訂公布《國民小學及國民中學設施設備基準》（52頁）、《普通型高級中等學校設備基準》（228頁），格式不盡相同，簡繁之間大有不同。《特殊教育學校設立變更停辦合併及人員編制標準》（2019），略化校園建築設施的規定與說明，更顯問題重重。尤其是，近幾年幼兒園快速擴增，《幼兒園及其分班基本設施設備標準》（2019）只做最低限度之限令，無助於理想幼兒園之建置，以第10條室內活動室之面積規定：幼兒15人以下之班級，其專用之室內活動室面積不得小於30m²，幼兒16～30人以下之班級，其專用之室內活動室面積不得小於60m²。試想，現有國小運用閒置教室當幼兒園教室，每班30人，每間教室面積67.5m²，設計角落教學甚為擁擠，更難回應用餐點和午睡之需。國外（如美、德）或中國新建幼兒園，通常每間教室達90～120m²，以因應「三合一」教學（上課、用餐點和午睡）之需，臺北市最近也將幼兒園教室面積提升到80m²／間（每3班另增設遊戲室80m²），值得思考。析言之，「學校設施設備基準」的問題大致為：(1) 分級規定，系列名稱無一致性；(2) 內容簡繁不一；(3) 相關規定分散各法規；(4) 規定內容，未盡符合教學需求。

鑑此，為利中小學學校建築規劃之推展，應先整體更新中小學學校設施設備基準，研訂系列性基準（如幼兒園、國民中小學、高級中學、特教學校等），尤其是學校設施設備基準內容宜統整，主要包括：

1. **主要結構**：含校地、校舍、庭園、運動場、基礎設施和重要設備。
2. **敘寫方式**：以原則、要點、圖表作重點式說明。重要設施如普通教室、行政辦公室、教師辦公室、專科教室、視聽教室、演藝廳、會

議室、體育館等應增列圖示範例。

3. **前後邏輯**：中小學校地面積，應有前後邏輯地一貫性，如幼兒園、小學、國中到高中，校地標準由小而大。

4. **前瞻觀念**：納入與時俱進的新觀念，如智慧校園、智慧建築、學科型教室、性別平等空間、太陽能光電風雨球場、共融式遊戲場等。

5. **提高標準**：(1) 因應少子女化，校舍樓層應規範小學在 3 樓以下、國中在 4 樓以下、高中在 5 樓以下，較為適宜。(2) 配合幼教政策，中小學紛紛設置幼兒園，應規範幼兒園教室面積至少應有 $90m^2$，以 $120m^2$ 為理想，以因應幼兒園教室應有「上課、用餐點和午睡」（三合一）之功能。(3) 國中小 12 班以下應規範設置簡易體育館，中小學體育館耐震用途係數應達最高標準（$I = 1.5$），以因應活動課程和全校教學活動，以及學校及社區防災避難之需。(4) 球場加蓋為「風雨操場」（含太陽能光電風雨球場），應依經費許可逐年設置，以利因應氣候、體育教學和各項活動之需。

（五）學校建築規劃應有足夠時間

學校建築規劃歷程繁瑣，在「規劃」階段，工作任務主要有：發展設校理念與願景、校地區位與建築環境分析、學校建築規模評估、整體規劃配置、地質鑽探和環境影響評估、經費需求推估、建築期程推估、徵圖甄選建築師等。而「設計」階段，工作任務主要有：學校建築機能與空間配置、基礎設施設計、建築造形設計、施工建築圖說等細部設計、都市設計審議、建築執照申請、辦理工程招標等。現場實作上，常因預算執行、招生壓力、態度認知等問題，將規劃和設計併為一階段，致「規劃」不是極度壓縮，就是憑空消失。

最弔詭的是，平時經費拮据困窘，無法進行學校建築規劃，突然間教育主管機關有臨時專案預算或擴大內需補助的學校，學校建築重改建需在 1 年發包，才能獲得補助，期間要完成的工作有：規劃、地質鑽探、徵圖、設計、都審、申請建照、工程招標等，這些工作除了「規劃」有彈性之外，其他時間都是固定的時間量，學校為使預算執行不致落空，只有壓縮「規劃」的時間，致規劃的時間不足或無時間。尤其是，每校條件不同，適用的學校建築規劃原則各異，研議將合適的原則套入每一學校中，

學校建築專家的協助和規劃審查，以及教育部強調的「參與式討論」（如校園規劃小組專業成長、參訪觀摩學習，以及開校內公聽會或簡報徵詢意見等），整個規劃階段至少要 1 年。籌建學校常因規劃時間不足或被壓縮，難以翔實整體規劃，導致學校建築較偏向對「建築」機能性的關照，而缺乏「學校」教育性的融入。

　　許多中小學進行學校建築規劃未依行政管理、課程、教學和學習等活動與使用需求，檢討或調整學校建築設施的種類、數量、空間大小和配置，而有教室數量和空間不足、專科教室太小（教師想要 1 間當自己的辦公室）、辦公空間大小不足、教師辦公室太擠（或沒設置）、校舍樓層太高或配置不當、人車分道不當、校園動線不良、運動場規劃不佳（如未依校地條件考慮跑道大小）、球場或遊戲場不足、貯藏室不夠、體育館高度不足（挑高未達 9～12m）、地下停車場出入口和動線不佳、校舍造形呆板、主樓梯寬度太小（140cm 以下，只能同時 2 人上或下）、視聽教室座位太多（如 500 多座位）、高度太低或座位間距不足、無障礙設施不佳（如坡道轉彎空間不足）或電梯太小（12 人座以下）等問題，這些問題都會在興建之後才會浮現，學校發現也難以彌補。如此，實難開創新世紀的精緻、創新、永續之教育環境與設施。因此，學校建築「規劃」至少應有 1 年時間，以為將來 80 年使用奠基。具體作法（湯志民，2014b）：

1. 教育部與各縣市政府教育局處全額專案補助之新設校、整體校舍或單棟校舍重改建者，教育部局處應於前一年先補助「規劃」經費，並協助學校依校地區位和建築環境、教育理念、行政管理、課程、教學、學習和各項活動需求，翔實規劃。

2. 配合教育部校園環境政策，計畫 3～5 年內重改建者，建議教育部局處三個實施方案：方案一，縣市政府財源充足者，自行編列「規劃」和「設計」經費，協助學校執行；方案二，縣市政府財源尚可，先編列「規劃」經費，協助學校規劃，教育部對已完成「規劃」者優先補助並辦理「設計」。方案三，縣市政府財源困難者，由教育部編列「規劃」和「設計」經費，協助學校執行，整體「規劃」經費，每校約 150 萬元（含地質鑽探）。

3. 運用總量管制策略落實教育設施「規劃」，教育部局處可先匡列未來 2～3 年預計執行的預算，實施「總量管制」，一則可事先進行

「規劃」，二則遇有臨時性經費（如擴大內需）可以備案因應，以提升「規劃」和經費使用績效。

（六）用後評估（POE）要編列經費因應

「用後評估」（POE）是學校建築規劃和興建常用的系統性回饋機制，對學校建築品質控制與提升是最有效的方法。教育要評鑑才能提升效能，學校建築要用後評估才能確保品質。試想學校建築平地起高樓，不論是單棟建築或是整體校園建築，從書面、平面藍圖上，躍升為立體的物質空間，定然會出現許多空間、設施、設備與建材等，不是原來想像的樣子，甚至功能出現問題，有的好解決（如增加管制口、加裝遮陽設備或窗簾），有的不好解決（如教室不夠、空間太小、高度太低、沒有保健室或諮商室、缺貯藏室、動線有牆阻擋等），這些問題都需要「用後評估」據以改善。

雖然，許多學校建築新建工程，在驗收期間發現問題，不能歸責於建築師或營建工程廠商的，學校會向教育主管機關申請動支工程結餘款處理，惟此經費不多也不穩定，大概只能改善工程小問題，有時候無工程結餘款（經濟景氣時工程經費飆漲，不易招標，致無標餘款），就會陷入尷尬局面，或者將問題隱藏起來暫不處理或視而不見，導致學校建築使用效能不彰、甚至閒置。尤其是，新設校和新建校舍，通常 3～5 年不會編列校舍改善預算，加以新建學校很少做「用後評估」（POE），也無相關經費即時改善，因此難以檢視、改善和提升新建教育設施的品質和機能。孩子的教育一刻也不能等，學校建築經過漫長的歲月，得以完成，每一空間和設施的品質和效能，都是對孩子教育最大的承諾和重視。因此，長治久安之道，在於將「用後評估」所需相應改善經費，列入工程預算，方能確保學校建築品質的維繫與提升。事實上，學校建築規劃、興建與營運是一個不斷發展的歷程，學校建築工程規劃、興建需要經費，校舍建築啟用後，教育環境的營運與維護，會有相關年度預算因應，在中間轉銜階段的「用後評估」自然需要經費，以資因應。具體作法：

1. 增列學校建築「用後評估」與改善經費，列入工程預算約占 0.5%，以 5 億元校舍工程計算約有 250 萬元作為「用後評估」與改善經費，經費額度應屬合理，以資彌補規劃、設計和施工之不足，並強

化教育設施之學校營運使用機能。

2.研擬學校建築「用後評估」檢核表，以供學校參考運用。

二、學校建築規劃的改進方向

學校建築規劃的改進方向，主要有：學校建築應作整體規劃、規劃理念以學生為中心、學校設施採多用途設計、運動場跑道設置應有彈性思維、體育館和風雨操場應加強設置、游泳池設置要能經營維護、強化學校停車場地規劃等七項，分別加以分析說明。

（一）學校建築應作整體規劃

學校建築規劃以校區空間的整體性配置為首要工作，例如：校舍（3/10）、校園（5/10）、運動場（3/10）用地的適當比例分配，教學區、行政區、運動和活動區、庭園區等的動靜規劃配置，應配合學校環境的主客觀條件作整體性的規劃，並以課程發展、教師教學、學生學習、同儕互動和休憩活動的使用方便為優先考慮。惟揆諸國內中小學學校建築規劃，除新設校之外，其校舍發展的常見模式是以「I」字形為起點，以「L」、「U」字形為延續，最後終止於「口」或「日」字形，期間的演變和形成原因，頗受爭議，可能因學生人數遽增、校地不敷運用、經費預算短絀、規劃理念缺乏，以及規劃方法的不足等單一或綜合因素影響而致，但學校建築「整體性」規劃概念，係「理想藍圖」的建立，應將時間、空間、經費、使用人及學校的內外在環境，及早納入規劃，逐步實施，則無庸置疑。例如：宜蘭縣全縣中小學 30 多年前即有計畫的整體規劃興建完成，許多縣市由副縣長或教育局長召集主持，並邀請學者專家和都審委員協助所屬中小學新（整）建學校建築整體規劃，教育部推展的新校園運動、小班計畫增建教室和危險教室整（重）建計畫，也委請學者專家協助審查整體規劃，績效卓著，值得肯定。雖然，目前中小學已有許多新設校，以及一些成功的學校建築整體規劃整建範例，但對大多數中小學而言，學校建築的整體性規劃觀念仍待深植，而優良「境教」環境也只有在整體性的規劃結構上，才能有最完整和最大的發展空間。尤其是，臺灣的中小學校舍建築大多數興建於 1950 年之後，使用年限陸續達至 55 年的耐用年限（鋼筋混凝土構造 [RC]）。近 10 多年已有許多的老舊校舍重建、整建、或改

（修）建，未來 10 年此一需求不會減緩，各縣市教育主管機關均應未雨綢繆，預先提供規劃經費，讓學校整體規劃及早進行（即使單棟校舍建築興建，也要併入整體規劃以利施作），並有充分的時間（如規劃至少 1 年）讓學者專家協助和學校師生參與，以免有許多縣市中小學整（重）建需於 1 年內完成規劃、設計、都審和發包，時間壓力太大，如規劃不及或倉促交案，「新瓶裝舊酒」興建一所舊觀念的新校舍，更何況現今鋼筋水泥的強度可耐用 80 年，下次拆除改建已是二十二世紀以後的事了，這 80 年要如何面對我們的師生？或者我們有沒有想過，這次的興建會不會有可資留存的百年典範校舍？站在歷史的轉捩點，責任重大，應即深思。

（二）規劃理念以學生為中心

　　學校是學生的學習和生活環境，學校建築的規劃設計雖應考慮學校教職員工和社區人士的使用需求，但以學校建築功能主要在提供學生優良的教育和學習環境而言，其規劃理念自應以學生的需求為依歸，時時刻刻考慮到學生的實際需要（蔡保田，1977）。正如 Thrasher（1973）在《有效規劃較佳的學校建築》（*Effective Planning for Better School Buildings*）一書中所言：「學校的存在是為實現教學任務，而學生在其中扮演主要角色」（p. 5），Caudill（1954）在《較佳的學校設計趨勢》（*Toward Better School Design*）一書中亦言：「學校規劃的起點和終點都應以學生為依歸。」（p. 2）。Cutshall（2003）也強調，二十一世紀的學校需更符應學生中心，要有彈性的團體學習區和教室，以及最新的設備與設施，以利培育學生的個別學習風格。近 30 年來，國內中小學的學校建築規劃（尤其是新設學校），在以學生為使用主體的考量上，所投注的心力和努力已呈現令人激賞的成果，未來更應以「學生為中心」，多考慮學校建築的主要使用者——學生的學習和需求。首先，學校建築在空間配置、建築造形、色彩運用、綠化美化、情境布置、動線規劃，以及小團體活動空間設計上，都應在學生的教育目標、心性的涵養、身心的發展、性別年級的差異、學習的興趣、活動的參與、個人空間和領域的維護、私密性的保留等，投注更多心力並縝密思考作為規劃重點。尤需注意的是，學校設施設備基準，在空間與設備需求上，都是從新課綱出發，重視課程設計與發展，以及教師教學需求；然而，從「學生學習」之需求出發，

則為全然不同的規劃思維。基本上，學習環境是一個有機的、整體的概念——一個包括學生活動和成果的生態系統（Organization for Economic Cooperation and Development[OECD], 2013），學生的學習和活動有正式學習（上課）、非正式學習（下課和活動）和非正規學習（放學），學校自應規劃因應學生多樣活動、多元展能和生活需求的學習空間與設施。尤其是，二十一世紀學生的學習基於 ICT，與二十世紀學生的學習模式截然不同，面向未來的新世代學習空間，自應依學生學習特質、時間、方式、興趣和群組，以及校園的空間條件，提供多元、多樣的學習空間，以利學生多元展能與主動學習（湯志民，2019b、2020b）。簡言之，「以學生為中心」的規劃理念，主要以「學生」和「學習」為重心，設計更具人性化的教育和生活空間，更重要的是要回應「學生學習」，提供多元、多樣的學習空間，促進學生的學習興趣、成效與主動學習，這也是有效締造優良學校環境所應掌握的最基本法則。

（三）學校設施採多用途設計

　　學校設施採多用途設計，不僅是彈性趨勢之運用，更能讓空間功能增加、使用效率增強、節省經費，以及因應課程、教學和多樣活動之變化需求。Kramer（2019）指出，愈來愈多教室和室內外共用區域呈現彈性和多功能，這些空間提供個別學習機會和集中工作區，以及跨年級混合和自主團體使用之開放空間。Karlen（2009）則言，當建築經費增加，室內空間應最大化使用功能的壓力就增加，以因應多方案運用之需。因此，會議室、教室建築能彈性變化空間就變得很重要，使其具有彈性或多用途（multiuse），具體作法可將二種或多種功能結合在同一空間，例如：可將圖書室和會議室結合。臺灣地區中小學，尤其是都會地區、都市計畫人口密集或急遽成長之地，基於學生人數快速成長、都市計畫學校用地不足、校地建築空間極為有限、建築經費日益龐大，以及學校建築部分功能性的重疊等因素，學校建築設施採多用途設計，自為必然的趨勢與結果。學校設施的多用途設計，可從幾方面著手：(1) 就校地運用而言，活動中心的設計，可將體育館、演藝廳、游泳池等設施作一統合，以發揮單一校地的多重功能。(2) 就校舍設計而言，功能相近的校舍，首先可運用同一空間，作「空間」區隔之多功能使用，如政大附中圖書館 2 樓大型閱讀區

（沒有圖書櫃），以透明鋼構玻璃牆板與圖書櫃閱讀區區隔，上課時間是圖書館的一部分，放學以後將之與圖書館隔斷，可作為學生夜間自習室、忘年會活動場地、教師甄選報名場地等。有的學校圖書室，設置類似彈性隔斷閱讀空間，作為會議、簡報或其他活動空間（如臺北市幸安國小）。其次，可運用同一空間，作「時間」區隔之多功能使用，如高雄市鳳翔國小的「簡報室」（設置洗手臺和櫃檯），上放學時間作為家長接送區，上課期間作為簡報室、接待室、會議室、研討室等，中午時間提供科任老師用餐之空間，班級慶生也可申請使用。(3) 就球場設置而言，如籃球場（躲避球場或網球場）、排球場與羽球場，以及棒（壘）球場、足球場和手球場的重疊設計，可增強校地空間的使用率。(4) 就遊戲場的規劃而言，尤其是滑梯的配置，可利用坡地的傾斜面，1 樓與地下室的高低落差，或獨立樓梯間（突出於校舍之外）與地面的落差設置滑梯，既可增加建築的休憩性、開放性，也可增加學校動線的流暢性，以及防震避難的疏散性。

（四）運動場跑道設置應有彈性思維

　　跑道是學校運動場地最常出現的設施，是就中小學的使用需求而言，跑道的規劃設置，有幾點問題值得我們探討並尋求改進。首先，在國外案例上，美國中學以上有 400m 標準跑道，小學則以大草坪為主；韓國中小學以設置足球場為主；香港、澳門學校校地小，大都設置球場，很少見到跑道；臺灣與日本極為相似，幾乎每一所學校都會設置，但跑道的用途並沒有發揮培養徑賽選手的效果。事實上，學校體育也不應僅以培養徑賽選手為目標，尤其是中小學，學生的體育活動應在學生的感官與知動能力，以及學生對體育活動的興趣上，多用一些力較為適切，何況體育活動琳琅滿目，偌大的跑道使得原本不大的校地所能有的其他活動空間變得更小，而正規的跑道除了一年一度的學校或社區運動會有正式的比賽用途之外，平日下課時間學生在跑道上跑步的並不多，但用跑道打球或遊戲者卻不在少數，設置的功能與用途不能相符，以昂貴的人工跑道作為球場和遊戲場更非所宜。因此，除非學校校地大（超過 5 公頃以上）且鄰近學校校地不足，配合鄉鎮市活動需求，運動場跑道應設置 400m 標準跑道之外，一般而言，國小可以不設或只設一條 100m 直跑道；高國中可以設置，並可朝運動公園發展，如多設置球場──尤其是籃球場（國小配置共融式遊

戲場），加上可供休憩的大樹、園景設施和慢跑道（或以周邊人行步道替代），可使中小學運動場功能拓展至令師生較為滿意的程度。

（五）體育館和風雨操場應加強設置

　　體育館設置的順位一向排在跑道之後，甚至有許多縣市基於經費用度，常以風雨球場取代，或預留空間「等待黎明」。體育館是大型的室內活動空間，全天候的體育設施非體育館不能竟其功，主要原因是臺灣地區的雨季、夏暑和冬寒，使學校的體育活動更依賴體育館，另一方面體育館也是防災避難的最佳災民收容空間和學生上課教室（日本地震多，中小學體育館都用之於學校和社區的防災避難中心）。更重要的是，體育館在正式課程（體育）、非正式課程（活動）、空白課程（下課），以及在學年教學活動（如語文競賽、英語話劇比賽、專題演講）和全校性教學活動（如畢業典禮、校慶典禮、成年禮、朝會、週會、球賽），都扮演舉足輕重的角色。鑑此，《國民小學及國民中學設施設備基準》（2019）、《普通型高級中等學校設備基準》（2019），都規定 12 班以上要設置體育館（國中和國小 $800 \sim 1,600 m^2$，高中 $1500 m^2$，室內淨高 $9 \sim 12 m$），國中小 12 班以下則設置簡易體育館（面積 $800 m^2$，室內淨高至少 7m）或風雨球場（淨高至少 7m），若體育館不足以容納上課人數時，可增設風雨球場。惟根據教育部體育署（2021）之統計，2019 學年度國小 2,592 校，160 校有體育館（占 6.17%），470 校有風雨操場（占 18.1%）；國中 738 校，163 校有體育館（占 22.1%），148 校有風雨操場（占 20.1%）；高中職 511 校，154 校有體育館（占 30.1%），99 校有風雨操場（占 19.4%），由此顯見，中小學學校體育館和風雨操場設置比例不高，亟待增建。因此，具體作法上，中小學新設校應依此規定辦理，既有學校已預留空間者應逐年設置體育館或風雨操場。未來，如縣市政府財源足夠，最好能在體育館（含簡易體育館）之外，再增設風雨球場，經費不足者可爭取設置太陽能光電風雨球場，主要係因球類運動是最經濟實惠，且是學生最愛的運動項目，如能增建全天候、風雨無阻的風雨操場，不僅可增添體育與其他活動量能，也能在放學後增加學生的課後活動空間，以及社區運動和活動空間。

（六）游泳池設置要能經營維護

　　臺灣是一個海島，四面環海，對於游泳的渴望特別殷切。基本上，游泳池的設置要以能經營維護為主要思考。首先，在設置區位上，游泳池設在室內比室外理想，一則較易保養維護，避免於雨水和灰塵破壞水質，再則使用效益高，終年不受風雨所阻，因此室內溫水游泳池成為設置趨勢。其次，在課程使用上，游泳僅是體育課多樣項目之一，通常集中時間使用，維護較經濟，管理使用也便利。依學校游泳課程時數計算，一座游泳池（25m，6～8 水道）每學期集中 2 個月，可提供游泳課 240 小時（1 班使用）～480 小時（同時 2 班使用），計算公式 5 天 ×8 週 ×6 小時 ×1班（2 班）= 240 小時（480 小時）（游泳課程）；以 36 班計算每週 2 節體育課連續上 4 週（或 6 週），則需 288～432 小時的游泳課程，計算公式 36 班 ×2 小時 ×4 週（6 週）= 288 小時（432 小時）（游泳課程）。因此學校規模 36 班以上，游泳池有足夠課程和使用率，加以學生收費可支應救生員及維護管理費，可由學校設置並經營管理。36 班以下則建議「委外經營」（OT），或由有條件學校設置，鄰近學校彼此資源共享。第三，在使用對象上，學校規模 36 班以下之中小學，游泳池設置在規劃階段應以「委外經營」（OT）作思考，要有對外獨立動線和多樣設施（如烤箱、蒸氣室、SPA 按摩池等，由廠商設置），以利空間配置和後續經營與維護；而 OT 之基本條件，主要在社區游泳人口之需求，游泳需求人口少，廠商意願低；通常都市學校游泳池較有可能委外經營，非山非市學校和偏鄉學校則可能性很低。因此，《國民小學及國民中學設施設備基準》（2019）、《普通型高級中等學校設備基準》（2019）規定，國中小游泳池設置為「0～1」（依實際需要設置），高中為「依實際需要設置」，其落實執行，應參酌上述之規劃與設置思考，以利中小學營運與維護，並發揮游泳池的設置效益。

（七）強化學校停車場地規劃

　　學校停車場規劃（含臨停、接送區或駐車彎）的急迫性和重要性，理由有四：其一，現代社會的繁榮富裕，經濟的蓬勃發展，已使國民生活品質大大的提高，學校教職員工和學生以腳踏車、機車和汽車代步，到學

校上班上學的情形，至為普遍。其二，校際與社區間的活動日益頻繁，如全縣（市）性的校長會議、處（室）主任會議、各科觀摩教學、研習會、座談會、研討會、參觀、訪問、展覽、競賽，以及家長參觀教學、親職教育、社區運動會等，來自校外人士的交通車輛，亟待安置。其三、家長接送學生頻繁，汽車、機車皆有，家長臨停、接送區或駐車彎需求日增。其四，從都市計畫的立場觀之，學校為分布最廣的公共設施，基於都市土地的有效運用，運動場的地下停車場規劃，有助於解決都市停車位不足之問題，目前臺北市、新北市許多新設校配合辦理，學校停車場設置已成必然趨勢。因此，學校停車場的設置與規劃問題，隨著社會發展、經濟繁榮、教育活動增加，以及都市規劃需要，而有刻不容緩的態勢，尤其是汽機車的進出，涉及學校動線的規劃和學生的安全問題，不論是新設校或增（改）建校舍，都應及早規劃，以資因應。首先，在汽車停車場上，都會地區社區停車需求大者，學校應配合縣市政府政策，在校舍增建或運動場整建規劃時，邀請停管處檢討與規劃設置地下停車場，供社區與學校使用；非山非市學校或偏鄉學校社區停車需求不大，且有足夠校地者，可在側門或後門區適合之處設置停車場。其次，機車和腳踏車停車場，都市地區交通流量不大學校以及非山非市學校或偏鄉學校，應依學生上學需求設置腳踏車停車場，教職員或部分高中生以機車代步上學者，學校亦應適度規劃設置機車停車場。至於，家長接送需求，可在校門區上學步道開闢駐車彎，也可與地下停車場 OT 廠商協商設置家長接送區提供臨停車位（如臺北市信義國小），或合併學校汽車停車場設置家長接送區（如宜蘭縣中山國小）。惟需處理的是，都會地區如臺北市、新北市地下停車場修建已成為政策，但學校可以使用的模式大異其趣，依規定如無公共地下停車場共構，學校需設置自己的法停停車位，因此學校會有自己的汽車停車位，且可外租增加學校的經費收入，但共構設置公共地下停車場之學校，法停停車位併入檢討，產生了有的學校有專用獨立停車區、有的是不分區保留位、有的是貴賓免費、有的是教師優惠，不一而足。基於地下停車場運用學校校地，且為自償性場地將來會有許多收益，應該對學校、教師和活動使用需求，提供一致性的優惠，以利學校辦學和推展活動。

三、校園環境規劃的改進方向

　　校園環境規劃的改進方向，主要有：積極推展校園綠化美化、提供學生適當生活領域、加強校園環境開放設計等三項，分別加以分析說明。

（一）積極推展校園綠化美化

　　學校建築規劃，基本上是一種「量」的空間配置，而校園環境的綠化美化則為「質」的情境布置，可使學校建築的空間配置更具生命力與活力。雖然，校園綠化美化的工作，在中小學確已受到相當程度的重視並積極展開，惟仍有幾點觀念與方法亟待建立：首先，校園綠化美化並不一定需要許多經費，但也非空手可以完成；亦即，校園綠化美化必須有一定程度的經費支援，以破解「巧婦難為無米之炊」的難題。而學校行政人員對校園環境綠化美化亦需善用巧思，擺脫「有錢好辦事，但不一定辦好事」的謬誤，絕不可毫無計畫的整建庭園，期使最少的經費能發揮最大的效果。其次，校園綠化美化，以花草樹木的栽植為主，而非為限；亦即，花草樹木的栽植必須配置適當的園景設施，才能點活庭園景致，而校舍的「綠化」也需配合情境布置與造形色彩的「美化」，才能避免走出「水泥叢林」的桎梏，卻又步入「原始森林」的藩籬。第三，校園綠化美化非由行政人員獨自規劃，而需由全校師生共同參與；亦即，運用「集思廣益」的智慧凝聚，結合「眾志成城」的團體力量，使校園綠化美化成為校園溫馨氛圍的底蘊，促進親師生對校園環境的認同。第四，運用綠化美化建置教育情境，形塑「境教」環境，如規劃小田園、魚菜共生推展食農教育，生態池結合雨水回收系統推展環保教育，運用廊道布置雙語情境推展國際教育，科學廊道運用擴增實境（AR）推展資訊教育，建置校史或藝文廊道推展文史美感教育，為校園植物設置名牌、二維碼（QR Code），以及蒐集校園鳥類、蝴蝶或昆蟲資訊探索生態教育等，以提升校園教育意境。最後，需特別強調的是，綠建築的興起，校園綠化應由過去成排的單一樹種，改為多種喬木，多用原生種，加強複層植栽；種樹不要怕慢，所謂「十年樹木」只是一眨眼時間，政大附中 2005 年開學門口菩提樹已有 3 樓高，臺北市新民國中種植 2,000 顆原生種植物樹苗只花 10 萬元，而每棵樹的生態價值可達百萬元，亦即將來會有 20 億元生態總值，「綠化」

是生態、更是教育，從綠建築和永續校園的視角，校園的「綠化」會比校舍建築更有價值。因此，學校有山頭、草丘、樹林，更應強化活用，讓每一塊土地都是教育園地扎根之處。

（二）提供學生適當生活領域

　　「學校」與「家庭」是學生學習成長的二個最重要「生活空間」，兩者的功能雖各有偏重，但在學校環境規劃上如何使「校園」像「家園」一般的溫馨，以增加學生對學校的親和力和向心力，並進而因喜歡學校而喜歡學習，則應在生活領域空間的提供上多用一些力。根據環境心理學的研究，高社會密度的教室可以在領域的提供下，使學生學習得更多，此一結果給我們一個相當重要的訊息與啟示：亦即，校園和教室中應能提供學生屬於自己的「天地」，使學生在其學校生活領域中擁有較隱密的個人空間，以增強學生對學校的歸屬與認同，而有助於學生的學習。因此，在學校生活領域的提供方面，可從屬於學生社團的活動空間與設備，屬於班聯會的辦公室，還有讓學生擺置科展研究作品的空間，使學生的組織活動和學業研究有扎根基地。在教室生活領域的提供方面，可從屬於自己的課桌椅、書櫃或櫥櫃、屬於各班教室的圖書室或師生談話室，以及屬於大團體的活動中心或交誼廳等，使學校的學習情境規劃更生活化。在校園生活領域的提供方面，可從庭園設施的平面規劃，如亭臺樓閣、幽徑小橋、園桌椅凳、小型劇場和童軍營區的設置，進而延伸至校舍建築的立面規劃，如空中花園陽臺、高層休息空間或走廊交誼平臺的設立，以因應個人、同儕及師生具私密性的交誼休憩需求。

（三）加強校園環境開放設計

　　學校是教育的場所，也是社區活動的中心，因此校園環境的開放性設計，可從校內外二方面加以探討。首先，就校內的開放性設計而言，校園環境規劃和學校行政管理應從教育性和人性化著眼，並注意校園環境的規劃絕不能以一個功能取代另一個功能，例如：有一些學校為了保持庭園的綠化和美觀，常以禁制規定（如禁止踐踏草坪、禁止入內）或以圍籬「封鎖」庭園，對學生而言，雖有優美的景觀，但卻同時損失了一塊可供休憩活動的空間，此種以「景觀」替換「活動空間」的作法並不足取；事

實上，校園景觀是休憩空間，也是學生交流和探索的園地，加以中小學學生較為活潑好動、好奇心強，「活動」需求量大過「觀賞」，應多加考量校園景觀的遊憩和探索功能。「校園美化不是公園化而是教育化」（陳漢強，1989），校園空間愈開放，禁制規定愈少，學生有更多的伸展空間，愈能發揮校園環境的「境教」功能。還有，中小學基於防盜設置不少鐵窗，基於安全管理，阻斷不少聯絡動線，可考量僅在必要設施（如電腦主機房、1樓重要設施）設置電動鐵窗，其他可由紅外線和監視系統監控，校內活動動線應便捷、順暢，防災避難動線應清楚標示並保持通暢，校舍僅在關鍵出入口設門禁，以利區隔校園開放空間，固定式鐵窗應全面拆除，並注意校園動線保持開放、流暢，以利教育環境有效使用。其次，就校外的開放性設計而言，學校「封閉式」的圍牆，可考慮採無圍牆的設計（如宜蘭縣中小學、政大附中、臺南藝術高中），如基於校園安全維護的理由，則採適度的開放化及增加其透明性，亦即適度的降低圍牆高度、減少實心圍牆或以綠籬設計，以增加學校與社區之間的親和力與結合力，同時加強校園開放的管理措施，使校園能在學校教育的功能之外，增益社會教育的功能並成為社區活動中心，自能使校園成為有效促進社會進步的動力，也可使學校教育因社區人士的投入，而注入更多的鼓勵與支持。

四、學校建築研究的改進方向

　　學校建築研究的改進方向，主要有：強化學校建築研究課程、加強環境行為與教育研究課題、未來學校建築研究方向等三項，分別加以分析說明。

（一）強化學校建築研究課程

　　隨著時代的進展、經濟的富裕，學校建築硬體設施的擴充與維修，已日漸成為各級政府教育建設的施政重點，連帶的也使學校建築與校園環境的規劃設計，成為教育行政與學校行政的重要研究課題。事實上，學校建築研究的重要性，證之以「境教」或「潛在課程」的影響，不難理解，惟理念的建立有賴長期的訓練與培養。美國自1911年學校調查的研究展開後，各大學教育行政學系或教育學院中，不斷開設有關學校建築的課程，以作為訓練學校行政人員或教育行政人員的必修科目（蔡保

田，1977）。臺灣學校建築的先驅政大教研所蔡保田博士，於 1968 年創立學校建築研究社，1986 年成立學校建築研究學會，觸動臺灣學校建築的研究與發展，迄今超過 53 年。學校建築研究也在教育、建築和環境相關系所共同努力下逐漸拓展。1987 年師院改制後，各師範大學院校、教育大學或綜合大學（含教育大學改制）都逐漸在研究所（碩士在職專班、碩士班、博士班）、大學部，以及中小學校長培育中心，設置「校園規劃與建築」及其相關課程，使學校建築研究更有計畫的推動，其成效可從近30 年來中小學新設校的整體性規劃、綠化美化、公共藝術、無障礙校園環境與綠建築的重視，獲致肯定。惟需強調的是，學校建築規劃整體理念的形成，仍需從學理上出發再證之以實際，方易收宏效，而學理的研究，則需長期系統性的進行。有鑑於此，學校建築研究課程的強化，必須從二方面及早規劃：首先，在研究重點的劃分方面，大學部應以學校建築的基本理念和實際規劃或實施程序為重點，以利從事實際規劃工作；研究所碩士班和碩士在職專班，則進一步以學校建築的研究法、學校建築用後評估（POE）、學校建築問題、影響和成效等專題研究為重點，以利建立理論研究基礎；博士班，應在學校建築發展、學校建築規劃政策、空間領導、教育設施品質，以及學校建築規劃、品質與學校效能、教師教學、學生學習關係理論模式之建立。至於，校長培育中心，應重視空間領導和校園營造之實作探究，加強學校建築實務專題研究——包括校舍建築、教室、校本課程和特色教室、雙語教育環境、英語情境教室、廁所、體育館、風雨操場、運動場、共融式遊戲場等之規劃與設計，以及實際規劃或實施程序之探究，以利第一線實作之推展。其次，在學分數與選修性的加強方面，研究所（碩、博班）可列為三學分的「選修」課程，大學部則需擴充至四學分，較能充分探討，校長培育中心的課程至少要有一學分，以奠定實作基礎。

需提及的是，2009 年浙江大學成立了中國高校第一個以學校建築研究為使命的專業學術機構，致力於從教育、心理、文化、藝術、建築等多學科的角度，系統研究學校選址、校園規劃、環境設計與室內設計，為現代學校建築規劃與設計提供科學的依據。2011 年中國教育部在南京成立了「學校建設標準國家研究中心」，利於學校建築理論研究與實踐之發展（邵興江，2013）。近幾年，中國每年都會舉辦學校建築國際研討會，

如 2017～2020 年，由北京中外友聯建築文化交流中心主辦（指導單位中國教育部教育建築專家委員會）的「現代 K-12 類教育建築規劃與設計國際研討會」、由浙江大學教育領導與政策研究所邵興江所長（兼學校建築文化研究中心主任）主辦的「基礎教育美麗學校建設學術研討會」、由必達亞洲（Better Educational Environment Dynamic[BEED] Asia）主辦的「DECIGNS 全球教育空間設計者大會」，分別在杭州、蘇州、上海、山東等地辦理。研究者常受邀擔任專題報告主講之一，與會來自世界各國學校建築專家學者、建築師、設計院，分享中小學和幼兒園學校建築規劃與設計理念及案例，現場聽講者來自中國各地教育局、學校代表、建築設計集團等約 200～400 人，3 天的研討會活動（含 1 天參觀 3 所新設校）。難得的是，除了跟 10 多年的好友邵所長見面學習之外，認識了中國負責《中小學校設計規範》執筆的黃匯老師，也見到了日本著名學校建築專家長澤悟所長，更學習到許多珍貴的學校建築新理念，以及看到許多中小學新案例。更重要的是，這些學校建築國際研討會，提供有實務推展需求的學界、教育主管、學校、企業（投資集團）、建築設計（專業協會、國際連鎖公司）等之資訊交流和合作平臺，也為中國學校建築的快速發展，開闢了學校建築建設實務與理論融合之康莊大道。

（二）加強環境行為與教育研究課題

過去 50 年來，國內碩博士論文以學校建築及相關主題之研究，有相當可觀之成果。經「全國博碩士論文知識加值系統」搜尋學校建築相關關鍵詞 46 個，至 2021 年 5 月底，計有碩士論文 856 篇、博士論文 36 篇，總計 891 篇。最早的碩士論文是 1970 年、最早的博士論文是 1986 年，起先著重學校建築與校園規劃等整體校園與設施之探討，之後個別學校建築設施、主題與新議題，如物理環境（如噪音、採光、通風等）、校舍耐震、用後評估、校園環境和景觀、運動場地（體育館、游泳池及委外經營等）、學校綠建築和永續校園、校園公共藝術和校園空間美學、班群教室等教室設計、人文、開放、無障礙、性別等校園環境、智慧校園和智慧教室、校園活化和閒置空間再利用，以及空間領導、教育設施品質、共融式遊戲場等新議題，也都逐一展開。

首先，1970 年開始，以學校建築與校園規劃等整體校園與設施之研

究議題最多，計 196 篇（占 22%），如「學校建築」（70 篇）、「校園規劃」（32 篇）、「校園空間」（51 篇）、「教育設施」（12 篇）、「教育空間」（2 篇）、「學校設施」（5 篇）、「學習空間」（24 篇）。

　　其次，個別學校建築設施、主題與新議題之研究逐漸展開。1986 年，即有校園噪音之研究，隨後到 2012 年才再出現校園噪音、採光、通風等「學校物理環境」之研究，但只有 8 篇（占 1%）。1994 年，出現校舍耐震研究，1999 年九二一地震，校舍耐震和安全校園，更受矚目，計有 44 篇（占 5%），包括「九二一校園」（12 篇）、「校舍耐震設計（21 篇）、「安全校園」（11 篇）。1995 年，出現「用後評估」之研究，計有 12 篇（占 1%）。1996 年開始出現校園環境、景觀等之研究，計有 49 篇（占 5%），如「校園環境」（37 篇）、「校園景觀」（11 篇）、「學校綠化美化」（1 篇）。1996 年，出現學校運動場地研究，體育館、游泳池、風雨球場之研究，其中有許多會探究委外經營（OT、ROT 等），計有 150 篇（占 17%），包括「運動場」（48 篇）、「體育館」（29 篇）、「游泳池」（41 篇）、「學校設施委外經營」（29 篇）、「風雨球場」（3 篇）。

　　二十一世紀伊始，校園美學、綠建築、人文環境、班群教室、閒置空間再利用等主題重磅上陣，讓學校建築研究因應世界趨勢，並有更豐富的內涵。例如：2000 年教育部推動新校園運動，2002 年開始有新校園運動之研究，2003 年出現校園公共藝術之論文，之後空間美學等相關議題研究有不少篇，計 78 篇（占 9%），如「新校園運動」（8 篇）、「校園公共藝術」（47 篇）、「校園空間美學」（14 篇）、「藝術校園」（9 篇）。2001 年首現綠色學校研究，2002 年起臺灣規定學校建築 5,000 萬元以上工程需取得綠建築標章，之後學校綠建築及永續校園等相關研究大量出現，計有 152 篇（占 17%），包括「綠色學校」（20 篇）、「永續校園」（110 篇）、「學校綠建築」（22 篇）。2003 年，開始出現對人文、開放、無障礙、性別等校園環境之論文研究，計有 44 篇（占 5%），如「人文校園」（9 篇）、「開放校園」（7 篇）、「無障礙校園」（15 篇）、「性別友善校園」（6 篇）、「健康校園」（4 篇）、「創意校園」（3 篇）。教室方面的研究較少，2001 年首現班群教室研究，之後相關教室設計研究計有 22 篇（占 2%），如「班群教室」（11 篇）、「教

室設計」（5 篇）、「情境教室」（3 篇）、「創客教室」（2 篇）、「學科型教室」（1 篇）。至於，校園閒置空間再利用之議題（參閱湯志民，2008b），2012 年出現相關論文研究，計有 36 篇（占 4%），如「校園閒置空間再利用」（33 篇）、「校園活化」（3 篇）。

　　時至今日，進入數位科技時代，以數位科技建構校園環境與教室之論文研究，2008 年起逐漸展開至今，計有 64 篇（占 7%），包括「智慧校園」（31 篇）、「智慧教室」（33 篇），成效相當可觀。至於，新近最夯的共融式遊戲場，湯志民（2002）《學校遊戲場》專書中即已介紹無障礙遊戲場設計和案例，遲至 2016 年臺北市率先推動在學校、公園等處設置共融式遊戲場，之後新北市、桃園市等縣市陸續跟進推展，才成為熱門議題，2020 年出現「共融式遊戲場」（5 篇）之研究，實屬難得。

　　需提的是，林萬義（1986）撰述了臺灣第一篇博士論文，以「學校建築評鑑」為議題；湯志民（1991）所撰述的學校建築博士論文，則是第一篇探討學校建築規劃對學生環境知覺與行為之影響，之後較難得的是探討學校建築規劃與學生學業成就（黃玉英，2004），廖文靜（2011）則是第一篇研究學校設施品質與教育成果關係之博士論文，研究發現學校設施品質直接影響教師態度和學生態度，並以間接方式影響學生行為和學生學業成就，並提出理論關係模型；之後，有 2 篇碩士論文探討教育空間品質評鑑指標（吳珮青，2013），以及探究學校設施品質、教師創新教學與學生學習成效之關係（呂賢玲，2019）。探討「教育設施品質」之論文不多，只有 3 篇，但卻非常重要，也是今後要開展的重要新議題。尤其是，湯志民（2008a、2013）率先推展空間領導理念，並帶動校長空間領導系列研究。2010 年之後出現不少「空間領導」碩博士論文（計 28 篇），二個變項的研究，主要在探討校長空間領導，與學校效能、學校組織氣氛、學校組織創新、學校內部行銷關係、教師工作滿意度、行政人員工作滿意度等之關係；三個變項的研究，主要在探討校長空間領導，以及品牌管理與創新經營、學校組織文化與學校創新經營效能、學校創新經營與學校效能關係、學校組織變革與教師創新教學關係、學校組織變革與教師效能關係、教師社群運作與學生學習成效等之中介影響效果，以及結構方程模型之適配情形。研究成果甚為豐碩，也開創學校建築研究新里程碑。

　　學校建築研究推陳出新，經歷 50 年之開展，從整體學校建築與校園規劃，到個別學校建築設施、主題與新議題逐一展開，這些論文研究在環境行為與教育研究課題上，著墨日益增多，今後仍應持續加強，才能使學校建築的研究更具有教育的生命力。

（三）未來學校建築研究方向

　　學校建築理論的建立與改革的動力，有賴學校建築研究的持續性進行。未來的學校建築研究，有幾個值得採行的方向：(1) 在研究內容方面，探究新議題，如學校建築設施中的行為模式（包括領域行為、私密性尋求、擁擠感調適）、學校建築規劃 EOD 模式、學科教室型設計、新世代學習空間、主動學習空間、空間領導、教育設施品質、學校綠建築或永續校園、空間美學、後現代校園建築、校本課程和特色教室規劃、教師（或教學）研究室、教師專業發展空間、新世代學習空間（湯志民，2019b；Fraser, 2014）、主動學習空間（湯志民，2020b；Baepler, Brooks, & Walker, 2014）、AI 智慧校園（湯志民，2020a）、性別空間（含性別友善廁所）、風雨操場（含太陽能光電風雨球場）、標準之外的學校建築或特色建築（湯志民，2016、2018c；Johnson, 2015）、後疫情時代校園環境規劃（湯志民，2021）、共融式遊戲場設施與設計、小田園空間規劃和營運、學校公共停車場規劃與營運、中小學附設幼兒園空間規劃模式等，都是值得參考的方向。(2) 在研究工具方面，運用多種工具，如建築資訊模型和管理（BIM）分析、學校建築模型、模擬動畫、認知圖、工程日誌、縮時錄影帶、網路資訊、資料庫等，對空間規劃分析、學生行為與學習成效資料的蒐集，頗有助益。(3) 在研究方法方面，除常用的問卷調查之外，可以歷史研究法，探討臺灣地區學校建築的演變型態與未來發展模式；也可以實地研究作長期性的觀察，或採實驗研究法嚴格控制學校建築物質環境，以深入探究學校建築中的學生行為、態度或學業成就之影響；以觀察法或實地測量傳統學校建築與現代學校建築，其學生在校動線距離或移動時間量對學生學習時間的影響；以觀察法，探究共融式遊戲場規劃與學生使用行為；以測量法（如照度計、噪音計、溫度計）實地測試學校教室照明、噪音、溫溼度等物理環境，以探討對學生學習成效之影響；或以比較研究分析國內外學校建築規劃設計的哲學理念（如社

會化、文化化和個別化的建築型態），或比較分析國際優良學校建築規劃模式、風格與特色，以收截長補短之效。此外，還可以「用後評估」（POE）探析學校建築的規劃問題、使用效益（湯志民，2004b、2005；湯志民、倪紹紋，2015），如 Burman, Kimpian 和 Mumovic（2018）對英國「興建未來學校」（BSF）計畫建造的 5 所中學進行「建築成效評估」（building performance evaluations[BPE]），甚值參考；以個案研究，探究校長空間領導推展之歷程、困境與解決策略；以個案研究，探討分析都市區「孿生」（雙胞胎）學校合併與規劃歷程（如臺北市永春、永吉合併案），以作為學校建築改進之依據。尤其是，可運用資料庫，探索教育設施品質和學生學習成效之關係（湯志民等，2020），讓學校建築研究以新方法、新工具、新議題，拓展新視界。

參考文獻

一 中文部分

丁玉蘭、劉柏祥（2010）。**應用人因工程學**（第二版）。新文京開發出版公司。

工業技術研究院（2018）。**室內高效率照明設計指引手冊**（辦公室、學校、量販店場域）。https://www.ledlighting.itri.org.tw/_admin/_upload/news/sheet/91/file/ 室內（辦公室、學校、量販店）高效率照明設計指引手冊 %202018%20（僅供參考）.pdf

中央氣象局地震測報中心（2021a）。**1901-2000 的災害性地震列表**。https://sc-web.cwb.gov.tw/zh-tw/page/disaster/5

中央氣象局地震測報中心（2021b）。**地震百問**。https://scweb.cwb.gov.tw/zh-tw/guidance/faq

中央氣象局地震測報中心（2021c）。**交通部中央氣象局地震震度分級表**。https://scweb.cwb.gov.tw/zh-tw/page/intro/11/

中冠科技顧問公司（2021）。**新北市所轄都市計畫區內學校用地專案通盤檢討計畫**（新北市政府教育局委託研究）。作者。

中華人民共和國住房和城鄉建設部（2011）。**中小學校設計規範**（GB50099）。中國建築工業出版社。

中華人民共和國建設部（2019）。**綠色建築評價標準**（GB/T 50378-2019）。http://www.jianbiaoku.com/webarbs/book/65238/3953496.shtml

中華人民共和國教育部（2002）。**城市普通中小學校校舍建設標準**。高等教育出版社。

中華人民共和國教育部學校規劃建設發展中心、同濟大學建築設計研究院（2020）。**校園建築與環境疫情防控手冊**。http://www.yunzhan365.com/11583275.html

中華民國建築學會（1999）。**地震受災國民中小學建築規劃設計規範**。教育部。

中華民國學校衛生學會（主編）（1997）。**學校衛生工作指引**。教育部。

中華民國環境綠化協會（無日期）。**學校綠化**。作者。

內政部（2001）。**綠建築推動方案**。http://www.fuh3.com.tw/g-build4.htm

內政部（2021）。**綠建材標章核發件數**。https://www.moi.gov.tw/News_Content_ StatisticTheme.aspx?n=2441&sms=10306&s=214776

內政部戶政司（2021）。**人口統計資料 G15**。全國人口資料庫統計地圖。 https://gis.ris.gov.tw/dashboard.html?key=B02

內政部建築研究所（2003）。**綠建築**。http://www.abri.gov.tw/green/

內政部建築研究所（2014）。綠建築。**綠建築資訊網**。取自 http://green.abri.gov. tw/

內政部建築研究所、財團法人台灣建築中心（2009）。**綠色廳舍暨學校改善計 畫**。http://green.crnet.com.tw/91_96/html/page1.htm

內政部統計處（2014）。**103 年第 3 週內政統計通報**（102 年底人口結構分析）。 取自 http://www.moi.gov.tw/stat/news_content.aspx?sn=8057

內政部營建署（2010）。**公共建築物衛生設備設計手冊**。https://www.cpami.gov. tw/ 最新消息 / 業務新訊 /39- 建築管理組 /10118- 公共建築物衛生設備設計 手冊 .html

內政部營建署（2012a）。**建築物無障礙設施設計規範**。http://www.cpami.gov. tw/chinese/filesys/file/chinese/publication/law/lawdata/1010810415.pdf

內政部營建署（2012b）。**既有公共建築物無障礙設施替代改善計畫作業程序及 認定原則**。http://www.cpami.gov.tw/chinese/index.php?option=com_content& view=article&id=10505&Itemid=57

內政部營建署（2018）。**既有公共建築物無障礙設施替代改善計畫作業程序及 認定原則**。https://www.cpami.gov.tw/ 最新消息 / 法規公告 /30- 建築管理篇 /10505- 既有公共建築物無障礙設施替代改善計畫作業程序及認定原則 .htm

內政部營建署（2019）。**建築物無障礙設施設計規範**。https://www.cpami.gov. tw/filesys/file/chinese/publication/law/lawdata/1070820550.pdf

公共場所哺（集）乳室設置及管理標準（2011 年 5 月 11 日）。

公共藝術設置辦法（2015 年 9 月 29 日）。

文化藝術獎助條例（2002 年 6 月 12 日）。

王文科（1989）。**認知發展理論與教育——皮亞傑理論的應用**。五南圖書公司。

王克先（1985）。**發展心理學新論**。正中書局。

王宗年（1992）。**建築空間藝術及技術**。臺北斯坦公司。

王明揚（1999）。**本土化小學人體計測資料庫之建立（子計畫一）**。GRB 政府研究資訊系統。https://grbdef.stpi.narl.org.tw/fte/download4?docId=2357088&responseCode=4077&grb05Id=354466

王明揚（2000）。**本土化小學人體計測資料庫之建立（子計畫一／第二年）**。GRB 政府研究資訊系統。https://grbdef.stpi.narl.org.tw/fte/download4?docId=2420834&responseCode=8697&grb05Id=443619

王明揚、廖信銳（2001）。**本土化中小學生人體計測資料庫之建立──子計畫一（Ⅲ）**。GRB 政府研究資訊系統。https://grbdef.stpi.narl.org.tw/fte/download4?docId=2433004&responseCode=3289&grb05Id=525515

王武烈（1995）。**建築物供行動不便者使用設施參考圖例**。臺北市政府教育局。

王展、馬雲（2007）。**人體工學與環境設計**。西安交通大學出版社。

王智弘和廖昌珺（2014）。創意經營的校園美學思考。**教育研究月刊，237，**74-84。

王運武、于長虹（2016）。**智慧校園：實現智慧教育的必由之路**。電子工業出版社。

王銘琪（2000）。**圖解造園施工手冊**。地景企業公司。

王慶堂（2012）。**101 年度教育部學校游泳池新整建規劃參考手冊**。教育部體育署。https://www.sa.gov.tw/Resource/Attachment/f1425280791177.pdf

王錦堂等人（1990）。**臺灣省國民小學教室改善研究與設計**。私立東海大學建築研究所。

王鎮華（1989）。**中國建築備忘錄**。時報文化出版公司。

北京師範大學智慧學習研究院、互聯網教育智慧技術及應用國家工程實驗室（2019）。**2019 全球教育機器人發展白皮書**。https://zhuanlan.zhihu.com/p/80957114

幼兒園及其分班基本設施設備標準（2019 年 7 月 10 日）。

田文政、康世平、蕭美珠、陳立宇（1991）。**運動場地規劃與管理**。教育部體育司。

田蒙潔（2001）。藏「智」於民：檢視我國無障礙環境政策之制定、執行與評估。**建築師，322，**36-45。

田蒙潔和劉王賓（2006）。**無障礙環境設計與施工實務**。詹氏書局。

石裕川、紀佳芬、林瑞豐、林榮泰（2018）。臺灣人因工程與設計的回顧

與發展。**管理與系統，25**（3），321-365。https://doi.org/10.29416/
JMS.201807_25（3）.0003

朱鐘炎、賀星臨、熊雅琴（2008）。**建築設計與人體工程**。機械工業出版社。

江支川（2000）。**隔震技術入門：二十一世紀建築結構的新技術**。田園城市公
司。

老舊校舍補強專案辦公室（2013）。校舍耐震評估與補強小知識。**校舍耐震資
訊網**。https://school.ncree.org.tw/files/common/education/popular-science-
education.pdf

行政院（2001）。**8100 臺灣啟動**。http://www.ey.gov.tw/web/menu_plan/
plan900425-1.htm

行政院國家永續發展委員會（2004）。**第一屆國家永續發展績優獎**。http://ivy2.
epa.gov.tw/nsdn/ch/news/news10.htm

行政院新聞傳播處（2020 年 7 月 7 日）。**全國中小學裝冷氣，拚 2022 年夏季前
完工！**https://www.ey.gov.tw/Page/9277F759E41CCD91/55f918fd-824c-4963-
9a3f-e62d5e0398f2

行政院環境保護署（1998）。**安全飲用水**（第二版）。作者。

行政院環境保護署（2007）。**淨化室內空氣植物手冊：應用及管理手冊**。https://
freshair.epa.gov.tw/object/ 淨化室內空氣之植物應用及管理手冊 .pdf

行政院環境保護署（2021a）。**空氣品質指標**。空氣品質監測網。https://airtw.
epa.gov.tw/CHT/Information/Standard/AirQualityIndicator.aspx

行政院環境保護署（2021b）。**垃圾分三類**。https://hwms.epa.gov.tw/dispPage-
Box/pubweb/pubwebCP.aspx?ddsPageID=THREE&dbid=3593712072

行政院體育委員會（2008）。**運動場地設施規範參考手冊**。https://www.kh.edu.
tw/filemanage/upload/4052/ 體育署運動場地設施規範參考手冊 .pdf

吳武典（1992）。無障礙校園環境軟體硬體設施及其與特殊教育的關聯。張蓓莉
和林坤燦主編，**無障礙校園環境實施手冊**（第 15-24 頁）。國立臺灣師範大
學特殊教育中心。

吳武典、張正芬、林敏哲、林立韙（1991）。**無障礙校園環境指導手冊**。教育部
教育研究委員會。

吳珮青、湯志民（2019）。校園建築空間美學的研究與規劃。**中等教育，70**
（2），11-31。

吳清山（1989）。**國民小學管理模式與學校效能關係之研究**（未出版博士論文）。國立政治大學。

吳清山（1992）。**學校效能研究**。五南圖書公司。

吳隆榮（1988）。學校建築之色彩運用。**國教月刊，**34（11），頁 13-17。

呂俊甫（1969）。從教育哲學與教育心理學看學校建築。**教與學，**3（1），8-10。

呂俊甫（1987）。**發展心理與教育——全人發展與全人教育**。臺灣商務印書館。

李金娟編譯（1991）。**庭園規劃設計**。地景企業公司。

李政隆、林敏哲、林立豎、黃正銅、林金靜（1991）。**公共建築物殘障者使用設施：條文解說之研究**（內政部社會司委託）。生活品質文教基金會。

李政寬、張慧玲、邱世彬（2009）。**安全耐震的家——認識地震工程**。財團法人國家實驗研究院國家地震工程研究中心。http://www.ncree.org/SafeHome/pdf/ITEE_All.pdf

李素珍（2003）。**臺北市國民中學無障礙校園環境之研究**（未出版碩士論文）。國立政治大學。

李琬琬（1989）。**室內環境設計**。東大圖書公司。

李開偉（2009）。**實用人因工程學**（第三版）。全華圖書。

李錫堤、蔡義本（1997）。**臺灣省中小學校園附近活動斷層普查及防震對策之研究計畫**。臺灣省政府教育廳。

汪正章（1993）。**建築美學**。五南圖書公司。

谷康、李曉穎和朱春艷（2003）。**園林設計初步**。東南大學出版社。

身心障礙者權益保障法（2021 年 1 月 20 日）。

周鼎金（1998）。**學校教室照明推廣手冊**。內政部建築研究所。

周鼎金、江哲銘（主編）（2004）。**學校教室照明與節能參考手冊**。教育部。

周鴻、劉韻涵（1993）。**環境美學**。地景企業公司。

林文鎮（1984）。學校環境綠化之效能及推行構想。**國教月刊，**23（6），6-8。

林佳蕙（2014）。**封閉性中庭校舍噪音現況之研究** [未出版碩士論文]。成功大學建築學系。

林松亭（1976）。**人體計測與學校設備**。中國工業職業教育學會。

林信輝、鄭梨櫻、林妍秀（2006）。**水土保持植物解說系列——坡地植生草類與綠肥植物**。行政院農業委員會水土保持局。

林建智（1996）。**鋼筋混凝土學校建築耐震行為研究**（未出版碩士論文）。國立成功大學。

林純真（2012）。特殊教育。載於張鈿富主編，**中華民國教育年報**（民國一○○年）（第 313-357 頁）。國家教育研究院。

林敏哲（1998）。**臺北市各級學校無障礙環境整體性設計補充資料**。臺北市政府教育局。

林敏哲（2002）。無障礙校園環境的規劃原則。張蓓莉和林坤燦主編，**無障礙校園環境實施手冊**（第 39-40 頁）。國立臺灣師範大學特殊教育中心。

林勤敏（1986）。**學校建築的理論基礎**。五南圖書公司。

林勤敏（1990）。校園規畫與美化之探討。載於中華民國學校建築研究學會（主編），**當前學校建築基本問題專題研究**（頁 343-365）。臺灣書店。

林萬義（1974）。擬訂學校建築計畫時應考慮的問題。**國教月刊**，11，10-17。

林萬義（1986a）。**我國臺灣地區國民小學學校建築及其附屬設備評鑑之研究**（未出版博士論文）。國立政治大學。

林萬義（1986b）。**國民小學學校建築評鑑之理論與實際**。五南圖書公司。

林樂健（1984）。校園之美化。**國教輔導**，23（6），1-3。

林憲德（2004）。**永續校園的生態與節能計畫**。詹氏書局。

林憲德（2010a）。**綠色魔法學校**。新自然主義。

林憲德（2010b）。**綠建築 84 技術**。詹氏書局。

林憲德（主編）（2003）。**綠建築解說與評估手冊（2003 年更新版）**。內政部建築研究所。

林憲德（主編）（2012）。**綠色校園建設參考手冊**。內政部建築研究所。

林憲德、林子平、蔡耀賢（主編）（2019）。**綠建築評估手冊——基本型（2019 Edition）**。內政部建築研究所。

邱茂林和黃建興（主編）（2004）。**小學·設計·教育**。田園城市。

邵興江（2013）。**學校建築：教育意蘊與文化價值**。教育科學出版社。

侯東旭和鄭世宏（2003）。**新版人因工程**。中興管理顧問。

侯禎塘、王素琴（2021）。特殊教育。載於柯華葳主編，**中華民國教育年報（民國 108 年）**（第 313-351 頁）。國家教育研究院。

建築技術規則建築設計施工編（2021 年 1 月 19 日）。

建築技術規則建築設備編（2021 年 1 月 19 日）。

建築物耐震設計規範及解說（2011 年 1 月 19 日）。

施淑文（1994）。**建築環境色彩設計**。淑馨出版社。

洪得娟（1994）。**景觀建築**。地景企業公司。

紀淑和（1991）。**臺北市國民中學校園綠化問題之研究**（未出版碩士論文）。國立政治大學。

美學（2021 年 6 月 10 日）。**維基百科**。https://zh.wikipedia.org/wiki/%E7%BE%8E%E5%AD%A6

胡永旭（主編）（2008）。**建築節點構造圖集：無障礙設施**。中國建築工業。

香港教育署（2002）。**教育傳真：學校村創教育設施新紀元**。http://paper.wen-weipo.com/2002/09/10/ED0209100018.htm

唐鉞、朱經農和高覺敷（1974）。**教育大辭書**。臺灣商務印書館。

師資培育及藝術教育司（2019）。**首創教育界與設計界攜手合作「學美‧美學——校園美感設計實踐計畫」**。教育部全球資訊網。https://www.edu.tw/News_Content.aspx?n=9E7AC85F1954DDA8&sms=169B8E91BB75571F&s=9203E4288CD11938

徐金次（1986）。**人體工程學與實驗**。華泰書局。

徐淵靜、喻台生、陳漢雲、林聰德、吳東昇和吳木星（1985）。**臺北市中小學校園噪音防制對策之研究**（市政建設專輯研究報告，第 137 輯）。臺北市政府研究考核委員會。

徐超聖（1986）。學校建築與美育。載於中華民國學校建築研究學會（主編），**學校建築與校園規畫專題研究**（頁 173-195）。臺灣書店。

徐磊清、楊公俠（2002）。**環境心理學——環境、知覺和行為**。同濟大學出版社。

特殊教育學校設立變更停辦合併及人員編制標準（2019 年 5 月 8 日）。

翁金山（1974）。**教學改革概念中的教學空間**。友寧出版社。

財團法人台灣建築中心（2018）。**智慧建築標章**。http://ib.tabc.org.tw/modules/pages/complex

財團法人台灣建築中心（2021a）。**綠建築標章節約效益**。http://gb.tabc.org.tw/modules/pages/benefit

財團法人台灣建築中心（2021b）。**綠建築九大評估指標**。http://gb.tabc.org.tw/modules/pages/target

財團法人台灣產業服務基金會（2012）。**學校照明節能改善參考手冊**（教育部委辦）。http://in.ncu.edu.tw/ncu57303/document/ 教育部學校照明節能改善參考手冊 .pdf

馬信行（1986）。**教育社會學**。桂冠圖書公司。

馬軍（主編）（2020）。**中小學新型冠狀病毒肺炎防控指南**。人民衛生出版社。http://www.moe.gov.cn/jyb_xwfb/gzdt_gzdt/s5987/202003/W020200318426085422790.pdf

高級中等以下學校及其分校分部設立變更停辦辦法（2019 年 1 月 15 日）。

高雄縣政府（2008）。**高雄縣新校園空間美學專輯**。作者。

高履泰（1988）。**建築的色彩**。江西科學技術出版社。

國民小學及國民中學設施設備基準（2019 年 7 月 24 日）。

國立臺灣大學公共衛生學系（2016）。**校園用水安全維護管理手冊**（教育部委託研究）。https://drive.google.com/file/d/0B7QUAAml0TDoLTZHT3BocUdvcHc/view?resourcekey=0-5CzaCsoqMvKOBKw2kyKQrQ

國立編譯館主編（1983）。**色彩學**。大陸書店。

國家市場監督管理局、中國國家標準化管理委員會（2018）。**智慧校園總體框架**。中國標準出版社。

國家通訊傳播委員會（2017）。**網站無障礙規範 2.0**。無障礙網路空間服務網。https://accessibility.ncc.gov.tw/Accessible/Category/46/1

國家通訊傳播委員會（2020）。**認識無障礙網路空間**。無障礙網路空間服務網。https://accessibility.ncc.gov.tw/Accessible/Category/6/1

國家發展委員會（2020）。**中華民國人口推估**（2020 至 2070 年）。人口推估查詢系統。https://pop-proj.ndc.gov.tw/download.aspx?uid=70&pid=70

國務院辦公廳（2013）。**國務院辦公廳關於轉發發展改革委住房城鄉建設部綠色建築行動方案的通知**。http://www.mohurd.gov.cn/zcfg/gwywj/201302/t20130204_212772.html

張一岑（2004）。**人因工程學**。揚智文化。

張月（2005）。**室內人體工程學**（第二版）。中國建築工業出版社。

張宗堯、李志民（主編）（2000）。**中小學校建築設計**。中國建築工業出版社。

張春興（1981）。**心理學**。東華書局。

張春興（1989）。**張氏心理學辭典**。東華書局。

張春興（1991）。**現代心理學**。東華書局。

張春興、林清山（1981）。**教育心理學**。東華書局。

張嘉祥、陳嘉基、葉旭原、王貞富（1998）。規畫設計階段學校建築耐震相關事項評估。**建築學報，24，**23-34。

張嘉祥、陳嘉基、葉旭原、王貞富、賴宗吾（1999）。**學校建築防震手冊**。內政部建築研究所。

張嘉祥、賴宗吾、林益民（1995）。鋼筋混凝土校舍結構系統耐震行為分析與比較。**建築學報，12，**53-69。

張蓓莉、林坤燦主編（1992）。**無障礙校園環境實施手冊**。國立臺灣師範大學特殊教育中心。

教育部（2000）。**國民中小學課桌椅規格**。http://www.edu.tw/EDU-WEB/EDU-MGT/PHYSICAL/EDU7663001/health/eyesight/desk/89standard.doc

教育部（2001）。**教育部九二一災後校園重建報告**（立法院版）。作者。

教育部（2002）。**國民中小學設備基準**。作者。

教育部（2003a）。**為下一代蓋所好學校：突破與創新**（新校園運動）。作者。

教育部（2003b）。**打造綠校園 Taiwan Green School：與世界接軌的學習環境——永續、生態、環保、健康**。教育部。

教育部（2005）。**公共藝術進入校園**。作者。

教育部（2009a）。**加速國中小老舊校舍及相關設備補強整建計畫**（核定本）。https://epaper.edu.tw/files/topical/409 重大政策 -2-2 加速國中小老舊校舍及相關設備補強整建計畫 .pdf

教育部（2009b）。教育部中小學資訊教育白皮書（2008-2011）。**教育部全球資訊網**。http://www.edu.tw/files/site_content/B0010/97-100year.pdf

教育部（2010）。2010 創造公平數位機會白皮書。**教育部全球資訊網**。http://www.edu.tw/files/site_content/B0039/99.06%202010 創造公平數位機會白皮書 .pdf

教育部（2011a）。**101-103 年教育雲計畫書**。http://www.edu.tw/plannews_detail.aspx?sn=705&pages=0

教育部（2011b）。**教育部補助改善無障礙校園環境原則**。http://edu.law.moe.gov.tw/LawContent.aspx?id=FL032801

教育部（2013a）。**教育部美感教育中長程計畫第一期五年計畫**（103 年至 107

年）。https://ws.moe.edu.tw/001/Upload/8/relfile/0/2073/e221c236-b969-470f-9cc2-ecb30bc9fb47.pdf

教育部（2015）。**國民中小學校園安全管理手冊**。青見設計事業公司。

教育部（2016a）。**2016-2020 資訊教育總藍圖**。https://ws.moe.edu.tw/001/Upload/3/relfile/6315/46563/65ebb64a-683c-4f7a-bcf0-325113ddb436.pdf

教育部（2016b）。**教育雲：校園數位學習普及服務計畫（2017-2020）**。取自 https://ws.moe.edu.tw/Download.ashx?u...n...icon=..pdf

教育部（2018）。**建置校園智慧網路計畫**。取自 www.ey.gov.tw

教育部（2019a）。**高級中等以下學校校舍耐震能力改善計畫**（109-111 年度）（核定本）。https://ws.moe.edu.tw/Download.ashx?u=..pdf

教育部（2019b）。**學校設置太陽能光電風雨球場作業參考模式**。http://www.cyc.edu.tw/modules/tadnews/index.php?nsn=56134

教育部（2021a）。**立法院第 10 屆第 3 會期教育部業務概況報告**。教育部全球資訊網。https://ws.moe.edu.tw/001/Upload/3/relfile/8723/79370/ffb163ac-3dd6-40f5-a2c7-312e86104ff6.pdf

教育部（2021b）。**教育部 109 年度施政績效報告**。教育部全球資訊網。https://ws.moe.edu.tw/001/Upload/3/relfile/8717/79324/4352210b-7966-45ff-ad4b-99f8f9525ee7.pdf

教育部（2021c）。**教育統計指標**。教育部全球資訊網。https://depart.moe.edu.tw/ED4500/News_Content.aspx?n=48EBDB3B9D51F2B8&sms=F78B10654B1FDBB5&s=40045DB8A5562915

教育部中等教育司（1999）。**高級中學設備標準**。教育部。

教育部師資培育及藝術教育司（2016）。**教育部補助高級中等以下學校校園美感環境再造計畫**。https://ws.moe.edu.tw/001/Upload/8/relfile/7834/39646/90acee53-1e43-4ff8-87f8-d480742c0c5c.pdf

教育部師資培育及藝術教育司（2020）。**教育部補助高級中等以下學校校園美感環境再造計畫**。https://caepo.org/plan/80

教育部國民及學前教育署（2017 年 12 月 31 日）。**教育部補助改善老舊廁所，讓學生安心使用、快樂學習！**教育部全球資訊網。https://www.edu.tw/News_Content.aspx?n=9E7AC85F1954DDA8&s=11533F93337175BF

教育部國民及學前教育署（2019）。**國民中小學老舊校舍整建補助審查原則**。

http://163.27.207.129/cses/data/pub/201909241304421.pdf

教育部國民及學前教育署（2020 年 9 月 6 日）。**教育部投入 21 億改善國小遊戲場 1,900 多校受惠**。教育部全球資訊網。https://www.edu.tw/News_Content.aspx?n=9E7AC85F1954DDA8&sms=169B8E91BB75571F&s=5A4DBF77065F4157

教育部國民及學前教育署補助改善無障礙校園環境原則（2021 年 2 月 8 日）。

教育部國民教育司（1981）。**國民小學設備標準**。正中書局。

教育部國民教育司（1987）。**國民中學設備標準**。正中書局。

教育部教育經費分配審議委員會（2013）。**102 年度教育部教育經費分配審議委員會第 3 次會議**。教育部。

教育部統計處（2021）。**學生平均身高、體重、體適能**。https://depart.moe.edu.tw/ED4500/cp.aspx?n=DCD2BE18CFAF30D0

教育部電子計算機中心（2009 年 4 月 10 日）。振興經濟新方案——建置中小學優質化均等數位教育環境計畫。**教育部電子報**。http://epaper.edu.tw/news.aspx?news_sn=2125

教育部體育署（2014）。**101 學年度各級學校學生運動參與情形**。https://www.sa.gov.tw/wSite/public/Attachment/f1403226443078.pdf

教育部體育署（2019）。**運動設施規範及分級分類參考手冊**。https://www.sa.gov.tw/PageContent?n=4838

教育部體育署（2020）。**學校設置太陽能光電球場指引**。https://www.sa.gov.tw/Resource/1/1/1/4057/ 校園設置太陽能光電指引 .pdf

教育部體育署（2021）。**108 學年度學校體育統計年報**。https://www.sa.gov.tw/Resource/Ebook/637475158250098218.pdf

許石丹（1987）。**認識中國園林**。丹青圖書公司。

許秀桃、王建臺（2019）。**106 學年度各級學校學生運動參與情形**。教育部體育署。https://www.sa.gov.tw/Resource/Ebook/636982009083391510.pdf

許晉嘉（1994）。**鋼筋混凝土學校建築之耐震診斷與補強**（未出版碩士論文）。國立成功大學。

許勝雄、彭游和吳水丕編著（1991）。**人因工程學**。揚智文化。

郭紹儀（1973）。**學校建築研究**。臺灣省政府教育廳。

郭雄軍、蔡淑玲（2011）。特色學校之論述與實務。載於林志成主編，**特色學校**

理論、實務與案例（第 141-177 頁）。高等教育。

陳文錦、凌德麟（1999）。**臺北市國小遊戲場之設施準則**。臺北市政府教育局。

陳水源（1988）。**擁擠與戶外遊憩體驗關係之研究——社會心理層面之探討**（未出版博士論文）。國立臺灣大學。

陳志華（1990）。**外國造園藝術**。明文書局。

陳映璇（2021）。**未來教育大變革？線上教學席捲全球，大學校時代來了！**數位時代。https://www.bnext.com.tw/article/60780/education-university-global-generation-december

陳雪玉（1988）。**臺北市立國民中學聽覺環境之調查研究**（未出版碩士論文）。國立政治大學。

傅朝卿（2013）。**臺灣建築的式樣脈絡**。五南圖書公司。

喻台生（1989）。**臺北縣中小學校園噪音測試評估及改善工程計畫**。中國文化大學建築系。

普通型高級中等學校設備基準（2019 年 8 月 15 日）。

智慧建築標章申請審核認可及使用作業要點（2020 年 10 月 6 日）。

曾思瑜（1996）。國內外無障礙環境設計規範之比較研究。**建築學報**，18，1-16。

曾思瑜（1997）。日本無障礙環境之相關法規與我國應有的省思。**空間**，92，74-80。

曾思瑜（2001）。**日本福祉空間筆記**。田園城市。

游明國（1983）。校園之規畫及美化原理。載於臺北市政府教育局，**環境美化理論與實務**（頁 19-20）。作者。

游明國、陳海曙、李東明和顏敏傑（2016）。**性別友善廁所設計手冊之研究**（內政部建築研究所委託研究報告）。https://www.abri.gov.tw/News_Content_Table.aspx?n=807&s=39313

游淑燕（1986）。學校建築的心理學基礎。載於中華民國學校建築研究學會（主編），**學校建築與校園規畫專題研究**（頁 197-222）。臺灣書店。

湯志民（1986）。**國民中學學校建築研究**。五南圖書公司。

湯志民（1988）。學校噪音問題之研究。載於中華民國學校建築研究學會（主編），**國民中小學學校建築與設備專題研究**（頁 109-140）。臺灣書店。

湯志民（1991）。**臺北市國民小學學校建築規畫、環境知覺與學生行為之相關研**

究（未出版博士論文）。國立政治大學。

湯志民（1993）。現代教學革新與教室設計的發展趨勢。**初等教育學刊**，2，33-92。

湯志民（1995a）。學校建築的本土教育環境規畫。**初等教育學刊**，4，27-62。

湯志民（1995b）。學校的新天地——談現代化廁所的設計。載於臺北市立師範學院環教中心，**落實國民中小學現代化廁所研討會手冊**（頁 1-14）。作者。

湯志民（1998）。**學校遊戲場的設計**。臺北市政府教育局。

湯志民（1999a）。境教與校園創意設計。載於國立花蓮師範學院主辦，**吳兆棠博士紀念學術講座手冊**（頁 6-17）。作者。

湯志民（1999b）。臺灣的地震與學校建築的耐震設計。載於中華民國學校建築研究學會、教育資料館主編，**校園文化與學校建築**（頁 135-178）。作者。

湯志民（1999c）。校園文化與學校建築。載於中華民國學校建築研究學會、教育資料館主編，**校園文化與學校建築**（頁 1-51）。作者。

湯志民（2001）。學校空間革新趨向之探析。載於中華民國學校建築研究學會（主編），**e 世紀的校園新貌**（頁 7-34）。作者。

湯志民（2002a）。無障礙校園環境設計之探析。載於中華民國學校建築研究學會（主編），**優質的學校環境**（頁 58-93）。作者。

湯志民（2002b）。**臺灣的學校建築**。五南圖書公司。

湯志民（2002c）。**學校遊戲場**。五南圖書公司。

湯志民（2003a）。學校綠建築規劃之探析。載於中華民國學校建築研究學會（主編），**永續發展的校園與建築**（第 11-80 頁）。中華民國學校建築研究學會。

湯志民（2003b）。優質學校環境規畫與問題探析。**初等教育學刊**，14，49-82。

湯志民（2004a）。**幼兒學習環境設計**（第二版）。五南圖書公司。

湯志民（2004b）。學校建築評鑑：用後評估的發展與模式。載於國立教育資料館，**教育資料集刊（29 輯）：教育評鑑專輯**（頁 381-412）。作者。

湯志民（2005）。學校建築用後評估：理念、實務與案例。載於中華民國學校建築研究學會、國立教育資料館，**學校建築與學習**（頁 35-81）。作者。

湯志民（2006a）。**學校建築與校園規劃**（第三版）。五南圖書公司。

湯志民（2006b）。**臺灣的學校建築**（第二版）。五南圖書公司。

湯志民（2007）。教育的新空間：中學學科型教室規劃與發展。**教育研究**，

　　156，86-107。

湯志民（2008a）。空間領導：理念與策略。**教育研究**，174，18-38。

湯志民（2008b）。未來學校：學校建築規劃。**教育研究**，165，63-80。

湯志民（2010）。學校建築的新紀元。載於臺北市立教育大學教育行政與評鑑
　　研究所等主辦，**2010 新紀元的教育行政發展學術研討會會議手冊暨論文集
　　（上）**（頁 87-108）。臺北市立教育大學。

湯志民（2011）。學校建築與規劃：未來 10 年的新脈絡與新策略。**教育行政研
　　究**，1（1），155-186。

湯志民（2012）。未來校園規劃：問題、趨勢與發展。中國教育學會主編，
　　2020 教育願景（第 197-230 頁）。學富出版社。

湯志民（2013）。後現代校園建築。載於湯志民（主編），**後現代教育與發展**
　　（第 193-217 頁）。高等教育。

湯志民（2014a）。**校園規劃新論**。五南圖書公司。

湯志民（2014b）。臺灣學校建築的革新發展與策略。**教育研究**，245，75-93。

湯志民（2016）。標準之外：學校設施與規劃的新思考。載於中華民國學校建築
　　研究學會（主編），**學校建築研究的回顧與前瞻**（頁 46-133）。作者。

湯志民（2017a）。課程新發展與教育空間規劃。載於中華民國學校建築研究學
　　會（主編），**學校建築與課程發展**（頁 1-82）。中華民國學校建築研究學
　　會。

湯志民（2017b）。學校建築的新航向──校長空間領導的新思維。載於中國教
　　育學會（主編），**教育新航向──校長領導與學校創新**（第 115-144 頁）。
　　學富文化。

湯志民（2018a）。智慧校園（Smart Campus）的行政管理與運作。載於中國教
　　育學會主編，**邁向教育 4.0：智慧學校的想像與建構**（第 173-201 頁）。學
　　富文化公司。

湯志民（2018b）。臺灣國民中學學校建築發展與革新。**教育研究集刊**，64
　　（4），37-76。（TSSCI）

湯志民（2018c）。學校建築之最──中小學特色學校建築。載於中華民國學校
　　建築研究學會（主編），**學校建築與特色發展**（頁 3-59）。中華民國學校
　　建築研究學會。

湯志民（2019a）。教育設施影響教育公平。載於中國教育學會（主編），**教育

的展望——人才培育與永續發展（第 171-201 頁）。學富文化公司。

湯志民（2019b）。面向未來的學習空間——新世代學習空間之探究。載於中華民國學校建築研究學會（主編），**學校建築與學生學習**（頁 1-55）。中華民國學校建築研究學會。

湯志民（2019c）。綠建築理念與永續校園之發展。**教育研究**，300，47-63。

湯志民（2020a）。AI 智慧校園的規劃與建置。載於中華民國學校建築研究學會（主編），**建設 AI 智慧學校**（頁 3-44）。中華民國學校建築研究學會。

湯志民（2020b）。主動學習空間的理念與規劃。載於中國教育學會（主編），**培育未來公民育——有力學習與創新教育**（第 73-105 頁）。學富文化公司。

湯志民（2021）。後疫情時代校園安全與環境規劃策略。**教育研究**，323，4-21。

湯志民、吳珮青（2012 年 12 月 1 日）。**國民中學校地面積合理性分析**〔論文發表〕。臺灣教育政策與評鑑學會等主辦「教育機構策略聯盟與學術社群發展」學術研討會，臺中市。

湯志民、呂思杰和楊茵茵（2020）。校長空間領導、教育設施品質與學生學習成效關係之研究。**教育與心理研究**，43（3），1-28。

湯志民、倪紹紋（2015）。校園規劃用後評估之重要性分析——以新北市七所新設學校為例。載於中華民國學校建築研究學會（主編），**2015 學校建築研究：學校建築的創新與精進**（頁 223-230）。中華民國學校建築研究學會。

湯志民、廖文靜（2001）。校園文化藝術環境的規畫。載於中華民國學校建築研究學會（主編），**e 世紀的校園新貌**（頁 35-68）。作者。

湯志民、廖文靜（2014）。校園建築美學。**教育研究**，237，53-70。

程良雄（1976）。**臺北市中等學校校園規畫與管理之調查研究**（未出版碩士論文）。國立政治大學。

飲用水水質標準（2017 年 1 月 10 日）。

黃大洲（1991）。市長向臺北市議會第六屆第四次大會施政報告。**臺北市政府公報**，13（冬），2-8。

黃世孟（1988）。從建築物用後評估探討學校建築規畫與設計之研究。載於中華民國學校建築研究學會主編，**國民中小學學校建築與設備專題研究**（頁 47-62）。臺灣書店。

黃世孟、郭斯傑、周鼎金（2002）。**各級學校校舍維護管理參考作業手冊**。教育部。https://docs.google.com/viewer?a=v&pid=sites&srcid=dGFlcy50cC5lZHU

udHd8ZXZlbnR8Z3g6MTFlY2QyODY0YzA2YThiOA

黃玉英（2004）。**臺北市公立國民中學學校建築規劃現況與學生學業成就之相關研究**（未出版碩士論文）。國立政治大學教育學系。

黃昆輝（1982）。**教育行政與教育問題**。五南圖書公司。

黃乾全（1987）。學校噪音問題。**教師天地，27**，14-19。

黃祺惠（2018）。校園環境空間規劃的新趨勢。**國家教育研究院電子報，171**。https://epaper.naer.edu.tw/index.php?edm_no=171&content_no=2997

黃錦旗（2013）。**建築震害與補強實務**。詹氏書局。

黃麗玲（2017）。**國立臺灣大學性別友善廁所設置準則參考手冊**。國立臺灣大學校園規劃小組、國立臺灣大學學生會性別工作坊。http://homepage.ntu.edu.tw/~cpo/enactment/Handbook_for_All_Gender_Restroom_NTU.pdf

黃耀榮（1990）。**國民小學學校建築計畫及設計問題之調查研究**。內政部建築研究所籌備處編輯委員會。

楊永斌（1999）。淺談耐震建築的設計。載於洪家輝主編，**地震大解剖**（頁94-101）。牛頓出版公司。

楊國樞（1971）。從心理學的觀點談學校建築的問題。**教育文摘，16**（11），6-8。

楊國賜（1992）。一般大眾對無障礙校園環境應有的認識。載於張蓓莉和林坤燦（主編），**無障礙校園環境實施手冊**（第9-14頁）。國立臺灣師範大學特殊教育中心。

楊裕富（1989）。**都市空間理論與實例調查**。明文書局。

楊裕富（2011）。**敘事設計美學：四大文明風華再現**。全華圖書。

經濟部標準檢驗局（2021）。**國家標準（CNS）公共兒童遊戲場設備（補充增修1）**（CNS12642:2016/Amd.1:2021）。國家標準（CNS）網路服務系統。https://www.cnsonline.com.tw/?node=detail&generalno=12642&locale=zh_TW

葉旭原（1997）。**學校建築耐震規劃設計參考手冊研擬**（未出版碩士論文）。國立成功大學。

鄒德儂（1991）。**建築造形美學設計**。台佩斯坦出版公司。

廖文靜（2004）。永續發展的教室設計——教學革新與科技導向的思維。**中等教育，55**（1），32-45。

廖文靜（2005）。高中自然科實驗室的規劃與設計。載於中華民國學校建築研究

學會、國立教育資料館，**學校建築與學習**（頁 139-157）。作者。

廖文靜（2011）。**學校設施品質與教育成果關係之研究**（未出版博士論文）。國立政治大學。

廖有燦和范發斌（1983）。**人體工學**。大聖書局。

廖慧燕（2008）。**建築物無障礙設施設計規範解說手冊**。內政部。

熊智銳（1982）。從工作與調查研究中看國民中小學的物質環境。**國教輔導，21**（4），24-26。

熊智銳（1990）。**中小學校教育情境研究**。五南圖書公司。

臺北市政府工務局公園路燈工程管理處（2021 年 4 月 25 日）。**共融式遊戲場**。https://pkl.gov.taipei/News.aspx?n=814B5F1DDD347C53&sms=7B56BA5392EB632C

臺北市政府社會局（2020）。**共融式遊戲場設計原則**。https://play4u.gov.taipei/cp.aspx?n=DA46B42F01873EF4

臺北市政府社會局（2021）。**臺北市立案托嬰中心名冊**。https://dosw.gov.taipei/News_Content.aspx?n=754B679D07789088&sms=A9E1F2A9FDEB0E62&s=E98851957DAB63AE

臺北市政府教育局（1987）。**臺北市政府教育局第七六四六次局務會議資料**。作者。

臺北市政府教育局（1998）。**學校飲用水維護管理手冊**。作者。

臺北市政府教育局（2001）。**臺北市資訊教育白皮書第二期計畫**（2002～2004 年）。http://www.edunet.taipei.gov.tw/edu2/2-10/plan/itplan2.htm

臺北市政府教育局（2002）。**臺北市體育白皮書**。http://www.edunet.taipei.gov.tw/ 體育施政報告（1122）.doc

臺北市政府教育局（2015）。**臺北市教育局所屬各級學校校園圍牆設置原則**。https://www.doe.gov.taipei/News_Content.aspx?n=FD3873E6B806811C&s=9CD3F27059BB1F5E

臺北市政府教育局（2019a）。**臺北市 108 年度高中職以下學校田園城市實施計畫**。https://ee.tp.edu.tw › basic

臺北市政府教育局（2019b）。**綠色校園節能減碳為校園永續發展策略，裝設冷氣是最後手段；國中小冷氣裝設，弱勢學校及學生由市府補助**。https://www.doe.gov.taipei/News_Content.aspx?n=0F560782595DACFC&s=7E34B81

C59F4C1FD

臺北市政府教育局（2020）。**臺北市教育統計指標 2020**。https://www.doe.gov.taipei/News_Content.aspx?n=CC8DD60C6252F9FC&sms=69B4E6B26379EE4E&s=140B7EC3DFC5364C

臺北市政府教育局（2021）。**臺北市 110 學年度非營利幼兒園招生公告**。https://kid-online.tp.edu.tw/Files/ 臺北市 110 學年度非營利幼兒園招生公告 .pdf

臺北市政府環境保護局（1990）。**臺北市中小學校校園噪音改善輔導計畫調查報告**。作者。

臺北市萬興國民小學（2012）。**浴火鳳凰——烈火錘鍊下的南方之星**。http://www.wxes.tp.edu.tw/mediafile/949/editor_doc/261/2012-2/2012-2-25-12-46-41-nf1.pdf

臺南縣政府（2010）。**南瀛新校園：教育與建築的對話**。作者。

臺灣省政府教育廳（1985）。**校園綠化美化**。作者。

臺灣省政府教育廳（1991）。**國民中小學校園規劃**。作者。

臺灣衛浴文化協會、內政部營建署（2010）。**公共建築物衛生設備設計手冊**。https://www.cpami.gov.tw/%E6%9C%80%E6%96%B0%E6%B6%88%E6%81%AF/%E6%A5%AD%E5%8B%99%E6%96%B0%E8%A8%8A/39-%E5%BB%BA%E7%AF%89%E7%AE%A1%E7%90%86%E7%B5%84/

臺灣學校衛生學會（2021）。**學校衛生工作指引／健康促進學校**（第五版）。教育部。https://cpd.moe.gov.tw/articleInfo.php?id=2916

趙俊祥（2020 年 9 月）。**國小建置共融式遊戲場之芻議**。立法院。https://www.ly.gov.tw/Pages/Detail.aspx?nodeid=6590&pid=200495

劉王濱、田蒙潔（1996）。**臺北市無障礙環境設計手冊**。臺北市政府教育局。

劉幼懷（2000）。**人體工學**。正文書局。

劉田修（2020）。運動場館設施規劃及設計（第二版）。載於劉田修、鄭良一、田文政、黃煜、鄭勵君、康正男、許龍池、陳國華、李俞麟、林秉毅、周宇輝、簡鴻檳，**運動場館規劃與管理**（頁 105-132）。華都文化。

劉育東（2007）。**數位建築與東方實驗**。天下遠見出版公司。

劉其偉（1984）。**人體工學與安全**。東大圖書公司。

劉怡甫（2013）。與全球十萬人作同學：談 MOOC 現況及其發展。**評鑑雙月刊**，**42**，41-44。

劉麗和（2001）。**校園園林綠地設計**。中國林業出版社。

歐陽教（1977）。**教育哲學導論**。文景書局。

歐陽教（1978）。**德育原理**（下）。中華電視臺教學部。

蔡佺廷、杜明宏（2011）。**阿里山國家森林遊樂區步道芬多精成分之分析**（行政院農業委員會林務局嘉義林區管理處委託研究）。https://www.forest.gov.tw

蔡長啟（1983）。**體育建築設備**。體育出版社。

蔡保田（1977）。**學校建築學**。臺灣商務印書館。

蔡保田（1980）。**學校調查**。臺灣商務印書館。

蔡保田、李政隆、林萬義、湯志民和謝明旺（1988）。**臺北市當前學校建築四大課題研究——管理、設計、造形、校園環境**（市政建設專題研究報告，第192輯）。臺北市政府研究發展考核委員會。

蔡保田、湯志民（1988）。臺北市當前學校建築管理問題之研究。載於中華民國學校建築研究學會（主編），**國民中小學學校建築與設備專題研究**（頁1-46）。臺灣書店。

蔣東興（2016年10月26日）。**高校智慧校園建設探索與實踐** [ppt]。http://www.ict.edu.cn/uploadfile/2016/1109/20161109104200410.pdf

衛生福利部社會及家庭署（2017）。**兒童遊戲場設施安全管理規範**。https://www.sfaa.gov.tw/SFAA/Pages/Detail.aspx?nodeid=454&pid=7714

衛生福利部統計處（2021）。**身心障礙者人數按障礙成因及類別分**。https://dep.mohw.gov.tw/dos/cp-2976-13827-113.html

噪音管制區劃定作業準則（2020年8月5日）。

噪音管制標準（2013年8月5日）。

學校衛生法（2021年1月13日）。

盧詩丁、張徽正（1999）。簡介地震與活動斷層調查案例——梅山斷層的調查回顧。**地質，18**（2），29-49。

蕭江碧、黃世孟、陳瑞玲、林憲德、郭曉菁和林達志等（2001）。**國民中小學綠建築設計規範之研究**。內政部建築研究所。

魏麗敏和陳明珠（2014）。建構校園美學之心境界。**教育研究，237**，42-52。

羅融（2004）。**臺灣的921重建校園**。遠足文化。

二 日文部分

オイレスエ工業株式會社（1998）。**免震・制振〔建築用〕：總合カタロ 1998**。作者。

小原二郎（1991）。**テザイナ──のための人体動作寸法圖集**。彰國社。

小原二郎、長南光男（1975）。**これからの學校家具──教室設備のシステム化**。第一法規出版株式會社。

文部科學省（2018）。**再生可能エネルギー設備等の設置状況に関する調査結果**。https://www.mext.go.jp/a_menu/shisetu/ecoschool/detail/__icsFiles/afield-file/2018/12/04/1296649_1.pdf

文部科學省（2020）。**令和2年度公立学校施設の耐震改修状況フォローアップ調査の結果について**。https://www.mext.go.jp/content/20202803-mxt_si-setujo-000009172_01.pdf

文部科學省（2021a）。**公立学校施設の耐震化の推進**。https://www.mext.go.jp/a_menu/shotou/zyosei/taishin/index.htm

文部科學省（2021c）。**公立学校の施設整備**。https://www.mext.go.jp/a_menu/shotou/zyosei/main11_a2.htm

文部科學省、農林水産省、國土交通省、環境省（2017）。**エコスクール──環境を考慮した学校施設の整備推進**。https://www.mext.go.jp/content/1289492_1.pdf

文部科學省（2021b）。**公立の義務教育諸学校等施設の整備に関する施設整備基本方針**。https://www.mext.go.jp/a_menu/shotou/zyosei/20210420-mxt_kouhou02-1.pdf

日本建築學會（1974）。**建築設計資料集成（4）**。丸善株式會社。

日本建築學會（1979）。**学校建築：計画と設計**。丸善株式會社。

日本建築學會（1983）。**学校のブロックプラン**。彰國社。

日本建築學會（1989）。**学校の多目的スペース：計画と設計**。彰國社。

田中俊六、武田仁、足力哲夫和上屋喬雄（2004）。**最新建築環境工學**（簡裕榮和薛寧心譯）。六合出版社。（原著出版於1999）

竹內義彰（1980）。**教育學小事典**。法律文化社。

西日本工高建築連盟（1986）。**建築設計ノート：學校**。彰國社。

谷口汎邦、原垣、野村豪、寺門弘道、乾正雄（1982）。**學校教育設施與環境的計畫**（李政隆譯）。大佳出版社。（原著出版無日期）

姉崎洋一、荒牧重人、小川正人、喜多明人、清水敏、戶波江二、廣澤明、吉岡直子（2016）。**解說教育六法**。三省堂。

岩內亮一、萩原元昭、深谷昌志和本吉修二（1992）。**教育学用語辭典**。學文社。

空氣調和・衛生工学會（2011）。**建築設備集成：学校・圖書館**。株式會社オム一社。

長倉康彥（1993）。**學校建築の變革──開かれた學校の設計**。東京都：彰國社。

建築思潮研究所編（2006）。學校 3：小學校、中學校、高等學校。**建築設計資料**，105，8-9、124。

喜多明人（1988）。**學校環境と子どもの發現：學校設施の理念ど法制**。エイデル研究所。

飯野香（1972）。**防音裝置之設計**。理工圖書株式會社。

楢崎雄之（2002）。**高齡者・身障者無障礙空間設計**（崔征國譯）。詹氏書局。（原著出版於 2000）

龍居竹之介（1991）。**庭 Garden views Ⅳ：本と苔の庭**。建築資料研究社。

三 英文部分

Abend, A. C. (2001). *Planning and designing for students with disabilities.* National Cleaning house for Educational Facilities. http://www. edfacilities.org

Ahmodu, O. L., Adaramaja, S. A., & Adeyemi, A. B. (2018). *Impact of school facilities on students' academic performance in Oshodi-Isolo L. G. A. senior secondary schools, Lagos state.* https://www.researchgate.net/publication/326466002_IMPACT_OF_SCHOOL_FACILITIES_ON_STUDENTS'_ACADEMIC_PERFORMANCE_IN_OSHODI-ISOLO_L_G_A_SENIOR_SECONDARY_SCHOOLS_LAGOS_STATE

Altman, I. (1975). *The environment and social behavior: Privacy, personal space, territoriality and crowding.* Brooks Cole.

American Association of School Administrators (AASA)(1960). *Planning American's school buildings*. Author.

Ansley, J. (2000). *Creating accessible schools*. National Cleaninghouse for Educational Facilities. http://www.edfacilities.org

Ariani, M. G., & Mirdad, F. (2016). The effect of school design on student performance. *International Education Studies, 9*(1), 175-181.

Atwood, V. A., & Leitner, J. T. (1985). Time and space: Tools for effective teaching. *Education, 106*(1), 15-21.

Baepler, P., Brooks, D. C., & Walker, J. D. (Eds.) (2014). *Active learning spaces*. Jossey-Bass.

Bannister, D. (2017). *Guidelines on exploring and adapting learning spaces in schools*. European Schoolnet. http://files.eun.org/fcl/Learning_spaces_guidelines_Final.pdf

Bar, L., & Galluzzo, J. (1999). *The accessible school: Universal design for educational setting*. Mig Communication.

Baron, R. A., & Byrne, D. (1987). *Social psychology: Understanding human interaction* (5th ed.). Allyn and Bacon, Inc.

Baron, R. M., Graziano, W. G., & Stangor, C. (1991). *Social psychology*. Holt, Rinehart and Winston, Inc.

Bartels, K., & Pampe, B. (2020). Sustainability in school buildings: Planning processes and spatial concepts. In S. Hofmeister (Ed.), *School builidings: Spaces for learning and the community* (pp. 6-13). Detail Business Information GmbH.

Baser, V. (2020). Effectiveness of school site decisions on land use policy in the planning process. *International Journal of Geo-Information*. http://doi.org/10.3390/ijgi9110662

Baum, A., & Paulus, P. B. (1987). Crowding. In D. Stokols & I. Altman (Eds.), *Handbook of environmental psychology* (pp. 533-570). A Wiley-Interescience Publication, John Wiley & Sons.

Bauscher, R., & Poe, E. M. (2018). *Educational facilities: Planning, modernization, and management* (5th ed.). Boston: Rowman & Littlefield.

Bechtel, R. B., & Zeisel, J. (1987). Observation: The world under a glass. In R. B.

Bechtel, R. W. Marans, & W. Michelson (Eds.), *Methods in environmental and behavioral research* (pp. 11-40). Van Nostrand Reinhold Company, Inc.

Bell, P. A., Greene, T. C., Fisher, J. D., & Baum, A. (2001). *Environmental psychology* (5th ed.). Thomson Learning Acadcamic Resource Center.

Berg, F. S. (1993). *Acoustics & sound systems in schools*. Singular Publishing Group, Inc.

Bolin, R. (2003). It's in the green. *American School & University, 76*(1), 42-46.

Borden, R. (2004). *Taking school design to students*. National Clearinghouse for Educational Facilities.

Brown, B. B. (1987). Territoriality. In D. Stokols & I. Altman (Eds.), *Handbook of environmental psychology* (pp. 505-531). A Wiley-Interescience Publication, John Wiley & Sons.

Brubaker, C. W. (1998). *Planning and design school*. McGraw-Hill.

Building Research Institute (1963). *School building research*. Author.

Burden, C. (2015). Thinking outside the box: Outdoor environments. In N. Mirchandani, & S. Wright (Eds.), *Future schools: Innovative design for existing and new buildings* (pp. 85-97). RIBA Publishing.

Burman, E., Kimpian, J., & Mumovic, D. (2018). Building schools for the future: Lessons learned from performance evaluations of five secondary schools and academies in England. *Frontiess in Built Environment, 4*(22). http://doi:.org/10.3389/fbuil. 2018.00022

Butin, D. (2000). *Classrooms*. http://www.edfacilities.org/pubs/classroomsl.html

California Department of Education (2000). School site selection and approval guide. http://www.cde.ca.gov/facilities/field/publications/schsiteg.htm

Campbell, H. (2004). *School ground greening guide: Designing for shade and energy conservation*. Toronto District School Board & Evergreen. http://www.yorku.ca/fes/envedu/EcoSchools_pdfs/School_Grounds_Greening.pdf

Canter, D. V. (Ed.) (1969). *Architectural psychology*. RIBA Publications Limited.

Carver, N. F. Jr. (1993). *Form & space in Japanese architecture* (2nd ed.). Documan Press, Ltd.

Cash, C. S. (2012). Building Achievement: Exploiting the Relationship between Architecture and Learning. In IDB Education Network, *Learning in twenty-first century schools: Toward school buildings that promote learning, ensure safety, and protect the environment* (pp. 91-100). Inter-American Development Bank. https://publications.iadb.org/en/learning-21st-century-schools-toward-school-buildings-promote-learning-ensure-safety-and-protect

Cassidy, T. (1997). *Environmental psychology: Behaviour and experience in context.* Psychology Press.

Castaldi, B. (1982). *Educational facilities: Planning, modernization, and management* (2nd ed.). Allyn and Bacon, Inc.

Castaldi, B. (1987). *Educational facilities: Planning, modernization, and management* (3rd ed.). Allyn and Bacon, Inc.

Castaldi, B. (1994). *Educational facilities: Planning, modernization, and management* (4th ed.). Allyn and Bacon, Inc.

Caudill, W. W. (1954). *Toward better school design.* F. W. Dodge Corporation.

Centers for Disease Control and Prevention (CDC)(2021). *Strategies for protecting K-12 school staff from COVID-19.* https://www.cdc.gov/coronavirus/2019-ncov/community/schools-childcare/k-12-staff.html

Chan, T. C., & Dishman, M. (2011). Maintaining a safe and health school environment for learning. *The American Clearinghouse on Educational Facilities Journal, 1*(1), 5-13.

Clements-Croome, D. (Ed.)(2013). *Intelligent buildings: Design, management and operation* (2nd ed.). ICE Publishing.

Clements-Croome, D. (Ed.)(2014). *Intelligent buildings: A introduction.* Routledge.

Cleveland, B. (2018). *The next generation of Australian schools.* https://pursuit.unimelb.edu.au/articles/the-next-generation-of-australian-schools

Cohen, B. P. (1975). *The effects of crowding on human behavior and student achievement in secondary schools.* Philadelphia School District, Office of Curriculum and Instruction. (ERIC Document Reproduction Service No. ED 188 279)

Commission for Architecture and the Built Environment and Royal Institute of British Architects (2004). *21st century schools: Learning environments of the fu-*

ture. http://www.buildingfutures.org.uk/pdfs/pdffile_32.pdf

Connell, B. R., Jones, M., Mace, R., Mueller, J., Mullick, A., Ostroff, E. et al. (1997). *What is universal design?* http://www.ncsu.edu/www/ncsu/design/sod5/cud/univ-design/princ-overview.htm

Council of Educational Facility Planners International (2010). *School Building Week 2010 Highlights & Photos.* http://www.cefpi.org/i4a/pages/index.cfm?pageid=4634

Council of Educational Facility Planners International (2012a). *School building week school of the future design competition.* http://www.cefpi.org/i4a/pages/Index.cfm?pageID=5093

Council of Educational Facility Planners International (2012b). *School of the future design competition.* http://www.cefpi.org/i4a/pages/index.cfm?pageid=3338

Council of Educational Facility Planners International (2013). *2013 School of the future design competition winners: A glance into the renaissance of learning.* http://www.cefpi.org/i4a/pages/index.cfm?pageid=5420

Council of Educational Facility Planners International (2014). *School of the future design competition.* http://www.cefpi.org/i4a/pages/index.cfm?pageID=3338

Craig, C, Fixler, D., & Kennedy, B. (2012). Recycling by design for green schools. *American School & University, 84*(7), 36-39.

Crouch, C. L. (1962). Too much light is poor light. *Library journal, 87,* 4330-4331.

Crowther, L., & Wellhousen, K. (2004). *Creating effective learning environments.* Delmar Learning.

Cutler, W. W., III. (1989). Cathedral of culture: The schoolhouse in American educational thought and practice since 1820. *History of Education Quarterly, 29*(1), 1-40.

Cutshall, S. (2003). Building 21st century schools. *Techniques, 78*(3), 18-23.

Deaux, K., & Wrightsman, L. S. (1988). *Social psychology* (5th ed.). Brook/Cole Publishing Company.

Department for Children, Schools, and Families (2009). *Designing for disabled children and children with special educational needs.* http://www.teachernet.gov.uk/_doc/13210/BB102.pdf

Department for Education and Employment[DfEE](1999). *Access for disabled people to school buildings: Management and design guide* (Building Bulletin 91). http://www.dfes.gov.uk/schoolbuildings

Department for Education and Skills (2004). *Science accommodation in secondary schools: A design guide.* http://www.ase.org.uk/ldtl/docs/BB80.pdf

Department of Education (2003). *Secondary Schools Building Handbook.* https://www.education-ni.gov.uk/section-4-secondary-schools

Department of Education (2020). *Primary Schools Building Handbook* (3rd ed.). https://www.education-ni.gov.uk/publications/section-3a-primary-schools

Department of Education (2021). *School design standards.* https://www.education-ni.gov.uk/articles/school-design-standards

Department of Education and Early Childhood Development (2016). *Planning guidelines for educational facilities.* http://web1.nbed.nb.ca/sites/ASD-E/Salisbury2017/Documents/EECD%20Planning%20Guidelines%20.pdf

Department of Education and Lifelong Learning (2002). *Accessible schools: Planning to increase access to schools for disabled pupils.* http://www.bristol-lea.org.uk/cyp/doc/accessible_guidance.doc

Department of Education and Science (2000). *Planning guidelines for primary schools.* Planning and Building Unit, Department of Education & Science. http://www.oecd.org/dataoecd/16/27/2002997.pdf

Department of Education and Science (2004). *General design guidelines for postprimary schools.* Planning and Building Unit, Department of Education and Science. http://www.education.ie/servlet/blobservlet/bu_design_guidelines_pp_sch.doc

Department of Education and Skills (2017). *General design guidelines for schools* (primary & post primary). (1st ed.[revision 2]). https://www.gov.ie/en/publication/6a046-design-guidance/

Department of Education and Skills (2019a). *Identification and suitability assessment of sites for primary schools* (2nd ed. [Revision 1]). https://www.gov.ie/en/publication/6a046-design-guidance/

Department of Education and Skills (2019b). *Identification and suitability assess-*

ment of sites for post primary schools (1st ed.[revision 1]). https://www.gov.ie/en/publication/6a046-design-guidance/

Dober, R. P. (1992). *Campus design*. John Wiley & Sons, Inc.

Dong, Z. Y., Zhang, Y., Yip, C., Swift, S., & Beswick, K. (2020). Smart campus: Definition, framework, technologies, and services. *IET Smart Cities, 2*(1), 43-54. http://doi.org/10.1049/iet-smc. 2019.0072.

Dykiel, T., Hobbs, C., & Roberson, W. E. (2009). *A guide to leading and managing Indiana school facilities*. Authorhouse.

Dykman, B. D., & Reis, H. T. (1979). Personality correlates of classroom seating position. *Journal of Educational Psychology, 71*, 346-354.

Earthman, G. I. (2019). *Planning educational facilities: What educators need to know* (5th ed.). Lanhan, MD: Rowman & Littlefield.

Earthman, G. L. (2013). *Planning educational facilities: What educators need to know* (4th ed.). Rowman & Littlefield Education.

Education Development Center & Boston Schoolyard Funders Collaborative (2000). *Schoolyard learning: The impact of school grounds*. http://www.edc.org/GLG/schoolyard.pdf

Educational Facilities Committee (2000). *School design: Governor's education reform study commission*. http://schoolstudio.engr.wisc.edu/Documents/Govs-Facilities-Report-2000.pdf

Eggebrecht-Weinschreider, C. (2020). *Rethinking school spaces and structures to maintain proper distancing amid COVID-19*. Space4Learning. https://spaces-4learning.com/Articles/2020/07/01/Proper-Distancing.aspx?Page=1

eMaint (2019). *What is a CMMS*. https://www.emaint.com/what-is-a-cmms/

Endres, E. (2020). Sustainability in school buildings: How little is enough? In S. Hofmeister (Ed.), *School builidings: Spaces for learning and the community* (pp. 14-17). Detail Business Information GmbH.

Enge, T. O., & Schröer, C. F. (1990). *Garden architecture in Europe*. Benedikt Taschen Verlag GmbH & Co. KG.

Engelhardt, N. L. (1970). *Complete guide for planning new schools*. Perker Publishing Company, Inc.

Environmental Protection Agency (2021a). *Why indoor air quality is important to schools*. https://www.epa.gov/iaq-schools/why-indoor-air-quality-important-schools

Environmental Protection Agency (2021b). *Indoor air quality design tools for schools*. https://www.epa.gov/iaq-schools/indoor-air-quality-design-tools-schools

Erickson, P. (2020). COVID-19 as an education disrupter: Schools are being forced to real more on online instruction. *American School & University, 92*(9), 122. https://secure.viewer.zmags.com/publication/8454a2b9#/8454a2b9/122

Essa, E. (1996). *Introduction to early childhood education* (2nd ed.). Delmar Publishers.

Fickes, M. (2004). HVAC and the envionmnet. *School Planning & Management, 43*(2), 54-57.

Filardo, M. (2016). *State of our schools: America's K-12 facilities 2016*. 21st Century School Fund.

Filardo, M., & Vincent, J. M. (2017). *Adequate & equitable U.S. PK-12 infrastructure: Priority actions for systemic reform*. 21st Century School Fund, Center for Cities + Schools, National Council on School Facilities, and Center for Green Schools.

Filardo, M., Vincent, J. M., & Sullivan, K. (2018). *Education equity requires modern school facilities: The case for federal funding for school infrastructure*. https://static1.squarespace.com/static/5a6ca11af9a61e2c7be7423e/t/5ba23b3688251b659c2f9eff/1537358671343/Education+Equity+Requires+Modern+School+Facilities.pdf

Florida Department of Education (2010). *Green school design*. http://www.fldoe.org/edfacil/pdf/gsdg.pdf

Ford, A. Y. (2016). *The relationship between science classroom facility conditions and ninth grade students' attitudes toward science* (Unpublished Doctoral Dissertations and Projects). Liberty University, Lynchburg, VA.

Fornari, L. (2012). Secondary school design in Italy. In IDB Education Network, *Learning in twenty-first century schools: Toward school buildings that promote learning, ensure safety, and protect the environment* (pp. 63-70). Inter-American Development Bank. https://publications.iadb.org/en/learning-21st-century-schools-toward-school-buildings-promote-learning-ensure-safety-and-protect

Fraser, K. (Ed.)(2014). *The future of learning and teaching in next generation learning spaces*. Emerald Group Publishing Limited.

Fritzgerald, A. (2020). *Antiracism and universal design for learning: Building expressways to success*. CAST Professional Publishing.

Frost, J. E. (1991). Children's playgrounds: Research and practice. In G. Fein, & M. Rivkin (Eds.), *The young child at play: Reviews of research* (Vol. 4) (pp. 195-211). National Association for the Education of Young Children.

Frost, J. L. (1992). *Play and playscapes*. Delmar Publishers Inc.

Frost, J. L., Shin, D., & Jacobs J. (1998). Physical environments and children's play. In O. N. Saracho, & B. Spodek (Eds.). *Multiple Perspectives on play in early childhood education* (pp. 255-294). State University of New York.

Gaines, T. A. (1991). *The campus as a work of art*. Praeger Publishers.

Gelfand, L. (2010). *Sustainable school architecture: Design for primary and secondary school*. John Wiley & Sons, Inc.

George, C., Fried, R., Moir, S., & Vonderberg, A. (2020). Welcoming wisdom. *American School & University, 92*(9), 8. https://secure.viewer.zmags.com/publication/8454a2b9#/8454a2b9/122

George, P. S. (1975). *Ten years of open space schools: A review of the research*. Florida Educational Research and Development Council. (ERIC Document Reproduction Service No. ED 110 431)

Gifford, R. (1987). *Environmental psychology: Principles and practice*. Allyn and Bacon, Inc.

Gifford, R. (1997). *Environmental psychology: Principles and practice* (2nd ed.). Allyn and Bacon.

Gisolfi, P. (2011). Sites unseen in education design. *American School & University, 83*(12), 114-117. https://www.asumag.com/planning-design/facility-planning/video/20855270/sites-unseen-in-education-design-with-related-video

Gisolfi, P. A. (2004). The evolving campus. *American School & University*. http://

asumag.com/DesignPlanning/university_evolving_campus/

Good, C. V. (Ed.). (1973). *Dictionary of education* (3rd ed.). McGraw-Hill Book Company.

Green Building Council Australia (2021). *Why design or build a green school?* https://www.gbca.org.au/green-star/why-use-green-star/why-design-or-build-a-green-school/

Green School Bali (2021). *A school beyond the boundaries of the bamboo campus.* https://www.greenschool.org/bali/environment/

Grube, K. (2013). The color on the wall: Color can affect the learning environment. *American School & University, 86*(3), 219-221. https://www.asumag.com/planning-design/interior-design/article/20851510/the-color-on-the-wall

Gump, P. V. (1987). School and classroom environments. In A. Altman & D. Stokols (Eds.). *Handbook of environmental psychology* (pp. 691-732). A Wiley-Interscience Publication, John Wiley & Sons.

Gunter, T. & Shao, J. (2016). Synthesizing the effect of building condition quality on academic performance. *Education Finance and Policy, 1*(11), 97-123. doi:10.1162/EDFP_a_00181

Haas, M. (1996). Children in the junkyard. *Childhood Education, 72*(6), 345-351.

Hall, B. (2021). *Building blueprints vertical learning: Chicago school moves into downtown high-rise.* https://spaces4learning.com/Articles/2021/05/01/Vertical-Learning.aspx

Hall, E. T. (1966). *The hidden dimension.* Doubleday.

Hall, T. E., Meyer, A., & Rose, D. H. (Eds.)(2012). *Universal design for learning in the classroom.* The Guilford Press.

Hare, R. L., & Dillon, R. (2016). The space: A guide for educator (2nd ed.). Blend Education.

Harrison, A., & Hutton, L. (2014). *Design for the changing educational landscape: Space, place and the future of learning.* Routledge.

Hassel, K. (2011). Flexible classroom furniture. *American School & University, 84*(2), 18-20.

Heimstra, N. W., & McFarling, L. H. (1978). Environmental psychology (2nd ed.).

Monterey, California: Brooks/Cole Publishing Company.

Henniger, M., Sunderlin, E., & Frost, J. L. (1985). X-Rated Playfrounds: Issues and Developments. In J. L. Frost & S. Sunderlind (Eds.). *When children play: Proceedings of the international conference on play and play environments* (pp. 221-227). Association for Childhood Education International.

Herman, J. J. (1995). *Effective school facilities: A development guidebook*. Publishing Co., Inc.

Herrick, J. H., McLeary, R. D., Clapp, W. F., & Bogner, W. F. (1956). *From school program to school plant*. Henry Holt and Company.

Heyman, M. (1978). *Places and spaces: Environmental psychology in education*. The Phi Delta Kappa Education Bloomington.

Hudson, M., & White, T. (2020). *Planning learning spaces: A practical guide for architects, designers and school leaders*. Laurence King Publishing.

Imrie, R., & Hall, P. (2001). *Inclusive design: Designing and development accessible environments*. Spon Press.

Johnson, A. (2015). *Improbable libraries*. Thames & Hudson.

Johnson, J. E., Christie, J. F., & Yawkey, T. D. (1987). *Play and early childhood development*. Scott, Foresman and Compamy.

Jurva, R., Matinmikko-Blue, M., Niemelä, V., & Hänninen, T. (2020). *Smart campus 5G and IoT network preparations for operational mode: Specification to deploy data and network management*. ITS Online Event, 14-17 June 2020, International Telecommunications Society (ITS), Calgary. https://www.econstor.eu/handle/10419/224860

Karlen, M. (2009). *Space planning basics* (3rd ed.). John Wiley & Sons, Inc.

Kats, G . (2006). *Greening America's schools: Costs and benefits*. http://www.cap-e.com/ewebeditpro/items/O59F9819.pdf

Kennedy, K . (2001). Going green. *American School & University, 73*(11), 14-18.

Kennedy, M. (2003). Peak performance. *American School & University, 75*(8). http://www.asumag.com/microsites/Newsarticle?newsarticleid=2683271&srid=11587&ins

Kennedy, M. (2012). Computer-assisted school maintenance. *American School &*

University, 84(8), 24-26. https://www.asumag.com/facilities-management/main-tenance-operations/article/20847562/computerassisted-school-maintenance

Kennedy, M. (2020). San Diego Jewish Academy embarks on solar installation. *American School & University.* https://www.asumag.com/green/sustainability-initiatives/article/21150264/solar-installation-san-diego-jewish-academy

Kennedy, M. (2002).Furniture: Accessorizing the classroom. *American School & University, 74*(10), 35-37.

Kennedy, M. (2005a). Know-how: Acoustics. *American School & University.* http://asumag.com/mag/university_acoustics_2/

Kennedy, M. (2005b). One with the environment. *American School & University.* http://asumag.com/mag/university_one_environment/

Koneya, M. (1976). Location and interaction in row-and-column seating arrange-ments. *Environment and behavior, 8*(2), 265-282.

Kopec, D. (2018). *Environmental psychology for design* (3rd ed.). Bloomsbury Pub-lishing Inc.

Kowalski, T. J. (1989). *Planning and managing school facilities.* Praeger.

Kramer, S. (Ed.) (2019). *Building to educate: School architecture & design.* Braun Publishing AG.

Kroemer, K., Kroemer, H., & Kroemer-Elbert, K. (2002)。**最新建築環境工學**（劉又升譯）。六合出版社。（原著出版於 1994）

Kurz, D., & Wakefield, A. (2004). *School buildings: The state of affairs.* Birkhauser-Publishers for Architecture.

La Marca, S. (2010). *Designing the learning environment.* ACER Press.

Lackney, J. A. (1999). *Reading a school like a book: The influence of the physical school setting on learning and literacy.* http://schoolstudio.engr.wisc.edu/read-ingschool.html

Lackney, J. A. (2003). *33 principles of educational design.* http://schoolstudio.engr.wisc.edu/33principles.html

Lamm, Z. (1991)。學校建築與教育哲學（湯志民譯）。**教育研究**，19，62-68。（原著出版於 1986）

Landes, J. L., & Sumption, M. R. (1957). *Citizen's workbook for evaluating school buildings*. The Interstate Printers and Publishers, Inc.

Lao PDR Ministry of Education (2009). *School construction guidelines*. https://www.preventionweb.net/files/15958_schoolconstructionguidelineslaopdr2.pdf

Layton, R. (2001). The great outdoors. *American School & University, 74*(3), 358-359

Li, Q. (Ed.) (2013). *School buildings*. Design Media Publishing Limited.

Line, P., Quinn, R. C., & Smith, T. L. (2010). *Design guide for improving school safety in earthquakes, floods, and high winds*. United States Department of Homeland Security.

Lippman, P. C. (2010). Evidence-based design of elementary and secondary schools: A responsive approach to creating learning environments. John Wiley & Sons. Inc.

Lippman, P. C. (2004). *The L-shape classroom: A pattern for promoting learning*. http://www.designshare.com/articles/article.asp?article=100

Long, P., & Ehrmann, S. (2005). Future of the learning space: Breaking out of the box. *Educause, 40*(4), 42-58. https://www.researchgate.net/publication/43516622_Future_of_the_learning_space_Breaking_out_of_the_box

Louis, F. (2002). *Development and evaluation of public policies aimed at Meeting Needs for Educational Facilities: Thoughts on the French Experience*. Organisation for Economic Cooperation and Development, Programme on Educational Building. http://www.oecd.org/dataoecd/30/61/1939895.pdf

Loveland, J. (2002). Daylighting and sustainability. *Environmental Design + Construction*, 5(5), 28-32.

MacConnell, J. D. (1957). *Planning for school buildings*. Prentice-Hall, Inc.

MacKenzie, D. G. (1989). *Planning educational facilities*. University Press of America, Inc.

Maria, M. (2020). *Virtual schools and their benefits*. https://news.globalindianschool.org/blog-details?blogId=30086718473

Maslen, G. (2013). *The future of school*. http://www.smh.com.au/national/education/the-future-of-school-20130822-2sdvz.html

Maxwell, L. E. (2016). School building condition, social climate, student attendance and academic achievement: A mediation model. *Journal of Environmental Psychology, 46,* 206-216.

Mayer, R. E. (1990)。**教育心理學：認知取向**（林清山譯）。遠流出版社。（原著出版於 1986）

McAndrew, F. T. (1993). *Environmental psychology.* Brooks/Cole Publishing Company.

McClurkin, W. D. (1964). *School building planning.* The Macmillan Company.

McConachie, L. (2007a)。跨越科技隔閡，前瞻學校未來式。*Microsoft, Education.* http://www.microsoft.com/taiwan/education/pil/visit/Lorne_McConachie.aspx

McConachie, L. (2007b)。未來學校應該具備什麼樣的條件？*Microsoft, Education.* http://www.microsoft.com/taiwan/education/pil/visit/Lorne_McConachie_1.aspx

Miles, R. (2011). Introduction and problem context: School siting and healthy communities. In R. Miles, A. Adelaja, & M. Wyckoff (Eds.). School siting and healthy communities (pp. 3-12). Michigan State University Press.

Mill, D., Eley, C., Ander, G., & Duhon, G. (2002). *The Collaborative for high performance schools: Building a new generation of sustainable schools.* http://www.energy.ca.gov/papers/2002-08-18-aceee-presentations/PANEL-06-MILLS.PDF

Ministry of Education, Culture, Sports, Science and Technology (MEXT)(2009). *Welcome to the website of Local Facilities Aid Division.* https://www.mext.go.jp/a_menu/shotou/zyosei/english/index.htm

Ministry of Education, Culture, Sports, Science and Technology (MEXT) (2021). *Initiatives aimed at school facilities appropriate for a new era.* https://www.mext.go.jp/en/policy/education/schoolfacilities/title01/detail01/1373934.htm

Ministry of Education, Skills and Training (1999). *Accessible school facilities: A resource for planning.* http://www.bced.gov.bc.ca/capitalplanning/resources/access.pdf

Mirchandani, N., & Wright, S. (Eds.)(2015). *Future Schools: Innovative design for existing and new buildings* (pp. 85-97). RIBA Publishing.

Moore, D. P. (2016). Color in the learning environment. *School Planning & Mana-*

gement. https://webspm.com/articles/2016/07/01/color.aspx?admgarea=planningdesign

Moore, D. P. (1999). Sustainable schools: An investment in our future. *School Planning & Management, 38*(5), 10-11.

Moore, R. C. (1990). *Children's domain: Play and place in child development*. MIG Communications.

Moussa, M., Mostafa, Y., & Elwafa, A. A. (2017). School site selection process. *Procedia Environmental Sciences, 37*, 282-293. https://ac.els-cdn.com/S1878029617300609/1-s2.0-S1878029617300609-main.pdf?_tid=e40daec3-cea9-42c2-9b52-804f2fc3b499&acdnat=1533893611_2f84dae83e8a567761eefd672ece6ac2

Nair, P. (2021).*Outdoor learning: Leave classroom behind* (Special COVID-19 Issue). Association for Learning Environments.

Nair, P., Fielding, R., & Lackney, J. (2013). The language of school design: Design patterns for 21st century schools (revised ed.). Design.com.

National Audit Office (2014). *The building schools for the future programme: Renewing the secondary school estate.* http://www.nao.org.uk/report/the-building-schools-for-the-future-programme-renewing-the-secondary-school-estate/

Neill, S. (1991). *Classroom nonverbal communication*. Routledge.

New Jersey Department of Education (2005). *2005 long range facilities plan preliminary guidelines*. New Jersey Department of Education, Division of Finance, Office of School Facilities. http://www.nj.gov/njded/facilities/lrfp/guidelines.pdf

New Jersey Schools Construction Corporation (2004). *21st century schools design manual*. http://www.njscc.com/business/pdfsforms/dm_bul_51.pdf

New York City Department of Education (2021). New York City mayor vows to have all-electric city school bus fleet by 2035. *American School & University.* https://www.asumag.com/facilities-management/transportation-parking/article/21162185/new-york-city-mayor-vows-to-have-allelectric-city-school-bus-fleet-by-2035

New Zealand Ministry of Education (2016). *Flexible learning spaces: Making spac-*

es work for everyone. https://www.education.govt.nz/assets/Documents/Primary-Secondary/Property/Design/Flexible-learning-spaces/FLS-Making-spaces-work-for-everyone.pdf

Ngware, M. W., Ciera, J., Musyoka , P. K., & Oketch, M. (2013). The Influence of Classroom Seating Position on Student Learning Gains in Primary Schools in Kenya. *Creative Education, 4*(11), 705-712. https://www.scirp.org/pdf/CE_2013110411150110.pdf

North Carolina Department of Public Instruction (2003). *Planning and design for K-12 school facilities in North Carolina.* School Planning, NC Department of Public Instruction. http://www.schoolclearinghouse.org/

NSW Office of Environment and Heritage (2014). *An introduction to NABERS.* http://www.nabers.gov.au/public/WebPages/ContentStandard.aspx?module=10&template=3&include=Intro.htm&side=EventTertiary.htm

Oblinger, D. G. (Ed.) (2006). *Learning space.* EDUCAUSE.

Ohrenschall, M. (1999). *Better learning in better buildings: Sustainable design of school facilities helps educational mission.* http://www.newsdatd.com/enernet/conweb/conweb43.html#cw43-4

Open Culture (2014). *800 MOOCs from top universities, many with certificates.* http://www.openculture.com/contact

Open Culture (2021a). *MOOCs from Great Universities* (Many with Certificates). https://www.openculture.com/free_certificate_courses

Open Culture (2021b). *200 free kids educational resources: Video lessons, apps, books, websites & more.* https://www.openculture.com/free_k-12_educational_resources

Organization for Economic Cooperation and Development[OECD] (2013).*Innovation learning environment: Educational research and innovation.* OECD Publishing.

Ortiz, F. I. (1994). *Schoolhousing: Planning and designing educational facilities.* State University of New York Press.

Oster, M. (1993). *Japanese garden style: Eastern traditions in western garden design.* Quarto Inc.

Palm Beach Gardens (2021). *Carrier expands healthy buildings offerings as American Rescue Plan Act aims to safely reopen schools*. https://www.carrier.com/commercial/en/us/news/news-article/carrier-expands-healthy-buildings-offerings-as-american-rescue-plan-act-aims-to-safely-reopen-schools.html

Pearso, D. (2003)。**新有機建築**（董衛等譯）。江蘇科學技術出版社。（原著出版於 2001）

Pedersen, J. (1985). The adventure playgrounds of Denmark. In J. L. Frost & S. Sunderlind (Eds.). *When children play: Proceedings of the international conference on play and play environments* (pp. 3-7). Association for Childhood Education International.

Perkins, B., & Bordwell, R. (2010). *Building type basics for elementary and secondary schools* (2nd ed.). John Wiley & Sons, Inc.

Perkins, L. B. (2001). *Building type basics for elementary and secondary schools*. John Wiley & Sons, Inc.

Phillips, A. (2010). Design evolution. *American School & University, 83*(3), 208-210.

Phillips, R., & Foy, N. (1995). *A photographic garden history*. Random House, Inc.

Pillari, V. (1988). *Human behavior in the social environment*. Brooks/Cole Publishing Company.

Poston, W. K., Jr., Stone, M. P., & Muther, C. (1992). *Making school work: Practical management of support operations*. Corwin Press, Inc.

Preiser, W. F. E. (2002). Continuous quality improvement through post-occupancy evaluation feedback. *Journal of Corporate Real Estate, 5*(1), 42-56.

PriceweaterhouseCoopers (2008). *Evaluation of building schools for the future, 2nd annual report*. http://www.teachernet.gov.uk/_doc/13240/2ndannualreport.pdf

Prowler, D., & Vierra, S. (2021). *Whole building design*. https://www.wbdg.org/about-wbdg-whole-building-design-guide

Qian, F., & Yang, L. (2018). Green campus environmental design based on sustainable theory. *Journal of Clean Energy Technologies, 6*(2), 159-164. http://doi.org/10.18178/jocet. 2018.6.2.453

Rankin, J. C. (1982). *Lighting for our schools*. The Annual Meeting of the Council of Educational Facility Planners, International. (ERIC Document Reporduction Service No. ED 305 751)

Redican, K. J., Olsen, L. K., & Baffi, C. R. (1986). *Organization of school health programs*. Macmillan Publishing Company.

Reyna, J. G. de la G. (2012). Reconstruction and prevention in earthquake and hurricane preparedness: Examples of safe school architecture. In IDB Education Network, *Learning in twenty-first century schools: Toward school buildings that promote learning, ensure safety, and protect the environment* (pp. 83-87). Inter-American Development Bank. https://publications.iadb.org/en/learning-21st-century-schools-toward-school-buildings-promote-learning-ensure-safety-and-protect

Rydeen, J. E. (2012). Curricular school design. *American School & University, 84*(8), 41.

Sanoff, H. (1994). *School design*. Van Nostrand Reinhold.

Sanoff, H. (2002). *Schools designed with community participation*. http://www.edfacilities.org/pubs/sanoffschools.pdf

Sawyer, A., & Bright, K. (2004). *The access manual: Auditing and managing inclusive built environments*. Blackwell Publishing Ltd.

Schmertz, M. F. (1972). *Campus planning and design*. McGraw-Hill Book Company.

Schneider, J. (2014). Learning from school buildings: Typologies and space allocation. In N. Meuser (Ed.). *Construction and design manual: School buildings* (pp. 46-55). DOM Publishers.

Schoff, L. V. (2002). *Energy efficiency and the learning environment: Let's focus first on the kids*. http://www.ase.org/greenschools/perspectives-schoff.htm

Scotland, T. (2021, March 21). *Scottish Government: 117 schools built in £1.8bn investment*. The Herald. https://www.heraldscotland.com/news/19176424.scottish-government-117-schools-built-1-8bn-investment/

Scottish Futures Trust (2012). Scotland's school for the future: Inspiring learning, aspiring nation-Schools' development handbook. https://www.dropbox.com/s/c7am0h8c41ifh4b/Schools%20Development%20Handbook%20-%20JM.pdf

Scottish Futures Trust (2014). *Scotland's school for the future: Inspiring learning,*

aspiring nation. file:///D:/Documents%20and%20Settings/WinXP/%E6%A1%
8C%E9%9D%A2/Scotland's%20Schools%20for%20the%20Future%20%E2%
80%94%20Education%20%E2%80%94%20Our%20work%20%E2%80%94%
20Scottish%20Futures%20Trust.htm

Sears, D. O., Peplau, L. A., & Taylor, S. E. (1991). *Social psychology* (7th ed.). Prentice-Hall International, Inc.

Sebba, R. (1986). *Architecture as determining the child's place in its school*. The Edusystems 2000 International Congress on Educational Facilities, Values & Contents. (ERIC Document Reproduction Service No. ED 284 367)

Shaffer, D. R., & Kipp, K. (2007). *Developmental psychology* (7th ed.). Thomson Learning, Inc.

Shafritz, J. M., Koeppe, R. P., & Soper, E. W. (1988). *The facts on file dictionary of education*. Facts on File.

Shaw, L. G. (1987). Designing playgrounds for able and disable children. In C. S. Weinstein & T. G. David (Eds.). *Spaces for children: The built environment and child development* (pp. 187-213). Plenum Press.

Shin, H. Y. (2003). Space environmental design for open education: Focusing on elementary school. In Archiworld Co., Ltd. *Interior world (25): Education welfare space II* (pp. 4-19). Author.

Sleeper, H. R. (1955). *Building planning and design standards: For architects, engineers, designers, consultants, building committees, draftsmen and students*. John Wiley & Sons, Inc.

Smith, R. M., Neisworth, J. T., & Greer, J. G. (1978). *Evaluating educational environments*. Charles E. Merrill Publishing Company. A Bell & Howell Company.

South Australia Department of Education (2020). *Education facilities design standards*. https://www.education.sa.gov.au/doc/design-standards

South Carolina Department of Education (2004). *South Carolina school facilities planning and construction guide*. http://www.myscschools.com/offices/sf/Constru2.doc

Spitz, K. (2002). Landscape solutions to school problems. *School Planning & Management, 41*(4), 18-20.

Spreckelmeyer, K. (1987). Environmental programming. In R. B. Bechtel, R. W. Marans, & W. Michelson (Eds.). *Methods in environmental and behavioral research* (pp. 247-269). Van Nostrand Reinhold Company Inc.

Stack, G. (2012). 10 current school facility features that are obsolete. *School Design Matters*. http://schooldesignmatters.blogspot.tw/2012/06/10-current-school-facility-features.html

Steinfeld, E., & Danford, G. S. (Eds.). (1999). *Enabling environments: Measuring the impact of environment on disablility and rebabiliation.* Kluwer Academic/ Plenum Publishers.

Stevens, D. (1995). *The garden design sourcebook: The essential guide to garden materials and structures.* Conran Octopus Limited.

Stevenson, K. R. (2002). *Ten educational trends shaping school planning and design.* National Clearinghouse for Educational Facilities.

Stevenson, K. R. (2010). *Educational trends shaping school planning, design, construction, funding and operation.* National Clearinghouse for Educational Facilities.

Stires, L. (1980). Classroom seating location, student grades, and attitudes environment or self-selection? *Environment and Behavior, 12*(2), 241-254.

Stokols, D. (1972). On the distinction between density and crowding: Some implications for future research. *Psychological Review, 79*, 275-277.

Stokols, D. (1976). The Experience of crowding in primary and secondary environments. *Environment and Behavior, 8*(1), 49-86.

Stokols, D., & Altman, I. (Eds.)(1987). *Handbook of environmental psychology.* A Wiley-Interscience Publication, John Wiley & Sons.

Tanner, C. K. (2000b). *Minimum classroom size and number of students per classroom.* http://www.coe.uga.edu/sdpl/research/territoriality.html

Tanner, C. K., & Lackney, J. A. (2006). *Educational facilities planning: Leadership, architecture, and management.* Allyn and Bacon.

Tanner, C. K. (2000a). *Essential aspects of designing a school.* http://www.coe.uga.edu/sdpl/research/principlesofdesign.html

Taylor, A. P., & Vlastos, G. (1975). *School zone: Learning environments for chil-*

dren. Van Nostrand Reinhold Company.

Taylor, A., & Enggass, K. (2009). *Linking architecture and education: Sustainable design for learning environments*. University of Mexico Press.

Taylor, S. E., Peplau, L. A., & Sears, D. O. (1997). *Social psychology* (9th ed.). Prentice-Hall, Inc.

The California Department of Education (2015). *Essential in school facilities planning: Educational specification*. https://www.cde.ca.gov/ls/fa/bp/documents/educationalspecsaccessible.pdf

The Center for Green Schools (2018). *Green school buildings are better for teachers and students*. https://www.centerforgreenschools.org/green-schools-are-better-learning

The Department of Education, Training and Employment (2014). *Design standards for DETE facilities* (Version: 3.0). https://det.qld.gov.au/det-publications/standards/Documents/design/design-standards-dete-facilities.pdf

The Digital Education Institute of Institute for Information Industry (2019). *Build up smart campus*. https://www.iiiedu.org.tw/build-up-smart-campus/?lang=en

The National Institute of Building Sciences (2017). *Educational facilities*. WBDG. https://www.wbdg.org/building-types/educational-facilities

The National Institute of Building Sciences (2021a). *The national BIM standard-United States*. https://www.nibs.org/resources/standards

The National Institute of Building Sciences (2021b). *About NIBS*. https://www.nibs.org/about

The Office of the Victorian Government Architect (2020). *Good design + education-Issue 6*. https://www.ovga.vic.gov.au/good-design-education-issue-6

The U. S. Green Building Council (2021). *This is LEED: Better buildings are legacy*. http://leed.usgbc.org/leed.html

The U.S. Board (2021). *ADA Accessibility Guidelines* (ADAAG). https://www.access-board.gov/adaag-1991-2002.html#4.8

The U.S. Green Building Council (2014a). *Green schools enhance learning*. The Center for Green Schools. http://centerforgreenschools.org/better-for-learning.aspx

The U.S. Green Building Council (2014b). *Green schools save money*. The Center for Green Schools. http://centerforgreenschools.org/cost-savings.aspx

The WBDG Accessible Committee (2012). *History of accessible facility design*. http://www.wbdg.org/design/accessible_history.php

Thomashow, M. (2014).*The nine elements of a sustainable campus*. The MIT Press.

Thrasher, J. M. (1973). *Effective planning for better school buildings*. Pendell Publishing Company.

Tilley, A. R. (1998)。**男性與女性人體計測──人因工程在設計上的應用**（張建成 譯）。六合出版社。（原著出版於 1993）

U. S. Department of Justic (2010). *2010 ADA standards for accessible design*. http://www.ada.gov/regs2010/2010ADAStandards/2010ADAStandards.pdf

U.S. Department of Energy (2003). *Energy smart choices and financial considerations for schools*. http://www.rebuild.org/attachments/SoluctionCenter/ASBO-Financial

U.S. Environment Protection Agency (2014). *High performance schools*. http://www.epa.gov/iaq/schooldesign/highperformance.html

Vickery, D. J. (1972). *School building design Asia*. Kularatne & Co. Ltd.

Victoria Department of Education and Early Childhood Development (2013). *Building the education revolution*. http://www.education.vic.gov.au/about/programs/archive/Pages/ber.aspx

Vincent, J. M. (2016). *Building accountability: A review of state standards and requirements for K-12 public school facility planning and design*. http://citiesandschools.berkeley.edu/uploads/Vincent_2016_K12_facility_state_standards_(1).pdf

Wagner, C. (2000). *Planning schools grounds for outdoor learning*. http://www.ed-facilities.org/pubs/outdoor3.html

Wagner, S. (2021). *Invest in planning and design when building a new school*. https://www.hertzfurniture.com/buying-guide/classroom-design/building-a-new-school.html

Ward, M. E. (1998). *The school site planner: Land for learning*. (ERIC No. ED428504). https://files.eric.ed.gov/fulltext/ED428504.pdf

Watson, C. (2003). Review of building quality using post occupancy evaluation. *Journal of the Programme on Educational Building*. http://www.postoccupancyevaluation.com/publications/pdfs/POE%20OECD%20V4.pdf

Weihs, J. (2003). *School site size: How many acers are necessary?* Council of Educational Facility Planners International. http://www.cefpi.org/pdf/state-guidelines.pdf

Weinstein, C. S. (1979). The physical environment of the school: A review of the research. *Review of Educational Research, 49*(4), 577-610.

Weinstein, C. S. (1982). Privacy-seeking behavior in an elementary classroom. *Journal of Environmental Psychology, 2*, 23-35.

Weinstein, C. S., & Pinciotti, P. (1988). Changing schoolyard: Intentions design decisions, and behavioral outcomes. *Environment and Behavior, 20*(3), 345-371.

Weiss, J. (2000). *Sustainable Schools*. Council of Educational Facility Planners International. http://www.cefpi.org/pdf/issuell.pdf

White, C. S., & Coleman, M. (2000). *Early childhood education: Building a philosophy for teaching*. Pretice-Hall, Inc.

White, R., & Stoecklin, V. (1998). *Children's outdoor play & learning environments: Returning to nature*. http://www.whitehutchinson.com/children/articles/outdoor.shtml

Whittaker, F. (2020, Jun 28). *£1bn for school rebuilding projects in 2021, but details on new 10-year plan scarce*. Schools Week. https://schoolsweek.co.uk/1bn-for-school-rebuilding-projects-but-well-have-to-wait-to-hear-more/

Whole Building Design Guide (WBDG)(2021). *About the WBDG-Whole Building Design Guide*. https://www.wbdg.org/about-wbdg-whole-building-design-guide

Winter, K., & Gyuse, R. (2011). *Creating quality school-age child care space*. Local Initiatives Support Corporation/Community Investment Collaborative for Kids.

Wolfe, M. (1986). *Institutional settings and children's lives: An historical, developmental and environmental perspective on educational facilities*. The Edusystems 2000 International Congress on Educational Facilities, Values & Contents. (ERIC Document Reproduction Service No. ED 282 339)

Woolfolk, A. (2013). *Educational psychology* (12th ed.). Pearson.

Woolner, P. (2010). *The design of learning spaces*. Continuum International Publishing Group.

World Green Building Council (2013). *World Green Building Week 2013: Greener buildings, better places, healthier people*. http://www.worldgbc.org/files/1513/6690/5994/WGBWeek_2013_-_Greener_Buildings_Better_Places_Healthier_People.pdf

Wortham, S. C. (1985). A history of outdoor play 1900-1985: Theories of play and play environments. In J. L. Frost & S. Sunderlind (Eds.). *When children play: Proceedings of the international conference on play and play environments* (pp. 3-7). Association for Childhood Education.

Xu, X., Li, D., Sun, M., Yang, S., Yu, S., Manogaran, G., Mastorakis, G., & Mavromoustakis, C. X. (2019). Research on key technologies of smart campus teaching platform based on 5G network. *IEEE Access*, *7*, 20664-20675. http://doi.org/10.1109/ACCESS.2019.2894129.

Yudelson, J. (2007). *Green building A to Z: Understanding the language of green building*. New Society Publishers.

Zinzi, M. (Ed.) (2013). *School of the future: Deliverable D6.1 design phase report* . http://www.school-of-the-future.eu/images/files/d61Final140613.pdf

Zinzi, M. (Ed.) (2014). *School of the future: Screening of energy renovation measures for Schools-Germany*. http://www.school-of-the-future.eu/images/files/20140124_SotF_Germany.pdf

國家圖書館出版品預行編目資料

學校建築規劃：理論與實務／湯志民著. ——
初版. ——臺北市：五南圖書出版股份有限
公司，2022.01
　　面；　公分
　　ISBN 978-626-317-407-8（平裝）

1.學校建築　2.校園規劃

527.5　　　　　　　　　110019534

1I4T

學校建築規劃：理論與實務

作　　　者 — 湯志民(433.1)

發 行 人 — 楊榮川

總 經 理 — 楊士清

總 編 輯 — 楊秀麗

副總編輯 — 黃文瓊

責任編輯 — 陳俐君、李敏華

封面設計 — 吳珮青、王麗娟

出 版 者 — 五南圖書出版股份有限公司

地　　　址：106台北市大安區和平東路二段339號4樓

電　　　話：(02)2705-5066　　傳　　真：(02)2706-6100

網　　　址：https://www.wunan.com.tw

電子郵件：wunan@wunan.com.tw

劃撥帳號：01068953

戶　　　名：五南圖書出版股份有限公司

法律顧問　林勝安律師事務所　林勝安律師

出版日期　2022年1月初版一刷

定　　　價　新臺幣600元

經典永恆・名著常在

五十週年的獻禮——經典名著文庫

五南，五十年了，半個世紀，人生旅程的一大半，走過來了。

思索著，邁向百年的未來歷程，能為知識界、文化學術界作些什麼？

在速食文化的生態下，有什麼值得讓人雋永品味的？

歷代經典・當今名著，經過時間的洗禮，千錘百鍊，流傳至今，光芒耀人；

不僅使我們能領悟前人的智慧，同時也增深加廣我們思考的深度與視野。

我們決心投入巨資，有計畫的系統梳選，成立「經典名著文庫」，

希望收入古今中外思想性的、充滿睿智與獨見的經典、名著。

這是一項理想性的、永續性的巨大出版工程。

不在意讀者的眾寡，只考慮它的學術價值，力求完整展現先哲思想的軌跡；

為知識界開啟一片智慧之窗，營造一座百花綻放的世界文明公園，

任君遨遊、取菁吸蜜、嘉惠學子！